"十二五"国家重点图书出版规划项目

人本会计与财务研究论丛 总主编 徐国君

人本财务会计

孙玉甫 著

立信会计 出版社

LIXIN ACCOUNTING PUBLISHING HOUSE

图书在版编目(CIP)数据

人本财务会计/孙玉甫著.—上海：立信会计出版社,2015.12

（人本会计与财务研究论丛）

ISBN 978-7-5429-4831-1

Ⅰ.①人… Ⅱ.①孙… Ⅲ.①财务会计—研究 Ⅳ.①F234.4

中国版本图书馆 CIP 数据核字(2015)第 317419 号

策划编辑　　　余　榕
责任编辑　　　余　榕
封面设计　　　周崇文

人本财务会计

出版发行	立信会计出版社		
地　　址	上海市中山西路 2230 号	邮政编码	200235
电　　话	(021)64411389	传　　真	(021)64411325
网　　址	www.lixinaph.com	电子邮箱	lxaph@sh163.net
网上书店	www.shlx.net	电　　话	(021)64411071
经　　销	各地新华书店		
印　　刷	上海肖华印务有限公司		
开　　本	787 毫米×1092 毫米	1/16	
印　　张	20.25	插　　页	4
字　　数	250 千字		
版　　次	2015 年 12 月第 1 版		
印　　次	2015 年 12 月第 1 次		
书　　号	ISBN 978-7-5429-4831-1/F		
定　　价	48.00 元		

如有印订差错,请与本社联系调换

总 序
FOREWORD
"人本十"会计·财务·审计

在人类社会悠久的历史进程中,一项重要的科技变革或理论创新总会引起社会相关领域发生量变到质变的深刻变化。今天,互联网信息技术通过对生产要素配置的优化和集成,深度融合于经济社会各领域之中,形成更广泛的以互联网为基础设施和实现工具的经济发展新形态。与此类似,人本理念通过对会计、财务和审计各要素的创新,对传统会计、财务与审计产生深刻的影响,形成以人为中心、为根本的人本会计、人本财务、人本审计的新兴理论和专业领域。

一、关于"人本十"

自从有了人类以来,人与物的价值关系就相伴而生。只是人类诞生之初,由于物品的短缺贫乏,人类为了自身生存,几乎完全将注意力关注到从自然界获取物产上面。但随着社会生产力的提高,人类逐渐具备了创造物质财富的能力,以至于当今社会人类消费的物品中人造物已占到绝大多数。由此,人与自然、人与物之间便具有了对象性关系,物成为被人利用、认识、改造、制造、控制、保护的对象。物成为人生存和发展的手段,从"自在"的存在,转化为"人为"的存在,自然物不断地转化为人造物。于是,世界的发展就决定于人的创造,进而证明人是创造世界的本原,人造物是人的创造活动的产物。

正是基于上述客观事实,笔者提出会计·财务·审计意义的"人本"理念,其内涵是:第一,人是经济活动或价值创造的主导、本原、中心、根本;第二,把经济活动中所有相关联的人放在至高无上的位置,当成目的与责任,而不是当成手段与工具;第三,在企业经营活动中,将人力资源视作最重要的经济资源,物力资源只是条件。

将上述人本理念广泛应用于经济和管理领域,对传统会计、财务、审计的理论与方法进行再造、创新、改进、完善,就是所谓的"人本＋"。

二、"人本＋"会计

会计基于人类对物的管理而产生,建立了以物为对象取向、以物为中心、以物为根本的会计,我们姑且称之为"物本会计"。物本会计忽略了人在经济活动中的主导性、决定性作用,没有抓住经济活动的根本,也不能提供完整的信息。而以"人本＋"的思维重新考量会计,将以人为本的原则系统运用于会计领域,在对传统会计进行根本革新的基础上建立的会计系统,即以人及其行为为对象取向、以人为中心、以人为根本的会计,就是人本会计。

人本会计的核心思想可以概括为以下四点:第一,人成为会计的第一要素,即将人及其行为系统纳入会计系统,将人力资源作为会计对象要素中第一位的、决定性的要素。因而,一方面要确认人力资产的价值,将其置于资产的首要地位;另一方面要承认人力资本所有权,保护劳动者的特殊的所有者地位。第二,认为人力资源才是物质财富创造、利用的主体,将其视作最重要的经济资源,离开人的劳动,物质财富就什么也不能做,即使是机器人运行,也离不开人的设计、操作。因此,不仅要给予劳动消耗以必要的补偿,而且更要让人力资本参与企业剩余的分享。第三,重构会计等式为:资产＝行为＝权益,其中,资产是价值的载体,行为是价值的源泉,权益是价值的归属。这种三维会计模式通过三式记账法立体、完整、动态地反映经济活动的主要信息,并通过新的报告体系总括性地进行信息披露,从而向信息使用者提供更有价值的信息。第四,人本会计所体现的会计管理机制,就是对其成员,即每个人的贡献与责任进行清楚的计量和显示,并结合按贡献进行利益分享的规则,则每个人就会自觉地将自己的思想和行为引向价值贡献。同时,在直接的相互合作中,人们可以在互动中直接相互监督,而这种监督并不需要成本,因为它是成员各自利益追求中附带的自然行为。因此,形成一个人就是一个经济实体的自我驱动机制与团队生产的合作共赢机制。这一新的会计模式,是会计对象的增加,会计结构的调整,会计方法的变革,会计理论的探索,会计思想的发展。

三、"人本＋"财务

传统财务管理以物为中心展开有关资金、资本及其相关要素的管理,笔者称之为"物本财务管理"。随着知识经济时代的到来,暴露出其根本缺陷:一是财务管理的目的过于狭隘。以股东财富最大化为目的,仅站在资本投资者的立场上,不包含其他利害关系集团的利益,就会受到相应的抵触,不能实现共赢的合作。二是"见物不见人",只重视资金或资本等物力资源的管理,没有抓住价值创造的主要矛盾。三是财务管理方法等没有深入经济活动的根本层面,缺乏实现价值增值的有效方法。

"人本+"财务,就是将以人为本的原则系统运用于价值管理领域,确立以人为中心、为根本的财务思维与价值观念。人本财务管理,与以物为中心、为根本的现行或传统的"物本财务管理"相对应,是将人本的理念系统运用于财务领域,以人为中心、为根本来组织财务活动、处理财务关系的管理活动与方法。其主要观点是:将人力资源视作最重要的经济资源,认为以企业家为代表的所有员工的人力资源才是价值的源泉;人是价值(经济财富)创造的主体,人及其行为是价值创造的本原与动因,而物力资源只是价值创造的条件;人力资本所有者与物力资本所有者以平等法律地位共同拥有企业终极所有权,但前者同时获得企业经营权,从而应以各自的资本比例与价值贡献分享新创造的价值;财务管理的核心是价值管理,价值管理的核心是价值创造管理,而价值创造管理应以人为本。在此基础上,还可以将人本财务管理提升为人本价值管理,即以人主导下的经济活动的价值形态为主要对象,以人为中心、为根本来组织价值活动、处理价值关系的系统的价值管理活动与方法。

人本财务管理或人本价值管理的内容,可以从管理要素和管理方法两方面来设计:

按照管理要素来考虑,一是资产要素管理:其核心是解决资源配置效率问题。其重点是核心资产要素——人力资产要素的管理;作为人力资产已经外化形态的专利、品牌、商誉等的管理;人力资产与其他物力资产匹配与结构的管理。二是行为要素管理:其核心是解决行为价值管理的方法问题。其重点是基于价值视角的行为者心理与行为管理成为财务管理的新的重要领域,关键是行为价值增值的品质与效率。具体包括行为增值管理、行为减值管理和行为净值管理。三是权益要素的管理:其核心是解决财务治理与权利分享问题。其重点是人本财务治理;劳动者权益要素管理;劳动者权益要素与其他权益要素结构管理。

按照管理方法来考虑,包括:价值发现与策划;价值决策与规划;价值驱动与激发;价值沟通与指导;价值诊断与调控;价值分析与评价;价值分配与分享。

四、"人本+"审计

与传统的会计即物本会计相对应,传统的审计是以物为中心、为根本的审计,我们姑且称之为"物本审计"。在这种审计体系中,账簿及经济活动等"物"在审计系统中占有绝对重要位置,无论从审计对象、审计目标、审计标准,再到审计内容和所提建议,都要围绕"物"来进行,有时虽然也会考虑人及其行为,但只是处于从属的地位。审计的对象完全依托账簿等经济业务的有关资料,没有对人及其行为进行考察;依据的标准也是以物为中心的会计制度等的标准;没有正面回答被审计人的履行责任情况。审计可以发现被审计单位是否有严重的违规问题,但不能很好地评价被审计人的履行责任的能力、决策水平、行为改进的建议,造成审计报告只可以作为不提拔使用管理者的参考,不能作为评价、使用、提拔、调任管理者的依据。

"人本+"审计,就是构建以人及其行为为中心、为根本的审计观,将审计视为一种社会现象,作为人类对自身行为的评价活动。具体来说,人本审计就是审计人对照既定标准,评价被审计人及其行为的可靠性、合法性、有效性,从而确定被审计人的受托责任,提出改进行为的建议并向行为者问责的活动。其核心思想如下:

第一,人本审计要以被审计人及其行为为导向。人本审计观下的审计不再以账项、制度、风险为导向,而是建立起全新的以人及其行为为导向的审计模式。在该种模式下,重视对行为风险的评估;审计思路调整为"由内而外"和"由外而内"相结合;审计方法引入了对行为动机、行为、人格、能力、气质的测评方法,丰富了审计的技术和方法。

第二,人本审计观下的审计要对人及其行为进行评价。人本审计观下的审计不再是以物为中心,而是人评人,不是人评物。审计是透过物去看人,是人类对人及其行为的评价活动。从某种意义上来讲,审计人员也是评判者,只不过评判的是受托经济责任完成情况。这也是人本审计与物本审计的一个最大区别。

第三,人本审计要对人及其行为发表意见并报告。审计人对被审计人及其行为进行审计后,就可以结合分析经济活动的情况,综合分析行为动机、过程和结果,对被审计人行为的可靠性、合法性、有效性发表意见,并将被审计人的行为信息报告给受托人,最终评价被审计人履行受托责任情况,向受托人或被审计人提出改进行为的建议并向反面消极行为问责。

第四，人本审计的目的。人本审计的目的是监督评价受托人及其行为的可靠性、合法性、有效性；分析、揭示人及其行为存在的不足；提出改进人及其行为的建议，促进人及其行为的价值增值。

第五，人本审计模式。人本审计模式以被审计人及其行为为中心开展审计的各项流程，审计以人开始，并以人结束。具体来说，审计的着眼点是人，审计立项由人开始，审计过程中关注人及其行为，结合对经济活动的分析，对照有关行为的标准，得出审计监督、鉴证、评价的结果，审计也由人结束，审计报告的客体是人，最终向人问责，向人提建议，促进人及其行为的改善提高。

第六，人本审计理论体系。人本审计理论体系包括人本审计基础理论和人本审计应用理论两大部分。人本审计基础理论主要由审计本质、审计假设、审计目标、审计概念等构成。人本审计应用理论是以基础理论为原理运用于审计实践所形成的一系列指导实践的理论，按行为类型划分为行为可靠性审计理论、行为合法性审计理论、行为有效性审计理论；按审计的主体划分为人本国家审计应用理论、人本民间审计应用理论、人本内部审计应用理论；按审计操作规范划分为人本审计准则理论、人本审计程序与方法理论、人本审计报告理论。

五、本论丛的特点

"人本会计与财务研究论丛"包括《人本财务会计》《人本财务管理》《人本审计》《人本财务法律制度》四部著作，是四位作者在攻读博士学位期间研究成果的基础上完成的，是中国海洋大学管理学院会计学系会计学博士点"人本会计与人本价值管理"博士生研究方向的系列研究成果的一部分，此外还经过了三届人本会计论坛上的主题研讨交流。本论丛的特点如下：

第一，人本性观念。本论丛中每部著作的研究，都自始至终贯穿"人本＋"观念，对传统会计、财务、审计乃至相关规则进行再造、创新、改进和完善。可以说，人本性观念是本论丛的灵魂，是本研究领域的哲学方法论。无论是从事本领域研究，还是阅读本论丛的理论成果，都特别需要先牢固确立前述人本理念来主导专业认知和思维，切忌用传统的，也即"物本"的专业思维来主导认知和思维，更不可让人本理念和物本理念搅乱了思维。

第二，创新性研究。本论丛中的每项研究，都是突破传统的专业知识、理论与方法体系，在继承的基础上，遵循会计、财务、审计的发展规律，基于社会未来发展的诉求，按照"人本＋"的原则进行基础概念、基本理论和方法的新设计、新构建,同时力求能够自圆其说,并提供可操作的方法、程序。可以说,研究创新是本论丛的学术追求,理论发展是本论丛的学理使命。

第三,开拓性引领。伴随着社会的发展,会计等领域不能原地踏步而需要与时俱进地跟随支持。本论丛的研究正是肩负这份使命责任,去着力开拓、努力引领,即使遭遇探索失败也在所不惜。当然,就像任何其他新生事物一样,本领域的研究也有一个从幼稚到成熟的过程,而本论丛的出版也正是向读者、同行提供一个质疑交流的载体,为明道求真做出的一份坚持。

爱因斯坦说,如果现实不对,那就改变现实!凯恩斯则认为,难的是从旧观念中跳出来。面向未来,而不是以思维定势看待"人本+"会计·财务·审计,就像不能用单式簿记的思维来看待复式簿记一样。目前,似乎推行的条件并不完全具备,但只要符合人类自身的利益,那就去创造条件以适应理论。美好的未来是靠从现在做起、用心创造出来的。哥白尼说,人的天职在于踊跃探索真理。黑格尔也曾深刻地指出,一个民族有一些关注天空的人,他们才有希望;一个民族只是关心脚下的事情,那是没有未来的。我们非常愿意做这种仰望天空的人,因为我们希望并坚信社会会有美好的未来。

徐国君

2015 年 10 月

前　言
PREFACE

对现行财务会计"见物不见人"的批评已经很多年了,但"见物不见人"的现行财务会计却没有多少改变。这一方面是由于社会尚未发展到必须促使现行财务会计发生改变的程度,另一方面则是没有找到使财务会计"见物又见人"的方法。

财务会计是随着社会经济的发展而不断发展进化的。正如郭道扬在其发表于《会计研究》上的论文《论产权会计观与产权会计变革》中所指出的:"会计是维护社会经济生产领域产权主体之间利益公平的一种制度安排,而且产权的社会化程度越高,会计对产权所进行的反映和控制便越是具有关键性的作用。"在社会经济发展由物质资源起主要的决定性作用的时代,会计所要维护的当然也只能是物质资源提供者的产权。后来,随着技术进步的加快和技术手段在社会生产中的作用越来越凸显,会计开始增加对技术投资者产权的核算与保障。知识经济时代到来以后,随着掌握了现代科技知识的劳动者在社会生产中所起的作用越来越大,会计也在试图做出改变,以便能够核算和维护劳务要素提供者的经济利益,如支持员工持股计划、增加股权支付的核算等。但这些改变尚是局部的、不系统的,还没有达到有效协调各生产要素提供者利益公平的要求。可以说,社会经济的发展已经对现行财务会计进一步维护所有生产要素提供者的经济利益提出了更高的要求(虽然还没有达到使现行财务会计必须改变的必然性条件),可是现有的理论与实践探索却未能给出达到这一要求的系统方法。也就是前面所说的,没有找到使财务会计"见物又见人"的方法。

针对核算劳务要素、确立劳务要素提供者的所有者地位、允许劳务要素提供者分享收益等要求,现行财务会计做了一些变通,但距离人们期望相差甚远。伴随着这一要求而产生的人力资源会计又只是单方面强调对所谓人力资源(劳动者的潜在劳动能力)的核算,无法实现劳务要素与非劳务要素的有机协调,所以直到现在也无法进入财务会计系统。究其原因,是因为人力资源会计是"见人不见物"的。如果没有一个将"物"和"人"有机协调起来的功能实现机制,将现行财务会计和人力资源会计简单捏合起来也是无法实现"见物又见人"的目标的。1997年,徐国君首次提出具有人本会计理念的劳动者权益会计,该观点得到了充分的重视与肯定,如张文贤在2001年《复旦学报(社会科学版)》第2期上发表文章,认为这是一次从物本主义到人本主义的会计学革命。2003年,徐国君出版《三维会计研究》一书,首次将劳动行为作为一个财务会计核算维度纳入会计核算中来,从理论上论证了财务会计从物本会计到人本会计的转变。其后,人本会计的研究取得了一系列的研究成果,人本会计的理念也被研究者移植到了公司治理、内部控制、绩效评价、审计等多个学科或研究领域,但这些研究仍然还是理论上的,距离促使实务工作发生全面系统改变的要求还存在一定差距。

本书正是在这样的背景下开始研究的。笔者通过对现有人本会计研究文献的回顾发现,现有研究虽然都是主张会计要"以人为本"的,也不断批评现行财务会计是"以物为本"的,但是,却没有真正回答"何为以人为本"的问题,也没有说明"以哪些人为本""以这些人的什么对象为本""如何保证为本的人之间利益的公平协调"等问题。这样,就导致人本会计的研究成了空洞的口号或理论上的虚言,无法真正落实到实务工作中。为此,本书在引言中先对古今中外的"以人为本"的思想进行哲学上的分析和现实上的思考,说明"以人为本"就是要以社会生产关系中的所有人(包括我们的子孙后代)的成长与发展为本,保障社会公平公正和每个人(不仅是我,也是你与他)的权利实现及利益增长。具体到社会生产领域和每个生产企业,"以人为本"就是要以所有生产要素提供者的经济利益和成长发展为本,保障每项生产要素(如货币、实物、技术、劳务、环境等)的提供者都能够公平合理地获得各自利益,而不导致相互博弈和侵占。进而指出:人本财务会计就是为了保障能够达成上述目标而构建的财务会计理论与方法。

为了更好地说明人本财务会计的理念和根本思想,本书第1章对比分析了现行财务会计、人力资源会计和人本财务会计,不仅说明了现行财务会计和人力资源会计的贡献,也分析了它们存在的不足。在此基础上,进一步说明人本财务会计要吸收现行财务会计和人力资源会计的合理内核,克服它们的不足或弊端,建立起各项生产要素提供者合作共赢的机制,并改进财务会计理论、设计可以保证实现合作共赢的财务会计工作程序与方法,形成可操作性的人本财务会计制度。

为了切实建立可操作的人本财务会计制度,本书第2、第3、第4章深入探讨了人本财务会计的会计理论。其中,基础理论部分对人本财务会计面临的环境、人本财务会计的本质、人本财务会计的对象、人本财务会计的职能进行分析,为建立人本财务会计应用理论提供基础性概念;功能实现机制部分则详细讨论了保障各项生产要素合作共赢的制度安排,并通过实际应用案例证明了这种安排的有效性,成为连接基础理论和应用理论的桥梁;概念框架部分则建立了由人本财务会计的目标、假设、会计信息质量特征、会计原则、会计要素、会计确认、会计计量、会计记录、会计报告所构成的应用理论体系,为设计人本财务会计各项生产要素的会计核算制度提供基础。要说明的是,现行财务会计理论内容中并没有功能实现机制部分,那是因为现行财务会计所核算的对象均是没有主观能动性的货币资金、实物资产和技术产权,这些生产要素之间不会有博弈行为发生,也不要求这些生产要素的提供者互不侵害地合作共赢。人本财务会计核算对象已经扩充为所有生产要素,并要保证各项生产要素公平获取各自利益以实现合作共赢。这就必然要求在确立人本财务会计应用理论之前,首先要建立能够实现各种生产要素提供者合作共赢的制度安排(本书称之为功能实现机制),其次才能以此制度安排构建各项人本财务会计概念框架的内容。同时,本书关于基础理论和概念框架中的名称虽然是直接使用了现行的名称,但其具体内容却都是按照人本财务会计的理念进行了重新界定,成为了人本财务会计的理论内容。本书第5、第6、第7章依据人本财务会计的理论,按照生产环节研究建立了各项生产要素获取、生产要素营运、经营成果分享的人本财务会计核算方法。本书第8章设计了人本财务会计报告的编制方法。这些内容实现了对环境、货币与实物资源、无形资源与技术、劳务的全面核算与报告,并保证了这些生产要素提供者的合作共赢。在设计这些生产要素的核算与报告方法时,对于能够借鉴和沿用的现行财务会计内容的部分,本书直接采用了现行的处理方法;对于不能直接使用或现行财务会计不存在的项目,则按照人本财务会计的理论进行了新的设计,实现了财务会计理论与方法的继承与发展。

总之,本书在详细界定"以人为本"思想的基础上,遵循其基本要求,全面建立了人本财务会计的理论与方法,真正形成了能够保障所有生产要素提供者合作共赢的财务会计核算与报告体系。当然,本书作为人本财务会计研究上的全新设计,由于笔者能力限制等多方面的原因,肯定会有很多不足和有待改进之处,诚恳地希望读者批评指正。如果因此而推动了人本财务会计的进一步研究,那更会让笔者欣慰。

孙玉甫

2015 年 10 月于温州大学城市学院会计分院

目　录
CONTENTS

0 引言：基于人本会计思想的财务会计

0.1 人本会计的研究历程

　　虽然经济学早已确认劳动是重要的生产要素，但是宣称以经济学为理论基础的会计学却迟迟未能实现对劳动要素的会计核算和会计管理。20世纪60年代产生的人力资源会计将核算和管理的对象界定在人及其所具有的劳动能力的价值上，而不是直接核算和管理人的劳动行为及其行为结果的价值。正如我国首个人力资源会计方面国家级研究课题承担者刘仲文所言："所谓企业人力资源，是指在生产经营过程中，企业所拥有或控制的能给企业带来经济利益的人力或劳动力。这里的人力或劳动力一般指为企业服务并在一个较长的时期内隶属于企业的从事脑力或体力劳动的全部职工。……人力资源会计是把人力资源作为社会或企业的人力资产，对其成本和价值进行确认、计量和记录，对其供给与需求进行预测，对其投资效益进行分析，做出人力资源投资决策分析，并将其结果报告给有关方面的会计管理方法。……从人力资源的形成来看，人力是人通过消费进行自身生产的产品，但这种自身生产形成的人力，只是作为经济资源的人力的自然基础，要真正从事劳动，还必须进行人力资源的开发，这种开发来自多个方面：劳动者个人、企业及社会。在劳动力未进入生产经营过程以前，这种开发就是人力资源投资或人力投资。所谓人力投资，是指为形成人力资源储备而进行的垫支。企业对人力资源的投资形成企业的人力资本。……所谓人力资产，是指企业投入资本后所拥有或控制的，能以货币计量的，可以为企业带来未来经济利益的劳动力资源即人力资源。……企业人力资本的形成，一方面是企业投资的结果，另一方面是社会、家庭、劳动者个人投资的结果。无论人力资本是谁投资的结果，人所具有的创造剩余价值的潜在能力或生产能力是归劳动者所有的，即人力资本的所有权是归劳动者本人的。企业对人力资产投资的目的是为了获取经济利益。企业人力资本表现为企业所控制或使用的一定数量和质量的劳动者(包括体力劳动者和脑力劳动者)创造剩余价值的潜在生产能力。……人力资本保全是维持企业人力资产提供服务的潜在能力或生产能力保持不变。……企业人力资源会计是以一个企业某一会计期间能以货币计量的企业人力资源即人力资本运动为会计对象。企业人力资源会计是从微观上核算和控制企业人力资本总存量及总流量。"[①]总结上述观点可以看出,人力资源会计将人(劳动者)自身生产并经开发的体力与脑力(也就是所说的潜在生产能力)定义为人力资源,将企业职工的潜在生产能力定义为企业人力资产,将与人力资产对应的产权定义为人力资本,并试图反映企业人力资产和人力资本的价值变化。显然,人力资源会计所反映的对象是劳动力,而非经济学所阐述的那项重要的生产要素——劳动。劳动力与劳动的区别是显而易见的,劳动力只是劳动者所具有的生产能力,而不是生产行为(劳动)本身。劳动力是潜在的能力,无法直接观察、记录、考核。虽然也有一些方法对劳动者的生产能力进行测评,但生产能力如果不能用于生产经营过程中,或者在生产经营过程中不能与其他生产要素形成合力,将不会对生产价值的创造带来好处。换句话说,即使一个劳动者经测试评价表明其具有非常高的生产能力,如果该劳动者因为某些外部或内部的因素而不能将其具有的生产能力在生产经营过程中充分发挥,那么也不会带来高的生产绩效。所以,试图对生产能力进行价值评价和会计核算是非常困难的,即使通过各种方法手段可以做到,也并不能真正反映劳动者在生产经营过程中的行为价值和绩效价值,也就很难体现核算人力资源所带来的效益。这或许就是人力资源会计难以成为现行会计准则并在企业中得以普遍应用的原因。故此,真正要将劳动者的因素纳入会计核算中,应该核算的是劳动者实实在在投入生产经营过程中的劳动,而不应该是劳动者所具有的生产能力,可当时的人力资源会计研究却未能跳出核算生产能力的桎梏。直到1994年,徐国君出版专著《行为会计学》才开始了对劳动行为进行会计核算的研究与探索。《行为会计学》将会计核算的对象扩展为生产经营中动态的行为过程和价值运动过程与静态的行为对象和行为结果,从而使会计成为围绕"行为—价值"这个中心广泛提供各种相关信

① 刘仲文.人力资源会计[M].2版.北京:首都经济贸易大学出版社,2006:1-3;35-45.

息,并利用信息进行管理的一种活动。这本著作的出版,标志着会计理论研究的视角从仅核算无生命的"物"转到核算有生命和主观能动性的人的行为及其结果上来,开辟了面向人的行为的会计理论研究的新领域。1995 年,徐国君、夏虹发表《行为会计准则探索》一文,详细论述了行为会计的框架和运作规则,给出了行为会计的两个分支——行为财务会计和行为管理会计的概念、职能及核心工作内容,并提出了行为会计的特殊准则[①]。但是,行为会计的研究并未得到学术界积极的响应,对行为进行直接核算的探索成了广袤的会计原野上的一簇嫩芽,在一个不为关注的地方孤独而顽强地生长着。

1996 年,阎达五、徐国君发表了两篇论文,主张劳动者也应该成为企业产权的主体,享有企业资产的要求权,并说明这种产权来源于企业劳动者在生产经营过程中的劳动行为所形成的对企业价值增值的贡献。在此基础上,还重构了会计基本等式:物力资产＋人力资源投资＋人力资产＝负债＋劳动者权益＋所有者权益,给出了劳动者权益核算的账户体系与核算方法[②]。这两篇论文所提出的观点已经直指会计核算对象的改变,说明了会计要核算的不仅是物力资产以及由于人力资源开发投资所形成的人力资源投资,第一位的会计要素应该是劳动者投入劳动行为所形成的人力资产以及由此导致劳动者享有劳动所创造的企业价值增值的分配权益。但是,也许是为了体现科学发展的衔接与连续,也许是为了避免与现有研究出现过大的矛盾冲突以及防止太超越当前研究而不能被其他研究者所接受,论文作者将具有实质性差异的劳动者权益问题的研究隐入当时能够被众多研究者认可的人力资源会计中,称之为人力资源会计的新模式。1997 年,徐国君的专著《劳动者权益会计——人力资源会计新模式研究》出版,仍然采用了这样的方法,将整部著作分成上下两篇:上篇主要介绍的是人力资源会计的当前研究,作为劳动者权益会计的基础,但又同时说明"本书虽然也使用'人力资源会计'的概念,但在研究内容与方法等方面与西方人力资源会计有着显著不同。鉴于本书的核心思想是建立人力资本观念、承认劳动者对

---

① 徐国君,夏虹.行为会计准则探索[J].青岛海洋大学学报(社会科学版),1995(2):24-28.

② 阎达五,徐国君.论劳动者权益会计——重构会计等式的理论与方法[J].中国工会会计,1996(5):6-9.;阎达五,徐国君.关于人力资源会计的框架——以劳动者权益会计为中心[J].会计研究,1996(11):19-24.

人力资源的所有权及其相应的全面权益,因此本研究将'人力资源会计'从新的角度称之为'劳动者权益会计'。"下篇全面介绍了劳动者权益会计的模式设计,详细阐述并拓展了前述两篇论文的思想,充实了相关的理论和核算方法以及价值计量手段,还阐述了与劳动者权益有关的各项管理问题①。可见,劳动者权益会计已经将会计核算的对象扩展到劳动者的行为,并进一步引申到行为的结果以及行为所创造的产权权益。此后,徐国君会同其研究团队的其他成员围绕劳动者权益会计的有关问题,进行了多方面的研究,进一步阐释了人力资源会计基本框架②、人力资本与个人收入分配机制③、人力资本保值增值与劳动者权益确立④、企业经营管理者激励机制⑤、人力资源价值评估⑥、人力资本投资额计量⑦等问题。这一系列的研究虽然仍然被研究者标明为人力资源会计研究,但实质上已经是开辟了会计研究的一个新领域。在这个领域中,会计要对劳动者的劳动行为进行核算,要反映劳动者因劳动行为投入而享有的企业产权,要体现劳动者的劳动行为所创造的企业价值增值,并提出劳动者理应分享这部分增值的理论和方法。最重要的是,劳动者权益会计虽然宣称属于人力资源会计的新模式,但已经超越了人力资源会计的理论与方法,不仅要反映人力资源这一重要项目,而且将人及其行为视为第一位的生产要素,在会计等式中科学解释了人在没有物质资本投入和借入负债的情况下凭借自己的创造性劳动也可以实现物力资产增加和劳动者权益增长的社会现实,提出了会计核算对象要以人为根本的基本思想。可见,这一阶段的研究虽然没有明确提出人本会计的概念,但已经初步将会计核算和会计管理的根本对象放在了人的行为及其结果上。可以说,劳动者权益会计就是现在的人本会计的理论前身,正如张文贤、邵强进

---

① 徐国君.劳动者权益会计——人力资源会计新模式研究[M].北京:中国财政经济出版社,1997;1;119.

② 韩启红,徐国君,等.人力资源会计基本框架设想[J].中国农业会计,1997(9):3-5.

③ 徐国君,夏虹.论人力资本与个人收入的分配机制[J].青岛海洋大学学报(社会科学版),1999(1):46-53.

④ 阎达五,徐国君.人力资本保值增值与劳动者权益的确立[J].会计研究,1999(6):2-6.

⑤ 徐国君,王锋.关于建立企业经营管理者激励机制的几个会计问题[J].青岛海洋大学学报(社会科学版),2000(2):55-57.

⑥ 马广林,徐国君.人力资源价值评估探索[J].财会通讯,2001(10):52-53.

⑦ 吴国灿,徐国君.人力资本投资额计量的新模式——收益贡献折合法[J].科学与科学技术管理,2003(3):41-43.

在论述会计发展并支持在会计等式中引入劳动者权益项目时所表述的：这是会计学从物本主义到人本主义的一次飞跃[1]。曾晓艳也将引入了劳动者权益的会计等式作为人本主义会计的基本等式，重申了核算劳动者权益的重要性和现实性[2]。应该说，以人力资源会计新模式的名义构建劳动者权益会计的研究取得了成功，劳动者权益的概念和理论得到了广泛引用，也受到了普遍好评。

2001年，徐国君不满足于将行为核算隐藏于传统会计记账方法并受到这种二维复式记账制约无法全面、立体地反映企业经济活动的状况，会同熊杰撰写了一篇论文，开创性地提出了三维簿记的记账方法。该论文基于对单式簿记到复式簿记的发展分析，说明了会计在知识经济条件下必须全面、立体地反映物力资本和人力资本在三维空间中的经济活动，从而应该在原有"资产—权益"二维簿记模式的基础上引入第三维向量——"行为"，扩充簿记系统的信息容量，形成"资产—行为—权益"立体信息结构，全面地反映价值运动信息[3]。2002年，阎达五、徐国君对三维簿记方法的理论体系予以完善，提出了三维会计理论[4]。之后，徐国君单独或与他人合作从产权演变的角度论证了会计维度的扩展问题[5]；基于二元产权机制进一步解释了劳动者权益会计的基本思想[6]；详细分析了三维会计的空间结构，说明了只有在三维空间结构中才能全面、立体地反映企业的经济活动[7]。2003年，徐国君在整合上述研究的基础上，出版了学术专著《三维会计研究》，针对传统物本会计的弊端，创造性地提出与之相对应的人本会计概念，并定义人本会计就是以人为中心、为根本的会计；强调人本会计要以满足人的需要和实现人的价值为目的，将

① 张文贤，邵强进.会计学革命——从物本主义到人本主义的飞跃[J].复旦学报（社会科学版），2001(2)：82-87.

② 曾晓艳.论人本主义会计的发展基础[J].江西社会科学，2003(4)：92-94.

③ 徐国君，熊杰.论簿记法的创新——三维簿记初探[J].青岛海洋大学学报（社会科学版），2001(2)：40-45.

④ 阎达五，徐国君.三维会计的提出与基本问题构想[J].财务与会计，2002(1)：18-21.；2002(2)：14-17.

⑤ 徐国君，熊杰，吴国灿.产权演变与簿记维度发展[J].青岛海洋大学学报（社会科学版），2002(2)：63-68.

⑥ 徐国君，马广林，樊培银.二元产权机制与会计创新：劳动者权益会计[J].四川会计，2002(8)：27-28.

⑦ 徐国君.论三维会计结构与会计空间[J].会计研究，2003(9)：14-17.

人作为第一会计要素,提供与人的行为有关的价值和非价值信息;主张让人力资本参与企业剩余的分配[①]。2004 年,徐国君发表了《从物本会计到人本会计》一文,以"人本主义"作为其根本的哲学立论依据,进一步论证了上述观点[②]。2004—2007 年,徐国君带领其研究团队一起发表了一系列学术论文,探讨了以人为中心、为根本的会计改革问题[③]。这些研究创立了全新的人本会计研究领域,为进一步构建人本会计学科打下了基础。当然,要说明的是,1999 年,于玉林将研究会计人员及其与会计事业相关的思维和行为活动的学科称为人本会计[④],并引发了一定的后续研究。显然,仅研究会计人员的思维和行为与将企业的生产经营过程中的人的行为纳入会计核算和管理是有着本质区别的,对于此种人本会计的研究本书不予讨论。

三维会计(特别是人本会计)提出后,引起了热烈回应,相关研究陆续展开,并呈现出阶段性特征。

研究的第一阶段为 2005—2008 年,这一阶段发表的文章除了继续论证建立和实施人本会计的必要性以及重复已有研究所提出的观点以外,主要的研究内容就是在探讨将哪些人或业务纳入财务会计核算中的问题,如王海兵最初认为要对企业内的人力资源和企业外的客户资源进行会计核算与报告[⑤],进而又主张人本会计就是要对核心人力资源的能力进行相应的会计核算与报告[⑥];胡春晖、郑汝昌在分析了人本会计存在的难题之后[⑦],提出要以组织内的会计人员及其内部的其他人力资源和企业外部的客户资源为研究对象,对

---

① 徐国君. 三维会计研究[M]. 北京:中国财政经济出版社,2003:118-136.

② 徐国君. 从物本会计到人本会计[J]. 会计之友,2004(10):4-7.

③ 徐国君,刘鑫. 行为财务管理探索[J]. 财会月刊 A(会计),2004(3):7-8.;徐国君,刘鑫. 行为管理探索——以价值管理为中心[J]. 中国海洋大学学报(社会科学版),2004(3):83-85.;徐国君,马广林. 论会计的空间思维与立体管理[J]. 管理学报,2004(3):359-362.;徐国君,马广林. 论会计从静态会计到动态会计的提升[J]. 中国海洋大学学报(社会科学版),2004(6):166-169.;徐国君,马广林. 试论静态会计与动态会计[J]. 中国注册会计师,2004(12):53-56.;徐国君. 由二维平面会计到三维立体会计的设计探索[J]. 现代财经,2006(3):24-26.;马广林,徐国君. 试论二元三源资本结构[J]. 中国海洋大学学报(社会科学版),2006(4):26-29.;徐国君. 从物权会计到人权会计[J]. 中国海洋大学学报(社会科学版),2007(4):44-47.

④ 于玉林. 试探 21 世纪"人本会计学"的发展[J]. 现代财经,1999(1):25-28;56.

⑤ 王海兵. 人本会计初探[J]. 财会月刊(综合),2005(4):5-6.

⑥ 王海兵. 能本会计:人本会计的新发展[J]. 财会月刊(理论),2006(8):15-16.

⑦ 胡春晖,郑汝昌. 21 世纪人本会计研究的六大难点[J]. 会计之友,2006(11 上):14.

这些人的思维、行为和价值体现进行相应的计算、记录、分析、报告和监督①；王海兵、刘丽娟强调人本会计是在人本主义的"以人为本"思想指导下，会计确认、计量、记录和报告以人为基础，从而将人本思想贯穿于会计核算的全部范围、对象、要素和具体内容中，但最后却又认为人本会计工作就是对企业的人力资源、客户资源等在内的人际资源的开发、管理和利用过程及结果的反映和控制②；杨全照、陈莉虽提到了人本管理思想，但在设计人本会计管理的具体内容时又回到了人力资源会计和行为会计的老路上③；丁胜红、盛明泉则基于人力资本所具有的资本整合作用，主张人本资本会计应研究与人有关的人力资本、组织资本、关系资本的产权投资、产权交易和收益分配等内容④。可见，这一阶段的研究并未能摆脱人力资源会计的影响，仍然将人本会计局限在拓展反映人力资产和人力资本及其相关业务的思路上。

针对人本会计第一阶段研究所存在的问题，2008年8月，徐国君、王海兵发表文章详细阐述了人本会计观的科学含义，指出："科学的人本会计观，是指会计的发展方向受科学发展观的指导，整个会计体系构筑在尊重社会经济发展规律、将'以人为本'作为会计创新与发展的出发点和落脚点的思想基础之上……人本会计观要求我们必须尊重人力资源主体的劳动及其所创造的价值，并且按照要素投入及贡献份额进行收益分配和风险分摊。科学的人本会计观主张以人为本、利益相关者多方共赢，以会计公正促进社会公正……科学的人本会计观，是将科学发展观应用于会计领域的重大理念创新，是未来会计发展的指导思想和基本原则。践行人本会计观，要求在科学发展观指导下深入推进人本会计研究，构建适应于我国社会主义市场经济的人本会计体系"⑤。可见，徐国君主张的人本会计是建立在"以人为本"的哲学思想和科学发展观以及社会主义本质要求的现实基础上，用"以人为本"的理念重新思考会计及相关学科研究对象方面的问题，摆正资本和劳动在现代经济中的位置，解决人力资本产权主体缺位、物质资本权益分配越位等问题，激发人力资源主体的能动性和创造性，促

① 胡春晖，郑汝昌. 基于科学发展观的人本会计研究[J]. 财会通讯(学术版)，2007(2)：90-92.

② 王海兵，刘丽娟. 论物本会计的没落和人本会计的兴起[J]. 重庆工学院学报，2007(1)：78-79；82.

③ 杨全照，陈莉. 人本会计管理及其应用探讨[J]. 财会月刊(会计)，2007(7)：11-13.

④ 丁胜红，盛明泉. 基于产权行为研究的人本资本会计模式构造[J]. 会计研究，2008(4)：11-18.

⑤ 徐国君，王海兵. 论科学的人本会计观[J]. 会计之友，2008(8上)：11-13.

进社会公平与和谐。该文拨正了人本会计的研究方向,说明了人本会计不仅仅是为了增加与人有关的会计要素及进行与这些要素相关的经济业务核算,而是为了建立一整套以人为本的会计核算与管理的理论与方法,实现人的行为所涉及的各生产要素的科学配置和各利益相关者合作共赢。之后,人本会计的研究开始探讨"以人为本"思想指导下的传统会计理论与方法的改革问题。徐国君、赵书东讨论了基于人本价值管理的报告模式、合伙企业的人力资产核算问题和作业成本法应用①,徐国君、董俊鹏分析了基于二元资本结构的公司治理问题②,徐国君、胡春晖进一步研究建立了人本会计的基础理论体系③,马广林、樊培银、徐国君设计了企业价值驱动机制框架④,徐国君提出了行为价值管理的研究方向⑤,刘晓明给出了对人本会计完成研究设计再迅速变革实施路径和对人本会计行为进行备查的改良方案⑥,胡春晖、王东娣初步界定了人本审计的概念⑦,徐国君、韩斌研究了客户关系资本出资问题⑧,徐国君、邢鹏鹏构建了激励管理者行为价值增值的产权制度⑨,徐国君、胡春晖基于伦理导向分析了会计的人文机理并设计了伦理导向会计的框架⑩,马广林、徐国君、樊培银给出了人力资本产权价值的动态评估模式⑪,王海兵等研究了以人为本的内部控制机制、财务管理体系和财务文化建设问题⑫,胡春晖在阐述人本

---

① 徐国君,赵书东.基于人本价值管理的报告模式研究[J].中国海洋大学学报(社会科学版),2008(5):39-41.;徐国君,赵书东.合伙企业人力资产入账及赎回问题研究[J].财会月刊(会计),2008(11):6-7.;徐国君,赵书东.人本价值管理中作业成本法思想的应用[J].财会月刊(理论),2009(1):3-4.

② 徐国君,董俊鹏.基于二元资本结构的公司治理研究[J].财政监督,2008(18):7-11.

③ 徐国君,胡春晖.人本会计基本问题研究[J].财会通讯·综合,2009(5上):10-12.

④ 马广林,樊培银,徐国君.基于制度再造的企业价值驱动机制框架设计[J].中国海洋大学学报(社会科学版),2009(5):45-54.

⑤ 徐国君.行为价值管理论纲[J].财务与会计(综合),2009(11):25-27.

⑥ 刘晓明.人本会计实现路径与应用探析[J].中国农业会计,2010(1):42-43.

⑦ 胡春晖,王东娣.人本审计的几个基础问题探讨[J].天津商业大学学报,2010(5):49-53.

⑧ 徐国君,韩斌.客户关系资本出资研究[J].财会通讯·综合,2011(1上):23-25.

⑨ 徐国君,邢鹏鹏.激励管理者行为价值增值产权制度研究[J].财会通讯·综合,2011(2上):38-39.

⑩ 徐国君,胡春晖.伦理导向会计的人文机理与框架研究[J].当代财经,2011(3):110-119.

⑪ 马广林,徐国君,樊培银.人力资本产权价值动态评估模式研究[J].中南财经政法大学学报,2011(4):31-38.

⑫ 王海兵.以人为本的内部控制机制探讨[J].中国注册会计师,2011(3):89-92.;王海兵.以人为本企业财务问题研究[D].西南财经大学博士研究生学位论文,2011.;王海兵,杨小龙.以人为本的企业财务文化研究[J].会计之友,2012(3中):23-28.

会计总体思想的基础上详细构建了人本管理会计的框架并讨论了人本财务会计框架问题①，徐国君、胡春晖还进一步构建了人本管理会计工艺②，陈威、黄玲、叶成设计了综合企业物本业绩和人本业绩的 EVA 综合绩效三棱镜评价方法③，徐国君、姜毅详细研究了人本审计问题并建立了人本审计的理论体系④，房巧玲、刘长翠、肖振东基于国家审计的视角给出了行为导向审计的新模式⑤。同时，丁胜红、伍中信等人关于人本资本问题的会计研究也取得了进展，给出了诸如列报模式、与内生经济增长关系、形成机理、形成路径、资本结构等一系列有价值的研究成果⑥。至此，人本会计的研究已经渗透会计相关学科的各个方面，形成了一个学科群。但也应看到，这些研究对人本会计的建立基石——"以人为本"的科学内涵还缺乏深入的研究，从而使得科学有效地全面实现人本会计功能的具体机制和程序方法很难构造出来，一些研究往往又陷入简单增加会计核算要素的误区里。

---

① 胡春晖.人本会计理论体系研究[D].中国海洋大学博士研究生学位论文,2011.

② 徐国君,胡春晖.基于仿生学原理的人本管理会计工艺的构建[J].审计与经济研究,2012(5)：78-87.

③ 陈威,黄玲,叶成.人本经济下的企业业绩评价方式的新选择——EVA 综合绩效三棱镜[J].商业会计,2012(9)：63-64.

④ 徐国君,姜毅.审计学革命——从物本审计到人本审计[J].中国注册会计师,2012(10)：57-62.；姜毅.人本审计理论体系研究[D].中国海洋大学博士研究生学位论文,2013.

⑤ 房巧玲,刘长翠,肖振东.行为导向审计模式研究：基于国家审计的视角[J].当代财经,2013(4)：119-128.

⑥ 盛明泉,倪国爱,丁胜红.人本资本结构理论解析[J].经济管理,2007(8)：27-32.；丁胜红,盛明泉.基于产权行为研究的人本资本会计模式构造[J].会计研究,2008(4)：11-18.；丁胜红,盛明泉.人本资本信息披露研究[J].财会月刊,2009(4)：7-8.；丁胜红,周红霞.人本资本价值计量的整合模型研究——基于契约理论与新制度经济学视角[J].天津商业大学学报,2010(2)：28-34.；丁胜红,盛明泉."讨论稿"下的人本资本会计报表列报研究——基于利益相关者理论视角[J].山东财政学院学报,2011(1)：59-65.；丁胜红,周红霞.人本资本会计核算与报表编制[J].财会月刊,2011(7 下)：14-18.；丁胜红,周红霞.人本资本形成与内生经济增长[J].经济问题,2011(8)：14-19.；丁胜红,吴应宇,周红霞.企业人本资本结构特征的实证研究[J].山西财经大学学报,2011(12)：88-99.；伍中信,周红霞.人本资本形成的机理研究——基于新制度经济学视角[J].经济问题,2012(1)：4-8.；丁胜红,吴应宇.略论人本资本价值的形成路径——基于有限理性人假设视角[J].经济问题,2012(4)：10-15.；丁胜红,吴应宇,周红霞.人本资本产权行为异化、信仰危机及其价值偏移：理论和应用[J].中国管理科学,2012(S2)：675-684.；吴应宇,丁胜红.企业人本资本形成研究[J].东南大学学报(哲学社会科学版),2012(6)：14-19.；丁胜红.企业人本资本结构存在价值的实证研究[J].湖南财政经济学院学报,2013(1)：86-92.；丁胜红,吴应宇,周红霞.价值管理：人本资本会计报告架构研究[J].天津商业大学学报,2013(2)：56-63.

0.2 人本会计中的"以人为本"

通过对人本会计产生与研究过程的回顾可以看到,"以人为本"是人本会计的核心思想,也是写在人本会计旗帜上的宣言。显然,研究设计人本会计以及落实实施人本会计都必须正确理解"以人为本"的科学内涵,否则就会背离人本会计的初衷。

0.2.1 "以人为本"思想的起源与演进

在西方,"以人为本"的初步思想在古希腊时就有人提出。如普罗泰戈拉就强调"人是万物的尺度",从而主张将哲学研究的研究对象从自然转向人。但这种思想因为陷入"人是万物的尺度,那么是否意味着人也是人的尺度"的矛盾中,再加上不能回答"如何防止人的肆意妄为"这一类问题,从而没有成为当时哲学的主流观点,并在黑暗的中世纪被淹没在神本主义的哲学思潮中。根据刘建军的分析,在古代人与自然的对峙中,伴随着人们抽象概括能力的提高,人们将自己无法解释的自然力量不断神化,而对"人的力量"的认识逐渐降低,由神话思维诞生了宗教思维,最终造就了人匍匐于宗教神的脚下,由神的意志统治世界的局面①。随着社会的进一步发展,人们开始了对神的反抗,提出了与神本主义相对立的人本主义哲学观点,形成了以文艺复兴为代表的古希腊"以人为中心"哲学思想的复兴。经过文艺复兴的思想启蒙运动和资产阶级革命运动,对人的关注和重视达到了前所未有的高度,并成为当时哲学研究观点中并列的两种主要思潮(科学主义和人本主义)之一。虽然从严格意义上说,"人本主义"一词在不同哲学流派和不同研究者的笔下还有着不同的含义,但都主张:在维护人的自由、尊严和价值等所谓天赋权利的同时,要确立人在宇宙中的核心地位,强调一切思想理论研究和社会现实工作均应该以人为出发点和落脚点,以人为尺度。但是,在如何认识所谓的

---

① 刘建军.欧洲中世纪基督教神学文化形成的原因[J].东北师大学报(哲学社会科学版),2000(1):40-46.

"人"的时候，却出现了差异①。笛卡儿以"我思"为出发点，把"人"看作彼此独立的"身心"实体；法国机械唯物主义学者拉美特利虽然否定了人是神的奴隶，但又把刚刚从神的统治下解放出来的人看成了一架机器；法国人本唯物主义学者爱尔维修则从人与自然的关系出发，提出了人是环境（主要指社会环境）的产物和意见支配环境，说明了人与社会环境是相互作用的；康德认为人是通过感官和理性认识世界的先验主体，是世界的尺度；黑格尔对自然、历史和精神的变化发展的内在联系进行了辩证的思考，但却基于唯心主义观念把人看成绝对精神的体现；克尔凯郭尔反对黑格尔的泛理论，将人作为面对上帝的存在；费尔巴哈为了与以往的唯物主义哲学相区别，将自己的学说称作人本主义，并认为人就是以自然为基础的现实的人，是自然界的产物，也是自然界的一部分，是肉体与精神的统一实体，是以感性为基础的感性与理性的统一体，是以"类"为基础的"个体"与"类"的物质统一体，是一种内在的、无声的、把许多个人纯粹自然地联系起来的共同性；尼采猛烈地批判基督教神学和现代理性，主张建立以人的意志为中心的价值观，而人生的意义就是实现人的自我超越，从而将之塑造成超人。显然，这些关于人的认识或者将人生物化，或者将人孤立化，或者将人虚拟化，从而无法真正解释人的本质，也就无法将人本落到实处。即使认为人和环境会相互作用的爱尔维修，也没有认识到人的实践活动才是促使人和环境发生相互作用的基础。马克思在《关于费尔巴哈的提纲》第一条就明确指出，从前的一切唯物主义——包括费尔巴哈的唯物主义——的主要缺点是：对事物、现实、感性，只是从客体的或者直观的形式去理解，而不是把它们当作感性的人的活动、当作实践去理解，不是从主体方面去理解。因此，结果竟是这样，和唯物主义相反，能动的方面却被唯心主义抽象地发展了，当然，唯心主义是不知道现实的、感性的活动本身的。费尔巴哈想要研究跟思想客体确实不同的感性客体，但没有把人的活动本身理解为对象性的活动。因此，他在《基督教的本质》中仅仅把理论的活动看作是真正人的活动，而对于实践则只是从它的犹太人的表现形式去理解和确定。因此，他不了解"革命的""实践批判的"活动的意义。可见，马克思主义哲学的出发点是现实的、从事实践活动的、有生命的人，而且这些人又不是孤立地存在于自己的活动或思维中，而是在社会实践活动中结成了相互关系

① 刘放桐."人本主义"和"人本主义哲学思潮"随想录[J].学术月刊,1999(10):32-41.

的、既具有个体意义又具有群体意义的人们。马克思主义哲学强调的也正是这些人的自由和解放，是这些人的价值的实现。马克思以后的其他研究者关于人本问题的哲学研究更多地体现在心理学的领域，其目标是通过人的心理完善来引导人们走向幸福自由，但并未能将人放在社会政治经济实践活动的大背景下，从人及人群出发去寻找人们的自由解放之路，从而将对人本的研究陷入孤立的人的藩篱中，无法真正实现人的自由和解放①。

在中国，古代先贤就有着重视人的思想。《诗经·大雅·抑》中就说："质尔人民，谨尔侯度，用戒不虞。"意为劝戒大臣们要自警自律，要善于治理你的人民，谨慎你的法度，防止发生意外事故。《尚书·五子之歌》则言"民惟邦本，本固邦宁"，强调民众百姓对国家安宁的重要性，意为民众百姓是国家的根本，只有根本稳固国家才能安宁。有文字记载的最早明确提出"以人为本"的是春秋时期的齐国名相管仲。在汇集着管仲众多思想观点的《管子》中有一篇《霸言》，详细记载了管仲对齐桓公所禀陈的如何成就霸业的理论方法。这其中就明确指出："主尊臣卑，上威下敬，令行人服，理之至也。使天下两天子，天下不可理也；一国而两君，一国不可理也；一家而两父，一家不可理也。夫令，不高不行，不抟不听。尧舜之人，非生而理也；桀纣之人，非生而乱也。故理乱在上也。夫霸王之所始也，以人为本。本理则国固，本乱则国危。故上明则下敬，政平则人安，士教和则兵胜敌，使能则百事理，亲仁则上不危，任贤则诸侯服。"这段话的意思是：主子尊贵臣子谦卑，上官威严下官敬重，法令发出人们遵服，就是秩序建立起来了。如果天下有两个天子，天下就不能有秩序；一个国家有两个国君，这个国家就不能有秩序；一个家庭有两个父亲，这个家庭就不能有秩序。法令，不发自上层就不能推行，不集中权力也就无人听从。尧舜时代的人民，不是生来就是守秩序的；桀纣时代的人民，也不是生来就要作乱的。所以，导致民众是守秩序还是动乱的根源都在上面（天子和国君）。成就霸王之业的开始，也就是要以人民为根本。人民守秩序则国家巩固，人民动乱则国家危亡。所以，上面英明则下面敬服，政事平易则人民安定，战士训练得好则战争中就能战胜敌人，使用有才能的臣子则百事皆建立起秩序，亲近道德高尚的仁人则君主就不会有危机，任用贤能的官员则所有的诸侯就顺服了。可见，管仲虽然明确提出了"以人为本"，但却是站在建

---

① 罗伯特·艾伦.哲学的盛宴[M].刘华，编译.北京：新世界出版社，2013：1-346.

立人与人之间并不平等的等级秩序基础上的，是对当权者治理人民百姓以巩固自己特权地位的策略的阐述。《论语》记载："厩焚，子退朝，曰：'伤人乎？'不问马。"显示了孔子重人轻财的理念。《孟子·尽心章句下》指出："民为贵，社稷次之，君为轻……诸侯之宝三，土地、人民、政事。宝珠玉者，殃必及身。"主张要重视民众百姓，甚至将民众百姓置于最为重要且不可替代的位置。但这些论述也没有改变将民众百姓与达官贵人区分开来的境况，仍然没有使"为本"的民众百姓和"为轻"的国君权贵处于平等的地位。关于这一问题说的最露骨的当属荀子。虽然在《荀子·王制》的开篇就谈到："水火有气而无生，草木有生而无知，禽兽有知而无义，人有气、有生、有知、亦且有义，故最为天下贵也。"似乎把人放到了天下最为重要的位置上，并给出了好像很充分的论证。但是接下来却又说："力不若牛，走不若马，而牛马为用，何也？曰：人能群，彼不能群也。人何以能群？曰：分。分何以能行？曰：义。故义以分则和，和则一，一则多力，多力则强，强则胜物；故宫室可得而居也。故序四时，裁万物，兼利天下，无它故焉，得之分义也。故人生不能无群，群而无分则争，争则乱，乱则离，离则弱，弱则不能胜物；故宫室不可得而居也，不可少顷舍礼义之谓也。能以事亲谓之孝，能以事兄谓之弟，能以事上谓之顺，能以使下谓之君。……故曰：一与一是为人者，谓之圣人。"这些话的意思是说，水火有气（中国古代哲学的一个概念，指的是构成万物的基因，是一种物质的东西）却没有生命，草木有生命却没有知觉，禽兽有知觉却不讲道义；人有气、有生命、有知觉，而且讲究道义，所以人最为天下所贵重。人的力气不如牛，奔跑不如马，但牛、马却被人役使，为什么呢？就是因为人能结合成社会群体，而它们不能结合成社会群体。人为什么能结合成社会群体？就是因为有等级名分。等级名分为什么能实行？就是因为有道义。所以，根据道义确定了名分，人们就能和睦协调；和睦协调，就能团结一致；团结一致，力量就大；力量大了，就强盛；强盛了，就能战胜外物；所以人才有可能在房屋中安居。人能依次排列四季，管理好万事万物，使天下都得到利益，这并没有其他的缘故，而是从名分和道义中得来的。人若想好好生活就不能没有社会群体，但结合成了社会群体而没有等级名分的限制就会发生争夺，一发生争夺就会产生动乱，一产生动乱就会离心离德，离心离德就会使力量削弱，力量弱了就不能胜过外物，所以也就不能在房屋中安居了——这是说人不能片刻舍弃礼义。能够按礼义来侍奉父母叫做孝，能够按礼义来侍奉兄长叫做悌，能够按礼义来侍奉君主叫做顺，能够按礼义来役使臣民叫做君。……所以说：从礼义到礼义，这样做人的，就叫做圣人。可见，荀子的"人最贵"不过是说只有遵守所谓等级名分的人才最"贵"，按照礼仪来顺服君主的人才是"贵"的，而君主也要按照礼仪来役使这些"贵"的顺民才能长久地维持自己的统治。要求每个人都遵从自己的等级名分，做好维持等级制度的礼仪所规定的自己应该做的事情，社会就安定了，社会上的人就都是"贵"的人了。这是怎样的一种"人贵"思想呀?! 后来封建时代的一些关于重视民众百姓的说法，无一不是建立在维持封建等级制度基础上的。当然，这相比于奴隶制度下把人当成会说话的工具是一个历史的进步，但却不能说这是当今社会应该肯定的思想。中国共产党也提出了要"以人为本"，却和上述古代的所谓"以人为本"有着本质差异。中国共产党提出的"以人为本"是基于马克思主义的人本观，将从事社会实践活动的人及人群（也就是人民群众）作为创造人类社会历史的主体，并在社会实践活动中将这样的人放在最重要、最根本、最值得关注的位置，以实现人的全面发展为目标，切实保障人民群众的根本利益，维护人民群众的经济、政治和文化权益，通过可持续的科学发展不断满足人民群众日益增长的物质文化需要，最终实现人的彻底解放。

0.2.2 "以人为本"的科学内涵

从以上"以人为本"思想的发展来看，只有科学地回答"人"和"本"这两个问题，才能明确"以人为本"的科学内涵，从而获得落实"以人为本"的途径与方法。

1）"以人为本"中的"人"

从前述的分析可知，非马克思主义哲学中所说的人存在着生物化、孤立化、虚拟化的倾向，而这样理解"人"必将犯错误，从而无法真正做到"以人为本"。将"人"生物化的结果使得"以人为本"演变成"以欲为本"，单纯强调生物的欲望满足，强调生物的强者为尊，完全背离了人类社会的发展方向，同时也无法实现"人"的自身完善和全面发展，最终将"人"变成了"欲望"的奴隶。把"人"孤立化的结果将使得"以人为本"演变成"以我为本"，单纯强调个人或某集团、某阶层的利益，强调"我"的利益高于其他，从而将其他人变成了不为

"本"的"末"，或者向我国古代那样对不侵害"我"的利益的"他人"表示关心和重视，但一旦"他人"侵害了"我"的利益就予以坚决镇压，这样的"以人为本"其实已经走向了反面。将"人"虚拟化的结果使得"以人为本"退化为"以神为本"，"神"就是人们对无法解释的自然力进行抽象形成的虚拟的化身，如果为了防止将"以人为本"变成"以我为本"而对具体的"人"进行不断抽象和虚拟，最后变成概念上的"人"而不是活生生的"人"，甚至变成所谓的"绝对精神""上帝的对立存在""类的共同性""超我"，那也就是将"人"神化起来，成为完全脱离了社会现实的"人"或者说是"人神"，这样的"以人为本"根本无法找到"为本"的主体，从而使"以人为本"成为了空洞的口号。

马克思、恩格斯在对唯心主义和机械唯物主义的批判中，阐述了其人本观。在马克思眼中，人是活生生的现实的个人，是在一定条件下进行的、现实的、可以通过经验观察到的发展过程中的每个人。马克思、恩格斯在批判德国古典哲学时就一再明确地强调：任何人类历史的第一个前提无疑是有生命的个人的存在，而我们的出发点也就是从事实际活动的人。要从现实的、有生命的个人本身出发，而且一刻也不离开这种前提。我们开始要谈的前提不是任意提出来的，它们不是教条，而是一些只有在想象中才能撇开的现实的前提。这是一些现实的个人，是他们的活动和他们的物质生活条件，包括他们得到的现成的和由他们自己的活动创造出来的物质生活条件。社会本身，即是处于社会关系中的人本身，即处于相互关系中的个人本身。人们的社会历史始终只是他们的个体发展的历史，而不管他们是否意识到这一点。他们的物质关系形成他们的一切关系的基础，这些物质关系不过是他们的物质的和个体的活动所借以实现的必然形式罢了。实现每个人全面而自由的发展才是未来理想社会的形态①。同时，马克思也申明：为了进行生产，人们相互之间便发生一定的联系和关系；只有在这些社会联系和社会关系的范围内，才会有他们对自然界的影响，才会有生产②。可见，以追求人的解放为己任的马克思主义的人本观，将"人"定义为在社会生产实践活动中结成社会生产关系中的所有人，是那些实实在在的具体的个体，只不过这些个体要想进行社会生产活动就必须结成并维持相应的社会生产关系。中国共产党以马克思

---

① 马克思，恩格斯. 马克思恩格斯全集(第3卷)[M]. 北京：人民出版社，1960：23-30.
② 马克思，恩格斯. 马克思恩格斯选集(第1卷)[M]. 北京：人民出版社，1995：344.

主义为指导思想,历来重视人民群众的利益,将全心全意为人民服务写进《中国共产党章程》里。2003 年召开的党的十六届三中全会更是明确提出:"坚持以人为本,树立全面、协调、可持续的发展观,促进经济社会和人的全面发展。"2004 年 3 月,胡锦涛在中央人口资源环境工作座谈会上进一步指出:"坚持以人为本,就是要以实现人的全面发展为目标,从人民群众的根本利益出发谋发展、促发展,不断满足人民群众日益增长的物质文化需要,切实保障人民群众的经济、政治和文化权益,让发展的成果惠及全体人民。"党的十七大报告对"以人为本"更完整地阐述为:"必须坚持以人为本。全心全意为人民服务是党的根本宗旨,党的一切奋斗和工作都是为了造福人民。要始终把实现好、维护好、发展好最广大人民的根本利益作为党和国家一切工作的出发点和落脚点,尊重人民主体地位,发挥人民首创精神,保障人民各项权益,走共同富裕道路,促进人的全面发展,做到发展为了人民,发展依靠人民,发展成果由人民共享。"党的十八大报告中更是将"以人为本"作为检验党一切执政活动的最高标准。党的十八届三中全会公报中也阐明:"坚持以人为本,尊重人民主体地位,发挥群众首创精神,紧紧依靠人民推动改革,促进人的全面发展。"可见,中国共产党也是始终将社会生产实践中的人民群众当作"为本"的对象。

按照马克思主义的人本观,结合中国共产党提出的"以人为本"的"全面、协调、可持续的发展观","以人为本"中的"人"既是作为社会生产关系总和的"人",也是结成社会生产关系的每个具体的"人";既是现在社会生产生活中的"人",也是未来社会生产生活中的"人"。而且,这里的"人"不仅仅是"人"的物质实体(即人本身),更是指"人"的利益和生存、自由、发展的权利。当然,这些利益和权利不是某个人的,而是社会生产关系中的所有人的。

2)"以人为本"中的"本"

按照词意,"本"字除了草木的茎和根、书本、本人、本领等与本书研究关系不大的意义以外,还有世界的本原、事物的根本这两方面的意义。唯心主义者将人及其思维看成是世界的本原,主张人是世界的尺度。显然,这种"以人为本"中的"本"是错误的,这一点哲学争论中早已存在,本书不再讨论。从辩证唯物主义和历史唯物主义的观点出发,"以人为本"中的"本"实质上包含了两层含义:第一,"人"是社会历史的创造者,也是社会进一步发展的依靠力量；第二，"人"是这个世界上最根本、最重要、最值得关注的客观存在，是我们一切工作的出发点和落脚点。这两层含义中，第一层含义是产生第二层含义的基础，第二层含义是第一层含义的必然结果和具体表现形式。也就是说，正是基于"人"是社会历史的创造者和一切可供使用的社会物质财富生产的依靠力量这样一个事实判断，才要求在进行各项制度设计和社会权利机制以及各项工作安排中，将"人"放在最核心、最根本的位置上，保障社会发展成果由创造这些成果的"人"共享。把这两层含义有机结合起来，既回答了为什么发展（也就是发展"为了谁"）的问题，又回答了怎样发展（也就是发展"依靠谁"）的问题。这两个问题是不可分割的，"人"是发展的根本目的，也是发展的根本动力，一切为了"人"，一切依靠"人"，两者的统一构成"以人为本"的"本"的完整内容。

3）"以人为本"及其具体要求

综合"以人为本"中的"人"和"本"的含义，"以人为本"就是充分认识到构成社会生产关系总和的每个具体的人在社会生产过程中的生产实践活动是创造社会历史的真正动力，同时社会生产实践活动进行的过程中也改变了人和实现了人的发展，社会生产实践活动中所创造的社会财富也就必须由它的创造者共享，一切理论研究、制度设计、社会管理工作以及每个人的活动都必须将构成社会生产关系总和的每个人的利益（不仅是我的，还包括他的）放在最根本、最核心、最重要、最值得关注的位置上，保障社会公平公正与每个人的权利实现和利益增长，达到整个社会的和谐发展与可持续发展以及人的自由解放。

由于我们所生存的这个世界，归根到底是由自然、社会和人组成的，所以坚持"以人为本"，就是要实现人与自然、人与社会、人与人的和谐发展。自然界是人类赖以生存的基础，也是人类生存与发展所需资源的主要来源。人们为了拥有更好的生存与发展条件，不断地进行着认识自然、利用自然甚至是改造自然的生产实践活动，同时也对自然生态产生影响。当"人"的活动对自然生态产生的消极影响超过了自然界自我生态修复能力的时候，就会破坏自然界的生态环境，反而不利于"人"的生存和发展。所以，落实"以人为本"就必须实现人与自然的和谐共处，保证人的活动在自然界的自我生态恢复能力和人们自觉进行的环境保护工作所提供的范围以内，实现可持续的发展,为他人和子孙后代留下生存与发展的空间。现代意义上的"人"从诞生的时候起,就不是孤立的生物实体,在生产生活过程中更是进一步地结成了社会生产关系,成为整个社会的一员。同时,由于每个人在社会生产生活中所处的地位和所起的作用不同,又会导致社会分工,并形成行业和地区的差别,乃至出现阶级或阶层的分化。社会要想获得持续的发展,就必须建立社会政治经济秩序,调动所有社会成员的主观能动性,形成合力。社会政治经济秩序不是对个别特权阶层的保护,而是对社会所有成员的协调保护,保证社会生产生活过程中每个成员都能够公平公正地获得自己的经济利益和核心关切,而不对其他社会成员造成掠夺和侵害。也就是说,落实"以人为本"就是要建立保证每个社会成员都能以自己的行为及其对社会的贡献实现自己和社会效益同步增长的公平公正的社会政治经济秩序,促使每个人都能够在保证社会其他成员经济利益和核心关切得以增加的前提下实现自己的发展,从而达到人与社会的和谐共处。实现人与自然、人与社会的和谐共处,其实质和关键是实现人与人的和谐发展。人与自然的和谐共处,就是要求每个人不能损害其他人和子孙后代的生存环境,实现这个人与其他人以及子孙后代的和谐共处;人与社会的和谐共处,更是要求每个人只有在保证社会及其他成员利益增长的前提下实现自己的利益增长,维护整个社会成员的和谐共处。可见,落实"以人为本"的核心和关键是保证人与人的和谐发展。要想实现人与人的和谐发展,就必须促使每个人在进行社会生产生活活动时不能发生损害其他人的行为,否则就会导致该人与其他人发生矛盾冲突,无法达到和谐共处的目标。人的行为主观上取决于人的世界观、价值观和人的具体需要;客观上受各种环境和规则的约束。显然,不能限制人的需要,因为那是社会发展的动力;也不能期望通过教育手段先把人培养成"毫不利己、专门利人"的超人再来落实"以人为本",因为这不现实,毕竟我们还处于商品经济存在与发展的"必然王国"中。如果每个人都能脱离现实的社会发展阶段变成那样的人,也就没必要再讨论什么"以人为本"了,甚至国家、军队、警察等都可以消亡了。故此,只能立足于现实阶段的情况,建立相应的制度机制,保证尊重每个人在不损害他人利益的前提下自由选择自己行为的权利,维护此类行为给个人带来的经济利益,并保证任何损害他人利益的行为都会受到惩罚。同时,让每个人都能够认识到和感受到这种制度的威力,就会极大地促使人们行为的改善,达到人与人和谐共处的目标。

0.2.3 "以人为本"在企业会计中的具体体现

无论对企业做出何种定义，企业创办的目的都是为了创造更多的财富并为利益相关者带来更多的经济利益。同时，企业作为一个社会组织，其内部也是由很多分工协作的参与者组成的，其外部也会涉及众多其他人（包括子孙后代）的利益。企业为了生存和更好地发展，就必须保证企业与自然、与社会、与其他人建立和谐共处、合作共赢的良好关系，同时也要保证企业整体组织创立与存续的参与者之间形成和谐的共赢关系，否则就会使企业失去外部的支持或企业组织参与者的离开，从而威胁企业的存续。换句话说，企业目的的实现，必须以能够做到企业整体组织创立和存续的所有参与者和谐共处、企业与外部环境中的相关者和谐共处为前提，即企业必须在组织设计和运行中落实"以人为本"。企业会计作为实现企业目的的重要手段，也就必须为贯彻"以人为本"尽一份力。结合"以人为本"的科学内涵，企业会计贯彻"以人为本"就是要做到确定"以人为本"中"人"的对象，明确这些"人"的地位和作用，保障这些人的权益。

1）"以人为本"中的"人"包括所有生产要素出资者

"以人为本"必须落实到具体的社会生产生活中所存在的人身上，而人本会计更是研究如何将"以人为本"的思想观念具体到对社会生产进行会计核算与管理的制度安排中，所以研究应该以哪些人为本就不能脱离社会生产活动，更不能离开当代社会进行生产活动的具体单位——企业等社会组织。

企业作为社会生产单位，要进行社会生产活动就必须准备各项生产要素，并将各项生产要素按照一定的结构有机组织起来，才能完成社会生产。按照孙玉甫、程琳的分析：生产要素是指构成生产经营活动的必要组成部分[①]。也就是说，每项生产要素都是进行生产经营活动的不可缺少的基础条件，缺少了任何一项生产经营活动就不能有效进行，各项生产要素合起来就

---

① 孙玉甫，程琳. 简论生产要素及其构成[J]. 会计之友，2009(6 下)：107-108.

构成了社会生产经营活动的整体。显然，所有能给企业带来经济利益的生产要素的提供者——股东、管理者、技术人员、普通工人和外部相关者等都与企业的生产经营有直接关系。股东为生产提供资本支持，没有初始投资，就无法购置基本的生产设备、厂房等；管理者通过提供自己的管理劳动来为企业的正常运营提供保障；技术人员运用自身的知识与技能提供价值更高的无形资产来支持生产；一线工人是最直接参与产品生产的人员，他们提供了自己的劳动，最终也形成产品的价值增值；企业的外部相关者为企业的生存与发展提供了外部环境。既然这些人及其所提供的生产要素是企业生产不可缺少的，那么就必须都得到重视，不能厚此薄彼。

传统的物本会计只重视对物的核算和管理，完全忽略了劳动要素和环境要素的提供者的作用，不进行对这些人的劳动行为及其创造价值和外部环境的核算与管理，是见物不见人的。其局限性和必将被人本会计所取代的结果早已被现行人本会计的研究者说明了，本书不再赘述。但笔者认为还要避免另外一个倾向，即强调"以人为本"时只突出劳动要素提供者的作用，否定其他生产要素提供者的作用，最终走向"见人不见物"。有些人可能会认为，人本会计就是要重视劳动要素的提供者——人及其行为。但这样的观点是片面的。马克思早已指出：为了进行生产，人们相互之间便发生一定的联系和关系；只有在这些社会联系和社会关系的范围内，才会有他们对自然界的影响，才会有生产。生产关系作为生产中人与人之间的关系，不是物，可是这些关系总是同物结合着，并且作为物出现。物质资本的直接表现形态是生产中的物的要素，但它实质上是一种生产关系。资本不是物，而是一定的、社会的、属于一定历史社会形态的生产关系，它体现在一个物上，并赋予这个物以特有的社会性质①。可见，社会生产中的各项生产要素实质上体现的是各项生产要素的提供者——人之间的关系，必须透过生产要素的具体形态本身看到其后面的人与人之间的关系。

故此，人本会计作为对物本会计的改进，"以人为本"不仅要以人力资本出资者为本，还要以物质资本、环境资本出资者等非人力资本出资者为本，要以所有生产要素提供者为本。

---

① 马克思，恩格斯. 马克思恩格斯选集(第 1 卷)[M]. 北京：人民出版社，1995：344. ；马克思，恩格斯. 马克思恩格斯选集(第 2 卷)[M]. 北京：人民出版社，1995：44.

2）各生产要素出资者地位平等

在系统论中，核心思想是系统的整体观念。贝塔朗菲强调，任何系统都是一个有机的整体，整体功能是各要素在孤立状态下所没有的。每个要素在系统中起着特定的作用，要素之间相互关联，构成一个不可分割的整体。一个企业就是一个大的系统，人力资本、环境资本与物力资本等所有生产要素在企业财富的创造中发挥着各自的作用，它们有机结合起来才带来了企业的生存与发展。故此，各项生产要素在生产过程中的地位是完全平等的，应被一视同仁地对待。

"以人为本"不单单是要简单顾及每个生产要素提供者，它更深刻的含义是，无论货币资本、实物的出资人还是劳动、环境的出资者对产出的贡献是多少，他们的地位完全平等，应该受到同等的尊重。以人为本的人本思想主张社会应是一切人都受到尊重，拥有平等的地位，不是少数人对多数人的否定或多数人尊重少数人，而是人人都享有被尊重的权利。这种尊重包括尊重人的个性、自由、需要、创造性等方面，使人摆脱自然的和人为的束缚，获得充分的自由。但是这种自由并不是一种无限制的完全放任，如果每个人都不受任何约束，想怎样就怎样，就有可能为了自己的利益而损害他人利益，最终每个人都可能受到他人的侵害。所以，所谓的"自由"实质是一种束缚、是相对的，是每个人的行为在不妨害其他人的前提下的一种自主选择，是在博弈中实现均衡状态下所有人的利益最大化。故此，人本会计不能允许物质资本等非人力资本出资者侵害人力资本出资者的利益，也不允许人力资本出资者侵害非人力资本出资者的利益，而是要求在企业中应该实现两者的平等合作。在合作之前，可以通过制定契约来规范和约束双方的行为，当一方违约时，通过相应的惩治措施来保障契约的威慑力，使得双方在动态均衡中实现利益的最大化。既然双方共同创造了成果，那么就应共享成果，按照对产出的贡献率，合理分享收益、共担风险。物质资本产权与人力资本产权的和谐合作可以在一定的程度上避免优秀的人力资本流失，吸引更多的产权所有者加盟，提高企业的市场竞争力和长期盈利水平。

3）地位平等与作用有异

地位与作用是不同的概念，并不是说作用更大的要素地位就更高。不同的生产要素对于企业的生存与发展所起的作用是不同的。比如说,资本是一个基本要素,著名的哈罗德-多马经济增长模型认为只有资本积累才是促进整个经济增长的中心环节,制约发展中国家的经济快速发展的主要瓶颈就是资本不足;后来,第三次产业革命使科学和技术成为决定社会经济发展的"第一生产要素",目前在美国的新经济中,科技进步对经济增长的贡献率已经超过资本、劳动等有形要素;劳动者是社会生产力中最积极、最活跃的因素,随着生产力的发展,简单体力劳动已逐渐成为一种弱质要素,人已越来越多地与科学技术联系在一起,形成了知识这一新的更为重要的生产要素。虽然这些生产要素的作用和贡献有差异,但没有其中任何一项,生产都无法顺利进行,所以它们的地位没有差异。

笔者强调各项生产要素的地位平等,但并不是主张各项生产要素平均地分享企业经济剩余,而只是说明各生产要素的出资者在会计主体中的地位应该是平等的,都应该被同等地予以重视,不能厚此薄彼,更不允许一方损害另一方的利益。只有这样,不同的生产要素才能有机结合,共同为企业发展服务。不同的生产要素由于对企业生产中形成的经济剩余的贡献作用不同,必然会要求按照各自的贡献作用进行经济剩余的分配,这并不妨碍各方的平等地位,反而是贯彻各方基于平等的地位按照平等契约的规定享有各自应该分享的经济利益的根本原则,体现了平等主体之间按照贡献分配经济剩余的人本精神。

4) 各生产要素提供者权益的会计保障

目前,人本会计程序与方法的研究尚未达到可操作的状态,其根本的原因就是没有搞清楚应该以哪些人的什么为本,也就不能找到保障作为"本"的对象的利益的具体方法。笔者将所有生产要素提供者的经济利益界定为"本"的对象,就为寻找人本会计的具体功能实现机制开辟了道路。换句话说,人本会计的根本目标在于保证社会生产过程中的各项生产要素的提供者的经济利益,使他们能够在地位平等的前提下自由地选择自己应享有的经济利益实现方式,达到企业经济价值增长与人的经济价值增长的协调。

将上述理念具体落实于会计学科,就会导致会计学科各项具体内容的深刻变革,从而将现有的会计学科发展到人本会计。

0.3 人本会计的愿景目标

用"以人为本"的思想为指导，对现有的会计学科各方面内容进行改进，所形成的人本会计不是对现有会计学科理论方法的否定，而是现有会计学科的辩证发展，能够达到更好的愿景目标。人本会计的愿景目标可以概括为两个方面：建立更加公平、公正的社会秩序；实现"人"的自由和全面发展。

0.3.1 建立更加公平、公正的社会秩序

党的十八大报告明确指出："必须坚持维护社会公平正义，公平正义是中国特色社会主义的内在要求。"可见，维护社会公平正义，努力贯彻落实公平正义观，是我们党新时期各项工作的行动指南。然而，实现社会公平正义不仅仅是一个纲领和口号，更需要各项工作为其提供可以落实的手段。可以想象，如果没有具体工作的支撑，公平正义将成为水中月、镜中花。从这一角度上讲，我们必须在各项具体工作中讨论落实和实现社会公平正义的具体保障性制度和措施。就会计而言，深入贯彻落实党的十八大精神，实现社会公平正义，最有效的方式就是保障会计公平。因为会计是维护社会经济生产领域产权主体之间利益公平的一种制度安排，而且产权的社会化程度越高，会计对产权所进行的反映与控制便越是具有关键性作用[1]。可以想象，如果会计不能做到保证各社会经济生产参与者的产权等经济利益得以公平分享，社会经济生产领域的秩序将陷入一片混乱，经济领域的不公平必将导致严重的社会冲突和政治动乱。正是基于这一认识，马元驹才提出：会计公平是社会公平的基础，没有会计公平，就更谈不上社会公平[2]。马元驹的提法可能极端了一些，但至少也可以说：会计公平是社会公平的重要组成部分，社会公平的实现需要以会计公平作为保障。

社会公平及其基本要求具有时代性和阶级性，本书无意对此从各个角度

---

① 郭道扬. 论产权会计观与产权会计变革[J]. 会计研究，2004(2)：8-15.
② 马元驹. 会计公正问题研究[J]. 会计师，2007(6)：4-10.

去解读,仅就当代马克思主义的社会公平观予以介绍。社会公平,是就人们在社会中的地位而言的,体现的是人们之间一种平等的社会关系①。一切人,或至少是一个国家的一切公民,或一个社会的一切成员,都应当有平等的政治地位和社会地位②。社会主义者说平等,一向是指社会的平等,社会地位的平等,绝不是指每个人的体力和智力的平等③。所谓公平正义,简要讲就是在经济、政治、文化和社会活动中,处理事情正当公道,没有歧视和特权,体现出人们生存发展权利、机会、规则和结果的平等与公正④。可见,在已经消灭了阶级的社会制度下,社会公平就是要保证每个社会成员都能平等地享受其应得的权利,同时承担起自己应尽的义务。

我国改革开放初期主要关注的是经济领域的分配公平问题,此后延伸到政治、文化和社会等领域,提出了权利公平、司法公平、教育公平、社会公平等一系列问题,并将公平的内涵从起点公平、机会公平扩大到过程公平、结果公平。2010 年 9 月,胡锦涛同志在第五届 APEC 人力资源开发部长级会议上的致辞中就明确指出:"我们应该坚持社会公平正义,着力促进人人平等获得发展机会,逐步建立以权利公平、机会公平、规则公平、分配公平为主要内容的社会公平保障体系,不断消除人民参与经济发展、分享经济发展成果方面的障碍。"在党的十八大报告中,公平问题又被多次提及,并进一步明确要"逐步建立以权利公平、机会公平、规则公平为主要内容的社会公平保障体系,努力营造公平的社会环境,保证人民平等参与、平等发展权利"。可见,社会公平是由一系列保证全体社会成员平等参与和发展的制度安排予以实现的。这些制度安排从基础性的平等权利、起点性的平等机会,经由过程性的平等规则到结果性的平等分配,构成了一个完整的体系。所以,要想建立社会公平,就必须设计实施能够保障权利公平、机会公平、规则公平、分配公平的具体方案。但本书不讨论针对弱势群体保护的社会再分配的公平正义问题,此方面的研究请参阅其他研究成果,如程雷的研究论文:基于公平正义的社会再分配⑤。

---

① 中共中央宣传部理论局.理论热点面对面(2006)[M].北京:学习出版社,人民出版社,2006:108.

② 马克思,恩格斯.马克思恩格斯选集(第 3 卷)[M].北京:人民出版社,1995:444.

③ 列宁.列宁全集(第 31 卷)[M].2 版.北京:人民出版社,1985:137.

④ 迟云.关于对社会公平正义问题的宣讲思考[J].理论学习,2012(10):4-5;7.

⑤ 程雷.基于公平正义的社会再分配[J].天津商业大学学报,2013(3):35-40.

为了达到更加公平的未来，党和政府已付出了巨大的努力，并将进一步推进各方面的改善。学者们也针对尚需完善之处进行了大量的研究，提出了很多值得重视的观点，其中陈永杰的研究成果对本书的研究有很大借鉴意义。陈永杰通过深入探讨得出了如下基本结论：①公平是效率的前提，效率是公平的结果；公平产生效率，效率反映公平；公平与效率是一个硬币的两面。公平是市场经济必须遵循的基本原则，也是市场经济产生效率的基本条件。②公平是公正与平等，不是平均与均等。公平是从理念、规则、程序到机会、结果和监督的全过程公平。公平是全要素公平，即对各类人群或各阶层人民的普遍公平。③效率是单位生产要素在单位时间内投入的产出，但这个生产要素是全部生产要素，因此，效率是全部生产要素的总体效率。④公平与效率并非此消彼长，公平产生效率，效率反映公平，不同公平产生不同效率，最大公平产生最大效率。⑤传统计划经济总体上不是公平的经济，它在经济上是低效率的；社会主义市场经济总体上更为公平，它在经济上提高了效率。⑥一些过去的公平正在变为超公平，它对应着对其他生产要素的不公平，带来了其他生产要素的低效率，从而降低社会的整体效率。⑦真正和谐的社会是普遍公平的社会，是全要素公平的社会，它提高全要素效率，使社会成为最有效率的社会①。

可见，建立公平的社会就是要保证社会生产的各项要素相互配合而不是相互侵占地实现社会生产的最大效率；各项生产要素的提供者合作共赢，在按照自身所提供的生产要素从而创造价值并获得自己收益的同时，实现整体社会的效率与收益最大化。只有做到了这一点，才能使得各项生产要素的提供者获得公平的回报，才不会因为被其他生产要素提供者侵占而失去继续投入的热情，才会形成社会持续发展的良性循环。这正是人本会计的前提性的愿景目标。

0.3.2 实现"人"的自由和全面发展

之所以说建立更加公平、公正的社会秩序是人本会计的前提性的愿景目

---

① 陈永杰. 推进全社会公平 提高全要素效率——"公平与效率"关系新论[J]. 经济研究参考，2012(72)：3.

标,是因为它只不过是为了实现"人"的自由和全面发展服务的,而实现"人"的自由和全面发展才是人本会计的终极愿景目标。

人的自由和全面发展是马克思主义的一个基本观点,也是马克思主义的根本目标。马克思在论述人类社会发展形态时就指出:"人的依赖关系(起初完全是自然发生的),是最初的社会形态,在这种形态下,人的生产能力只是在狭窄的范围内和孤立的地点上发展着。以物的依赖性为基础的人的独立性,是第二大形态,在这种形态下,才形成普通的社会物质变换,全面的关系,多方面的需求以及全面的能力的体系。建立在个人全面发展和他们共同的社会生产能力成为他们的社会财富这一基础上的自由个性,是第三个阶段。第二个阶段为第三个阶段创造条件。"①这段论述说明马克思是将人的全面发展和共同合作进行生产活动看成是未来社会中个人自由个性发挥的前提条件,也是未来社会的必然趋势。同时,这段话也表明未来社会是以现实社会(即第二种形态社会)的发展为基础的。而这个未来社会就是马克思定义的共产主义社会。在这个社会形态,每个人都达到了自由和全面发展的状态,从而使其自我意志获得自由体现,各种需要、能力、个性获得最充分的发展,社会关系获得高度丰富。所以,获得了自由和全面发展的人可以按照自己的需要自由选择工作,而不是被迫地限制在一个职业中。正如马克思所描述的:"在共产主义社会里,任何人都没有特定的活动范围,每个人都可以在任何部门内发展,社会调节着整个生产,因而使我有可能随我自己的心愿今天干这事,明天干那事,上午打猎,下午捕鱼,傍晚从事畜牧,晚饭后从事批判,但并不因此就使我成为一个猎人、渔夫、牧人或批判者。"②后来,马克思更加准确地将自由和全面发展的人表述为"能够适应极其不同的劳动需求并且在交替变换的职能中只是使自己先天和后天的各种能力得到自由发展的个人",而且在未来社会这样的人将会"代替局部生产职能的痛苦的承担者"③成为社会生产的不竭动力。因为只有能够进行"全面的活动,才能使我们的一切天赋(潜能)得到充分的发挥"④,自由和全面发展的人不仅具有从事各种职业的能力,而且拥有决定自己所从事工作的自由。"整个人类的发展,就其超

---

① 马克思,恩格斯.马克思恩格斯全集(第46卷)[M].北京:人民出版社,1979:104.

② 马克思,恩格斯.马克思恩格斯选集(第1卷)[M].北京:人民出版社,1972:37-38.

③ 马克思,恩格斯.马克思恩格斯全集(第3卷)[M].北京:人民出版社,1960:37.

④ 马克思,恩格斯.马克思格斯全集(第23卷)[M].北京:人民出版社,1960:534.

出对人的自然存在直接需要的发展来说，无非是对这种自由时间的运用，并且整个人类发展的前提就是把这种自由时间的运用作为必要的基础。"①也就是说，此时的人可以自由地安排自己的自由时间，不是为了获得尽可能高的社会生产率，获得更多的经济利益，而是用来感受生活、艺术创作、科学研究等发展积累。当然，个人的自由和全面发展又必须与他人的自由和全面发展联系起来，全体社会成员都为其他社会成员的自由和全面发展创造条件，从而达到人与人之间的和谐共处，因为"每个人的自由发展是一切人的自由发展的条件②"。虽然马克思在描述这样的自由和全面发展的人时都强调是在未来的共产主义社会形态中，但也不意味着我们不能在现实社会中去努力，因为"共产主义对我们来说不是应当确立的状况，不是现实应当与之相适应的理想。我们所称为共产主义的是那种消灭现存状况的现实的运动。这种运动的条件是由现有的前提产生的"。"共产主义是用实际手段来追求实际目的的最实际的运动。"③也就是说，为了更理想的社会早日到来，我们现在就应该利用现实社会可能做到的一切来准备条件，推动人和社会的全面发展。

人本会计正是基于上述理念，对传统的物本会计进行辩证否定而提出的。传统的物本会计以维护货币、物力资产、无形资产提供者的经济利益为出发点和落脚点，侵害、剥削劳务和生产环境提供者的经济利益，导致了各生产要素和条件提供者之间的对立与博弈，影响了社会公平、公正和社会生产的优化，也就不能带来人与人的和谐发展。人本会计主张以所有生产要素和条件提供者为本，即以货币与物力资产提供者、技术与无形资产提供者、劳务（人力资产）提供者、生产环境（含生态环境和市场环境等）提供者等全部相关者为本，并认为这些人虽然作用各异但地位平等，所以一切人本会计活动的出发点和落脚点是满足所有生产要素和条件提供者的需要，保障其公平合法的选择权，实现其合作共赢。也就是说，人本会计追求的是利用会计手段促使所有生产要素和条件提供者做到"和而不同""合作共赢"。"和而不同"语出《论语》："君子和而不同，小人同而不和。"即君子在行为上虽然保有自己的独特个性或持有自己独立的观点，但却可以与人和睦相处，形成一个多样但

---

① 马克思，恩格斯.马克思恩格斯全集(第47卷)[M].北京：人民出版社,1979;216.

② 马克思,恩格斯.马克思恩格斯选集(第1卷)[M].北京：人民出版社,1972;273.

③ 马克思,恩格斯.马克思恩格斯全集(第3卷)[M].北京：人民出版社,1960;40,236.

和谐的社会;小人虽然可以附和别人的观点,保持与人一致的行为,但却在内心深处将他人视为对手甚至是敌人,不能与他人和睦相处,甚至会为了自己获利而置他人(表面上迎合的人)于死地。徐国君在人本会计论坛上将"和而不同"引入会计领域,说明人本会计的终极目标就是要促使人们做到"和而不同"。具体来说,"和"是指大家(所有生产要素和条件提供者)的思想意识是相同或同一的,那就是"合作共赢"。换句话说,就是大家都有共识:只有在保障其他人经济利益增长的前提下,才能实现自身经济利益的增长。或者说,只有在其他人的满足度提升的前提下,才可能实现自身更大的满足。"不同"是指每个生产要素提供者在生产过程中所起的作用可以是不同的,而且还可以各自凭借自己的能力、素质、作用,合理、合法地去用多样化的途径与方法达到所有生产要素和条件提供者的更大满足(提升别人满足的同时得到自己的更大满足)。

　　人本会计就是要通过科学有效的会计制度设计,保障各方利益,也限制相互之间的利益侵占,由会计公平促进社会公平,最终引导所有利益相关者走向"和而不同""合作共赢",最终达到社会经济价值和人的价值的共同增长,为人的自由和全面发展创造条件。也正是从这一点上,笔者才说:建立公正、公平的社会秩序(首先是会计制度)是前提性的愿景目标,是手段;而实现"人"的自由和全面发展是终极愿景目标,是研究人本会计理论方法、设计人本会计制度的根本出发点和落脚点。

0.4　人本视角的财务会计

　　虽然会计产生已经几千年了,但直到现代随着所有权与经营权的分离,才形成财务会计和管理会计两大分支。现代意义上的财务会计通常被理解成对外报告会计,正如刘永泽、陈立军所说:"财务会计作为传统会计的发展,同旨在向企业内部管理当局提供经营决策所需信息的管理会计不同,财务会计旨在向企业外部的投资人、债权人和其他与企业有利害关系的外部集团,提供投资决策、信贷决策和其他类似决策所需的会计信息。"[①]葛家澍、杜兴强

---

　　① 刘永泽,陈立军.中级财务会计[M].2版.大连:东北财经大学出版社,2009:1.

也认为财务会计应该定义为："立足于主体（企业），面向市场，对企业已发生的交易与事项运用确认、计量、记录等程序，主要通过货币表现形式，以公认会计原则为依据，在财务报表内表述财务信息，并通过报表附注加以解释和补充。同时通过其他财务报告或其他手段，充分披露同财务会计有关的、不能够在表内或附注表述的、一切有助于使用者进行经济决策所需要（并有用）的财务、非财务、数量化或叙述性的信息。"①戴德明领衔主编的《财务会计学》虽然没有给出财务会计的具体定义，但通过描述财务会计的特点说明了财务会计的基本内涵。他认为："与管理会计相比，企业财务会计的主要特点是：（1）从直接服务对象来看，财务会计主要是为企业外部有关方面提供会计信息。但它也同时为企业内部管理服务。（2）从提供信息的时态来看，财务会计主要是提供有关企业过去和现在的经济活动情况及其结果的会计信息。（3）从提供信息的跨度来看，财务会计主要是定期反映企业作为一个整体的财务状况、经营成果以及现金流量的情况。（4）从工作程序的约束依据来看，财务会计要受外在统一的会计规范（如会计准则或统一会计制度）的约束。（5）从会计程序与方法来看，财务会计有一套比较科学、统一、定型的会计处理程序与方法，如填制凭证、登记账簿、编制报表等。"②可见，这五个特点与葛家澍给出的财务会计定义的基本内涵并无本质区别。所以，他们在描述财务会计的目标或目的时，也就都从企业会计信息使用者的信息需求分析入手，最终给出与我国《企业会计准则》一致的结论："财务会计报告的目标是向财务会计报告使用者提供与企业财务状况、经营成果和现金流量等有关的会计信息，反映企业管理层受托责任履行情况，有助于财务报告使用者做出经济决策"。③ 当然，这一目标也被称为财务会计的直接目标。如果将这一直接目标看作手段，其又服务于更深层次的目标：满足企业内外有关各方维护自己经济利益的信息需求，保证企业经营目的的实现。具体来说，企业投资人、债权人等有关者要求企业财务会计提供信息，以便评估以往的决策后果，为保障自己的后续经济利益得以实现做出针对企业的相应新决策；企业管理当局要求财务会计利用会计信息证明自己有效地履行了受托责任，以便

① 葛家澍,杜兴强.中级财务会计学(上)[M].3版.北京:中国人民大学出版社,2007:10-11.
② 戴德明,林钢,赵西卜.财务会计学[M].5版.北京:中国人民大学出版社,2009:3-4.
③ 中华人民共和国财政部.企业会计准则[M].北京:中国财政经济出版社,2006:1.

获得未来的继续经管权,并由此获取与该经管权相当的经济利益;政府等宏观管理部门希望使用会计信息评估以往经济政策等导致的社会资源配置效率,以便寻求社会经济政策等的优化,提升整个社会的总体效益。显然,企业的财务会计只有在满足这些有关者的信息需求之后,才能保证这些有关者做出促使企业持续经营下去以实现企业目标和自身经济利益增长的决策。从这一角度上讲,现行企业财务会计是通过提供信息的手段维系社会产权关系、保障有关各方经济利益实现的重要的管理活动。

按照前面对人本会计的阐述,人本会计也是通过会计核算与管理活动(包含信息提供),保证各方经济利益,引导各利益相关方"合作共赢",并促进社会和个人同步发展的系统工作。故此,可以说现行财务会计的深层目标与人本会计的目标是一致的,现行财务会计也应该属于人本会计的范畴。那么,又是什么原因导致现行财务会计被批评为"见物不见人"[①]的会计呢?笔者认为根本的原因在于依据深层次目标构建直接目标并具体设计财务会计的程序与方法时出现了错误,导致目标与手段的背离。构建财务会计的直接目标时,使用了"财务会计报告使用者"或"财务会计信息使用者"这样的泛称,从而将具体的各个利益相关者转化成了一个信息需求者集团,将财务会计必须通过核算与报告信息来保证各个利益相关者的经济利益,转化为财务会计要为一个信息需求者集团(包括内部经营管理人员和外部投资者与债权人,特别是远离企业日常经营的投资者和债权人以及国家)提供一套财务会计报告来满足其做决策时的信息需求,并进一步强调,"财务会计无法分别为债权人和股东提供一套不同的财务报表(或财务报告),而是采取在公认会计原则或企业会计准则的约束下,在考虑所有信息使用者共同的信息需求(一般包括财务状况、经营业绩和现金流量)的基础上,提供一套通用的财务报表来满足不同会计信息使用者的需求"[②]。这样一来,财务会计在提供信息时或制定会计准则规定财务会计应该提供哪些信息时,就必然需要对所谓的

---

① 我国关于对财务会计"见物不见人"的批评最早来自大可,但是他当时所讲的仅仅是在理解复式记账原理时不能只看到物的流动,还应该看到生产过程中的生产关系(即人与人之间的关系),也并未给出如何促使复式记账"见物又见人"的方法。详见:大可. 在复式记账中不能见物不见人[J]. 经济问题,1958(4):25-27. 。对现行财务会计"见物不见人"进行全面、深入、系统批评的是徐国君,详见:徐国君. 三维会计研究[M]. 北京:中国财政经济出版社,2003:121-124.

② 葛家澍,杜兴强. 中级财务会计学(上)[M]. 3 版. 北京:中国人民大学出版社,2007:13-14.

共同需求进行归纳和选取，从而导致："企业会计对于企业外界有关方面所需要的信息，并非凡是能够提供的都实际提供。或者说，企业外界对会计信息的客观需要，并不意味着企业必须完全满足。……外界对会计信息的需要、企业会计提供信息的能力以及企业的意愿或外界的约束，这三项因素决定了企业财务会计的目的"。[①] 换句话说，对于各个利益相关者决策所需要的信息，企业是否提供还要取决于自己的现有能力、自己是否愿意、是否是公认会计原则或会计准则强制要求。说得再明确一些，作为设置于企业内部的财务会计机构，如果不是受制于外界制度性的强制要求，是不愿意提供企业全部生产经营情况的全部信息的。同时，为了应对强制要求，也会想方设法地在外界制定强制要求时以各种理由施加影响，尽可能地减少自己的信息生产与报告成本，尽可能使自己不愿意披露的信息不列入强制要求中。之所以这样，是因为企业内部管理当局和外部投资者与债权人是"两类相互依存和相互矛盾的利益集团"[②]。考察现实社会的企业、企业财务会计以及会计准则制定的情况，上述的说辞基本上可以得到验证。但问题在于，这种现实是如何造成的？这种现实一定应该继续保持下去吗？造成这种现实的原因固然很多，有社会经济发展水平的影响，也有科学技术所提供的能力的限制，但会计理论研究在构建财务会计的直接目标时，对各个利益相关者的不断抽象和替代也是一个重要原因。将各个利益相关者泛称为信息使用者，又将不同信息使用者分类确定主要信息使用者，再将主要信息使用者的需要取交集认定共同需要，这样一步步地将财务会计的直接目标演变成只提供满足一部分人的一部分需要的信息。如此一来，构建财务会计理论、设计财务会计制度（包括准则）等工作都得到了简化，但却完全背离了财务会计的深层次目标——维护各个利益相关者的利益，促进各方"合作共赢"，因为所提供的信息都是不对称的。在各方不能公平地获取对称信息时，还怎么能够指望各方之间不相互博弈（特别是这种博弈还是只与利益分享而不是利益创造相关）而合作呢？现行财务会计不仅在构建直接目标时背离了深层次目标，在设计具体理论方法时更进一步地加剧了这种背离。由于现行财务会计的直接目标只重视一部分利益相关者，允许只提供一部分信息，

① 戴德明，林钢，赵西卜.财务会计学[M].5版.北京：中国人民大学出版社，2009：3-4.

② 葛家澍，杜兴强.中级财务会计学（上）[M].3版.北京：中国人民大学出版社，2007：13.

所以在设置会计要素时就必然只会关注一部分生产要素,而忽略其他生产要素。现实的情况就是只重视物力资本(包括货币资本)和技术资本提供者,忽视劳务资本和环境资本提供者,只核算货币、实物和所谓无形资产及其提供者的产权,造成了现行财务会计的"见物不见人",更准确地说是只见一部分人而忽略另一部分人。在设计计量方法时,简单地考量实物的市场交易价格,在没有市场交易价格时又将计量的基点放在了双方的博弈上,或者试图通过建立第三方的保证机制来实现合理的计量。这些做法都没有考虑到各方之间是合作进行持续经营的,是要在未来实现经济利益共赢的,而是假设各方在初始就是要相互侵占的。所以,设计的制度都是防范性的,而不是鼓励合作创造价值的。这不仅在出资计量中就背离了财务会计的深层目标,也为后续的计量和利益创造与分享埋下了隐患,最终导致整个现行财务会计方法远离了财务会计的深层目标,也就无法达到人本会计的愿景。

笔者批评现行财务会计无法满足人本会计愿景目标实现的要求,但并不意味着要全面否定现行财务会计。应该承认,现行财务会计的一些理论和方法不仅具有科学合理的理论逻辑,而且在保障物力资本出资者的权益方面还是非常有效的。人本会计主张要以所有生产要素出资者为本,其中也包括物力资本出资者。所以,这方面的理论与方法是可以也是应该予以继承的。从人本的视角出发,重新分析继承现行财务会计的合理内容,将现行财务会计忽视的要素纳入财务会计之中,并建立引导各项生产要素系统协调、各项生产要素出资者合作共赢的会计机制,特别是形成有助于各生产要素提供者利益保障的会计程序与方法,这就是本书所主张建立的人本财务会计。也就是说,人本财务会计要以人本思想为指导,重新分析构建财务会计的直接目标,并围绕这一目标全面审视现行的财务会计理论,形成一套全面贯彻人本理念的财务会计基础理论与概念框架,在此基础上继承并发展现行财务会计核算与报告方法。具体来说,人本财务会计在理论上要完善现行财务会计制度设计基点,在核算与报告方面要对各环节的工作进行重新设计。在生产要素提供环节,要建立基本统一的资本出资价值计量方法,对各项生产要素出资额进行计价,并保证对某一生产要素所计量的价值不会损害其他生产要素提供者的利益;在生产要素流转环节,要建立生产要素价值流转模型,特别是人力资本提供者的行为价值计量模型,公平、公正、公开地反映各项生产要素在生产中所起的作用，在进行企业生产经营过程的会计核算与管理的同时，为生产要素提供者的利益分享提供依据；在生产成果分配环节，要建立生产成果公平分配的机制，保障各生产要素提供者公平地获得其应分享的经济利益；最后，还要提供上述情况和结果的完整报告。显然，能够做到以上各项工作的会计就是本书所定义的人本财务会计。当然，这些工作的具体内容也就是本书后面所研究的重点。

还要说明的是，本书所主张的人本财务会计也不同于现在的人力资源会计。人力资源会计虽然也主张要重视并核算人力资源的价值，并提出了多种人力资源价值计量模型。但是，人力资源会计只强调人力资源（即劳动能力）的价值反映，没有和物力资源、技术资源的价值反映统一起来，无法形成所有生产要素系统和谐进行价值创造、所有生产要素提供者合作共赢的局面。当然，人本财务会计也不是现行财务会计与人力资源会计的简单汇集，现行财务会计只核算物和技术，人力资源会计只核算人的劳动能力，人本会计要将物、技术、劳动（不是劳动能力）、环境有机结合起来，不仅是简单的要素增加，更主要的是构建各种要素系统协调地创造价值的机制，以及为了保证这种机制发挥作用，达到人本会计愿景目标的会计要素核算与报告方法。

0.5　本书的基本逻辑框架

从上述人本财务会计的描述可见，人本财务会计的具体内容包括两个层次：人本财务会计理论和人本财务会计核算与报告方法。

人本财务会计理论是基于人本思想对现行财务会计理论的改进，不仅要讨论现行财务会计的基础理论和概念框架，还要研究各项生产要素提供者合作共赢的协调机制（即人本财务会计的功能实现机制），将人本财务会计的直接目标，通过功能实现机制落实到概念框架中。

人本财务会计核算与报告方法是对现行财务会计核算与报告方法的扬弃性发展，将给出保证各生产要素提供者合作共赢的会计信息生产与报告的具体方法。

人本财务会计的具体章节安排如图 0-1 所示。

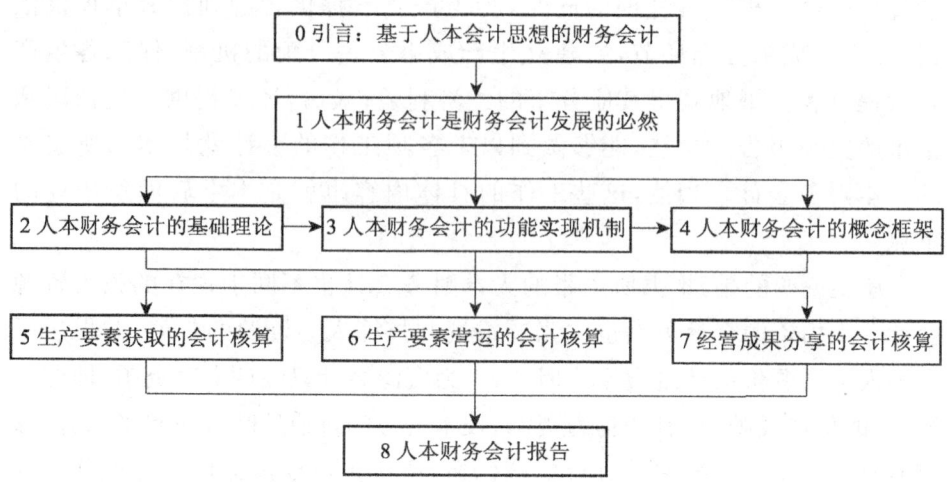

图 0-1　人本财务会计的内容结构图

1　人本财务会计是财务会计发展的必然

1.1.1　现行财务会计及其产生与发展

1）现行财务会计的概念

现行财务会计是指依据当前会计法律、法规和会计准则（制度）所进行的会计确认、计量、记录和报告等工作，也包括为制定会计法律、法规和会计准则（制度）以及指导会计确认、计量、记录和报告工作所研究形成的相关理论与方法。前者可以称为现行财务会计实务，后者可以称为现行财务会计理论。会计实务中遇到的问题为理论研究提供了素材；会计理论研究的结论成为制定法律、法规和会计准则（制度）的依据，并影响着具体的会计实务工作，推动着会计实务水平的提升。两者相互影响、相互促进，共同构成了现行财务会计这一工作系统。现行财务会计按其会计主体又可以分为企业财务会计和非营利组织财务会计。本书不研究非营利组织财务会计方面的问题，后续内容中如无特别指明均以企业财务会计作为论述对象。换句话说，本书所讨论的现行财务会计实务是随着社会发展需要从以往的会计系统中分离出来的，单独承担着核算并对外报告企业生产经营情况这一任务的一个工作系统；而现行财务会计理论是为制定规范现行财务会计实务的法律、法规和会计准则（制度）提供依据的理论体系。

2）现行财务会计的产生与发展

纵观会计产生与发展的历史，会计始终是适应社会生产发展的需要而被人创造出来的一个工作系统。

在200万年前到50万年前的漫长岁月中，古猿群通过获取自然界中现成的食物为生,尚未成为"人"。其后,古猿学会了制造工具,完成了向人的转变,人类社会进入旧石器时代。但其生产水平极其低下,所获物品远远不足以维持人类自身的生存,食人之风仍然盛行。自然,在这种人类的自身生产还无法正常进行的情况下,不可能产生对物质资料生产进行计量与记录的需要。

　　直到距今大约10万年前,人类社会进入旧石器时代的中晚期,人们通过改进生产工具,生产水平达到了一个新的高度,以至于生产出来的生活资料食而有余、用而有余,人类的生活条件得以改善,并能够保证人类的繁衍生息。由此,人们开始关心生产中的劳动耗费与劳动成果,特别是关心剩余物品的储备与分配,从而萌生了人类最早的计量与记录行为。这时的记录是通过直观绘图、简单刻划等方式进行的。到距今大约2万年前,人类社会进入新石器时代,生产工具由打制石器发展成磨制石器和复合型工具,农业与畜牧业得以产生与发展,渔猎捕捞技术不断改进,原始纺织手工业出现,陶器制造手工业产生并进一步发展,原始交换关系开始萌芽。这一切,要求人们进行更为复杂的计量与记录,创造出用于计量和记录的符号与方法。这时的记录是通过使用抽象绘图、刻记符号等方式进行的。到距今四五千年前的原始社会末期,人类由石器时代进入金属时代,生产力得到很大提高,狩猎活动的参加人数逐渐减少,农牧渔业生产也有了相当大的进步,由群婚向对偶婚的转变导致家庭这一组织形式确立。这样,生产活动和生活资料的消费也就最终围绕着家庭进行了,财产私有制的基础更加坚实了。财产的私有化使得人们越来越关心他们所掌握的财产,以便维护财产的安全和促使自己所支配财产的增加,这就客观地要求财产所有者努力改进计量与记录的方法,力求将自己所拥有的财产记录清楚。在原始结绳记事方法基础上产生的数的概念及数学方法的推进、文字的创造、实物计量单位的采用又为计量与记录方法的改善提供了基础,将文字、数字、计量单位结合起来进行财产计量与记录的"书契"成为此时的主要记录手段,也为进入文明时代的单式记账法开辟了通道。可见,原始的计量与记录行为完全是适应着人类了解生产、组织生产的需要而产生的,其基本任务是对生产活动的情况进行记载,特别是对所拥有的财产物资进行记录。同时又由于生产规模和水平的限制,原始的计量与记录行为只是"生产职能的附带部分",并没有成为一种独立的生产管理活动,也不会形成一个独立的学科。

　　社会生产的进一步发展促使了社会形态的演进,导致人类社会进入第一个阶级社会——奴隶社会。在这一社会形态下,奴隶主占有社会生产资料甚至还占有奴隶,奴隶主组织奴隶利用生产资料进行生产,所生产的财富全部归奴隶主所有,奴隶仅能获得维持自身基本生存的生活资料。奴隶主为了维护其统治,又建立了奴隶制国家,以上缴税贡的形式出资维护其运营。无论是奴隶主还是奴隶制国家机构,为了清楚而准确地记录好自己的财产,更加需要建立有力的部门或设置相应的人员来从事财产的计量与记录工作。又由于这时的财产物资的数量和种类增加,由生产人员或官员附带进行记录已不能满足当时的需要,专职的从事记录工作的机构和人员就产生了。同时,由于当时生产资料的来源只有自行占有这样一种形式,奴隶主之间尚不存在大量的生产资料的交换,不需要对财产的来源进行记录;上缴税贡的基数也是财产的多寡,而与生产活动的成果没有直接的关系,不需要对生产活动的成果进行衡量,所以,当时的记录对象只是奴隶主或各级奴隶制国家机构所拥有财产的变化,从而形成了只对经济活动导致的财产变化进行记录,而无需记录财产来源和经济活动成果的计量与记录方法。这就是后人所称的单式记账法。奴隶主进行记录的目的在于明确自己所拥有的财富,保证财产的安全;奴隶制国家机构进行记录的目的不仅在于明确所控制的财富,还有着对各级官员的财务收支进行监督考量的含义。社会进步到封建社会后,虽然社会生产力水平有了极大的提高,社会生产关系也发生了一定的变化,但是生产资料的自行占有方式和由此导致的自给自足的社会经济形态并未发生大的改变,对生产活动进行计量与记录的方法也就没有根本性的进步,单式记账法也一直得以沿用,只是对其中的具体计算技术进行了一些改进,如先后出现了三柱结算法、四柱结算法以及合龙门等计算财产增减变化和结账的方法。这时的记账目的仍然是明确所掌控的财富以及对官员进行考核。

中世纪后,意大利沿地中海一带城市里,商品货币经济日益活跃,远洋贸易迅速发展。为了抵御远洋贸易的风险,减少因此导致的损失,一方面需要组织庞大的远洋贸易船队,另一方面出资进行远洋贸易的人要进行分散投资。由此,就出现了这样的局面:每个远洋贸易船队是由众多投资者出资的,每个出资者又将资金投放到不同的远洋贸易船队中。显然,出资者与远洋贸易船队贸易活动的分离必然要求船队向出资者报告贸易情况,船队就必须为了进行报告而设置一个记录与报告人员。而记录者不仅要记录资金的来源,还要记录船队贸易中资产的变化,更要计量和计算每次贸易的收益,即必须对贸易资金的变化情况及原因进行双重的计量与记录,故此,只能记录财产变化的单式记账法已不能满足这种双重反映的需要,从两个角度进行记录的复式记账法就必然要产生了。也就是说,贸易资金来源的多样化要求从事贸易活动反映的机构和人员要同时反映资金的来源与占用,从而导致复式记账法的诞生。而且,为了统一计量与记录各种财产,计量与记录的单位也最终固定到了货币单位上。后来,为了吸收更多的贸易资金,特别是零散的资金,又产生了银行业。为了生产贸易所需要的产品,为了交换而进行生产的手工业得以更快发展。工商业和银行业的迅速发展进一步要求对资金的来源、资金的占用、资金的使用收益进行全面计量,从而能够反映每一笔交易的来龙去脉,即反映财产变化的来源和去向、贸易活动的所得与所费。在这样的不断试验和实践过程中,复式记账法得以从萌芽状态发展到了较为完备的形式。1494年,意大利人卢卡·帕乔利在其出版的著作《算术、几何、比及比例概要》中专设第二章"计算与记录详论",对当时流行于威尼斯的记账方法予以介绍,并明确指出簿记的目的"在于向商人及时地提供资产和负债的信息。"①。由于工商业的生产方式能够比原有的生产方式创造更多的财富,这种生产方式迅速地在欧洲普及开来,同时适应这种生产方式的社会生产关系调整——资产阶级革命也就不可避免地发生了。可以说,资本主义经济成为财务和簿记组织变革与发展的推动力量,资本主义生产方式在世界各国的普及与发展,又促使复式记账法在世界各国的传播。总之,社会生产方式的变化促使反映社会生产的计量与记录方法不断改进,以适应向越来越多的社会生产要素提供者(如投资者集团、债权人、政府部门、其他利益关系者等)反映社会生产情况的需要。

工业革命的完成,彻底改变了社会生产方式,诞生了机器大工业,也最终奠定了资本主义生产方式的物质基础,使得资本主义制度得以最后确立。同时,社会生产组织形式也从传统的手工工场演变成了企业。最初的企业规模较小,所需资金量不大,基本上是由一个资本家独资设立,由资本家自己进行经营。由于企业的所有者与经营者合一,也不需要对外筹集资金,此时的企业会计部门或人员只是为了满足资本家了解企业的经营情况而向其提供企

---

① 转引自:艾哈迈德·里亚希-贝克奥伊.会计理论[M].4版.钱逢胜,等,译.上海:上海财经大学出版社,2004:3.

业运营情况的信息,以便资本家加强企业内部的管理和做出企业未来经营的决策。此后,随着政府对企业课征所得税,企业的会计部门还要向征税机关提供企业经营所得的会计信息,企业会计的服务对象扩大了,同时也增加了准确计算企业所得的相关职能与方法。后来,为了在激烈的市场竞争中处于有利地位,也为了获得更多的剩余价值(或称利润),资本家不得不扩大企业规模。扩大企业规模需要有更多的资金,这些资金可以通过向银行等金融机构贷款取得,也可以向其他愿意出资的资本所有者吸收投资。无论是贷款还是吸收投资,企业的经营风险和收益情况都会发生较大的变化。首先,企业的经营风险将由多人共担;其次,企业的所得也将由多人分享。这样,如何保证企业的经营者尽职尽责地从事经营活动,怎样才能防止企业的经营者或处于控制地位的出资者不侵害其他人的权益,就成为了重要问题。而且,这一问题如果不能事先解决,企业的原始出资人就不能取得他人的信任,他也就根本不可能获得他人的资金投入,扩大企业规模将是一个空想。为此,在实践中也曾采用了个人资产抵押、有关者向企业派出关键管理人员等多种方法,但这些方法最后均因为成本较高而逐渐被淘汰了。经过长期的探索,"由企业会计部门或人员使用规范的会计方法准确记录和反映企业的生产经营情况与经营成果,以便有关机构、单位和人员了解企业情况并做出自认为合理的决策"成为相对较优的方法而被保留了下来。这时,会计的服务对象进一步扩大,向企业管理者、所有者集团、债权人、政府征税机构及其他外部利害关系人提供反映企业经营情况和经营成果的会计报告成为企业会计的中心任务。当然,在这一过程中,为了保证企业会计信息的客观可靠,还导致了会计规范的建立和负责对企业会计报告进行审查的特许会计师(注册会计师)的产生。再后来,企业规模进一步扩大,受每个管理者管理幅度的限制,企业的管理者发生分化,形成从高到低的企业管理者阶层。不同层次的管理者负担着不同的管理职能,高层管理者将部分管理权限下放给基层管理者行使,所有管理者通过集权与分权分工协作完成整个企业的管理职责,实现企业的总体目标。这样,又产生了上层管理者对下层管理者进行监控和考核的工作。因为企业会计部门履行着对企业所有经济业务进行记录的职能,汇集了能够表现企业各方面情况的信息,也掌握着企业的资金支付,所以,企业最高管理者理所当然地将对企业经济业务的合理性、合法性、效益性进行审核监督的责任下放给企业会计部门,由其对企业经济业务进行监控。之后,企业管理者又赋予企业会计部门利用已有信息对企业未来经营情况进行预测、对企业资金运动进行筹划等职责,企业会计部门的职责由单一记账扩充为计量、记录、控制、监督和管理等多种职责。

可见,随着社会生产单位——企业经营所需生产要素来源的多元化,才产生了向外部生产要素提供者报告企业生产经营情况的需要,从而导致了财务会计的诞生。为了支持企业外部生产要素提供者做出维护自己权益的科学决策,需要企业设置专门会计机构对其报告企业生产经营情况的会计信息;为了生产出对外提供会计信息的会计报告,需要设计对企业各项生产经营活动进行会计核算的会计工作程序与方法;为了防止企业内部会计机构随意编造会计信息误导外部生产要素提供者,需要对企业财务会计部门的会计核算工作制定相应规范予以约束;为了保证会计规范的科学合理性,需要对会计规范制定所涉及的问题进行理论研究;为了保持会计理论的不断优化,需要不断归纳总结实际会计核算工作中产生的新问题和新情况。正是在这样理论与实务的交互作用下,现行财务会计已经发展成一个依托法律规范和理论指导对企业各项生产要素的取得、营运和收益分享等各项企业生产经营活动进行核算、管控与报告的综合工作系统。正是伴随着各生产要素提供者之间的利益博弈和利益平衡与保障,在实务、理论的不断相互促进的循环过程中,现行财务会计不断发展完善。

1.1.2 现行财务会计已取得的成就

1) 确立了维护各方权益的目的

会计起源于原始的生产记录活动,随着社会生产的不断进步而演进,但始终以促使资产安全完整和高效利用从而保障各利益相关者的利益为终极目的。在自然经济时期,会计通过使用单式簿记客观记录了主体拥有的财产物资的变动情况,保障了财产所有者对财产物资的所有权,也为国家依据财产物资总额征收财产税提供了信息支撑。工业经济时代,社会生产组织形式发生了重大变化,以企业为单位的社会化商品生产迅速发展,企业创办的资财来源多元化,企业收益也需要在各创办资财提供者之间进行分配。相应的,会计使用复式簿记反映企业这一会计主体的资产占有及其来源、资产运营及其收益,并通过限定收益分配等方式提升企业的再生产能力和债务清偿能力,保障了出资者、债权人等各方的利益,也为政府进行社会管理以及征收流转税、所得税、财产税等提供了信息。再后来,随着科学技术在社会生产中的作用提升,会计又适应社会法规的改变,增加了对以工业产权为核心的无形资产的出资、交易等业务的核算监督,保障了无形资产拥有者的权益。可见,现行财务会计主要是以保障各方权益及维护社会经济有效运行和社会公平正义为己任的。正如郭道扬在总结会计对产权经济发展的贡献后所指出的:它在维护与保障利益相关者权益及保障市场经济有序、高效运作中的作用都是基础性的,也是不可替代的①。

2) 提出了财务会计的理论框架

为了保障外部生产要素提供者能够获得高质量的会计信息,改变各公司自行生产提供不可比信息以及各行其是地对会计信息进行"艺术"加工的不利局面,市场经济发达国家的有关部门先后开始了统一会计核算与报告方法的改革。

最早提出制定"公认会计原则"的是美国。20 世纪初,美国各企业使用的会计程序和方法是保密的,会计人员在选择会计程序和方法方面有相当大的自由,即使对同一项经济业务所采用的会计程序和方法也是不同的。企业会计报表格式和内容各不相同,从而使不同企业的报表无法比较;会计目标主要是为了计算应税收益,并全是为了尽可能地少交所得税;人为地平均各个年度的收益,如随意采用递延费用的账务处理方法是极为普遍的;企业主管人员可以任意地干预企业会计报表的编制工作;大多数会计程序和方法缺少财务会计理论上的依据。因而会计具有实用主义的特点,对复杂的会计账务问题,采用权宜的处理方法。为了改进会计实务,1909 年,当时的美国公共会计师协会任命了一个会计术语特别委员会,进行会计规范化的尝试。1915年,美国联邦贸易委员会提出必须为全国主要企业建立一套统一的会计制度。1917 年,美国联邦储备委员会和联邦贸易委员会把委托当时的美国公共会计师协会(AAPA)提出的标准会计报表及其编制程序的备忘录作为《联邦储备公报》正式发表,同年以《统一会计》之名再版发行。1918 年,这份文件由美国公共会计师协会改名为《编制资产负债表的标准方法》重版。1922 年,佩

---

① 郭道扬. 论产权会计观与产权会计变革[J]. 会计研究,2004(2):8-15.

顿的博士论文《会计理论》破天荒地列示了"明确企业主体的存在、主体的持续性、资产负债表的平衡公式、货币假设、成本假设、收入确定假设"这样一个假设清单，说明了会计人员的出发点，为以后会计原则的发展与拓展提供了理论基础。1929年，坎宁发表《会计的经济学》，比较了当时的会计思想与经济理论，从而使会计中的一些概念与经济理论中的概念相对一致。1929年，联邦储备委员会又以《财务报表的验证》为题再次发表标准化的会计方法程序，旨在统一会计实务。但是，这些努力既没有得到会计职业界广泛的承认，也没有对当时的会计实务产生明显的影响，仍然有很多人抵制会计处理的统一化，以致当时的美国公共会计师协会的正式期刊《会计杂志》在1929年5月号的一篇编者评论中提出，"为不同的企业定制统一会计和审计制度的任何建议是危险的"[①]。

20世纪30年代的经济危机，特别是其中表现出来的证券市场投机诈骗、企业财务报表严重失实，使人们认识到会计信息的公共物品的属性。而经历了铁路公司以资本支付股利事件后，人们更加强烈地意识到制定会计规范的紧迫性。1933年和1934年，美国国会相继通过了证券法和证券交易法，规定所有上市企业都必须提供统一的财务会计信息，并授权证券交易委员会负责制定统一的会计规则或准则。1938年，证券交易委员会（SEC）又以微弱的优势通过了一个决议，将"公认会计原则"（GAAP）的制定权交给当时的美国会计师协会（AIA，其前身为美国公共会计师协会，1957年又更名为美国注册会计师协会）。美国会计师协会又将具体工作交给其所属的美国会计程序委员会（CAP）。它主要是从当时众多的会计惯例中确认和描述"最佳"惯例，从1939年至1959年，共发布了51项《会计研究公报》，但其所发布的会计研究公报，只是针对某一突发事件而就事论事的。它既不涉及会计惯例的破与立，也不试图推荐任何在当时会计实务中尚不普遍使用的新的会计程序，只是对已有会计惯例进行归纳和总结。而且它的推荐意见对美国会计师协会的会员也没有约束力，对当时会计实务中广泛使用或认可的方法，即使与该委员会所推荐的方法相抵触，该委员会也不加制止。美国会计程序委员会的这种消极做法导致了该委员会的解体。除此以外，公认会计原则概念的模糊性，以及各原则之间缺乏逻辑的一致性，也是导致其失败的主要原因。

---

① AAPA. The Journal of Accounting. May 1929:356-357.

1959 年,美国注册会计师协会(AICPA)经研究决定成立会计原则委员会(APB)和会计研究处(ARD)来取代会计程序委员会。会计原则委员会的目标是促进公认会计原则的成文化,缩小所认可惯例中的差异,以及引导未决和有争议问题的讨论。其会员由注册会计师协会的会员、八大会计公司的代表、学术界和受雇于工商业界的注册会计师组成。这保证了八大会计公司对该委员会的支持,也在准则制定过程中朝着更具代表性的方向迈出了第一步。但也为八大会计公司过分干预该委员会的工作打开了方便之门。会计研究处负责制定会计准则的理论研究工作,以便通过推理的方式来支持会计原则委员会的结论,其成员大多数是来自代表学术界的各大学的注册会计师。会计研究处最初试图改变思路,研究提供一套理论框架,希望从中演绎出各种规范,但却以失败告终。会计研究处不得不又回到总结认可的原则或惯例的老路上去。20 世纪 60 年代,美国通过了投资税收抵免法案。关于投资减税额在会计上是应用直接冲销法还是应用递延法进行会计处理,会计原则委员会的成员间发生了分歧。1962 年 12 月,会计原则委员会以微弱的优势偏向递延法,但却没有受到职业会计师的善待。八大会计公司中便有好几家发表声明,直接声称它们不会遵从该委员会的决定。向会计原则委员会授权的证券交易委员会更是火上浇油,发布了第 96 号会计系列文告(ARS 96),宣布它将同时认可递延法和直接冲销法。因此,会计原则委员会不得不重新发布了修正案即第 4 号意见书,允许采用包括直接冲销法在内的多种选择方法。美国注册会计师协会为防止在实务界有着重要影响的会计公司草率地拒绝接受其公告,无奈地规定:在 1965 年后,所有与会计原则委员会意见书和有效会计研究公报偏离的会计处理都必须在财务报表附注或审计报告中予以揭示。这一做法虽然能为自己和其下属机构会计原则委员会找到一条退路,但同时也无异于是承认自己的无能。可见会计原则委员会的意见不是建立在普遍认同的基础上,而是建立在强制规定之上。美国会计原则委员会在其存续期内共发布了 31 份意见书,并在修订起草程序、成立规划委员会、提高运行工作效率三个方面做了改进。然而,舆论还是抨击它无力完成缩小会计实务的差别与不一致性。最初的抨击来自会计职业界内部,而其后,压力还来自证券交易委员会和其他政府机构。许多人预言,如果会计原则委员会在制定会计原则方面仍然没有起色的话,证券交易委员会将采取一定的措施,即根据其初衷来接替会计原则委员会的工作。

为了应对外界的批评，1971年3月，美国注册会计师协会批准成立了曾任证券交易委员会主席的惠特任组长的7人小组，着手研究会计原则的制定和改进准则制定的程序。该小组研究后提议用"准则"一词来代替"原则"这一术语。因为"会计原则"一词意味着用几句话来表达的一些基础性和原理性的东西，在会计学中是一个有一点牵强附会的、难以理解的术语。而"准则"一词可定义为"财务会计问题的解决办法"。这个专用名词的些微变化标志着会计研究方向和方法的重大改变，结束了长期以来寻求会计原则的历史，找出制定会计准则的合理道路，同时也结束了由会计职业界统治会计准则制定的历史，导致了财务会计准则委员会的诞生。

1973年，美国财务会计准则委员会（FASB）成立，其目标是"建立和改进财务会计的标准，并向财务信息的发布者、审计人员和信息使用者在内的公众提供指南和教育方面的报告"。该委员会一共由7名专职并有高薪的委员组成，其中3名是注册会计师，1名来自经济分析界，1名来自教育界，2名来自工商业界。这7名委员的任期一般为5年。该委员会下设一个由30～40名成员组成的财务会计准则咨询委员会（FASAC），直接向其提供咨询服务。这些成员不再要求一定是会计人员，财务报表的编制者、教育者、投资者和普通公众都有资格入选该委员会。因此，它代表着比财务会计准则委员会更广阔的前景和利益。此外，它还聘请了45名专家从事各方面的研究。上述人员由为该委员会提供资金的独立的"财务会计基金会"（其基金来自各赞助单位）任命，并接受一般性的监督。可见，财务会计准则委员会是一个为证券交易委员会和会计职业界所承认的、不从属于任何组织和团体的民间专业机构。其在机构设置方面的独立性和广泛的代表性，目的是为了使制定的会计准则具有客观性和中立性。财务会计准则委员会在按照规定程序制定会计准则并吸收各方面代表意见的基础上投票产生正式公告。财务会计准则委员会的公告因美国注册会计师协会、各州公共会计师委员会、证券交易委员会的认可而权威性大增，成为公认的会计原则。

然而，财务会计准则委员会还是遭到一定的批评：因受各方支配而缺乏完全的独立性；不能制定出真正符合民众利益的会计准则；所制定的准则数量过多，从而导致"准则超载"或"会计消化不良症"等。但它所颁布的公告构成了美国一般公认会计原则的主体，所有企业对外报送的会计报告都应遵守它的要求，因此，它对规范会计实务起了积极的作用。更主要的是，它在探索准则制定的过程中形成了前后协调、浑然一体的会计理论体系,一方面可以提高会计准则制定的科学性并节约准则制定成本;另一方面还可以应对来自各利益集团的批评和减少它们对准则的抵制。故此,其研究建立会计理论体系的做法后来被英国、澳大利亚等国和国际会计准则委员会(IASC)所仿效。

成立于1973年的国际会计准则委员会希望制定各国能够普遍接受的国际会计准则,但在未建立概念框架之前,其结局和美国会计原则委员会大致相同。1989年,国际会计准则委员会总结16年来制定会计准则的工作经验,采纳当前会计理论的研究成果,参考美国《论财务会计概念》制定了《编制和呈报财务报表的结构》。在此之后,国际会计准则委员会通过"可比性和改进性计划"来改进现有的国际会计准则,并根据其工作计划陆续制定了一些新的准则,从而获得了大多数国家会计职业团体的广泛支持。为了进一步提高国际会计准则的权威性和促使更多国家认可,2000年5月,国际会计准则委员会进行了改组,并将"促进这些准则的使用和严格运用;积极与国家准则制定机构合作,促使国家会计准则和国际财务报告准则在采用高质量解决方法上取得一致"作为自己的目标。为了有效实现这一目标,国际会计准则委员会和美国财务会计准则委员会于2004年启动了一个联合研究项目——开发出一套完整的、内在一致的共同概念框架,并将其作为开发未来会计准则的可靠基础和指南。该项目在发布了第一阶段研究成果后因全球金融危机而终止。2012年,国际会计准则理事会(IASB)单方面重启概念框架研究,并于2013年发布讨论稿,于2015年发布征求意见稿。可以预见,概念框架的研究完成和被更多的国家接受,必将促进国际会计准则的广泛认可和应用,从而极大地提高财务会计规范的国际趋同性。

我国财务会计准则制定机构在研究发布企业会计准则时,首先也是发布类似于概念框架的基本准则,其次再依据基本准则制定各项具体准则。

可见,为了提高财务会计工作的规范性和科学性,提高财务会计信息的质量以满足有关方的需要,提出并完善一套理论框架是经过实践证明了的最有效途径。

3)构建了财务会计的方法体系

现行财务会计继承了以往会计对经济业务进行核算与报告的所有合理内核与方法体系,并将之不断完善,形成近乎完美的、能够反映经济业务因果和对应价值流转来龙去脉的复式记账方法，以及依据复式记账方法对会计数据进行整理的从凭证到账簿再到报告的数据处理方法体系。特别是其账簿设置所带来的全部账簿记录二重登记方法，以及这一方法导致的会计账簿记录数据的平衡或均衡性，对防止会计错弊具有革命性的意义。以至于有人感叹以复式记账法为核心的财务会计方法体系是最伟大的发明，是绝对完善的。徐国君虽然主张现行财务会计系统是有缺陷的，但也并不否认其所存在的完美性，并认为正是这种完美掩盖了其所存在的根本性缺陷[①]。现行财务会计不仅继承了复式记账方法等会计数据整理方法，而且在会计确认、计量、记录和报告等方面也都继承并发展了以往会计的理论与方法[②]。可以说，现行财务会计的一系列工作方法都是十分有效的，特别是在反映实物资源的有关经济业务上更是无与伦比的。

1.1.3 现行财务会计的不足

说现行财务会计已经取得了突出的成就，但并不意味着它真的已经无懈可击。对现行财务会计的批评之声早已不绝于耳。前已提到对美国财务会计准则委员会及其发布的财务会计准则的批评，就是其中的一个方面。除此以外，真实收益学派批评现行会计基于币值稳定假设所核算的会计收益是不真实的；事项会计学派批评现行财务会计将会计信息使用者及其需求认定为已知是错误的，提出应只反映与决策相关的经济事项信息，应把事项信息与决策模型联系起来的任务留给使用者去完成；社会责任会计也批评现行财务会计导致企业忽略了其应该承担的社会责任……对于这些批评，本书不予展开。本书承接人力资源会计和三维会计的研究，讨论现行财务会计"见物不见人"方面的不足。

人力资源会计从社会生产的关键因素的角度批评了现行财务会计"见物不见人"的错误，并提出了核算人力资源的建议。三维会计从会计对象、会计思维、会计方法等多个方面批评了现行财务会计的根本性缺陷，并提出了构建人本会计、人权会计、动态会计、立体会计的理论。本书从现行财务会计的

---

① 徐国君.三维会计研究[M].北京：中国财政经济出版社，2003：118-124.
② 葛家澍，杜兴强.中级财务会计学（上）[M].3版.北京：中国人民大学出版社，2007：18-21.

终极目的出发,分析现行财务会计的理论与方法体系是否能够达到其终极目的。

现行财务会计的突出成就之一就是明确了财务会计的终极目的,维护各生产要素提供者的权益,实现社会经济公平、有序、高效发展。问题在于:现行财务会计达到了保障各方权益和维护社会公平的初衷了吗? 答案是否定的。社会生产要想有序、高效地顺利进行需要多种生产要素的共同参与,资金、物资、技术、环境等要素有重要作用,但最核心的是人力资源所提供的劳动。因为没有劳动的参与,其他要素是无法进行社会生产的。但是,现行财务会计只对资金、物资、技术等实物资产和无形资产出资者予以权益保障,也以税收等社会贡献的方式满足了环境提供者的部分要求;却只将劳动要素提供者视同劳动力出卖者进行处理,不给予其出资者的待遇,也拒绝对其进行利润分配。这就完全动摇了社会公平所应有的权利公平、机会公平、规则公平、分配公平的要求,也就无法达到保障各方权益和促进社会生产发展的目的。可以说,现行财务会计充斥着对货币资产、实物资产、无形资产以外的劳动等其他生产要素的歧视,导致会计核算管理过程中的不公平现象比比皆是。本书仅从三个方面说明之。首先,现行财务会计要素的设置不公平。现行财务会计的会计要素只有静态的资产、权益和动态的收入、费用、利润,没有设置反映劳动等生产要素行为的会计要素,也就不能反映静态的行为价值以及动态的行为价值增减变化等;资产要素中不设置"人力资产"等二级项目,不能反映人力资产等的具体变化;权益要素也不设置"人力资本"等二级项目,不能反映人力资本等的具体变化。这样的会计要素设计不仅剥夺了劳动行为要素参与会计主体全面情况反映的权利和机会,侵害了劳动行为等其他生产要素提供者的权益,也不利于鼓励劳动行为的超额价值创造。因为即使劳动者想要贡献更多,提高工作效率,但其增加的劳动付出不予反映、行为价值增值无法体现,"付出没有回报",这些生产要素提供者自然没有兴趣再为企业增值"献计献策",所以,这种不公平的制度安排势必打消要素提供者的生产积极性,制约企业效率,最终影响到整个社会的总体效率。其次,现行财务会计的计量方法不公平。现行财务会计只关注货币、实物、技术等资本及其流转的计量,忽略行为、人力资产、人力资本等的计量。现行财务会计中的劳动和人力资本价值通过工资和福利费形式体现,表面上看,多少劳动行为取得多少工资,"按劳分配",合情合理。但是,这里的劳动只是对劳动力的量化,凝结在人身上的真正创造财富的知识资本、学习能力、创新能力、管理能力等隐性资本完全被忽略。也因为如此,现行财务会计核算下的人力资本价值(即薪酬和福利费)往往不高,一些企业甚至极力缩减人工耗用。这不仅大大低估了劳动行为和人力资本价值,严重损害了人力资本所有者的主体利益,而且严重影响企业效率,阻碍企业长久发展,因为人自身具备的这些隐性资本才是价值创造的更重要源泉。最后,现行财务会计的收益核算与分享机制不公平。现行财务会计的收益核算只考虑货币、实物、技术等财务资本的价值补偿,完全忽视其他生产要素对价值创造的无可替代的贡献。其他要素提供者由于财务会计的"视而不见",行使分配的管理层对这部分付出同样漠视,企业剩余的分配完全不考虑这部分生产要素提供者的付出份额。各个期末进行的剩余分配仅仅是货币、实物、技术等资源提供者的分享盛宴,纳入核算的这部分资源提供者乐享其成,其他未被纳入会计核算范围的生产要素提供者的分享权利被剥夺和侵害。由于现行财务会计没办法真实反映企业价值创造的各要素贡献信息,也就没办法使所有要素提供者获得应得收益。近年来兴起的股权激励不过是货币、实物、技术等资本提供者为了获得更多而从自己剥夺来的收益中返还给人力资本提供者一定份额,并非真正意义上的收益分享。综上所述,现行财务会计要素设置、计量方法选择、利益核算与分享机制是不公平的,在损害其他生产要素提供者利益的同时,又严重制约企业效率。换句话说,现行财务会计虽然标榜自己以维护各方权益为己任,但所研究设计的理论与方法体系都是站在只有物资资本和技术资本参与的不现实的会计主体的角度,忽略了对其他生产要素提供者的权益维护,也就无法真正达到其终极目的。

当然,现行财务会计是历史的产物。在以往的经济形态中,货币、实物、技术等财务资本比人力资本等其他生产要素更为稀缺,也就产生了资本雇佣劳动的观念,企业所有权因此完全归属于财务资本所有者,导致财务资本提供者对其他生产要素提供者不公平的必然。但在知识经济时代已然来临的新时期,财务资本以外的知识、信息等资源正发挥着越来越重要的作用,资本雇佣劳动模式正悄然向劳动雇佣资本模式转变,人力资本已然成为企业财富创造的核心力量。社会环境的巨大变革,使以物为中心的现行财务会计的不公平现象日益凸显,并变得越来越不可容忍,推动现行会计变革的呼声也就一再发出。

1.2 人力资源会计的贡献与弊端

1.2.1 人力资源会计的概念及其产生与发展

1) 人力资源会计的概念

美国著名会计学家弗兰霍尔茨认为：人力资源会计可以定义为把人的成本和价值作为组织的资源而进行的计量和报告[①]。美国会计学会（AAA）人力资源会计委员会的定义为：人力资源会计是鉴别和计量有关人力资源的信息，并沟通这种信息给有利害关系的当事人的程序[②]。徐国君则主张：人力资源会计就是将人力资源作为一项重要的资产，对其招聘、录用、管理、教育、使用等方面的业务进行确认、记录、计量、估价、投资、摊销等的核算和管理活动。……人力资源会计旨在揭示关于人力资源的信息，进行人力资源的估价和投资效果分析，录用高质量的人才，确定人力投资的方向和规模，决定支付工资的数额，从而为企业更有效地利用和管理人力资源服务[③]。可见，人力资源会计是鉴别和计量人力资源数据的一种会计程序和方法，其目标是将组织人力资源变化的信息提供给组织管理者和外界有关人士使用。而此处所说的人力资源就是指具有劳动能力的人及其所具有的劳动能力。

2) 人力资源会计的产生与发展

20 世纪 50 年代以后，社会生产发生了较大的变化，凭借物质资源可以获取的经济利益逐渐减少，通过人的创造性劳动所带来的经济附加值日益增多，人的劳动贡献逐渐超过物质资源的价值贡献。社会经济发展从依靠物质资源机械化生产的工业经济时代开始逐渐进入更多地依靠知识和创造的知识经济时代。显然，这时的人已经不再是古典经济学中不包含知识和技能的自然形态的劳动力，人的劳动也不再是简单的劳动人时数量的总和；而是掌

---

① 弗兰霍尔茨. 人力资源管理会计[M]. 陈仁栋，译. 上海：上海翻译出版公司，1987：1.

② AAA. Report of the committee on accounting for human resources[J]. The Accounting Review，1974(49)：115.

③ 阎达五，等. 会计准则全书[M]. 沈阳：辽宁人民出版社，1993：255-261.

握知识和技能,能够进行创造性劳动的高级人才,人的劳动成为社会财富增长的重要来源。在这种背景下,人们开始重新认识和研究人力资本问题,并确立了人力资本在所有生产要素中的首要位置,提出:资本就其实质而言,是未来收益的来源,既包括实物资本,也包括人力资本。人力资本是指体现于劳动者身上的,以劳动者的数量和质量表示的资本,它除了所有权不能被企业转让和继承以外,具有资产的特征。这就必然要求会计上对人力资产和人力资本及其贡献与收益分享等问题进行核算与报告。适应 20 世纪 50 年代后的社会新的生产方式,受经济学中人力资本理论发展的推动,传统的会计观念也发生了巨大变化。会计理论上开始认可:企业确实无法拥有任何一个人本身,但却可以通过合同拥有使用这个人的劳动能力的权利;职工的工资并不能完全补偿职工的劳动,而且还存在着由企业支付的职工培训、改进职工福利、提高职工士气所花费的支出,这都是为获得未来收益而投资的;人力资源完全可以采用某些方法予以基本客观地计量。由此导致了人力资源会计的产生。

　　国外人力资源会计的研究与应用大致经过了如下几个阶段:①人力资源会计的创始阶段(1964—1971 年)。在这个阶段,主要是提出人力资源会计的基本概念,初步设计人力资源会计的程序与方法,并试图在企业中进行试点应用。②人力资源会计的迅速发展阶段(1971—1976 年)。人力资源会计提出以后,迅速引起了会计学术界和实务工作者的兴趣,英国、美国、西欧、澳大利亚和日本等国家和地区的会计学者和经济管理工作者进行了大量的研究和实践,在会计和企业管理刊物上陆续发表了很多篇讨论如何计量人力资源,以及如何将人力资源会计纳入传统会计制度的文章。不仅发展了人力资源会计理论,而且也设计出几种人力资源会计的程序和方法,如历史成本人力资源会计和现时重置成本人力资源会计等。③人力资源会计的停滞发展阶段(1976—1980 年)。进入 20 世纪 70 年代后期,由于人力资源会计的初步研究阶段已经结束,剩下来的是难以处理的会计难题,这必须由少数会计学家解决。这些研究工作需要在企业深入实际解决,而参与试行人力资源会计的企业组织必须花费相当大的成本,但其效益却是难以预先确定的。因此,很少有企业愿意再继续这项试验,这使人力资源会计的研究进入了一个低潮。④人力资源会计的活力恢复阶段(1980 年至今)。会计界自 1980 年以后又陆续发表了不少人力资源会计的文章;与此同时,应用人力资源会计的企业也增加了。美国海军研究所建议应用人力资源会计于海军资源管理；一些大型的工业企业，如美国电话和电报公司、德克萨斯仪器公司、通用电话和电气公司等，均采用了人力资源会计；一些大型的金融机构，如美国梅特罗商业银行，已使用人力资源会计信息于人力资源管理决策；加拿大格林菲尔德航空工业公司应用人力资源会计信息评价临时解雇职工的成本和效益。这使得人力资源会计的学术研究和实践工作又进入了一个前所未有的新阶段。

我国对人力资源会计的研究始于20世纪80年代初。1980年，上海《文汇报》发表了著名会计学家潘序伦的文章，提出我国必须开展人才会计的研究，建议既要计量人才成本，也要讲求效益，他率先在国内提出研究人力资源会计的问题。1986年，陈仁栋翻译出版了弗兰霍尔茨所著的《人力资源会计》一书。此后，我国会计学界就人力资源会计的一些理论和方法问题进行了广泛的研究。以1987年《会计研究》第2期刊登的张俊瑞《关于人力资源会计的几个问题》为发端，我国《会计研究》等报刊上发表了多篇人力资源会计研究的理论文章。1991年，厦门大学出版社出版了陈仁栋的《人力资源会计》，系统地阐述了人力资源会计的相关问题。1993年，辽宁人民出版社出版了阎达五主编的《会计准则全书》，将人力资源会计作为准则来设计。1994年，南海出版公司出版的徐国君的《行为会计学》，则是一部从人的行为的角度对人力资源进行价值核算与管理的著作。1992年，国家社会科学基金研究课题——人力资源会计研究正式立项。1997年7月，中国财政经济出版社出版了徐国君的《劳动者权益会计——人力资源会计的新模式研究》，从一个全新的角度确立了人力资产、人力资本、劳动者权益等概念，重构了会计等式，提出了劳动者权益会计的核算与信息披露方法。1997年12月，刘仲文在国家社科基金项目研究报告的基础上，完成了《人力资源会计》的写作，该书全面系统地论述了人力资源会计的产生和发展的历程、基本概念、对象、特点、分类等方面的内容，阐述了在我国研究和推行人力资源会计的必要性和可能性，构建了人力资源会计中有关人力资源成本会计、人力资源价值会计的基本框架和计算方法，人力资源供给与需求预测，人力资源投资与收益分析等基本理论与方法，并在有关章节附有操作性较强的案例，形成了系统、全面的人力资源会计理论及方法。1999年，立信会计出版社出版了张文贤的《人力资源会计制度设计》，从基本理论到制度设计全面探讨了人力资源的核算、预测与决策、分析和审计、激励制度等内容，并分别对高校、宾馆、会计师事务所、咨询公司的人力资源会计制度设计提出了很有见地的应用建议。2000年,经济科学出版社出版了焦斌龙的《中国企业家人力资本:形成、定价与配置》。2001年,中国财政经济出版社出版了谭劲松的《智力资本会计研究》。2001年,由上海复旦大学张文贤教授主持的财政部重点会计科研课题——人力资源会计研究结题,课题报告在简要介绍人力资本理论、资本结构分析、人力资本对经济增长的贡献后,重点研究了人力资源投资会计、人力资源成本会计、人力资源价值计量与评估、人力资源权益分配等重要理论与实践问题,给出了人力资源会计制度设计和人力资源会计准则的制定建议,同时也说明了尚需进一步研究的问题。2002年,立信会计出版社出版了张文贤的《管理入股——人力资本定价》,对人力资源的定价计量问题进行了富有成效的研究。2002年,立信会计出版社出版了孙玉甫的《人力资产定价》,重新确定了计量客体——人力资产,并提出了应用灰色系统理论计量人力资产的方法。2003年,徐国君的《三维会计研究》由中国财政经济出版社出版,该书全面阐述了将行为作为一个新的维度纳入会计核算中的理论与方法。2006年,刘仲文的《人力资源会计》再版发行,增加了一些新的理论研究成果和大量应用案例,并增补了人力资源社会保险基金会计。2012年,经济科学出版社出版了侯金良的《人力资本会计研究》,在总结已有研究成果的基础上,提出了人力资本的会计核算与报告的理论和方法。

1.2.2　人力资源会计的突出贡献

为了克服现行财务会计"见物不见人"的弊端,会计学者们提出了建立人力资源会计的理论构想,主张关注人力资源的价值创造作用,并将人力资源和人力资本作为企业资产和权益予以核算。人力资源会计的研究与应用在以下几个方面做出了突出贡献。

1) 阐明了核算生产中人的因素的重要性

人力资源会计的提出和后续研究进一步确认了人在社会生产活动中的重要作用,主张人是社会生产中的第一资源,是任何社会活动和社会实践(即社会生产)中最主要和最基本的要素。因为,在所有的社会生产要素中,只有人这一要素才能有意识、有目的地组织社会生产,并选择最能实现自身目标和意志的途径,将自身与其他生产要素结合起来,创造出新的社会财富。如果不对人的因素进行会计核算,特别是不承认人的因素的资本地位,不给予其参与生产成果的分享权,必将削弱人的劳动积极性,从而影响社会整体的效率与效益。

2) 消除了核算人的因素会降低人格的误解

人力资源会计提出以后,也有人撰文反对建立和应用人力资源会计,认为将人力资源列入资产负债表,是把人作为"物品",降低了人格,侵犯了人权。人力资源会计的研究也对此予以回应,指出人力资源会计核算的是人在社会生产中的贡献,所报告的也是人的劳动能力所创造的价值,而非对人格进行核算,更不主张对人格的转让。人力资源会计充分认识到人的劳动能力只能由劳动者本人拥有,但却可以通过劳动合同将其合法支配权转让给企业,企业只能在合同约定的条件和法律的约束下使用其支配权,且不能对这种支配权不经劳动者本人同意而转让。故此,人的自由与人权不会因人力资源会计的核算而消失。相反,如果不对人的贡献进行计量,限制人依据自己的贡献分享生产成果,人的权益反而会被侵害。

3) 提出了一系列核算人力资源的理论与方法

人力资源会计建议增加人力资产、人力资本(劳动者权益)等会计要素,从而使会计等式变更为"物力资产+人力资产=负债+劳动者权益+所有者权益",能够更加全面地反映企业生产要素及其投入情况。人力资源会计承袭现行财务会计的基本原理,建议增设"人力资产""人力资本""人力资产累计折旧""人力资产成本费用""人力资产损益""劳动者权益分成"等会计账户,用于核算企业所能控制使用的人力资源,从而使得现行财务会计的账户体系更加完整。人力资源会计填补了现行会计对人力资源核算的空白,将人力资产与物力资产并列起来,试图通过平行核算人力资产与物力资产的方式实现,对企业两大类出资者的权益予以维护。人力资源会计设计了众多的人力资源成本与价值的计量方法,提出了人力资源投资的资本化思想,给出了人力资源参与企业收益分享的一系列方案,为进一步研究相关问题提供了参考。

1.2.3　人力资源会计的弊端及根源分析

人力资源会计的理论研究与实际应用虽然取得了一些成果,也做出了一定的突出贡献,但同时应该看到,这些研究和应用并未能与传统的财务会计理论完全一致起来,所提出的人力资源会计要素的计量方法还存在这样或那样的问题,而未能得到一致公认。所以,人力资源会计的应用性会计准则一直没有制定出来,各企业单位发布人力资源会计信息仍处于自愿披露和非标准化披露阶段。

人力资源会计之所以很难进入准则体系中,是因为人力资源会计忽略了人力资源与物力资源的根本差异,照搬现行会计中的物力资源核算的理念和方法来核算人力资源,这显然是行不通的①。即使强力推行,也不能达到会计公平进而实现维护社会公平的目标。首先,人力资源会计的核算对象无法清晰划定。人力资源会计将其核算对象界定为人力资源,即人所具有的能力。又由于这些能力自始至终依附于个人,故同时说明要核算的是企业(组织)所能控制的那部分人力资源②。这就必须区分个体所拥有的所有个人能力中由企业所拥有或控制的部分。人力资源不同于物力资源,具有共享性、能动性、时效性、新生性等特征。面对人力资源的群体共享,我们该如何将总资源一一划归到各个组织? 个人能力的发挥受个人情绪和价值观等影响,个人在工作中究竟为企业付出多大努力,是否有所保留,是否竭尽全力,是否能继续挖掘,我们何以知晓? 个体能力具有时效性和新生性,已有的技能可能继续为企业创造价值,也可能变得陈旧而无用,同时通过学习和实践锻炼,也会有新的技能产生,这种随时存在的价值量变化,我们又该如何划分? 这一切综合起来导致的必然结果就是无法清晰地确定企业(组织)所拥有和控制的人力资源,也就无法使人力资源会计准则出台并真正实施。其次,人力资源会计的计量思路存在缺陷。计量人力资源有两种思路:成本和价值。按照成本计量思路,人力资源的计量金额就是培养和取得人力资源所投入的历史成本。但问题在于,没有证据证明所有的投入成本都会等

---

① 傅建设,孙玉甫.对人力资源会计的反思与建议[J].当代财经,2006(8):121-124.
② 刘仲文.人力资源会计[M].2版.北京:首都经济贸易大学出版社,2006:33-55.

值地形成人的能力,以历史成本作为计价基础,显然会低估或高估人力资源价值。按照价值计量思路,人力资源的价值是其未来所创价值的现值。且不说企业很难预计人力资源在未来能够创造多少价值,而且"通过估计不确定的未来以计量现在"的思路已经被 IASB 和 FASB 提供讨论的资产概念新定义所否定①。无法形成有效计量方法的人力资源会计更是很难推广应用,毕竟"会计就是一个计量过程"②。最后,现有的人力资源会计是无法达到会计公平的。现有的人力资源会计只是在现行会计的基础上简单增加人力资源要素的核算与报告,完全忽略其他生产要素的贡献,充其量只能维护物力资本和人力资本提供者的权益,仍然会妨害对其他生产要素提供者的公平。同时,现有的人力资源会计将人力资源与物力资源简单并列,忽略了两者的相互作用甚至其提供者之间的利益博弈,就不能提供一种保证人力资源、物力资源和其他资源要素协调一致发展,最大限度地激发各要素提供者潜能,优化社会资源配置的科学的会计模式,也就无法达到各生产要素提供者均感公平的目标。

综上,人力资源会计虽然意识到了人力资源的重要作用,并主张将其纳入会计核算之中,但因单纯考虑所谓人力资源本身的核算与报告,再加上无法形成科学的核算对象和计量方法,也就不能承担起保障会计公平进而维护社会公平的任务。造成如此结果的根源在于:人力资源会计忽视了人是生产过程中具有能动性的生产要素,人不像其他生产要素那样可以无意识地被直接任意支配,其能动性会对生产过程和结果产生至关重要的影响。所以,简单参照现行财务会计核算实物与技术的方法去核算人的因素,根本上就是错误的。另外,财务会计核算中加入了人的因素以后,还必须考虑人与其他生产要素提供者的关系问题,进而设计平衡与协调各方利益、实现各方合作共赢的机制,否则就会产生相互博弈和内耗,反而会影响生产效率与效益。人力资源会计只是设法核算人力资源,显然未能做到这些,也就必然无法在应用实践中取得显著的价值,也就无法突破大面积推广使用的瓶颈。

---

① 成小云,任咏川. IASB/FASB 概念框架联合项目中的资产概念研究评述[J]. 会计研究,2010(5):25-29.

② 葛家澍,林志军. 现代西方会计理论[M]. 厦门:厦门大学出版社,2001:114.

1.3 人本财务会计的提出与意义

1.3.1 人本财务会计的提出

笔者在引言中详细介绍了人本会计的提出与发展过程。从这一过程中可以看出,早期进行的人本会计核算研究基本上陷入了人力资源会计核算研究的误区中,并未能基于人本会计的理念对财务会计进行根本性的改造,而仍然是单纯对人力资源的价值进行核算,区别仅仅在于核算哪些人的问题。2008年以后的人本会计研究开始探讨应用人本理念改造会计学科,但真正意义上属于研究运用人本会计理念对财务会计核算与报告进行彻底改造的文献很少。

徐国君的《三维会计研究》算是最早的一部著作,该书试图建立起“资产—行为—权益”三个维度的会计核算体系,但在行为计量的设计上却依附于资产的计量,未能形成具有说服力的独立的行为计量方法。在2013年的人本会计论坛上,徐国君还在研究人本会计的计量理论,给出了关于人本会计计量的创新观点。这套理论可以很好地解释人造物的价值计量问题,但对于天然物的价值计量尚缺乏科学的理论与方法。

运用网络数据库查询“人本财务会计”方面的研究成果,只有徐国君指导的博士生胡春晖的博士论文进行了相关研究。胡春晖2011年的博士论文题为《人本会计理论体系研究》,该论文提出了人本会计的整体理论构架,将人本会计整体理论体系分成基础理论和包括人本管理会计与人本财务会计两部分内容的应用理论。在人本财务会计部分,胡春晖将其界定为:以解除利益相关者受托责任为主,以行为单元链为对象的以人为中心、为根本的价值计量、确认与报告的会计程序与方法;并认为人本财务会计系统是人本管理会计系统的辅助系统,主张缩减人本财务会计的功能定位,以人本主义作为主体的道德目的,从内容和方法上全新锻造,实现倾向人本主义的会计治理模式,以结构重述为重点,通过对人本财务会计结构的阐述,实现对人本财务会计体系的描述;人本财务会计理论体系包括人本财务会计概念框架、人本财务会计准则、人本财务会计核算方法和人本财务会计信息生成工艺四部分内容,并进一步阐述了每部分的核心概念与思想①。由于胡春晖讨论的重点是构建人本财务会计的理论体系,并且将人本财务会计界定为人本管理会计的辅助系统,所以其论文对人本财务会计的研究也仅限于理论性的概念与框架描述,缺乏更加细致的探讨。更关键的问题在于,胡春晖的论文在构建人本财务会计整体理论体系以及分析人本财务会计的应用理论时没有深入研究生产过程中人的因素与其他生产要素之间的协作关系,也没有建立劳动(行为)要素提供者——劳动者与其他生产要素提供者之间的合作共赢机制,从而导致所讨论的人本财务会计并未能有效做到以所有生产要素提供者为本,也就不能将人本会计的目标落到实处,无法给出一套具有可操作性的人本财务会计的工作程序与方法。

本书所研究的人本财务会计是以人本理念为指导,首先建立各项生产要素提供者合作共赢的机制,其次在此基础上研究改进财务会计理论,设计可以保证实现合作共赢的财务会计工作程序与方法,并通过实际企业应用的实验研究来验证和完善这些理论与方法,最后形成具有可操作性的人本财务会计制度。

1.3.2 人本财务会计与现行财务会计及人力资源会计的区别

人本财务会计研究的目的在于提出一套能够保证各生产要素提供者合作共赢的财务会计理论及具体的财务会计工作程序与方法。笔者将这样的一套理论与程序方法称为人本财务会计。结合本章前两节的分析,显然人本财务会计与现行财务会计和人力资源会计有着本质上的区别。

现行财务会计也是为了维护有关者的权益而对各项经济活动进行会计核算、管理控制与报告的工作系统,但是由于受其产生时社会生产的关键要素是货币资本和实物资源的制约,故此它只将货币与实物资产的提供者作为主要的权益维护对象,后来随着工业产权在生产中的作用凸显,又将无形资产纳入了核算对象。如果我们将这些无生命的生产要素统称为"物"的要素,那么可以说,现行财务会计的核算对象是"见物不见人"的。虽然现行财务会计准则已经将"职工薪酬""企业年金""股份支付"等与人有关的因素纳入其

① 胡春晖. 人本会计理论体系研究[D]. 中国海洋大学博士研究生学位论文,2011:188-208.

中，但却仅仅是将支付给人的经济利益看成是企业的费用，是"物"的要素的提供者为了保证劳动力再生产和所谓的调动积极性而不得不支付的代价，并未将其看成是劳动要素提供者所应必然分享的经济利益，更没有将劳动要素提供者与"物"的要素的提供者放在平等的地位上去思考问题和设计制度。这些问题体现在具体的会计确认与计量上就是所有的确认与计量规则只从生产要素的"物"的属性出发，完全忽视劳动这一生产要素所具有的主观能动性及其对未来绩效的影响作用。

人力资源会计针对现行财务会计"见物不见人"的缺点，提出了核算人力资源并按人力资本投资分享企业收益的主张。人力资源会计的目的在于维护人力资源的利益，即维护劳动要素提供者的权益。但是，人力资源会计所要核算的人力资源（即人的劳动能力）是一种内隐的潜在因素，并非可以直接进行计量与核算，所采取的各种计价方法无非是一种评估价值，很难被接受。特别是人力资源会计单纯研究对所谓人力资源的确认、计量与报告，没有与物力资本协调统一起来，反过来又陷入了"见人不见物"的弊端中。

那么能否将现行财务会计与人力资源会计简单地合并起来，形成既核算"物"又核算"人"的会计制度呢？答案也是否定的。因为这样简单地合并，不研究各项生产要素协作机理，不建立各项生产要素提供者合作共赢的机制，就不能够使会计工作形成一个有机的整体，无法将各项生产要素协调起来，也不可能达到维护各方权益的目的。

人本财务会计正是在充分关注各生产要素提供者权益维护的前提下，以其合作共赢为出发点与落脚点，通过全面的理论与方法创新，所建立起来的全新的财务会计理论与方法体系。在人本财务会计中，理论研究的根本思路是设计能够实现合作共赢的机制，核算程序与方法设计的根本点在于保障各方权益。例如，人本财务会计在对任何一个生产要素的价值进行计量时，都必须考虑所有生产要素提供者的权益是否在本生产要素计量中都得以维护，计量方法的选择是否能够有效地防止利益侵害性的博弈产生，是否能够实现各方经济利益的自动平衡。所以，人本财务会计不是现有其他财务会计理论与方法的简单汇总，而是建立在一套全新的能够防止利益侵害、保障各方权益的会计理论与方法基础上的会计工作系统。人本财务会计与现有其他财务会计的根本区别如图 1-1 所示。

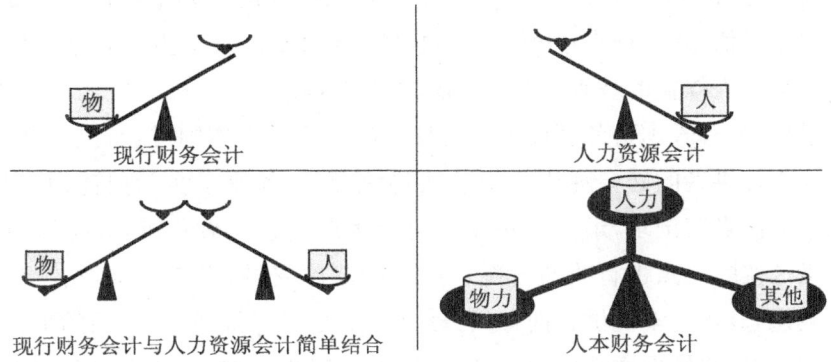

图 1-1　人本财务会计与现有其他财务会计的根本区别

1.3.3　人本财务会计的意义

由于人本财务会计是综合考虑各方权益维护的会计系统,所以只有人本财务会计才能担负起建立会计公平,进而维护社会公平的重任。

首先,只有人本财务会计才能保障权利公平。任何一个生产过程都是所有生产要素共同完成的,只有承认各生产要素在生产中的平等地位,才能保证某个生产要素提供者的权益不被其他生产要素提供者侵害,从而保障所有生产要素提供者具有公平地参与生产要素提供的权利以及将来公平地获得报偿的权利。人本财务会计主张以所有生产要素提供者为本,并强调各项生产要素提供者均有平等地决定自己是否参与该项生产过程的权利,平等地商讨所投入生产要素对应的资本价值或其他价值的权利,并且拥有后续在自身权利受到其他生产要素提供者损害时平等地确定所获补偿的权利。

其次,只有人本财务会计才能提供机会公平。人本财务会计设计各种生产要素以投入或其他方式进入企业的具体功能实现机制,每个生产要素提供者完全可以凭借自己的目标和要求进行自由选择,从而保证每个生产要素提供者都拥有平等地选择所提供的生产要素进入企业方式的机会。

再次,只有人本财务会计才能做到规则公平。人本财务会计的功能实现机制将每个生产要素提供者都放在平等的地位上,并通过合理设计各种生产要素初始价值计量和后续跟踪调整的机制消除各方的利益博弈,做到各方合作共赢。这种按照不侵害其他生产要素提供者的权益为基础设计的具体规则,从根本上保证了所有生产要素提供者均在相同的规则中确认自己提供的生产要素价值,并保证自己和他人的权益,从而使得每个生产要素提供者均能在增加他人权益的基础上获得自己的更多利益。

最后,只有人本财务会计才能实现分配公平。人本财务会计要求将所有生产要素提供者的必要耗用公平确认,公平配比各要素实际损耗,并利用人本计量方法真实记录,最终公正反映每个生产要素所做贡献,并按照每个生产要素的实际贡献进行收益分配。这样的制度安排,没有要素被忽视,没有要素被遗忘,各要素提供者拥有同等地位,享受同等待遇,在共同的平台贡献各自的力量,并依据贡献份额公平、合理地分配企业剩余,从而使各要素提供者的诉求得到满足,其贡献份额得以真实反映,且最终得到了满意的利润回报。这样的制度理念,权衡了各利益群体的利益需求,维护了各利益群体的经济利益,在公平的基础上,实现了各群体间的互利共赢。

综上,人本财务会计的理论设计同时达到了社会公平核心内容的要求,使之成为兼顾社会公平与企业效率的有效会计手段和实现社会可持续发展的有力保障。可以预见,随着知识与技能在社会生产中的作用越来越大,现行财务会计必然会增加对掌握和创造知识与技能的"人"的因素的核算内容,而这一内容的加入必将产生有能动性的"人"与无能动性的"物"的提供者之间的利益博弈;同时环境的恶化也要求企业生产中必须保障环境等其他生产要素提供者的权益,导致更大范围的利益平衡。在这样的情况下,基于仅核算无生命的"物"的要素的现行财务会计和仅核算所谓"人"的劳动能力的人力资源会计都无法承担在核算中保障各方权益、实现合作共赢的任务,也就必然要求建立能够保障各方利益、推动会计公平和社会公平的新的财务会计制度的建立,这就是人本财务会计。正是从这一点上,本书才认定人本财务会计是财务会计发展的必然。

2　人本财务会计的基础理论

2.1.1　财务会计基础理论的研究历程

虽然早在 1940 年佩顿和利特尔顿就在其撰写的《公司会计准则导论》的序言中提出：会计理论应该是一个内在一致、协调一贯的体系。它应该能作为一个理论基础，帮助公司会计人员对其实务做出务实的评价，同时，也能帮助注册会计师审查公司报告。但是，推动会计理论体系大规模研究的，却是时任美国会计原则委员会的会长詹宁斯。1957 年他在面对各界对会计理论研究现状的批评时主张将重心从应用研究转向基础研究，以便建立和承认一套统一的会计理论体系，而非以往对具体方法的强调。其后接任的鲍威尔更是进一步提出了会计理论研究计划，认为财务会计的主要问题需要从四个层次上加以考虑：会计假设、会计原则、具体环境下应用会计原则的会计准则或指南、研究，从而形成了"会计假设—会计基本原则—会计具体准则或指南"的会计理论体系。遗憾的是，20 世纪 70 年代出现的一系列变革导致诸多财务会计的新领域和新问题的出现，使得原来的单纯应用性的会计理论体系不能形成首尾一贯的理论框架，有关的重要会计文献实际上观点不一，甚至相互矛盾，无法消除会计实务的混乱，引发了对会计规则的日益强烈的批评。此后，会计理论体系的研究转向指导准则制定的会计基础概念体系，形成了"会计目标—会计信息质量特征—会计要素及其确认与计量—财务报告"的体系框架，有效地指导了 20 世纪后期的会计准则制定。

但是，以目标为起点的财务会计概念框架的研究也面临着困难和问题，主要表现在概念框架某些项目不能形成正式的结论，已经发布的概念公告也未能达到首尾一致的初衷，会计准则的制定越来越受到各方面的外部阻力而难以完成。这些问题的出现不仅仅是因为社会与企业的经济业务越来越复杂多样，更主要的问题在于基于实用主义所构建的会计理论体系缺乏更为基础的会计理论作支撑，不能基于会计系统运行的内在规定性来对会计系统做出理论性的描述。特别是发生于 2001 年的安然事件，进一步暴露了当时会计准则制定方面的问题。以至于 2002 年发布的《萨班斯-奥克斯利法案》提出应对会计、审计业进行全面整顿，要求美国证券交易委员会研究美国采用以会计原则为导向的会计体系的可行性。2002 年 10 月底，美国财务会计准则委员会发布了《关于美国以原则为导向制定会计准则的方法的建议》，对采用原则导向制定会计准则征求意见。以原则为导向的会计准则将更加强调经济业务的实质，要求会计信息必须反映经济业务的实质，而不再更多地关注其外在的法律形式。这就更加需要深入研究会计系统的内在规律，先确立会计系统的本质、职能等基本问题，为形成会计原则导向提供充分的依据。可到目前为止，国外关于会计基础理论的系统研究仍未建立起来。2013 年 7 月，国际会计准则委员会发布的"财务报告概念框架复评"仍然是从会计目标出发去分析会计概念的，并未能够从更为基础的概念去描述会计系统及其内在运行规律。

我国在会计理论的建立与研究上比较重视会计基础理论，一直采用"会计本质、属性、职能、对象—会计制度—会计方法、程序"的理论体系。应当说，我国的基础理论研究为整个会计理论体系的研究奠定了"基石"，构成了会计理论体系的一个十分重要的部分[①]。财务会计基础理论回答了财务会计的本质、对象和职能等问题，对财务会计的基本方面做出了理论规定。基础理论是整个理论体系的基石，为后续理论研究提供基础性的概念。财务会计概念框架是由财务会计的基本概念所构成的一个逻辑一致的结构体系，指导着财务会计准则的制定。可见，财务会计基础理论与财务会计概念框架是基础理论与应用理论之间的关系。离开了基础理论的指导，应用理论的研究必然丧失其基本的质的规定性，从而陷入目标不明、内容不一的混乱之中。目前对财务会计目标的不同认识和对财务会计概念框架所包含内容的争论，无不昭示着这一点。

---

① 吴水澎. 会计理论[M]. 北京：机械工业出版社，2007：70.

2.1.2　人本财务会计基础理论的内容

综合现有会计基础理论的研究,其主要构成要素包括:会计环境、会计动因、会计本质、会计职能、会计对象、会计与相邻学科关系、会计特色与国际协调、会计发展史、会计学研究方法、会计目标、会计假设、会计信息质量特征、会计要素、会计原则、会计程序与方法(属于广义的会计理论,包括会计确认、计量、记录与报告)等。但笔者认为,会计动因是指建立会计系统的动力和原因,来源于会计环境的要求,这在前面已经论述;而会计特色与国际协调、会计发展史、会计学研究方法等因其与会计理论的其他部分逻辑联系松散,可以作为独立的研究范畴进行研究。更主要的是,人本财务会计是一个新的概念,虽然是建立在现有会计理论发展的基础上,但暂时毕竟谈不上历史发展和国际协调问题,而研究方法与现有研究方法并无本质差别。故此,本书构建的人本财务会计理论体系不涉及会计动因、会计特色与国际协调、会计发展史、会计学研究方法等内容,而只讨论人本财务会计的环境、本质、对象、职能等问题。

2.2　人本财务会计的环境

2.2.1　会计环境的概念

按照《现代汉语词典》的解释,环境是指周围的情况和条件,而周围是指环绕着中心的部分。显然,讨论环境问题必须先确定环境中心或主体,即是谁的环境。因为环境毕竟是与中心区别开来,作为中心事物存在的条件而存在的东西。由此可知,会计环境就应该是指会计系统外部的情况和条件,而不是会计系统本身。会计理论之所以研究会计环境,是因为它对构建会计系统有重要的影响作用。

按照系统论的观点,环境是指系统之外,与系统不断进行物质、能量和信息交换的外部空间及其中存在的所有因素的总和。而系统又是有层次的,系统与其直接相关的外部空间相互联系又会构成更大的系统。具体到会计系统上,会计系统即是一个更大系统的子系统。也就是说,会计系统和其他系统一起通过有机联系形成一个更大的系统,会计系统在这个更大的系统中存在、发展,并发挥着自己的作用。这样,大系统的要求、与会计系统一起构成更大系统的其他子系统,以及各个子系统之间应有的联系就构成了会计系统的环境。

综上所述,可以定义:会计环境就是指与会计工作系统平级的其他工作系统以及它们共同构成的那一个大系统。

2.2.2　关于会计环境的现有研究

现有研究所提出的会计环境的主要因素基本相同,包括社会政治环境、社会法律环境、社会经济环境、社会文化环境等宏观环境以及企业的微观环境。

社会政治环境对会计的影响主要表现在:政治环境决定会计所主要服务的阶级或阶层,必然使会计带有一定的政治色彩和社会属性,从而决定了会计的性质与方向;政治环境决定了会计管理体制和会计活动规范;政治体制通过对经济体制等因素的影响间接影响会计;政治环境通过影响民主理财程度和群众监督制度,从而影响会计信息公开程度,并间接决定了会计信息的内容和作用。

社会法律环境主要体现为不同的法律体系以不同方式作用于会计领域,导致会计上的差异。大陆法系的国家,政府扮演着极其重要的角色,会计规范更多地表现为法规,形成了较为典型的立法会计模式,会计信息的公开程度较低,会计规范具体详尽但适应性差,会计监管严格;英美法系的国家,会计规范基本由具有广泛代表性的民间职业团体制定,从而形成了协会会计模式,并规定企业应最大限度地公开会计信息,会计规范的灵活性稍强,对职业判断要求较高,会计监管也主要由民间组织完成。另外,法律的稳定性也在一定程度上制约了会计的发展变革。

社会经济环境包括生产力发展水平、经济体制、税收制度、证券市场发育程度等,它是影响会计的重要因素。生产力发展水平是推动社会发展的原动力,也是导致会计产生、发展的原动力。经济越发展,会计越重要。生产越是社会化,越需要会计来反映和控制生产经营活动。会计是与特定的经济体制相适应的,有什么样的经济体制,就有什么样的会计准则和会计信息。不同的经济体制形成了不同的会计目标、管理方式、会计规范、会计监督等模式。税收制度是会计必须遵守的强制性规范,会计必须为税收工作提供充分的信息。证券市场的发育程度直接决定着会计信息使用群体及其要求,证券市场越发达,会计信息的需求人群越庞大和广泛,越要求充分、及时地披露会计信息。总之,正是经济环境内部矛盾的激化改变了原会计赖以生存的基础,才导致新会计的产生,会计才不断向前发展。在政治、法律环境相对稳定的情况下,经济环境是会计发展变化的主要影响因素。

社会文化环境包括科学技术、文化教育、宗教信仰、社会道德、文学艺术、社会观念、社会习俗、语言传统等。科学技术进步对经济发展和会计发展的作用越来越突出,甚至已经成为现代社会发展的第一推动因素。科学技术的进步为会计理论研究打下了新的基础,也提供了新的领域,更为会计工作提供了新的方法和手段。文化教育水平的高低影响着社会成员的素质及其对会计信息的理解与利用,更决定着会计人员的素质及其发挥作用的程度。其他社会文化因素也都在一定程度上影响会计工作的效果和会计制度的设计与落实。

企业微观环境包括企业的股权结构、治理结构、规模、生产过程与特点、组织与管理模式、企业文化等。这些因素是企业构建其内部会计系统的基础,直接决定着企业内部会计系统的目标、组织结构、服务面向、核算模式、会计工作手段与方法等。

当然,会计对环境也有反作用,优质的会计信息会促进社会的发展,会计工作所出现的新问题的解决也会引起社会政治、法律、经济环境的相应改变。

2.2.3 当前面临的会计环境分析

1) 社会政治环境

20 世纪后期,随着冷战结束,当代世界政治在超级大国仍然企图称霸世界的过程中逐步走向多极化,但将长期处于一极与多极的斗争中。在多极化的过程中,大国之间陆续结成战略伙伴关系,主张通过和平对话解决争端,但局部的战乱仍然存在,特别是非传统安全威胁增加,文化的冲突、价值观的冲突甚至很严重。在这些因素综合作用下,和平与发展成为当代世界的主题。

为了实现全球的和平与发展,世界各国均对自己的政治体制等进行了调整,更加追求政治的民主化。从国外的情况看,各国虽然有不同的具体制度,但都将保障公民的个人权利、强调主权在民、实行分权制衡和法制作为基础。同时,复杂的阶级和阶层结构导致阶级矛盾和斗争趋向缓和,反对各种歧视、要求社会权利平等、主张保护环境等各种社会运动不断发展。从我国的情况看,中国的民主政治一直在稳步发展,特别是改革开放以后,中国的民主进程加速推进。党的十八届三中全会更是特别指出:"紧紧围绕坚持党的领导、人民当家做主、依法治国有机统一深化政治体制改革,加快推进社会主义民主政治制度化、规范化、程序化,建设社会主义法治国家,发展更加广泛、更加充分、更加健全的人民民主。"政治的民主化必然带来对公民主体地位的尊重和对公民权利的保障,从而使民主的会计监督得到加强,同时也要求会计工作要充分反映与保护公民的利益。

在世界多极化和政治民主化的发展过程中,人权问题屡被提出,甚至成为国家之间相互指责的工具。本书无意评论各国的人权状况,只是藉此说明当今世界各国对人权的重视。我国政府对人权问题也极为重视,在《国家人权行动计划(2009—2010)》得到全面落实的基础上,继续发布了《国家人权行动计划(2012—2015)》,明确说明:"将人权事业与经济建设、政治建设、文化建设、社会建设以及生态文明建设结合起来,顺应各族人民过上更好生活的新期待,继续把保障人民的生存权、发展权放在首位,着力保障和改善民生,着力解决人民群众最关心、最直接、最现实的权利和利益问题,切实保障公民的经济、政治、社会和文化权利,促进社会更加公正、和谐,努力使每一个社会成员生活得更有尊严、更加幸福"。可见,保障人权就必须在各项社会生产与生活中保障其参与者的利益,使得社会生产参与者投入社会生产中的各项生产要素及其贡献和投资者的利益得到全面客观的反映与保护。

2)社会法律环境

虽然世界各国的法律制度有所差异,甚至形成不同的法系,但是法律所规范的对象和目的并无本质区别。法律都是基于人类社会更好的可持续发展而制定的调整人们社会活动的规范。法律通常规定人们在社会活动中的权利和义务,即人们可以怎样行为、不得怎样行为以及应当怎样行为。在制定和实施这些行为规范的过程中,人们逐渐发现要想实现法律的目的,就必须建立公平、效率、自由、秩序所组成的价值体系,其中,公平是根本,效率是前提,自由是目的,秩序是保障。社会形势的变迁所引起的原有立法价值判断的依据发生了变化,致使原有法律不能适应社会的发展,进而要求法律价值判断需要依据社会环境的变化进行调整,最终引起法律制度的变迁。

由于人们最初的社会活动主要是从事生产、交换和分配有形财产的行为,所以人们制定了一系列法律来确认有形财产和规范财产权的变动。后来,人们又关注到了智力成果等无形财产的保护,制定了一系列知识产权的保护法律,同时,人身权利的保护也得以强化,并将一切权利保护的核心问题集中起来,形成了制约一切法律的总法——宪法。随着知识经济时代的到来,智力资产和创意劳动成为推动社会发展的重要力量,由此引发了对人力资本产权保护的尝试。其核心的内容就是对劳务出资的法律规范。对于在社会生产中持续投入的创意劳务和一切不可简单替代的劳务服务,其投入者是否可以被认定为投资者,是否可以拥有剩余收益的分享权,成为法律关注的焦点。最初的法律限制以劳务出资,要求出资对象只能是"现物",劳务不能算作现物出资或现物接受。后来,法律开始有限度地认可劳务出资。例如,美国《模范商事公司法》第6.21条第2款规定:"董事会授权发行股份可以采取的对价形式,包括任何有形的、无形的财产或可以使公司享有的利益,包括现金、本票、已经提供的劳务、劳务提供合同或公司的其他证券。"《加拿大商业公司法》规定,取得股份的对价包括现金、支票、有形或者无形的财产,或者先前提供的服务。非现金(财产或者服务)出资的价值通常被认为仅关乎董事会成员确定其价值时的善意判断,但加拿大许多州认为,一旦发生诉讼,则价值成为由陪审团决定的事实问题。但在加拿大的大多数州,提供未来服务、利益的合同和期票并不是取得股份的好的对价,但是可能有许可这种未来对价的趋势。《英国公司法》第99条至第107条规定了股东的出资形式。公司发行的股份和股份溢价,可以以现金或具有金钱价值的非现金财产(包括商誉和知识产权)支付。但具体规定却分封闭公司与公众公司而有不同的立法要求。公众公司对于股份对价的类型要求更为严格:公众公司在任何时候都不能接受任何人以对公司或第三人提供劳务的承诺作为股份或股份溢价的对价。我国《合伙企业法》第16条规定:"合伙人可以用货币、实物、知识产权、土地使用权或者其他财产权利出资,也可以用劳务出资。合伙人以劳务出资的,其评估办法由全体合伙人协商确定,并在合伙协议中载明。"但在《公司法》里劳务出资目前还不被允许,可是其第 143 条又规定:"公司不得收购本公司股份。但是,有下列情形之一的除外:……(三)将股份奖励给本公司职工;……"职工获得公司奖励的股份显然不需要支付等值的"现物"对价,当然也不意味着职工没有任何付出就可以获得该股份。作为持股对价的不是"现物",而只能是职工为公司提供的"高质量"的劳务。

相对于全国性的法律,一些地方出台了一系列文件鼓励劳务出资。2005年,上海市工商局为贯彻"科教兴国""人才强国"战略,支持浦东新区的发展,促进人才资源通过法定形式转化为资本,制定《浦东新区人力资本出资试行办法》,对人力资本的定义、出资限额、出资评估和出资的规制等方面进行了规制。2006 年,温州市出台《温州市人力资本出资登记试行办法》和《温州市人力资本出资入股认定试行办法》,规定可以以人力资本出资,但出资必须经法定评估机构评估作价,并报经温州市人力资本出资试点工作领导小组确认后才能一次性投资入股;人力资本出资企业注册资本最低限额为人民币 100万元,人力资本出资比例不得超过公司注册资本总额的 30%;人力资本应当一次性作价入股,不得重复入股,以人力资本方式出资的公司可以对外投资;人力资本出资股东必须与非人力资本出资股东订立协议,明确双方权利和义务,非人力资本出资股东对人力资本出资部分承担连带责任。此外,深圳、江苏、青海也都做出相类似的规定。

关于劳务出资法律许可的变化,已经为推动包括劳务在内的所有生产要素提供者公平地进行出资活动和平等地分享社会生产剩余提供了可能,并将通过不断的完善来提供更有力的法律保障。

3) 社会经济环境

20 世纪后期,世界经济走向全球化,世界各国通过经济贸易连接成一体化的世界经济体系,并在经济贸易中展开了综合国力的竞争。世界各国之间又联系又竞争的局面,使得世界经济更加复杂,形成了一个巨大的复杂系统。

每个国家的经济作为世界经济大系统的子系统,其本身也是一个复杂系统。为了实现复杂系统的可持续高效发展,各国采取了多种手段和方法。发达资本主义国家在不动摇资本主义私有制的前提下,对生产关系和经济结构进行了调整:在经济政策上,力争宏观调控和市场经济的最佳结合;所有制形式更加多样;大小企业并存,形成优势互补;经济关系调整的力度加大,从以发达国家内部关系的调整为主,进一步扩展到对国际宏观经济的干预和国际调节;以社会福利的形式对国民收入进行再分配。这些调整在一定程度上促进了经济发展,但并未能从根本上解决其经济周期停滞和经济危机、失业率居高不下、财政赤字和政府债务持续扩大、国际矛盾突出等问题。发展中国家也开始了一系列的调整和改革:产业结构转向多产业协调发展;宏观经济干预逐渐弱化,寻求国家管理与市场机制共同作用;对微观经济主体进行改革,赋予其市场主体地位;实行对外开放政策等。这些改革取得了非常好的效果,但也带来了一系列新的问题:工业化进程加快导致的资金短缺与债务危机;融入世界经济循环对本国经济的冲击很难克服;过分追求短期效益引发了环境危机;各国经济发展不平衡,尤其是发展中国家在信息、技术、知识方面处于明显劣势,已成为制约其发展的关键因素。中国经济自改革开放以后取得了长足进步:社会主义市场经济体制已经初步建立,市场在资源配置中的基础作用显著增强,宏观调控体系日趋完善;以公有制经济为主体、个体和私营等非公有制经济共同发展的格局基本形成,经济增长方式逐步由粗放型向集约型转变。但同时也存在严重的问题,除了前述发展中国家存在的问题之外,我国经济还存在一些特有的问题,如严重依赖外贸及政府投资带动经济发展、内需严重不振、社会保障体系严重缺失、经济投机化严重等。

综观当代社会经济,在持续调控以促进发展的同时,也存在着致命的问题。问题的核心在于如何让全体劳动者伴随着社会经济的发展,实现个人的发展与成长,因为只有做到让全体劳动者的共同发展和富裕,才能保证社会需求的旺盛增长,才能消除因两极分化导致的资源配置不平衡,才能实现社会经济的可持续发展。而且,发展社会经济的最终目的也应该是促进社会公民利益的共同增长。正因如此,中共十八届三中全会明确提出未来中国社会改革与发展的总目标:"完善和发展中国特色社会主义制度,推进国家治理体系和治理能力现代化。必须更加注重改革的系统性、整体性、协同性,加快发展社会主义市场经济、民主政治、先进文化、和谐社会、生态文明,让一切劳动、知识、技术、管理、资本的活力竞相迸发,让一切创造社会财富的源泉充分涌流,让发展成果更多更公平惠及全体人民。"为了实现这一总目标,部署了各方面的改革,并且明确"允许混合所有制经济实行企业员工持股,形成资本所有者和劳动者利益共同体"。2015 年 10 月 29 日结束的中共十八届五中全会上,不仅将"坚持人民主体地位"列作推动经济社会持续健康发展的首要原则,更将"人人参与、人人尽力、人人享有"作为建设小康社会的根本要求,将"做出更有效的制度安排,使全体人民在共建共享发展中有更多获得感"作为手段和目的。可以预见,未来我国的经济发展将要求建立全面反映与考核各项生产要素(尤其是劳动要素)的贡献的会计体系,维护各项生产要素提供者的权益,建立依据生产要素贡献分享社会新创财富的机制,最终形成生产要素的积极投入与社会财富公平分享的良性循环。

4) 社会文化环境

社会文化环境可以从两个方面来描述:一是科学技术;二是其他文化环境。

从科技的角度看,20 世纪后期,科学技术以前所未有的速度发展,出现了众多的科技新领域和新进展。特别是爆发于 20 世纪 90 年代的以信息技术为基础的信息革命,已经开始广泛深入社会各个领域,使得现代社会成为信息化的社会。作为信息化的大脑的计算机已经具有极高的运算速度,正在研发的光电子计算机、蛋白质计算机的预计运行速度在每秒 2 亿亿次以上。作为信息化的躯干的通信技术也在迅猛发展,在传统的微波移动通信、卫星通信的基础上,光纤通信、计算机网络通信以指数量级提升信息传递的效率,目前运营的 4G 网络已经能够做到:用户可以在其服务范围内的任何地点、任何时间、以任何方式不受限制地接入网络,真正实现全球无缝覆盖和漫游;最高数据传输速率可达 100 Mbit/s,并全面支持各类业务的便捷接入;全 IP 核心网络,支持基于 IPv6 的网络互联;更低的发射功率,更高的频谱利用率。建立在网络基础上的数据处理更加快速,其中云计算旨在通过网络把多个成本相对较低的计算实体整合成一个具有强大计算能力的完美系统,由软件实现自动管理,无需人为参与,再借助先进的商业模式把这强大的计算能力分布到终端用户手中,进而减少用户终端的处理负担,而用户却能按自己的需求享受"云"的强大计算处理能力。在网络条件下,劳动工具全面的信息化和智能化使劳动者获得空前的解放,作业流程电脑化实现了批量定制和产品与服务的多样化,自动化技术将实现经济活动和社会生产的远程自动控制,电子商务使交易进一步摆脱了时间、地点和交易方式的限制。总之,现代科学技术的发展为社会生产提供了新的条件,也使得人类社会步入信息社会。在信息社会,知识和信息成为生产的关键要素,"知识经济化"与"经济知识化"的双向转化推动着全球性"知识经济一体化",经济活动的信息会迅速地传输到世界各个角落。在相对透明的信息环境中,企业可以及时调整自己的生产经营,劳动者可以采用更灵活的劳动方式,政府可以迅速地做出宏观调控决策,整个社会在资源优化配置的情况下会高效运作。更为重要的是,在这种情况下,社会生产将彻底成为社会化的生产,生产者可以远离企业所在地去为企业提供服务,管理者可以远离企业来对企业的生产经营活动进行全面管理控制。2014 年 5 月 4 日,金蝶公司总裁徐少春先生在全体员工的注目下把自己的办公用纸、笔、电脑逐一丢进垃圾桶,宣布"只凭一部手机,开始工作方式的革命性探索"。2014 年 6 月 20 日,徐少春先生在中国会计信息化年会预备会上确认:自 5 月 4 日以来,除非签署支票和法律性文件被迫使用了别人提供的笔以外,其他办公时间确实做到了没有纸、没有笔、没有电脑,而且采用新的移动互联工作方式以后,意味着有更多的时间打篮球,新的工作方式也是新的生活方式。金蝶公司的尚惠红女士也在 2014 年 6 月 21 日的中国会计信息化年会大会主题发言中展示了该公司研发的基于移动互联网的管理信息化产品,不仅实现了各项企业管理工作的移动化、高效化,而且实现了对人的工作一定程度的解放。可以预见,科技的发展将彻底改变企业的组织结构和工作方式,乃至彻底改变社会生产方式和人们的生活方式,人的作用将进一步提升,客观上也就必然要求反映和监控企业生产活动的会计发生改变,更加关注人的价值和作用,反映和监控人在生产中的投入与贡献,保障人的各项权益。

关于其他文化环境,可以借鉴霍夫斯特德提出的文化差异四维度模式来描述。霍夫斯特德认为,不同的文化可以从四个维度来对比分析,它们是:个人主义或集体主义的选择、权力距离、风险回避意识强弱程度、阳刚或阴柔时尚选择①。当代社会已经形成了一个复杂的大系统,任何一个人都已经成为系统的一部分,从而使得每个人必须处于一个或几个集体中,导致集体主义得以大发扬;同时,移动互联网时代的社会生产活动给了人们许多自由的工作空间,也要求人们充满个体的创造与活力,特别要求人们保有足够的个性化,成为不可替代的那一个人。权力距离是用来表示人们对组织中权力分配不平等情况的接受程度。当代社会一方面因操控复杂系统需要形成具有一

---

① HOFSTEDE G L. Culture's Consequences: International Differences in Work-Related Values [M]. London: Sage Publications, 1980: 3.

定层次结构的权力分配机制,另一方面又因科技和社会的进步可以实现扁平化管理和民主制度建设导致权力的分散,从而形成了多样化的权力距离。社会的发展充满着机会与挑战,也同时造就了具有不同风险回避意识的人群。社会的宽容性发展许可人们可以选择不同的性格特质——阳刚或阴柔,导致社会总体性格的多样性。可见,四个维度的文化差异越来越弱化,整个世界的文化日益走向开放化、多元化,同时科技成果的运用又导致文化发展日益技术化、信息化、网络化。这一切的综合作用,使得作为人的活动的对象化的文化更加走向人本化,倡导回归自然、回归人自身(满足人的需求)。

社会文化环境的新状况必然要求对社会活动主体——人的重视,要求制度设计和运行充分考虑人的多元化发展选择,允许人们在系统整体运行过程中实现个人的自由和个性化行为选择。充分满足人的个性化选择的行为管理和会计反映制度也就必将有别于传统的会计管理。

5)企业微观环境

受制于社会整体环境的变化,企业的各项微观状况也必然发生改变。当今企业的股权结构更加分散,出资方式更加灵活多样,生产技术组织更加多变(甚至形成了个性化的订单式社会生产),企业的管理更加智能与高效,生产与管理之间的信息传递更加方便迅捷,企业职工的团结协作更加紧密,但职工之间的协作却可以通过移动互联网而在不同的地域进行……企业微观环境的如此变化,也就必然要求企业的会计系统发生改变,以便更加满足各项生产要素出资者和其他利益相关者的需要。

总之,当代社会的各方面环境变化,已经呈现出对人的作用越来越重视的趋势,必然要引起会计理论与实务的变革。建立在传统"物本"理念下的财务会计必将发展成"人本"理念下的财务会计——人本财务会计。

2.3 人本财务会计的本质

2.3.1 会计本质研究回顾

关于会计本质的表述有很多种,工具论、艺术论、上层建筑论、生产力论等已成过眼烟云,在目前会计本质研究中经常被提及的有管理活动论、信息系统论、控制系统论,此外还有考核制度论、契约关系论、产权关系论、立体动态反映、信息资源整合系统与价值创造管理论等。

1) 管理活动论

杨纪琬和阎达五指出:"无论从理论上看还是从实践上看,会计不仅仅是管理经济的工具,它本身就具有管理的职能,是人们从事管理的一种活动。"[①]此后,杨纪琬和阎达五著书立说,形成了比较系统的会计管理活动论。该理论认为:会计的特点主要是用货币对经济活动过程中占用的财产物资和发生的劳动耗费进行系统的计量、记录、分析和检查。计量、记录、分析和检查本身不是目的,而是会计所用的手段。凭借这些手段,达到从一个特定的侧面管好一家企业的生产和经营,或管好一个事业单位、机关、团体的业务,提高经济效益的目的。从这一点来看,会计的本质是管理,会计是一种管理活动。1998年,劳秦汉提出:现代会计的本质就是一种为完成和解除会计双重受托责任的提供与利用会计信息的管理活动过程[②]。2009年,王爱国进一步论证了会计的本质是管理,任何会计改革和创新不能偏离这一本质[③]。

2) 信息系统论

信息系统论的观点最早出现在1953年利特尔顿出版的《会计理论结构》中,他认为会计的显著目的在于对一个企业的经济活动提供某种有意义的信息。1966年美国会计学会发表的《会计基本理论说明书》中更为明确地指出:"在本质上,会计是一个信息系统。更精确地说,它是把一般信息理论在有效率的经济营运问题上的一种应用。"余绪缨指出:"简括地说,会计是一个信息系统,它为管理(包括财务管理)提供有用的信息。会计为管理服务,但不是管理本身。"[④]1983年葛家澍、唐予华定义:"会计是旨在提高经济效益,加强经

---

　① 杨纪琬,阎达五.开展我国会计理论研究的几点意见[J].会计研究,1980(1):2-10.
　② 劳秦汉.会计理论研究的新视角:从现代会计的双重受托责任看会计的本质、职能和目标[J].会计研究,1998(8):45-46.
　③ 王爱国.金融危机背景下会计本质的新思考[J].财务与会计,2009(11):62-63.
　① 余绪缨.关于建立适应我国社会主义现代化建设需要的会计学科体系问题[J].会计研究,1982(2):38-45.

营管理和经济管理而在每个企业、事业机关等单位范围内建立的一个以提供财务信息为主导的经济信息系统。"①而后，余绪缨和葛家澍站在会计信息系统的角度对会计作了全面而深入的研究，并形成了会计信息系统论。该理论的主要观点是：会计对经济活动过程中财产物资和劳动耗费的原始数据进行加工，产生信息，供人们了解和管理经济活动过程使用。信息是会计工作的结果。从这一点来看，会计是一个信息系统。

3）控制系统论

会计控制论是杨时展和郭道扬通过对会计进行历史的考察，在详细分析现代会计环境以及未来经济发展的基础上形成的系统化的会计定位理论。1992 年，杨时展指出："现代会计是一个以认定受托责任为目的，以决策手段对一个实体的经济事项按货币计量及公认原则与标准，进行分类、记录、汇总、传达的控制系统。"②对会计本质的这一描述，首先，阐明了会计基本目标在于认定受托责任履行情况这一内在的并带有规律性的问题；其次，在确认受托责任目标的基础上揭示了现代会计是个控制系统这一关键性问题，使人明确无误地认识到受托责任这一目标与会计控制系统的结合便是现代会计内涵中显示其本质的问题，而现代会计的主导性职能是控制；最后，明确了受托责任与决策之间的关系。李孝林等更是试图使用控制系统论将信息系统论和管理活动论统一起来，将会计定义为以处理价值信息为基础的控制系统③。2007 年，宋小明提出会计是一个以控制为核心的管理体系④。

4）考核制度论

这是 20 世纪 90 年代美国会计专家霍斯金和迈克夫提出的观点⑤。他们认为，考试是现代教育制度的重要环节，也是充分调动教师与学生的创造性和积极性的唯一手段。一个企业欲在每场考试中都取得较好成绩，就必须认

---

① 葛家澍,唐予华.关于会计定义的探讨[J].会计研究,1983(4);26-30.;1983(5);51-54.

② 杨时展.会计信息系统三评——决策和受托责任论的争议[J].财会通讯,1992(6);6-11.

③ 李孝林,等.会计基本理论比较[M].上海:立信会计出版社,2002;194.

④ 宋小明.会计本质的确证及在会计史研究中的解释性应用[J].中南财经政法大学学报,2007(1);85-90.

⑤ 霍斯金,迈克夫.会计学:一门学科规则[M].北京:三联书店,牛津大学出版社,1999;29.

真严格地按市场规则做好自己的经济活动。社会为了维护公平、公正的市场竞争秩序,就必须建立一个能够反映与考核各个企业运用资源进行经营运作所取得效益的考试制度,并保证各个企业的考试成绩真实可靠与可比。会计就是现代市场经济下的一种定期考试制度。

5) 契约关系论

契约关系论建立在企业契约论的基础上,是 1997 年美国耶鲁大学桑德提出的[①]。他指出:整个社会都是由企业和其他组织组成的,而企业和其他组织又是一系列契约的连接体。由于契约是不同主体之间达成的共识,在企业运营过程中,必须对必然存在的不同主体之间的冲突予以协调,否则会导致效率下降、资源浪费、企业或组织解体。解决冲突的唯一办法就是信息共享。如果不把共同知识的变量引入契约中,就会产生争论或欺骗。……组织中的会计与控制制造共同知识,以便界定主体之间的契约。换句话说,参与订立契约的主体为了能够在上述冲突中获得自身的最大效用,就势必产生了解企业相关契约的订立和履行情况的要求。会计正是适应这一要求而产生的,是为了维护有关方面利益,揭示构成企业或其他组织的各种契约的订立与执行情况的信息系统。2002 年,杨雄胜在此基础上进一步提出:财务会计本质更多地表现为会计准则的本质。在某种意义上,财务会计制度的建立,就是为了使市场有效配置经济资源有一个正确的信号系统。……财务会计准则的本质是为了合理协调各方利益关系[②]。2007 年,刘勇认为,契约关系论仅静态表述了会计信息满足不同签约主体需要以实现各方均衡的现实,而忽略了均衡的形成是一个博弈过程,进而提出会计的本质是围绕企业契约所进行的博弈。会计的本质不在于它体现了契约之间的关系,而在于体现了主体之间的博弈[③]。

6) 产权关系论

1992 年,刘峰与黄少安就提出,会计准则实质上是一种产权制度,是各产权利益集团博弈均衡的结果[④]。其后,众多学者开始从多角度、多层面探讨产

① 夏恩·桑德. 会计与控制理论[M]. 大连:东北财经大学出版社,2000:30-42.
② 杨雄胜. 会计本质:全球性诚信危机背景下的新思考[J]. 会计研究,2002(11):41-47.
③ 刘勇. 会计的本质:主体博弈论[J]. 财会月刊(会计),2007(12):5-7.
④ 刘峰,黄少安. 科斯定律与会计准则[J]. 会计研究,1992(2):20-27.

权与会计问题,形成了一个体系,并提出了产权与会计的初始化概念——过渡会计学。过渡会计学以过渡经济学为基础,以中国经济体制改革为背景,探讨了我国会计制度从计划经济向市场经济过渡的一般理论及其过渡规律,开辟了分析会计制度变迁及其经济后果的会计学研究道路。以此为基础的会计学产权学派则透过会计表面的价值运动,观察其后隐藏的权利流动(即产权流),从产权的视角重构了我国社会主义市场经济建设过程中的会计理论。2004 年,郭道扬通过撰文全面总结了产权会计理论,并指出了产权会计未来的研究课题。在这篇文章中,郭道扬明确定义会计的本质是一项对产权经济具有基础性控制功能与社会性意义的管理活动[①]。

7）立体动态反映、信息资源整合系统与价值创造管理论

2003 年,徐国君基于会计管理活动论,针对传统会计没有把人及其行为作为第一要素纳入系统之内的根本缺陷,提出传统会计应通过从物本会计到人本会计、从物权会计到人权会计、从静态会计到动态会计、从平面会计到立体会计的提升,实现全面创新,并将会计的本质定义为:以经济活动的行为——价值形态为主要对象,以人为中心的立体动态反映与信息资源整合系统。这一系统具有 6 个要点:立体电影艺术,立体空间思维模式,信息资源整合功能,动态的信息核算与报告,信息使用者与提供者的互动,通过会计信息管理调控人的行为[②]。其后的 2004 年,刘立、万顾钧、高丽华进一步提出:会计所表现出的就是一种价值管理和信息整合活动[③]。2007 年,梁云凤、王伟将会计定义为:会计是一门通过确认、计量、记录和整合价值运动的相关信息,来反映和管理经济业务活动,获得社会经济效益的社会科学。他们明确指出:价值信息整合是会计区别于其他事物的特有或独有的属性,从学科上讲,会计既不是经济学,也不是管理学,更不是教育学,它是对会计信息进行价值整合的专门学科,是一门社会科学[④]。2010 年,徐国君和胡春晖提出,人本会计的本质是一个行为价值的计量、报告与管理的人造系统[⑤]。

---

① 郭道扬. 论产权会计观与产权会计变革[J]. 会计研究,2004(4):8-15.

② 徐国君. 三维会计研究[M]. 北京:中国财政经济出版社,2003:117-166.

③ 刘立,万顾钧,高丽华. 会计本质新解:价值管理与信息整合[J]. 财会月刊,2004(11B):10-11.

④ 梁云凤,王伟. 价值信息整合观下的会计本质定义[J]. 财会月刊(理论),2007(10):57-58.

⑤ 徐国君,胡春晖. 人本会计基础理论结构研究[J]. 中国会计研究与教育,2010(1):36-50.

8）关于会计本质的其他观点

2005年，叶友提出：会计就是会计，……与其说包括确认、计量、记录和报告等程序的会计是一个信息系统、监督活动或管理活动，不如就说它是一个会计系统。因为无论信息系统、监督活动还是管理活动都不能全面地或者准确地描述会计的本质特征[①]。

2007年，宋京津提出会计就是协调信息与决策之间的关系的一门学问。换句话说，信息是个系统，决策是个程序，某类信息与某项决策之间的某种特定关系就是会计[②]。

2009年，陈辉、张景华、龙慧君提出：现阶段会计是一种反映资源的配置效率，从而引导其达到最优配置的社会实践活动，并且反映会计主客体交易的经济关系、调节会计主客体利益相关者的利益关系[③]。

2.3.2 对会计本质现有结论的反思

1980年会计的管理活动论提出后，立即有学者做出反应，认为会计不是一项管理活动而是一个信息系统，从而揭开了我国会计界关于会计本质的一场旷日持久又影响深远的争论。争论的双方从会计本质的分歧开始，进一步深入会计基础理论的各个方面。关于会计对象，管理活动论认为是与经济效果有直接关系的价值耗费、价值形成、价值实现、价值补偿和价值分配过程，信息系统论认为是企业经济活动中能够用货币表现的方面；关于会计属性，管理活动论认为阶级性是主要的，信息系统论认为技术性是主要的；关于会计职能，管理活动论认为核算和监督是最基本的职能（还包括预测、决策、计划、控制、分析等其他职能），信息系统论认为反映是最基本的职能（控制、监督是间接的第二位职能，预测等是方法）；关于会计方法，管理活动论认为应包括涵盖整个管理过程的多种方法，信息系统论认为只是信息加工的方法。争论后期，有学者提出两者并无实质冲突，可以实现两论合一。争论的双方

① 叶友. 会计本质和会计学学科性质探索[J]. 审计与经济研究，2005(3)：51.

② 宋京津. 会计本质与会计关系论[J]. 财会月刊(会计)，2007(8)：5-6.

③ 陈辉，张景华，龙慧君. 基于辩证唯物主义视角再论会计本质[J]. 财会月刊，2009(9下)：91-93.

也开始由白热化的论争转入冷静的思考,甚至一定程度上实现了包容。如杨纪琬认为:"世界上的一切事物、一切活动都离不开信息,都是一个信息系统,一切管理活动都是信息系统,会计当然也不例外。从这个意义上讲,说会计是一个信息系统是可以理解的。问题在于持'信息系统论'观点的会计学家们的会计观仍然是传统的会计观,是'我只提供信息,供你们去管理',这只不过是'工具论'的进一步具体化罢了。"①葛家澍也提出:"如果把会计当作一项活动或工作,那么说会计工作是一项管理工作是完全正确的。……会计不等于会计工作。"②从表面上看,双方都进行了妥协,但问题并未解决。管理活动论始终强调会计是以一项管理活动而成为信息系统的,信息系统论则一直坚持会计是为管理活动提供信息的信息系统。两者的观点只是相互承认,但并未统一。正如2000年葛家澍指出的,现在看来,管理活动论与信息系统论的观点正日趋接近。管理活动论也承认信息和系统的存在,只是管理活动论强调,这个系统的主要职能应是控制和监督,而不是反映即信息提供;信息系统论同样承认会计系统是管理系统的一部分,只是强调其主要职能是提供信息,为决策咨询服务,起决策(即管理)的支持作用③。

后来提出的控制系统论在一定程度上试图综合两者观点,实现两论合一,但实质上是承认了会计的管理活动本质,因为控制本身就是管理的一部分。考核制度论、契约关系论、产权关系论也从总体上趋向于管理活动论,因为考核与奖惩更是管理工作的基本内容之一,契约关系的协调和博弈的调控不过是将管理控制的对象具体到了契约主体及其关系上,产权关系论更是明确会计是基于产权经济的管理活动。徐国君首创的三维会计理论,将人的行为因素纳入会计研究的范畴中,不止是会计工作对象的简单扩充,而是为深刻揭示会计本质、有机地将信息系统与管理活动结合起来提供了可能。在《三维会计研究》中,徐国君将会计定义为:以经济活动的行为——价值形态为主要对象,以人为中心的立体动态反映与信息资源整合系统。或者说:会计是一个立体动态反映、信息资源整合与价值创造管理系统。人的行为因素被引入会计系统中,是一个历史性的突破。因为将企业经济活动中最根本的生产要素列入反映的内容,使得会

① 杨纪琬.关于会计理论发展的几个问题[J].会计之友,1985(2):14-22.
② 葛家澍.会计学[M].2版.北京:高等教育出版社,2006:2-3.
③ 葛家澍.中国会计学会成立以来的我国会计理论研究[J].会计研究,2000(4):12-23.

计系统必须反映行为增减值的信息,并实现对行为价值创造的引导,从而可以将行为过程与结果的信息反映和行为的价值创造管理有机地统一起来,将核算和监督统一起来,将信息加工方法和行为管理方法统一起来。"会计就是会计"的观点只是文字的同义反复,对于理论研究没有任何意义,因为它并没有进一步指明会计是什么。其他观点也没有从本质上解释会计究竟是什么,更无法进一步分析会计的工作对象和职能,失去了研究会计本质的根本目的。最主要的是,这些观点并未深入分析导致管理活动论和信息系统论这两种不同认识的原因,也就无法最终完成对会计本质的科学描述。

笔者认为,导致信息系统论和管理活动论争论的根本原因是对"管理"这一概念缺乏进一步解析。按照《现代汉语词典》的解释,管理是指负责某项工作使顺利进行。可见,进行某项工作可以称为生产(业务)活动,而为了使某项工作(生产或业务活动)顺利进行而需要做的所有事情都可以称为管理,包括对工作方向、战略、策略、组织、分工、技术手段、具体程序步骤等的选择,也包括对工作执行过程中的检查、控制等,以及对工作执行结果的考核、总结、奖惩等。至于这个事情是由一个人的一个具体工作来完成,还是由一个组织(有多人共同协作组成的系统)来完成,都不影响其管理活动的本质。会计系统也是为了保障企业生产经营活动顺利进行而开展各项工作的,无疑符合管理的基本概念。但是,诺贝尔经济学奖得主西蒙认为:管理即是决策。这就又产生了一个问题,上述各项管理工作都不可避免地需要做出决策,而这些决策都是由会计系统完成的吗? 显然就不能那么肯定了。也正是基于这一点,信息系统论才主张会计系统的主要职能是提供信息,而决策是由其他部门做出的,从而认定会计只是一个信息系统。其实,这两种观点都有偏差,根源在于没有注意到不同种类的管理活动的本质差异,也就片面地误认了会计的本质。同样按照西蒙的观点,管理即是决策,但决策是要区分为程序化决策和非程序化决策的。所谓程序化决策,是指对重复出现的日常管理问题所进行的决策。这类决策因其重复出现,决策过程和方法甚至结果都有先例可循,完全可以按原已规定好的程序、方法和标准进行决策。所谓非程序化决策,是指对管理中新遇到的问题所进行的决策。这种决策没有常规可循,虽可参照过去类似情况的做法,但需要根据新的情况重新研究,才能进行决策。在现代企业的生产经营中,程序化的决策已经通过授权交由基层部门来完成,基层部门根据自己收集到的信息或其他部门提供的信息按照规定的程序、方法和标准对日常问题进行决策管理,再定期把结果汇总上报即可。而非程序化的决策就必须遵循例外原则,在发生该事件的第一时间把相关信息上报上级部门,由上级部门更广泛地收集信息来完成决策。在这两类管理决策中,会计系统履行着不同的职能。在日常活动中,会计系统依据授权直接完成属于本系统管辖的程序化决策,即直接进行会计管理活动,无需将所收集的信息提供给其他单位再由其他单位完成决策。也就是说,会计系统可以直接完成程序化事件的会计管理,从而具有管理活动的特征。但是,如企业发生非程序化的例外事件,或者发生不属于会计系统管辖的事件,会计系统要根据其他相应决策部门的需要提供自己所收集到的信息,由其他部门做出管理决策。也就是说,会计系统不能对不属于本部门管辖的事件进行管理活动,而只能充当提供信息的角色,从而体现为一个信息系统。显然,单独认定会计是管理活动或是信息系统都是片面的,会计系统基于自身收集的信息,对自己管辖范围内的程序化事件直接进行会计管理并将结果定期或不定期汇总上报,对非程序化事件或其他部门(包括上级部门和企业外部信息使用者)的管理活动则将自己收集的信息经过处理后报出以提供信息支持。也就是说,会计系统是一个信息服务系统和管理控制系统兼具的工作系统。信息系统论从会计系统要为会计主体内外决策者提供信息服务的视角出发,认定会计系统是一个提供信息的工作系统,却忽视了其基于授权而进行的程序化会计管理和控制工作;管理活动和控制系统论看到了会计的管理和控制功能,但却忽视了这一功能只能依据授权对程序化事件进行,从而将会计系统的工作无限扩大化了。但是,不可否认的是,会计部门是一个企业的中层管理部门,负担着对企业相关活动进行会计管理的工作职能,这与其他中层管理部门没有本质差别。有差别的是,其他管理部门仅仅在自己的专业领域内从事管理工作,涉及的企业业务活动仅仅是与本专业领域相关的。例如,销售部门只对相关销售活动进行管理,基本不涉及生产领域的管理;仓储管理部门仅对存货进行各项管理,基本不涉及企业的研发管理。而会计部门的工作却需要对企业的所有经济活动(包括企业高层管理者为履行职责所进行的活动)进行会计核算与监督,所以会计部门成为一个集合了企业所有生产经营活动信息的机构,也履行着对企业所有生产经营活动进行会计管理的职责。从这一点上说,会计所进行的程序化会计管理工作覆盖了企业的方方面面活动,也可以从更广阔的视角发现企业出现的例外情况,从而为应对非程序化事件及时提供所需信息。

2.3.3　人本财务会计本质的界定

基于前面的反思可以得出如下结论:现行财务会计首先收集会计主体发生的各种生产经营活动的信息,通过对这些信息的整理分析和鉴别,从形式上和实质上判定生产经营活动的合法性、合理性和有效性;然后对满足合法性、合理性和有效性要求的生产经营活动及时进行会计核算。对生产经营活动虽真实、合法、合理但记录该活动的原始凭证不够完整、正确的,按规定暂缓办理会计手续,退回有关部门和人员,及时补办手续或进行更正;对虚假的或者不合法、不合理的生产经营活动,拒绝办理会计手续,由经办部门或个人自行负担后果,并向有关部门书面报告,要求审查处理。这一步骤的工作履行着会计的程序化管理的职责。在进行程序化管理的过程中,如果发现例外事件或违规事件,要及时将相关信息报告给高层管理部门或专职机构;在完成一个阶段的会计核算之后或者高层管理部门需要时,还要对会计主体生产经营活动的各方面信息进行整合分析,发现其中的优势和不足,预测未来发展趋势,向有关部门提出改进建议等。这一步骤的工作既履行着一个信息系统的职责,也从事着相关的管理活动。其实,会计部门即使仅仅报告信息,那么,在上报信息的内容选择和信息的组织方式等方面,也会体现出会计部门对高层管理部门或其他专职部门的管理影响,甚至可以利用信息接收者的心理行为规律,通过会计信息起到对会计主体生产经营活动的管理作用。可见,现行财务会计就是对会计主体的生产经营活动进行程序化会计管理,并将生产经营活动及其管理结果、程序化事件综合分析结果、例外事件相关信息向有关部门提供的一个工作系统。

在本书第 1 章中,笔者已经说明现行财务会计只关注货币、实物、知识产权等具有"物"性的生产要素的会计管理与核算,只反映生产经营活动导致的这些"物"性生产要素的变化,而缺乏对具有能动性的"人"的因素——劳动这一生产要素和其他生产要素的管理与核算,也就无法对生产过程进行全面把握。人力资源会计虽然强调对人力资源的管理与核算,但所选择的管理与核算对象却是错误的,将具有能动性的劳动要素等同于可以任由支配的生产要素也是不合适的,更没有将劳动要素和其他要素协同起来进行统一考虑。人本财务会计是在吸收人力资源会计的合理思想的基础上对现行财务会计的继承和发展。继承体现为人本财务会计对货币、实物、知识产权等具有"物"性的生产要素也要进行全面的管理与核算,对这些要素的投资者的产权予以维护和保障。发展体现为人本财务会计还将劳动要素和其他生产要素纳入管理与核算的内容,对劳动要素和其他要素的投入者的权利也同时予以维护和保障,更主要的是建立全部生产要素投入者合作共赢的机制,从而形成对全部生产要素进行全面系统管理与核算以及对其投资者统一予以产权维护和保障的新局面。也就是说,人本财务会计也不是仅仅只关注劳动要素,只对劳动行为进行价值计量、报告和管理,而是要对全部生产要素予以关注,并力争实现各项生产要素在生产经营过程中均发挥其应有的作用,从而创造出更大的价值,实现全部生产要素提供者和其他利益相关者合作共赢。

由此,可以得出:人本财务会计是对全部生产要素的流转过程进行程序化会计管理,并将管理结果和例外事件的有关信息向有关者报告的一个工作系统。借鉴徐国君对三维会计本质的描述,将人本财务会计系统和会计主体内部同时存在的其他系统相比较,人本财务会计系统具有以下四个本质特征:

第一,人本财务会计系统是立体全息电视直播系统。人本财务会计系统可以从多个维度收集全部生产要素及其变动过程的信息,从而能够像立体全息摄像那样全方位地描述会计主体的各方面情况,并通过现代通讯技术将其发布到应该报告的所有信息使用者面前。立体全息表明了其思维方式和报告维度;直播实现了信息动态性要求,而且消除了后期制作可能带来的信息失真;电视艺术明确了信息提供方式和信息载体的多样化(如文字、表格、图像、视频等)。尽管可能由于某些原因,一些信息使用者无法在直播时适时获取直播的信息,但直播的信息已经做了不得无痕迹修改的存储,也可以保证延后获取信息者仍能获得未经后期制作的信息。

第二,人本财务会计系统是运营过程监管控制系统。人本财务会计系统不仅会同其他业务系统对会计主体的全部生产要素的变动运营过程进行全面的信息收集与直播,而且按照会计规范对导致生产要素变动的各项具体业务活动(劳动要素的作用过程)进行合法性、合理性和有效性的监管控制,实现对会计主体运营过程的程序化会计管理控制,保证业务活动符合会计主体的目标和战略,维护会计主体和各利益相关者的权益。

第三,人本财务会计系统是行为价值创造管理系统。人本财务会计系统通过运营过程监管控制,可以有效地保证会计主体劳动行为的合法性、合理性和有效性,消除不良劳动行为给会计主体带来的损失。更主要的是,人本财务会计系统建立了各项生产要素投入者合作共赢、按照要素贡献分享成果的机制,消除了其间的博弈和利益侵占,促使各项生产要素投入者目标一致,共同为提升会计主体整体价值而从各个方面做出自己的贡献,从而达到改善行为和引导创造价值增值的目的,实现经济管理的目标。

第四,人本财务会计系统是全面信息资源整合系统。人本财务会计系统利用自己收集起来的全部生产要素及其变动的信息,可以完成综合分析预测,发现会计主体运营过程中呈现出的优势与不足以及发生的例外事件,及时向其他管理系统或高层管理当局进行预警或提出建议,实现更好的决策支持,协同完成会计主体的可持续发展。

2.4　人本财务会计的对象

2.4.1　会计对象研究回顾

会计对象是会计系统指向的客体。会计对象的研究主要在前苏联和我国,而在西方会计理论体系中甚至没有"会计对象"这一词语。按李孝林等的总结,我国的会计对象研究经历了三个阶段[①]:其一,20 世纪 50 年代,受前苏联的理论观点影响,我国认为社会主义的会计对象是社会主义扩大再生产过程和财产,或是社会劳动的耗费或劳动量,并提出了"会计对象是资金运动"的基本观点和"会计对象是全部经济活动与支配这些活动的人"的基本思想。其二,20 世纪 60 年代至 80 年代初,资金运动论的观点被更多的人接受,但也受到批评,并进一步发展成价值运动论,提出会计的对象是经济活动中能够用价值量来表示的方面(也称价值运动)。其三,20 世纪 80 年代初至今,会计对象是资金运动或价值运动的观点成为主流,并提出了一些新的观点,如经济活动论、产权论、信息论、两个对象论、经济联系论等。

1) 资金运动论

葛家澍是资金运动论的倡导者[②]。该观点的具体表述是:现代会计是建

---

① 李孝林,等. 会计基本理论比较[M].上海:立信会计出版社,2002:117-121.

② 葛家澍.社会主义会计对象的再认识[J].厦门大学学报(社会科学版),1961(1):1-11.

立在每个主体（企业）中，以提供财务信息为主的经济信息系统。包括财务信息在内的经济信息只能来自企业的经济活动。在现代企业中，经济活动应包括三项内容，即以生产和销售企业的商品和劳务为主的经营活动；以运用资金为主的投资活动；以筹资为主的理财活动。会计对象并不包括企业经济活动的全部。它主要指上述这些活动中能够用货币表现的方面，即资金运动。葛家澍还认为资金运动是现代会计的统一对象。

2）价值运动论

价值运动论是针对资金运动论的不足而提出的，吴水澎指出：会计对象应该是经济活动中能够用价值量来表示的方面，是价值运动的数量方面[1]。陶世璞进一步说明：社会主义会计的对象是资金运动，资本主义的会计对象是资本运动，一切商品经济中的会计对象都可抽象为价值运动[2]。葛家澍也转而认为：现代财务会计的对象，确切的提法是企业的价值增值运动，……未来的现金流动即我们说的预期的价值增值运动，在实际上构成了管理会计的对象[3]。孔庆林、李孝林、向代蕾特别强调：会计对象是已发生的资金运动（或价值运动）之数量方面[4]。

3）经济活动论

也有许多学者提出会计对象是经济活动。顾准认为，会计的对象是各类主体所要记录和计算的经济活动[5]。魏治中等也认为，经济活动过程作为一般会计的工作对象，既适用于现代会计，又适用于过去甚至未来的会计；既适用于企业会计，又适用于国家预算会计和家庭消费会计[6]。徐国君也断言，无论是三维会计还是传统会计，其对象毫无疑问是企业经济活动[7]。人本会计

---

① 吴水澎. 怎样正确认识会计的性质与对象？——兼评资金运动说[J]. 会计研究,1981(2)：7-13.

② 陶世璞. 会计对象漫笔[J]. 会计研究,1984(4)：43-46.

③ 葛家澍. 市场经济下会计基本理论与方法研究[M]. 北京：中国财政经济出版社,1996：44-45.

④ 孔庆林,李孝林,向代蕾. 新中国会计对象理论创新史研究[J]. 北京工商大学学报（社会科学版）,2007(4)：98-102.

⑤ 顾准. 社会主义会计的几个理论问题（续）第三章 会计的任务和对象[J]. 会计通讯,1979(4)：11-15.

⑥ 魏治中,张俊青,刘学颜. 试释"会计"——对会计概念的研究[J]. 会计研究,1981(1)：14-20.

⑦ 徐国君. 三维会计研究[M]. 北京：中国财政经济出版社,2003：233.

的对象是企业的经济活动①。

4）产权论

随着产权经济学在我国的传播，产权理论被引入会计学的研究中，形成了中国会计学产权学派。按照该学派的观点，只有产权才能成为真正的会计对象。田昆儒更是明确指出：在产权理论指导下的会计对象也可以用"产权及其运动中能用货币形式表现的方面"来表述②。产权论的观点后期又被表述为产权价值运动。

5）信息论

1985 年，杨雄胜提出现代会计的对象是经济信息运动③。王开田在综合分析了会计的本质特征、社会环境特点和会计历史发展的规律之后，也认为会计对象就是企业经济信息及其流动④。

6）两个对象论

1986 年，葛家澍和李翔华又提出了关于会计对象研究的新观点。他们认为，会计作为一个经济信息系统，出现了两个对象：一是会计的反映和控制对象；二是会计的处理对象。前者是客观存在的价值运动；后者是客观存在的价值信息的运动⑤。但 1999 年葛家澍和刘峰又说，我国会计学者提出的两种会计对象的论述，也不要求把会计对象（现实世界中的）和会计系统处理的对象（账表上的）加以严格区分，而是按照惯例，仅使用会计对象一个术语⑥。2006 年，金杰也认为，会计对象可分为两个层次：一是会计反映和控制的对象，即受托资源运动；二是经济信息系统的处理对象，即受托资源运动所释放的信息⑦。

---

① 徐国君,胡春晖. 人本会计基础问题研究[J]. 财会通讯(综合),2009(5 上):10-12.
② 田昆儒. 企业产权会计论[M]. 北京:经济科学出版社,2000:41.
③ 杨雄胜. 会计对象新探[J]. 财贸经济,1985(9):40-44.
④ 王开田. 现代会计对象的再认识[J]. 会计研究,1997(3):41.
⑤ 葛家澍、李翔华. 关于会计对象的再探讨——会计的反映对象和作为一个信息系统的处理对象[J]. 厦门大学学报(哲学社会科学版),1986(1):35-40.
⑥ 葛家澍、刘峰. 新中国会计理论研究 50 年回顾[J]. 会计研究,1999(10):7-14.
⑦ 金杰. 会计对象新论[J]. 财会月刊(会计),2005(8):7-9.

7）经济联系论

2004 年,王文莲认为,将会计对象概括地说成经济活动是正确的,但也是不确切的。因为有多个学科的对象都是经济活动,将会计对象也说成是经济活动,易导致学科界限的混淆,而且经济活动必发生于两个主体之间,割裂经济活动的联系单独从某一个主体的角度不可能正确描述经济活动。为此,他提出,会计对象是社会经济活动中经营者双方经营活动所形成的经济联系。这里的经营活动既包括经营团体内部的,也包括经营团体对外进行的,并与宏观经济活动区别开来①。

8）关于会计对象的其他观点

1990 年,易庭源主张"不是简单地把在生产过程中的资金运动作为会计对象,而是要进一步把引起资金运动的内部矛盾——价值与使用价值矛盾——作为会计对象",进而将会计对象定义为价值与使用价值由对立而统一的资本运动②。

2001 年,张强认为会计对象是关于会计个体的,表现为对立统一、相互联系的,由经济占有、从属关系所引起的价值权利与权属责任③。

2005 年,金杰认为会计对象应是受托资源运动④。2006 年,他又提出以受托资源运动及其产生的信息作为会计对象的两个层次⑤。

2005 年,藤田昌也和冯巧根主张将会计对象界定为利益,提出会计上的计算构造及收益变化过程表明,会计的对象是利益⑥。

2.4.2　对会计对象现有结论的反思

综观会计对象的现有观点,可以概括成四种:经济活动论、信息论、两个

① 王文莲. 会计新论——基点、焦点与生长点[M]. 上海:立信会计出版社,2004:28-38.
② 易庭源. 会计对象是会计理论研究的起点[J]. 广西会计,1999(6):14-16.
③ 张强. 会计对象:权利和责任[J]. 财经理论与实践,2001(1):62-65.
④ 金杰. 会计对象新论[J]. 财务月刊(会计),2005(8):7-9.
⑤ 金杰. 现代会计对象——基于资源会计观的新认识[J]. 南京财经大学学报,2006(1):70-74.
⑥ 藤田昌也,冯巧根. 会计及其对象——基于会计利益观的新认识[J]. 中国注册会计师,2005(8):60-63.

对象论、经济联系论。

1）经济活动论

资金运动论、价值运动论、经济活动论、产权论、价值与使用价值矛盾论、受托资源运动论、权利与责任论、利益论等的实质并无区别，都是强调会计的对象是一个主体在再生产过程中发生的经济活动或其某方面的属性，只不过对其属性具体表述为资金、资本、价值、产权、资源、权利与责任、利益等形态而已。也就是说，这些观点其实都是说明一个命题：会计的对象是社会再生产过程中一个会计主体所进行的经济活动。除经济活动论之外的其他观点只是进一步限定了范围，强调会计不能反映所有经济活动，只能反映某些经济活动的某一方面属性。这个属性可以概括为价值属性，因为资金、资本、产权、资源、权利与责任、利益等最终都要落实到价值形态上，都只能用价值来具体表现，而在商品货币关系中，价值就是以货币反映的交换价值。换句话说，现行关于会计对象的大部分观点都是力图说明：会计的对象只能是一个会计主体的经济活动中能够用货币表现的方面。问题在于：这样的限定是否是永恒不变的。笔者认为：过去的会计受到当时社会经济技术组织条件的限制，不能反映会计主体全面经济活动是可以理解的，但随着条件的改变，会计的反映范围必将不断扩大，不仅会扩大到全部经济活动，还会扩大到经济活动的非货币计量的方面，从而实现对经济活动的立体全息动态反映。其理由有三：第一，将会计对象仅限定在主体生产经营活动中能够用货币反映的价值方面，已经难以满足信息经济时代的信息使用者对主体生产经营活动进行全面把握的信息需求。众所周知，会计主体的生产经营活动是一个行为过程。在这一过程中，伴随着行为过程不断运动的不仅是资金流，还包括物资流。如果会计系统仅仅揭示表现资金流的价值运动过程，尽管资金流和物资流有时是合一的，仍然会使信息使用者不能全面、深刻理解主体生产经营的全过程及其结果，从而加大其决策的风险。所以，必须将会计对象在空间上作相应扩展，使其能够揭示反映物资流动的非货币领域的信息，为会计的非货币计量提供理论支持。第二，将会计对象限定在以货币表现的交换价值上，由于交换价值只能来源于实际发生的交易，就必然会得出会计只能以历史的交易信息为唯一基础来反映的结论。这在时间上的涵盖面与信息经济时代信息使用者的需求不相适应，也不能支持现代逐渐被使用的公允价值计量。我们知道,会计信息服务于信息使用者的决策,而决策必然主要依赖于当时的市场情况和相关预测。所以,会计主体的现时市场价值、会计主体的未来可能变化所导致的价值增值过程及结果等信息,是大多数信息使用者更加关注的。美国财务会计准则委员会也在其第一号概念公告中就强调:财务报告使用者普遍关注企业"未来现金流量"信息,即那些只能由企业预期的价值增值运动带来的"创造有利的现金流动能力"信息。但是,"通常,我们说会计的对象都是指过去的价值增值运动,这种运动只能由已发生的交易或事项所形成。……随着经济形势的发展,财务会计虽然还是要反映过去,但也应面向未来。对未来价值运动的整体或其中某一方面,应尽可能纳入自己的对象,即使不能立即在财务报表中确认,也可在财务报告之外以适当的形式予以披露。"①可见,只有将会计对象在时间上由过去扩展到现时和未来,才能满足信息经济时代信息使用者的信息需求。第三,信息经济时代高度发达的信息处理技术不仅提供了扩展会计对象的手段,也必然会改变会计对象的内容。信息经济时代的计算机和网络所具有的强大数据处理能力和数据传输能力,为大数据的处理和传输奠定了坚实的技术基础,从而也为会计对象的进一步扩展在技术上提供了充分的条件。在这样的技术条件下,如果我们仅仅将受手工条件所限而形成的传统会计对象简单地移植到现代会计信息系统中来,不仅无法消除传统会计对象所固有的空间与时间上的缺陷,而且还会浪费计算机网络在信息处理和信息传输方面的巨大优势。应该看到,计算机网络的发展进步已经带来了社会生产方式的改变,也必将引起会计对象的扩展,将过去因为手工条件下较难(或需要较多工作时间与成本)处理的信息补充到现行的会计处理对象中来,就可以为信息使用者提供更加优质的信息服务。故此,笔者认为,应将会计对象的限定去掉,将会计系统应能获得的主体发生的全部经济活动的各个方面都作为会计对象。

2) 信息论

信息论其实是对经济活动论的延伸,因为从信息论的观点出发,信息才是事物运动的标识。会计主体进行经济活动就必会产生表明其状况的信息,这些信息一经产生就会独立于导致该信息形成的经济活动而存在。而会计

---

① 王开田. 现代会计对象的再认识[J]. 会计研究,1997(3):41.

就是通过获取经济活动所产生的信息来感知、监控和反映经济活动及其结果的。从经济活动的过程看,经济活动是将各种经济资源整合起来进行生产的过程。在这一过程中,掌握了先进科学技术的劳动者借助凝结着先进科学技术成果的劳动工具采用最科学的程序和方法作用于随着科技进步不断开发出的劳动对象从而生产出新的满足需要的产品,实现了经济资源的转换。这一过程中的资源流动形成了经济活动的物流。在商品货币关系消失前,这一物流过程可以用货币计量的方式表现为资金(价值)流。而伴随着每一项具体经济活动的开展,都会产生表明该项经济活动进行情况的信息,从而形成一个伴随着物流过程的信息流(包括实物和价值两方面的信息)。不直接从事具体经济活动的人正是通过对信息流的认知了解经济活动的发生情况并预计经济活动的结果和未来的。会计对象是会计工作的客体和基本内容,是会计工作系统的直接指向物。从经济活动过程看,会计工作的直接对象只能是经济活动过程中所形成的反映经济活动的信息。但必须强调的是,信息只是经济活动的表象,是经济活动的反映。会计工作通过获取和处理信息是为了监控与管理经济活动。这一点是现有的信息论主张者没有明确指出的。

3) 两个对象论

两个对象论应该说是更加科学的表述,但遗憾的是,两个对象论的首倡者葛家澍又认为不需要对此进行严格的区分。这就导致两个对象论未能得到广泛传播和理论认可。笔者认为,应该明确会计有两个对象:一个是会计系统直接处理的对象——经济活动的信息;另一个是会计系统的终极对象——经济活动。因为会计管理的最终对象是经济活动,而能够进入会计系统的只能是表明经济活动情况的信息。

4) 经济联系论

经济联系论注意到了经济活动必须由双方(或多方)共同参与才能完成,那么在参与经济活动的过程中,就必然会形成相互之间的经济联系,但忽视了经济联系只是经济活动的外部结果。通过经济活动形成的经济联系可以更加确切地观察和验证经济活动,但经济联系毕竟不是经济活动本身。会计所要管理的是经济活动,所要处理的是经济活动的信息,只不过由于经济活动必会产生经济联系,会计如果能够获取参与经济活动的双方(或多方)提供的具有经济联系的信息,就能够更加准确而全面地感知、监控和反映经济活动。

总之,会计对象应有终极对象和直接对象之分,会计的终极对象是经济活动,而直接对象是经济活动所产生的信息。如果能够获取参与经济活动的各方对经济活动进行描述的信息,就可以通过经济活动所形成的必然经济联系全面感知、监控和反映经济活动。

2.4.3 人本财务会计对象的界定

人本财务会计的会计对象也分为终极对象和直接对象。其终极对象仍然是会计主体进行的导致全部生产要素发生变化的经济活动;其直接对象也仍然是会计主体进行经济活动时产生的信息。

从表面上看,人本财务会计的对象没有变化,但其所涵盖的内容是不同的。现行财务会计虽然也宣称其会计对象是会计主体的经济活动,但是却不是会计主体的全部经济活动,而是一部分经济活动。即使是纳入会计对象的那些经济活动,现行财务会计也只是反映这些经济活动所涉及的价值量方面的变动信息。当然,现行财务会计之所以这样处理,是受制于其所处的信息处理技术环境。在信息处理技术尚不发达的工业经济时代,甚至财务会计的信息处理工作主要是由手工进行的时候,财务会计的信息处理工作只能先选择容易处理的结构化信息或者可以很容易地转化成结构化信息的数据,这就是所谓的经济活动导致的会计要素价值量变动的信息。所谓结构化信息,是指那些能够用有限规则完全表征与刻画,且在可接受时间内可形式化处理的信息,它们可以很方便地用二维表的形式存储于关系型数据库中。相对于结构化的信息,还存在着半结构化和非结构化的信息。半结构化信息是指那些具有一定的数据结构,但比结构化信息的结构性稍弱的信息。例如,WEB 网页上的数据虽然具有一定的结构性,可以使用 HTML 或 XML 标记语言进行显示描述;但和具有严格理论模型的关系数据库的数据相比,其结构性要弱很多,甚至在信息显示过程中只是按顺序根据标记符解释和显示所标记的内容,如果所标记的内容有错误或者所书写的标记出错也不予指出并停止其解释执行过程,接收者只能通过显示效果来分析使用相关信息。所谓非结构化信息,是指那些超高维度、非线性、难以用有限规则来表达、内涵意义具有一定不确定性、解释与应用需要依赖于信息接收者的主体感知的信息。例如,各种文档、图片、音频、视频等都属于非结构化信息。有资料显示，当今世界中半结构化信息和非结构化信息要占信息总量的85％以上①。同时，对大多数企业来说，ERP等业务系统所管理的结构化数据只占到企业全部信息的10％左右，其他的90％都是数据库难以存取到的半结构化和非结构化信息。如果说结构化信息更多的是忠实、翔实地记录了企业的生产交易活动，是显性的表示，那么非结构化信息则隐性包含了掌握着企业命脉的关键，隐含着许多提高企业效益的机会。对于企业来说，企业内部，以及企业与供应商、客户、合作伙伴和员工数字化共享所有形式的数据资源，已越来越重要。人本财务会计将终极会计对象界定为导致全部生产要素发生变化的经济活动，并将直接对象定义为这些经济活动的信息，就是力图扩大所要反映和处理的业务内容范围。在全面收集和处理现行财务会计已经处理的结构化信息的同时，使用现代信息技术实现对半结构化信息和非结构化信息的处理。

也许有人会说，增加了半结构化和非结构化信息的收集与反映的内容以后，那还是财务会计吗？这样的担忧不是笔者的臆断，而是有据可查的②。问题在于财务会计是适应新的情况发展自己，通过更新技术手段与方法，提供更多信息以满足现代社会的需要；还是死守着传统的观念，等待着一个能够实现更多功能的新系统来取代自己呢？毫无疑问应该选择前者。既然社会的发展已经提出了更高的要求，同时科学技术的进步也为满足这些要求提供了相当的可能性，我们就应该抓住机会、迎接挑战，尽快实现财务会计的新进步，以便更好地适应和满足社会的发展需要，也使自己立于不断的发展进步中。

2.5 人本财务会计的职能

2.5.1 会计职能研究回顾

按孔庆林、李孝林、弋建明的总结分析，我国关于会计职能的研究虽然有

---

① BLUMBERG R, ATRE S. The problem with unstructured data[J]. DM Review Magazine, 2003(2):86.

② 吴水澎. 会计理论[M]. 北京:机械工业出版社,2007:179-180.

一职能论、二职能论、三职能论、四职能论、五职能论、六职能论、八职能论、十职能论、十二职能论等多种提法,但都可以分别纳入核算或控制职能体系中,而且核算是基础职能,控制是主导职能①。葛家澍认为,会计职能讨论的特点是:议论很多,分歧较大,不像会计本质讨论的观点那样集中。但对于什么是会计基本职能的问题,认识还是基本一致的。因为反映和控制(管理、监督)毕竟体现会计的本质。至于对反映和控制(管理、监督)两个基本职能的看法,可能各有侧重,则又与会计本质的不同观点有关。管理活动论强调会计的主要职能应是监督和控制,而信息系统论则强调会计以反映职能为主②。李定清则认为,反映和控制之间并不是平行的,而是主导和被主导的关系,表现在:控制规定了反映范围的大小,会计反映什么、不反映什么以及如何反映,总是由会计控制的目的决定的;控制是推动反映发展的动力,控制为反映提出新课题,促使反映的内容和形式不断向前发展;反映的内容要通过控制才能变主观为客观,才能转化为现实的力量;反映的结果要由控制的有效性来检验。因此,控制是主导职能,反映是基础职能,反映和控制密切联系、互相渗透。只有把两者有机结合起来,才能对企业的经济活动实施能动的会计管理③。韦沛文也指出:在工业经济时代,将会计的基本职能界定为对企业经济活动的反映,是与当时会计的实际作用相符的。然而,到了信息经济时代,高度发达的信息处理技术使得从原始数据的收集、加工处理到会计报表的编制及对外发布等一系列传统会计的主要工作都由计算机为基础的会计信息系统承担了。在此条件下会计职能必定要在以下两个方面进行扩展:一是会计人员向着管理咨询的方向发展;二是向着管理和控制的方向发展④。王振权、许永斌通过理论分析也提出网络环境下会计工作主要将在线完成,其重心将从会计信息的生产转向对会计信息的利用,即从事后核算向管理、控制发展⑤。李翔通过调查发现,信息化条件下会计职能转向更加强调管理控制和信息实时提供⑥。2003年,徐国君基于社会发展规律提出,会计必将走向三

---

① 孔庆林,李孝林,弋建明. 试论会计职能理论史[J]. 北京工商大学学报(社会科学版),2007(2):35-44.

② 葛家澍. 中国会计学会成立以来的我国会计理论研究[J]. 会计研究,2000(4):12-23.

③ 李定清. 会计基本职能探析[J]. 财会月刊,2003(B2):19.

④ 韦沛文. 信息化与会计模式革命[M]. 北京:中国财政经济出版社,2003:19.

⑤ 王振权,许永斌. 论网络环境下会计职能重心的转移[J]. 财会通讯(学术),2004(2):88-90.

⑥ 李翔. 信息化背景下中国企业会计职能拓展[J]. 会计研究,2005(6):45-51.

维会计,三维会计的一般职能可概括为立体动态反映、信息资源整合、价值创造管理三项;他还进一步界定了17项具体职能①。2009年和2010年,徐国君和胡春晖提出人本会计具有立体动态反映、信息资源整合、过程监管控制和价值创造管理四个基本职能②。

2.5.2 对会计职能现有结论的反思

《现代汉语词典》将职能解释为:"职能是指人、事物、机构应有的作用;功能。"③系统科学认为:"系统的功能,是指系统整体与外部环境相互联系时所表现出来的特征和能力。"④可见,一事物以其本质的不同而与他事物区别开来,而这种本质的不同是以其具有不同的功能表现出来的。正是因为该事物具有不同于他事物的功能,这一事物才能够产生、存在和发展。会计正是随着社会生产的发展,在具有了与其他事物不同的功能后,才独立成为一种专门的工作和成为一个独立的职业的。所以,会计职能必然是指会计所具有的、由其本质所决定的独特功能。换句话说,会计职能必须申明"会计能干什么事",而这些事又必须是从事其他工作或职业的人所不能做或不做的。也就是说,会计职能是由社会生产的不断发展所导致的社会分工所决定的,会随着社会生产的发展而变化,但在一定的社会发展阶段又是客观的、不以人们的意志为转移的。

现有关于会计职能问题的研究对于"会计能干什么事"的认识是基本统一的,都可以归纳为反映和管理(控制、监督)。主要争论的焦点在于谁是最基本的,是起主导作用的。其实,该争论的双方都使用着一个隐含的假设,即会计所要干的反映和管理(控制、监督)是两项工作,反映是通过提供信息实现的,而管理(控制、监督)是通过使用信息进行决策、指挥、命令、奖惩等实现的。问题在于,反映和管理(控制、监督)对于会计来说确实是应该并能够区

① 徐国君.三维会计研究[M].北京:中国财政经济出版社,2003:243-246.

② 徐国君,胡春晖.人本会计基础问题研究[J].财会通讯(综合),2009(5上):10-12.;徐国君,胡春晖.人本会计基础理论结构研究[J].中国会计研究与教育,2010(1):36-50.

③ 中国社会科学院语言研究所词典编辑室.现代汉语词典(2002年增补本)[M].北京:商务印书馆,2002:1616.

④ 乌杰.系统辩证论[M].北京:人民出版社,1991:54.

分的两项工作吗？答案是否定的,因为会计通过对经济活动信息的收集、整理和报告是可以同时做到感知经济活动、把握经济活动的实质、监控经济活动的过程与结果、提供经济活动的情况的。与此类似的例子是新闻报道,记者通过对新闻事件的调查和报道,反映新闻事件的同时也实现了对相关工作和人员的监督管理。谁能够说媒体的公开报道只是反映,而没有监督管理作用呢？也不能说新闻报道的反映和监督管理是两项工作吧！新闻线索的收集、新闻事件的深层追踪和思考,最后形成新闻稿件并予以刊发,这是一项连续的工作,同时实现了对相关工作和人员的行为反映与监督管理。会计也是一样的,通过获取原始信息感知经济活动,通过考察原始信息所表明的经济活动实质的分析判定经济活动的合法性、合理性和有效性,通过信息的记录明确经济活动行为主体的责任,通过报告将经济活动及结果公示并起到引导行为的作用,这一系列工作是一个整体,同时实现了对经济活动及其行为主体的反映与监控管理。

徐国君提出的三维会计,正是从根本上将会计的多维度反映和监控管理统一起来所形成的会计模式,代表着会计发展的未来。三维会计引入了行为维度,要求会计要从行为、资产、权益三个维度来揭示经济活动。由于经济活动本身就是一个行为过程,资产、权益的变化正是行为的结果。将行为与资产、权益并列,从过程与结果的全方位对经济活动进行反映,本身也就是对行为的监控管理。人本会计将人作为会计的中心和根本,进一步提出了会计的价值创造管理职能,即会计通过对行为、资产、权益多维信息的整合和全方位反映,实现了对整个行为过程的监控管理,奖励增值行为、惩罚减值行为,进而依托人的自我调整与强化机能引导人们不断地为创造价值增值提供增值行为,达到价值创造管理的目的。这样,人本会计的职能就成为四位一体的有机整体,通过同一项工作完成,而不再是割裂的几项工作。换句话说,会计通过对经济活动的行为过程和结果的全面考察、分析、记录与报告,同时实现了对经济活动的立体动态反映、信息资源整合、过程监管控制和价值创造管理四项基本职能。

2.5.3　人本财务会计职能的界定

人本财务会计是在人本会计理念指导下形成的财务会计,其基本职能也有四项,即全息动态反映、信息资源整合、过程监管控制、价值创造管理。而且,这四项职能随着技术手段的进步还将得以深化。

首先,全息动态反映是立体动态反映的发展。全息本是物理学上的概念,最早用于摄影。在普通摄影中,照相机只记录了所拍摄景物的反射光的强弱,即反射光的振幅信息,而不能记录景物的立体信息。而全息摄影技术能够记录所拍摄景物反射光的振幅和相位,再通过逆向还原就可以再现出所拍摄景物的全部信息(与实际景物无异的景象)。现行的财务会计就是一个照相机,将发生于现实空间的会计主体的经济活动拍摄成了一张平面的照片;三维会计主张将会计变成立体照相机,从三个维度立体反映经济活动的信息;人本财务会计则进一步要求会计变成一架全息摄像机,全面反映会计主体所有生产要素的变化情况,而不仅仅是其投射到资产、权益平面上的价值量的变化情况。还要说明的是,人本财务会计的全息动态反映既包括对外的信息报告,也包括对内的信息报告。对外的信息报告可以满足会计主体与外界环境之间的信息交流需要,以便从外部获取本会计主体生存与发展所需的资源和其他条件;对内的信息报告可以满足会计主体高层管理部门和其他有关部门进行管理决策所需信息的需要,实现会计主体内部的信息沟通,以便和会计主体其他部门一起协同动作,实现会计主体的总体目标。

其次,信息资源整合将整合更加丰富的信息。人本财务会计主张反映全部生产要素的变化情况,包括生产环境、劳动(行为)、劳动手段、劳动对象、生产经营技术、结构关系等的变化。这极大地拓展了会计要反映的对象范围,也极大地丰富了会计进行信息资源整合的信息内容,从而使得会计主体内部有关部门可以利用人本财务会计部门提供的更多维度的信息对会计主体所面临的状况进行分析、推理、判断和预测,也可以更有利于人本财务会计部门对会计主体程序化的生产经营活动进行会计管理。

再次,过程监管控制将更加及时、灵活与高效。人本财务会计利用现代的高速移动互联网技术作为信息传输的主渠道,可以实现在任意时间和地点的信息互联互通,方便决策者及时获得需要决策事项的全面信息,实现对会计主体生产经营过程的即时控制。从事生产经营活动的业务人员可以及时上传自己生产经营的业务活动,迅速获得审批和业务指导反馈,从而及时调整自己所从事的具体业务工作。会计主体内部上下层级和同一层级的各个部门之间的信息及时互通,就可以更加高效地完成对会计主体生产经营过程的监管控制,减少调整滞后导致的损失,提高会计主体的绩效。

最后,价值创造管理将逐步成为核心的职能。人本财务会计强调会计不过是会计主体整体大系统的一个子系统,为会计主体大系统创造价值而进行程序化管理和信息提供,一切工作的出发点和落脚点都应该放在促进会计主体的价值创造上。故此,人本财务会计一定要避免"为了会计而会计"①的局面,真正成为会计主体价值创造的有效支持系统。人本财务会计的其他职能归根结底都是为了实现会计主体的价值创造服务的,只有引导会计主体不断创造出可持续发展的更多价值,才为各生产要素提供者实现合作共赢提供了价值基础。换句话说,人本会计的核心目的不是对如何分享现有的财富而区分相应产权,而是引导各项生产要素提供者在明晰产权和贡献的基础上合作创造更多财富。

---

① 笔者在为企业会计人员进行后续教育培训的过程中,经常询问会计人员在实际工作中是否通过会计工作发现企业生产经营中存在的问题或企业未来发展的趋势,进而为企业管理当局提出相应的管理建议,甚至通过对会计信息的报告组织方式的调整,有意识地引导企业管理当局关注企业中可能存在的优势和不足。遗憾的是,很多会计人员均表示他们的工作就是根据经济业务的原始凭证进行会计核算和报告编报。笔者将这种现象称为"为了会计而会计"。

3　人本财务会计的功能实现机制

3.1.1　人本财务会计功能实现机制的概念

人本财务会计功能实现机制是一个新的概念，也是现行会计理论所没有的一个概念。为了说明这一概念，我们先引述一个故事。2013 年，会计硕士专业学位(MPAcc)教职委在大庆组织了一次研讨会，会上王化成讲过这样一个故事，也是一个教学分析案例。案例的背景是：一个盲人和一个无法行走之人构成了一个组合，他们相互协作，由盲人背着无法行走之人行动，同时由无法行走之人为盲人的行动指路。显然，在这一个工作组合中，无法行走之人虽然需要盲人的背负才能移动，但却具有更大的优势，即指引行动道路的不可替代的优势；盲人虽然也具有可以行走的优势，但行走的前提却是需要道路指引，如果离开了道路指引，他行走的优势也就不存在了。故此，这一个工作组合中的领导者必然是无法行走之人，而盲人只是一个行为者。当然，只有两人齐心合力，才能实现共同行动的目标，并从中得到各自的利益。现在，两个人要从 A 地前往 B 地，如果其中有两条路可以走：一条近的，另一条远的。近路的沿途只是一片荒漠，可供欣赏的风景非常有限；远路的沿途会有很多景色秀美的场所。如果没有任何其他手段对两人的决策予以制约，无法行走之人会把盲人指向行走那条远路，因为他不需要付出走路的体力，却可以欣赏沿途的风景。而只有在无法行走之人急于到达 B 地时，才有可能将盲人指向近路。从盲人的角度来说，出于较少付出体力而到达 B 地的目的，如果他能够自主选择的话，他会选择走近路，因为他无法欣赏沿途的风景，走远路只有体力的额外付出却得不到任何其他回报。然而，盲人需要无法行走之人的指引才能到达目的地。这就产生了一个问题，在保证两者的合作关系不被削弱的前提下，如何保证两者都能高高兴兴地到达 B 地？推而广之，如何保证盲人能够不再是单纯、被动地完成任务的"工具"？如何促使两者的合作能够持久保持，并使得每个人都得到自己满意的回报？会议上大家进行了非常热烈的讨论，既回顾了管理学的发展历史，也讨论了当前面临的管理问题。依据早期的管理理论和方式，完全不必考虑执行者的想法，执行者只被当作达成目标任务的工具，当然也要为这一工具的继续使用而提供必要的养护（即支付必需的酬劳，本案例中就是让其能够被指引着走到 B 地）。这种野蛮的管理理论与方法后来被取代，代之以愚民政策，即为了防止执行者的反抗，干脆不让盲人知道还有一条可以到达 B 地的近路。这样的方法一旦被执行者察觉，也会导致合作关系的削弱甚至终结。为了维持合作，还可以在信息对称的情况下让执行者参与决策（即在告知盲人有两条路以及两条路的情况后让盲人和无法行走之人共同参与决定道路的选择），可是这几乎是无法完成的决策，因为两者的成本与收益差距是如此巨大（盲人只有成本的体力付出，而无法行走之人几乎只有欣赏美景的收益）。当然，如果信息透明并对称，即在两人知道以盲人的行走速度走两条路各自需要的时间，而盲人参与决策的结果是走近路，那就还可以建立一种机制：任由无法行走之人指路，但在预定的走近路的时间内没有到达 B 地，即可认定无法行走之人指的是远路，获得了欣赏美景的收益，从而无法行走之人必须额外给予盲人其他的收益补偿。可是，这样的机制难以建立，因为信息透明并对称不容易，盲人参与决策能够做出走近路的决定也不容易。会上也有人提出，能否让无法行走之人选择走远路但要求其必须将所看到的美景讲给盲人听。这显然也是不可行的，因为盲人无法判定和考察无法行走之人是否无保留地描述了所看到的美景，当然可以为此再增加一个人来对无法行走之人的讲解进行审查（就像当前的审计），可是无疑增加了行为成本（因为两者要支付审查的人一笔费用），同时还要建立更多的机制，防止无法行走之人与审查的人合谋作弊（就像当前的购买审计意见）。那么能否建立一个更容易实现的机制，促使两方不需要考虑诸多的复杂因素，不需要增加更多的成本实现双方的持久合作与共赢呢？笔者主张建立一个能够自主选择、自行调节、相互补偿、合作共赢的手段来实现。例如，不管走哪条路，只要双方合作行动，盲人付出行走的体力，无法行走之人付出指路的劳动，双方都可以取得的收益是均能够到达目的地；由于无法行走之人额外获得了欣赏沿途美景的收益，他还必须付出额外的劳动以补偿盲人,即每隔一段路程或一定时间无法行走之人要给盲人按摩一下腿脚。有了这样的手段制约,盲人就可以不必关心所走的路是远还是近,也不需要参与选路的博弈决策;无法行走之人在如此制约下,就可以做出自己的选择,走远路欣赏美景的同时就必须多付出按摩的劳动。

上述案例讨论中,笔者主张建立的机制就是一种促使各方合作共赢的机制,每方都按照付出的劳动贡献获得相应收益,尽可能地消除相互之间的利益侵害。现行财务会计不需要讨论建立这样的机制,因为现行财务会计只核算和管理没有主观能动性的生产要素,是以物为本的。人本财务会计是在全面扬弃现行财务会计基础上建立的一套以人为本的会计核算和管理的理论与方法,目的是实现各个生产要素科学配置和各利益相关者合作共赢,那么就必须先回答各项生产要素及其提供者之间的关系及其利益协调问题,形成各项生产要素提供者的自动利益平衡保障机制,从而能够消除各生产要素提供者之间的利益侵占行为,实现人本财务会计的目的。笔者就将这种关于促使各生产要素提供者之间利益自动平衡和保障的机制称为人本财务会计功能实现机制。

3.1.2 确立人本财务会计功能实现机制的必要性

笔者之所以将这样一套利益自动平衡保障机制称为人本财务会计功能实现机制,是为了将它同人本财务会计基础理论、人本财务会计概念框架和应用理论以及人本财务会计准则区分开来。人本财务会计基础理论要研究解决人本财务会计的最根本的问题,如为什么需要人本财务会计、人本财务会计是什么、人本财务会计干什么等,所以,人本财务会计基础理论通常包括人本财务会计的环境、动因、目的、本质、对象、职能等内容。人本财务会计概念框架和应用理论要研究解决人本财务会计的一般方法的问题,如人本财务会计实现何种目标、要反映哪些信息内容、这些信息内容应具有的质量要求、这些信息内容生产加工的一般程序与方法、这些信息如何报告等,所以,人本财务会计概念框架和应用理论通常包括人本财务会计的目标、要素、信息质量特征、要素确认、要素计量、要素记录、要素报告等内容。人本财务会计准则要研究确定人本财务会计的具体工作方法的问题,如每项具体项目如何进行确认、计量、记录和报告等,所以,人本财务会计准则通常包括人本财务会计的主要会计要素项目和主要经济业务的确认、计量与报告方法,主要会计报告的编制方法等。人本财务会计功能实现机制是建立在人本财务会计基础理论之上的,研究确定落实人本财务会计职能的总体思路和手段的问题,为进一步研究设计人本财务会计概念框架和应用理论提供指导。

现行财务会计理论的构成中,并不存在连接基础理论、概念框架和应用理论的功能实现机制理论,是因为现行财务会计所要核算与管理的对象只是没有生命的有形和无形资产,这些资产本身不具主观能动性,导致这些资产变化的行为因素也不在会计的核算与管理对象中,也就不需要考虑这些资产的利益保障问题以及由此导致的动态博弈问题(现实生产中存在的这些问题不是现行财务会计的研究领域)。人本财务会计不仅将各种人力资源和客户资源等纳入会计核算和管理的范围,而且要求以人格化的态度对会计主体所有的生产要素进行核算的管理,就必然要首先解决各项人格化的生产要素之间的能动性及利益博弈问题,寻找确定能够实现各种生产要素和谐统一的会计主体经济价值与人的经济价值共同增长的总体思路与制度安排,然后才能够确定具体的方法形成概念框架和应用理论。如果缺乏人本财务会计的功能实现机制,人本财务会计的概念框架和应用理论又将陷入简单扩充会计要素却无法真正实现人本财务会计目的的前期研究状态。

3.1.3 人本财务会计功能实现机制的设计基点

研究设计人本财务会计功能实现机制,必须先解释人本财务会计的一个最基础概念——以人为本,因为功能实现机制的研究就是要寻找落实以人为本、保证会计主体经济价值和人的价值和谐增长目标的总体思路与方法。也就是说,对以人为本概念的科学解读是设计人本财务会计功能实现机制的基点。

综观现有人本会计的研究成果,更多地强调以人为本的理念,偏重于对"本"的探讨,忽略了对"人"的分析。按照马克思主义的人本观,人是活生生的现实的个人,是他们的活动和他们的物质生活条件,包括他们得到的现成的和由他们自己的活动创造出来的物质生活条件。社会本身,即是处于社会关系中的人本身,即处于相互关系中的个人本身[①]。从这一角度上说,人本财

---

① 马克思,恩格斯. 马克思恩格斯全集(第3卷)[M]. 北京:人民出版社,1960:23-30.

务会计的以人为本不仅要强调人是中心、是根本,还必须将作为中心和根本的人落实到具体的对象上,说明具体以哪些人为本。若是仅仅单纯地重复要以人为本,或者笼统地将以人为本的对象表述为各利益相关者,却不明确说明具体以哪些人为本和以这些人的什么东西为本,也不具体明确这些人之间的权力地位关系,只能使"以人为本"成为一句口号,是无法落到实处的。因为只有明确了这些问题,才能按照这些人的权力地位关系设计出保障这些人的"本"的制度和方法,从而形成人本财务会计的功能实现机制。分析以人为本中的"人",不可能离开社会生产过程中各生产要素提供者及其相互关系,因为社会中的个人都是处于社会生产过程中的具有相互关系的具体人。同时,由于各项生产要素对社会生产的不可或缺性,以及提供生产要素者的目的是通过提供生产要素的行为获取自己的经济利益(即马克思所说的物质生活条件),所以,以人为本就是要以各项生产要素提供者的经济利益为本,并且保障各项生产要素提供者在维护自己的经济利益时具有平等的地位。关于这一点,在本书的引言中已经详细论证,不再重复。

各项生产要素提供者不仅包括人力资本生产要素的提供者,也包括实物资本等非人力资本生产要素的提供者。现行财务会计"见物不见人",导致实物资本生产要素提供者侵害了人力资本生产要素提供者的利益;人本财务会计强调以人为本,但不能走向"见人不见物",更不能允许人力资本生产要素提供者侵害非人力资本生产要素提供者的利益。同时,人本财务会计强调这些生产要素提供者在维护自身利益时的地位平等,并不否认不同生产要素在社会价值创造过程中的作用和贡献有差异,人本财务会计要保证实现的是:各项生产要素提供者都能够拥有按照自己所提供的生产要素在社会生产中所起的作用和所做的贡献分享生产剩余的平等权利。正如徐国君和王海兵已经指出的那样,人本会计应按要素投入及贡献份额进行收益分配和风险分摊,以人为本、利益相关者多方共赢,以会计公正促进社会公正①。

3.1.4　人本财务会计功能实现机制的内容体系

既然人本财务会计要保障的是各生产要素提供者的经济利益的和谐增

---

① 徐国君,王海兵.论科学的人本会计观[J].会计之友,2008(8 上):11-13.

长，就必须建立维护各方利益不受侵害而能够共同增长的机制。这样的一种制度设计就是本书所说的人本财务会计功能实现机制。

从纵向上看，人本财务会计的功能实现机制必然按照生产要素形成与退出的自然过程依次展开，包括生产要素获取、生产要素使用（或说耗费）与维护（或说补偿）、生产剩余分享、投入资本退出等各个环节的制度安排，目的在于在各个具体的环节上都能够保障各生产要素提供者的经济利益不受侵害，而且能够有利于更多地实现经济剩余的增长。

从横向上看，人本财务会计的功能实现机制应该按照生产要素的不同取得方式展开，因为以不同方式提供生产要素的人们会有着不同的利益要求。生产要素的获取方式具体有很多种，但大体上可以分为两类：生产要素提供者以投资的方式将生产要素提供给具体生产单位（会计主体，其突出代表就是企业）；生产要素提供者以转让等非投资的方式将生产要素提供给具体生产单位。两者的根本区别在于生产要素提供者是否要求分享生产要素使用后所形成的经济剩余。具体来说，生产要素投资者将生产要素的产权让渡给企业，要求获得的是企业的最终控制权和经济剩余的分享权，当然也因此需要承担企业经营的风险。而生产要素非投资提供者将生产要素以转让等方式提供给企业，只要求获得与所提供的生产要素等价的利益回报。不同要求引发的生产要素不同提供方式，必然导致需要设计不同的经济利益保障机制，从而形成不同的人本财务会计功能实现机制。

综合起来，人本财务会计的功能实现机制应该按照生产要素的不同获取方式分环节地进行设计，从而形成一个完整的体系。

3.2　生产要素投入的人本财务会计功能实现机制

3.2.1　建立生产要素投入人本财务会计功能实现机制的基本要求

生产要素提供者以投资的方式提供生产要素，企业就以吸收资本的方式获得了生产要素。投资者投入的生产要素主要有三方面的作用：第一，作为开办企业的本钱，为企业进行生产经营活动和获取未来经济利益提供初始生产条件；第二，作为承担风险的保证，为企业利用财务杠杆进行负债经营提供偿债的最终保障;第三,作为收益分配的基础,为企业日后进行收益(经济剩余)的分配提供计算依据。

为了保证上述作用的有效实现,生产要素投资的人本会计功能实现机制必须做到如下三点:第一,为所有生产要素拥有者进行生产要素投资提供平等机会,鼓励生产要素投资行为并引导各项生产要素在投入后的运营中发挥更大效益;第二,建立合理的投入生产要素的计价机制,避免部分生产要素投资者通过高估或低估生产要素价值而侵害其他生产要素出资者的经济利益;第三,建立债权人利益保障制度,确保企业具有相应的偿债能力。借鉴颜玲、孙玉甫提出的知识产权出资估价方法[①],生产要素投资的人本会计功能实现机制可分环节进行构建,并形成一套完整的不可或缺的制度安排。

3.2.2　生产要素出资环节的功能实现机制

在生产要素出资环节,需要区分不同情况建立相应的出资估价和保障制度。

对于存在活跃市场的生产要素出资,因其可以在活跃市场上直接获得公允价值,并能够以其公允价值成为偿债保障,故无需为其设计特殊的出资估价和保障制度,可以直接沿用现行的相关制度。

对于不存在活跃市场的生产要素(如知识产权、劳动等),就要为其设计新的出资估价与保障制度。由于这些生产要素缺乏公允价值信息,使用这些生产要素出资就会受到很大制约。如果很难通过评估和协议获得其出资价值评价的生产要素(如劳动要素),现行制度或不允许其作为出资标的,或要求其出资者对企业承担无限责任,或对其制定极其复杂的出资价值评估制度以至于在现实中很难实现。如果可以通过一定方法评估其出资价值的生产要素(如知识产权等),现行制度大多采用评估和协议的方法确定其出资价值。显然,不允许某些生产要素出资或让其出资者承担无限责任,都不利于调动所有生产要素持有者的积极性,从而会影响社会生产效益。但是,允许其出资并承担有限责任,又存在问题。其主要的问题是出资估价的困

① 颜玲,孙玉甫.知识产权出资估价问题研究[J].财务与会计,2011(3):26-28.

难,由于信息不对称等因素的影响,无论采用何种估价方法,都很难保证所评估确定的出资价值与其未来收益相吻合,从而导致各种不同生产要素出资方对各自出资额的博弈——想方设法高估自己的出资额、压低对方的出资额。伴随着的问题是,无法保证其出资额与未来收益相适应,如果再让其出资者承担有限责任,就会对债权人的保障产生冲击,甚至会出现出资者恶意高估出资价值坑害债权人的情况。为了消除信息不对称等因素导致的出资估价博弈,可以改变现行出资价值估价方法,让出资者就自己投入的生产要素的未来收益(包括时间和金额)做出承诺,然后就按照其承诺的未来收益采用市场利率进行折现作为其出资额,而不再进行评估和协议。当然,有人会担心:这样不更是给了出资者任意抬高自己出资额的机会了吗?单从这一环节看,使用承诺收益现值作为出资额可能会导致这样的问题,但可以通过后续其他环节的制度设计予以消除,这一点下面会继续讨论。在采用承诺收益现值作为出资额的制度安排下,企业所需的各种生产要素都可以通过吸收投资的方式得到。这又会带来一个新的问题:如果企业大量吸收了非实物资产出资,就可能导致企业以资本保障的偿债能力下降,从而不利于债权人利益的保护和本企业的负债经营。为了解决这一问题,在本环节还需要设计实物资产保障机制,即非实物资产出资者要以与自己非实物资产出资额等额的实物资产作为抵押(或购买相应保险和提供第三方担保)。这样的制度安排还可以防止全体出资者合谋共同高估出资额而损害债权人利益。当然,这样的制度安排又会被质疑妨碍了实物资产不足的高技术人才以技术或劳务出资,但这一问题可以通过后续环节的制度设计予以解决。

3.2.3　生产要素运营环节的功能实现机制

企业通过生产要素提供者的出资获得各项生产要素以后,就进入了生产经营阶段。在持续生产经营过程中,各项生产要素有机结合,实现企业的价值创造。为了合理反映该环节各项生产要素对企业价值创造的贡献,就要建立各项生产要素实际创造价值核算与管理的会计制度。换句话说,持续生产经营就是企业将所取得的各项生产要素有机地结合起来进行新的价值创造的过程。为了对这一过程进行全息动态反映、信息资源整合、过程监管控制和价值创造管理,就需要依据人本财务会计的价值流转假设[①]、三维会计的方法[②]和行为价值管理理论[③]设计具体的会计制度,实现对各项生产要素实际所创造的价值的科学合理的会计核算。当然,建立这样的会计制度,就应该依据人本财务会计的基础理论和功能实现机制的要求,以科学合理地对各项生产要素实际所创造的价值进行全息动态反映、信息资源整合、过程监管控制和价值创造管理为目标,构建人本财务会计的概念框架和应用理论,进而形成人本财务会计准则。也正是从这一角度上说,人本财务会计基础理论为人本财务会计概念框架和应用理论提供了基础概念和前提,人本财务会计功能实现机制进一步明确了人本财务会计概念框架和应用理论的目标,并成为连接人本财务会计基础理论与人本财务会计概念框架和应用理论的桥梁。关于这样的会计制度(即人本财务会计制度)的概念框架和具体内容,就是本书后续章节详细讨论的问题。

3.2.4 生产成果分享环节的功能实现机制

在生产成果分享环节,要建立出资调整和利润分享机制。一个阶段的生产经营活动完成以后,就要进行该阶段生产成果的分享了。但由于人本财务会计前期的制度安排,在进行生产成果分享前还必须增加一项工作,即出资调整。出资调整是基于将承诺收益作为出资额而产生的,是防止高估或低估出资额以及保障实物资产不足的高技术人才出资的制度设计。出资调整的基本方法是:将某项生产要素出资时的承诺收益与上一环节核算出的实际创造价值进行比较,如果实际创造价值大于承诺收益,则说明该生产要素出资者的承诺过低导致出资价值被低估,那么其差额应该更多地(具体比例可以由各方约定,如70%~90%)被该出资者分享(可以增加出资者的股权份额或直接以现金支付给该出资者);如果实际创造价值低于承诺收益,则说明该生产要素出资者的承诺过高导致出资价值被高估,那么该出资者就必须以现金补偿未达到的承诺收益部分或者对其出资额做减资处理。建立了这样的保

---

① 徐国君,胡春晖.人本会计基础理论结构研究[J].中国会计研究与教育,2010(1):36-50.

② 徐国君.三维会计研究[M].北京:中国财政经济出版社,2003:270-490.

③ 徐国君.行为价值管理论纲[J].财务与会计·综合版,2009(11):25-27.

障机制以后，出资者过高承诺未来收益从而提高其出资比例不仅不会为其带来好处，反而会有利于其他资本出资者；出资者也不会故意降低承诺收益从而低估出资价值，因为低估其资本份额会减少其生产成果分享比例，而实际创造价值高于承诺收益的部分是要与其他出资者分享的。这就从根本上消除了各投资者之间的博弈，同时也为实物资产不足的高技术人才完成初始积累开辟了道路，因为他们可以在初期的出资中承诺较低的未来收益（以便与其可以提供保证的实物资产相适应），然后在实际运营环节努力发挥自己提供的生产要素的作用，创造更多的实际价值，再通过出资调整步骤的调整更多地分享实际创造价值超过承诺收益差额的部分，从而使得自己的资产或出资额迅速增加。调整完出资额以后，就可以将企业一段时期所获生产成果（包括实际创造价值加上某些投资者补交的收益差减去支付给另一些投资者的收益差）按各出资者的出资比例进行成果分享了，这与现行的利润分配没有本质差别，本书不予深入讨论。当然，企业也可以将应分配给出资者的利润提留一部分，用于抵减该投资者的实物资产抵押额，直至最终取消应由出资者进行的实物资产抵押或保险与担保。

3.2.5 生产要素退出环节的功能实现机制

在生产要素（投入资本）退出环节，要区分劳务出资退出和非劳务出资退出，分别设计相应制度。对于非劳务出资退出，出资者只是收回了其注册资本额，不再是企业的所有者，但其投入企业的非劳务出资的生产要素会继续保留在企业中供企业在以后的生产经营中继续使用，故此，企业应以一定的资产支付来对冲所有者收回的出资。对于劳务出资退出，出资者收回投资即意味着其将要离开企业的生产经营活动，不仅收回了其劳务出资的注册资本，而且也带走了企业原来所拥有的未来支配其劳动的权利，故此，企业应该同时注销其人力资产和人力资本，而无须再支付与其减资额对应的实际资产。

3.2.6 生产要素投入的人本财务会计功能实现机制应用案例

为了验证笔者设计的生产要素出资的承诺收益法，笔者与所指导的研究生和本科生进行了案例应用。案例应用企业是某旅游公司。这是一家股份制公司,注册资金为 10 890 万元,其共同货币资本投资方为当地旅游开发投资有限公司与地区内 10 多家国际、国内旅行社。公司的业务收入主要有五项:导游等旅行服务、景区门票、酒店入住、藏民家访和购物店销售。其中,导游等旅行服务收入全部归公司,而景区门票、酒店入住、藏民家访和购物店销售四方面的收入是共同收益,收入总额在旅游公司和合作方之间按照合同比例进行分配。公司拥有当地较具规模的 7 个景区点和 14 家藏民家访体验点,与当地 12 家三星级以上宾馆饭店及 8 家旅游定点购物商场有固定合作关系。公司与各个合作方签订实际性的密切合作契约,明确双方的权利、义务与责任。公司采取集中收费方式,景区门票、酒店入住和藏民家访方面的费用包含在旅游公司对每位游客的统一收费中,购物店销售的收入由购物点向旅客销售产品时收取,每季度末购物店按照规定比例将收入的一部分分给公司。公司每季度末按照与各个景区、酒店和藏民家访点事先订立的合同规定比例,将部分收入分给各个合作方,并用剩余的收入弥补日常运营成本、支付各项费用后在年终时分配给股东或做最后留存。

公司和其各合作方 2011 年度经营收入分配情况如表 3-1 所示。

表 3-1　2011 年度公司与合作方经营收入及分配状况表　单位:元

收入项目	收入总额	分配比例(旅游公司取得)	公司获得金额	合作方获得金额
旅游服务	7 000 000.00	100%	7 000 000.00	—
景　　区	15 361 600.00	40%	6 144 640.00	9 216 960.00
藏民家访	3 502 000.00	55%	1 926 100.00	1 575 900.00
酒　　店	9 901 700.00	35%	3 465 595.00	6 436 105.00
购　　物	8 503 214.00	25%	2 125 803.50	6 377 410.50
合　　计	44 268 514.00	—	20 662 138.50	23 606 375.50

可见,在收益分配方面,公司与各个合作方订立的收益分配比例是不同的,有较大差异。其中,与购物店订立的比例只有 25%,因为购物店的收入主要是靠特产商品的销售,而产品收入中有很大一部分被生产成本占据,同时商品的销售与售货员的宣传与讲解密不可分,购物店人工销售成本较高,所以在分配时需要将取得的收入较多地留给购物店,只有这样,购物店才能弥

补经营成本并进行利润分配,维持正常经营;而旅游公司在这过程中只负责将游客带至购物点,所以只留取 25％比例的购物收入。在景区门票、酒店入住和藏民家访方面,旅游公司留取的收入比例较高,分别为 40％、35％和 55％,因为在这三个项目方面,各合作方对旅游公司有较高的依存度,它们收入的取得大部分靠旅游公司为其带来大量的群体性客源,所以在收入分配时较多让步于旅游公司。2011 年,公司共分得收入 20 662 138.50 元,扣除本年各项成本费用以及上缴的税费 8 000 000.00 元后,按照公司法规定提取 10％的法定盈余公积,剩余部分增加本年未分配利润,增加额为 11 395 924.65 元,公司股东大会决议将其中的 5 530 200.00 元分配给货币资本出资股东,其余部分做利润留存。

这样的收入分配方案和剩余收益分配模式看似简单合理,其实不然。各合作方对旅游公司现行收益分配方案存在一定的意见分歧,意见主要集中于总收入在旅游公司和合作方之间的分配比例,各个合作方认为现行收入分配比例较多地倾向于旅游公司,而合作方分得的部分偏少,导致旅游公司最终给货币资本出资方分配的剩余收益和利润留存部分过多。在旅游公司与各个合作方订立收入分配比例时,各合作方之所以选择让步于旅游公司,主要是由公司所处地方较为特殊的情况决定的。由于当地的旅游资源多为美丽的草原、巍峨的雪山、险峻的峡谷与浓郁的少数民族风情,分布较为分散,多数游客会选择随团出行观光。这种集体的方式较为安全、方便、省力,散客源相对较少,所以景区等合作方对于旅游公司比较依赖,它们通常处于被动的位置,进行收益分配时较多让利于旅游公司。但是各合作方自身都不认同这种分配方式,它们认为自己通过经营管理创造的收入中有过多的部分被旅游公司分走,自己分得的收入过低,仅够维持日常运营。由于它们自身创造的收益远大于获得的部分,这种不公平待遇就直接或间接地损害到其生存与发展。各合作方在收入一定的情况下,为了增加利润,只能采取措施压缩成本,但是在目前物价飞涨的形势下,减少成本是不容易做到的,而且成本一般都有一个最低限额,一旦超过限额,产品质量就会下降,对于景区来说,其服务质量就会受到影响。如果各个合作方计划通过改善经营管理提高收入,收入中的很大一部分又会被旅游公司分走,而旅游公司在收益创造方面没有做出相当于其分得收入部分的金额贡献。这种不合理的收益分配方案没能保全各方的相关利益,没有做到合理均衡地进行收益分配,不能够调动合作方进行经营管理的积极性,严重影响合作方的生产经营效益。同时,无论从短期还是长远来看,对于公司来说都是一种损失。

为了平衡各方利益,并激励各方积极创造更大的收益,必须找到各个合作方的利益点。在本案例中,对于景区、酒店、藏民家访和购物店,由于紧紧依靠旅游这一产业,它们大部分业务都属于服务业,服务质量的好坏与管理者的知识、技能、经验等紧密相关。采用不同管理方法与开发方式的管理者会为游客提供不同的旅游体验,从而创造出不同的收益,"管理"这一人力要素在为企业资本增值方面做出的贡献不可小觑,甚至可以说,与物质资本相比,作为知识载体的人力资本的稀缺度更高。借助当地具有浓郁地方特色的稀缺旅游地点,景区管理者等必然要求获得与他们的管理价值等值的回报,或者说,在与旅游公司进行收益分配谈判的时候,他们有更多的权利与更高的地位,要想真正对他们有激励作用,就要让他们将自身的人力资本作为出资入股,参与公司的收益分配,获取更为合理的回报。故此,景区、酒店、藏民家访和购物店等合作方可以采取人力资本出资的方式,实现各方合作共赢。需要说明的是,景区、藏民家访、酒店和购物店这四大合作方指的不是简单的四家单位,而是四个大的分类,在每个分类下包含了许多具体的实际企业,比如说"景区"这个类别包含了 7 家实际的景区单位,"藏民家访"这一大类包含着 14 家具体的分别独立经营的家访单位,"酒店"类包括 12 家中高档酒店,"购物店"类则包含 8 家正规运作的具有一定规模的商场。每大类的人力资本出资金额是其包含的各个单位的人力资本价值总和。每一大类内部的分配方式由各具体单位内部自行确定,本书不再展开。

采用承诺收益法下的人力资本出资的具体方案是:各合作方向公司承诺未来 10 年每年扣除营运成本(由双方协商一个最高比例)以后可以向公司提交的收益,以其现值作为该方的人力资本出资额,参与公司最终利润的分配,以后的运营中如果超出承诺的部分,由该合作方直接分享 70%,公司分享30%;但未完成承诺的部分则要由该合作方以现金补足。经过充分调研和协商,参照当地同类企业平均数据,各方确定具体营运成本扣除率和资本出资。上述的协商过程与原来的双方博弈不同,原有的博弈因为缺乏后续的考核与奖励,合作方想方设法地要求提高自己可以分得的运营成本留成比例,因为分给公司的部分将不再属于合作方自己。而现在的讨论则更加平和,因为合作方承诺实现的提交给公司的收益的现值就是其人力资本的出资比例,如果自己留成的部分越高,则出资比例越低,将来可以参与公司利润分配的比例也就越低,所以各方均在对自己的经营成本进行认真分析的基础上,申报了一个比原来上交公司的收入比例更高的上交比例(即自己提留的营运成本扣除率较原来公司规定的比例更低)。同时各方也申报了自己承诺的年收益,所申报的年收益额均高于去年实际收益额,但增长幅度不大,因为各方如果承诺过高,虽然可以获得较高的人力资本出资比例,但一旦完不成承诺收益会要求其出资补足,这显然是各合作方都不想发生的情况。最后,各方基于协商结果确定了合作年限为 10 年,现值计算的收益率采用当地旅游行业平均净资本毛利率 20%。由此计算得出的各合作方营运成本扣除率和资本出资比例情况如表 3-2 所示。

表 3-2　旅游公司和合作方营运成本扣除率与出资情况表(待执行)

单位:元

出资单位	物质资本出资额	营运成本扣除率	承诺的年收益额	作为人力资本出资的年收益	内含收益率	人力资本出资额	各方出资额及出资比例
旅游公司*	108 900 000	—	—	—	—	—	108 900 000 (57.46%)
景　　区	—	40%	16 000 000	9 600 000		40 220 000	40 220 000 (21.22%)
藏民家访	—	40%	4 000 000	2 400 000		11 060 000	11 060 000 (5.85%)
酒　　店	—	60%	10 000 000	4 000 000	20%	16 760 000	16 760 000 (8.84%)
购　　物	—	70%	10 000 000	3 000 000		12 570 000	12 570 000 (6.63%)
合　　计	108 900 000	—	40 000 000	—	—	80 610 000	189 510 000 (100.00%)

注:表中标注"*"号的旅游公司实质上代表的是原货币资本出资者(下同),其分享的收益也就是货币资本出资者可享有的税后净利润。

当然,为了各合作方能够更好地形成一致意见,笔者会同各方也采用了各种承诺收益和营运成本扣除率,对 2011 年的实际数据进行了测算,比较了人力资本出资方案与原来的分配方案的异同。例如,按照表 3-2 中的营运成本扣除率和比 2011 年实际收益稍低的承诺收益进行分析,如果各方当初按照人力资本出资方案进行协商确定合作方式,那么 2011 年年初形成的各方出资情况如表 3-3 所示。

表 3-3　旅游公司和合作方营运成本扣除率与出资情况表（以 2011 年数据测算）

单位:元

出资单位	物质资本出资额	营运成本扣除率	承诺的年收益额	作为人力资本出资的年收益	内含收益率	人力资本出资额	各方出资额及出资比例
旅游公司	108 900 000	—	—	—		—	108 900 000（61.00%）
景　区	—	40%	15 000 000	9 000 000		37 710 000	37 710 000（21.00%）
藏民家访	—	40%	3 000 000	1 800 000	20%	7 540 000	7 540 000（4.50%）
酒　店	—	60%	9 000 000	3 600 000		15 080 000	15 080 000（8.50%）
购　物	—	70%	8 000 000	2 100 000		8 800 000	8 800 000（5.00%）
合　计	108 900 000	—	35 000 000	16 500 000		69 130 000	178 030 000（100.00%）

　　然后,按照人力资本出资方案,使用 2011 年各合作方的实际业务数据计算各方收益分享情况,得到的结果如表 3-4 所示。

表 3-4　以 2011 年度数据测算的公司与合作方经营收入及分配状况表

单位:元

出资单位	收入总额	承诺收益部分上交比率	公司分享的承诺收益	合作方分享的承诺收益	超额收益分享	合作方利润分享	各方分享金额
旅游公司	7 000 000	100%	7 000 000	—	680 554.20	9 047 824.25	10 695 879.67
景　区	15 361 600	60%	9 000 000	6 000 000	253 120.00	3 114 824.74	9 367 944.74
藏民家访	3 502 000	60%	1 800 000	1 200 000	351 400.00	667 462.45	2 218 862.45
酒　店	9 901 700	40%	3 600 000	5 400 000	631 190.00	1 260 762.40	7 291 952.40
购　物	8 503 214	30%	2 400 000	5 600 000	352 249.80	741 624.94	6 693 874.74
合　计	44 268 514	—	23 800 000	18 200 000	2 268 514.00	14 832 498.78	36 268 514.00

　　表 3-4 中,收入总额为各方 2011 年实际取得的收入数据(旅游公司的收入是指其取得的导游等旅行服务,该服务收费全额计入公司分享的承诺收益中),承诺收益部分上交比率为 1 减去营运成本扣除率,承诺收益部分按照当初约定的营运成本扣除率由公司与合作方分享,超过承诺收益的实际收益部分按照合作方分享 70%、公司分享 30% 的比例分配,公司获得的承诺收益 23 800 000 元和分享的超额收益 680 554.20 元扣除公司的营运成本和税费

8 000 000元后形成净利润 16 480 554.20 元,该净利润提取 10%的盈余公积 1 648 055.42元以后由各方按照出资额比例分享,得到合作方利润分享的数据,公司实际分享的收益金额就是其可以获得的利润分配额(已经扣除了其营运成本但加上了提取的盈余公积金 1 648 055.42 元),其他各方实际分享金额包括可以分享的承诺收益和超额收益以及利润(未扣除其营运成本)。

将表 3-4 中的数据与表 3-1 中按原方案的各方收益分享情况对比,可以得到表 3-5。

表 3-5　以 2011 年度数据测算的两种方案下公司与合作方分配状况表

单位:元

出资单位	原方案可获金额	营运成本及税费	原方案可分享收入	新方案可分享收益	差额	新方案下实得现金
旅游公司	20 662 138.50	8 000 000.00	12 662 138.50	10 695 879.67	−1 966 258.83	—
景 区	9 216 960.00	自行核算	9 216 960.00	9 367 944.74	150 984.74	7 810 532.37
藏民家访	1 575 900.00	自行核算	1 575 900.00	2 218 862.45	642 962.45	1 885 131.23
酒 店	6 436 105.00	自行核算	6 436 105.00	7 291 952.40	855 847.40	6 661 571.20
购 物	6 377 410.50	自行核算	6 377 410.50	6 693 874.74	316 464.24	6 323 062.27
合 计	44 268 514.00	—	36 268 514.00	36 268 514.00	0.00	—

从测算结果上看,采用人力资本出资的新方案旅游公司的货币资本出资者可以分享的收益减少了 196 万余元,各合作方可以分享的收益有所增加,增加的主要原因是超额收益分享和利润分享。但是各合作方新方案下的收益分享部分包括现金利润的分配和公司留存的未分配利润,如果还是按照公司税后可供分配利润的 50%分配现金利润,新方案下各合作方实际分得的现金有增有减,总体差额不大。关键的问题是,新方案可以实现如下几方面的功能:第一,调增了合作方的收益分享额,而且该金额是随同其业绩的增加而增加的,也是其努力运营所应该获取的回报,从而实现了各方收益的合理平衡;第二,旅游公司与合作方成为共同的出资者,形成了长期共赢发展的利益格局,可以调动各方的积极性;第三,旅游公司和景区作为前两大出资方,实际所得的现金比原方案有所减少,就可以有更多的资金以未分配利润的形式留存于公司,有利于公司长期发展所需现金的保有;第四,新方案可以有效减少各方之间的利益侵害抱怨,因为其所获利益完全取决于承诺的收益、上交公司的部分形成的人力资本出资比例、实现的超额收益,要想获得高的利益分

享,就必须提高这三部分的数额,而这三部分数额增长又是有利于其他方的,从而将各方的关注点引向了提升自己业绩来实现各方收益的同时增长(当然自己会获得更多的份额)上,达到了方案本身实现业务增长与合作共赢激励的目标;第五,如果各方的业绩得以增长,货币资本出资者所实际分享的收益也会增加。正是由于新方案所具有的优势,方案得到了公司货币资本出资者和各合作方的共同认可,并最终形成了如表 3-2 所示的待执行的人力资本出资方案和相应的收益分享政策。

上述方案形成后,各方一致同意在 2013 年试行,再根据试行情况予以完善。由于新方案充分贯彻了合作共赢和按业绩获得回报的理念,加大了对合作方人力资本地位与作用的重视,各个合作方的积极性大大提升。2013 年各方主动改善服务质量,使得单位的效益不断提高。2013 年年终,公司实际完成的业绩和收益分享情况如表 3-6 所示。

表 3-6   2013 年度公司与合作方经营收入及分配状况表   单位:元

出资单位	收入总额	承诺收益部分上交比率	公司分享的承诺收益	合作方分享的承诺收益	超额收益分享	合作方利润分享	各方分享金额
旅游公司	9 085 400.00	100%	9 085 400.00		3 048 098.46	10 759 096.90	12 839 596.74
景　区	21 506 240.00	60%	9 600 000.00	6 400 000.00	3 854 368.00	3 973 338.60	14 227 706.61
藏民家访	4 727 700.00	60%	2 400 000.00	1 600 000.00	509 390.00	1 095 383.17	3 204 773.17
酒　店	12 872 210.00	40%	4 000 000.00	6 000 000.00	2 010 547.00	1 655 245.68	9 665 792.68
购　物	11 054 178.20	30%	3 000 000.00	7 000 000.00	737 924.74	1 241 434.26	8 979 359.00
合　计	59 245 728.20		28 085 400.00	21 000 000.00	10 160 328.20	18 724 498.61	48 917 228.20

虽然 1 年的实施情况尚不足以证明什么,但也可以初步看出,新的方案有效地激励了人力资本出资方的积极性,实现了经济效益的较大幅度增长,在为自己带来可分享收益大幅增长的同时,也给原来的货币资本投资者带来了更多的收益。当然,货币资本出资者获得的收益增长幅度不大,但却是仅仅通过改变了政策方案实现的,货币资本出资者并未投入更多的劳动,就得到了将近 2% 的收益增长。可见,对人力资本进行有效激励可以提高企业整体业绩,与此同时物质资本出资方和人力资本出资方都能获得相应的剩余收益分配增加,无论是出资人还是受资人都获得了业绩增长,形成了合作共赢的好局面。

3.3　生产要素非投资的人本财务会计功能实现机制

3.3.1　不同生产要素非投资取得的差异分析

　　生产要素所有者以非投资的方式将生产要素交给企业生产经营使用,其核心在于只为了获得与生产要素对应的报偿,而不想承担企业生产经营的风险,也不参与企业经济剩余的分享。显然,在此种情况下,生产要素所有者必然会就所提供的生产要素的价值及其报偿支付方式与企业进行充分博弈。在现行财务会计下,一切思考问题的出发点和落脚点都是物质资源(将劳动要素也等同于物质资源要素看待并于支付劳动报酬时确认为成本费用),而物质资源所有者在提供了物质资源以后并不参与企业的生产经营活动,所以也就无需考虑生产要素提供者在博弈完成后的心理与行为以及对企业未来生产经营活动的影响。而在人本财务会计下,必须考虑生产要素所有者的差异及其心理行为特点,分别研究其人本财务会计功能实现机制。非劳动要素的所有者向企业提供的是当时现实存在的金融资产、实物资产和无形资产,企业向其支付合理的对价以后,非劳动要素的所有者并不参与企业以后的生产经营活动。这与现行传统物本会计的理论思想并无差异,故此,完全可以继续沿用现行财务会计的理论与方法对非劳动要素的取得进行会计核算与管理,本书在此不予讨论。劳动要素的所有者向企业提供的是未来的劳动,他们不仅要参与企业未来的价值创造过程,而且其心理和行为状态还会对未来劳动要素消耗过程中所能够创造的价值起根本性的影响作用,更会由此导致企业支付不同的劳动报酬。这与现行财务会计的理论思想完全不同,也是现行财务会计没有考虑的问题,故此,必须为其设计人本财务会计的功能实现机制。

3.3.2　劳动要素非投资的人本财务会计功能实现机制设计

　　前已说明,以人力资本投资虽然也是投入未来的劳动,但却要事先承诺未来劳动的收益,并以此为依据进行资本计量和后续考核及调整资本额,人力资本提供者参与经济剩余的分配,但不再获得所谓的工资性劳动报酬。

在非投资方式下,劳动要素的所有者通过提供未来劳动获取工资等劳动报酬,虽然劳动报酬要依据未来劳动的绩效确定,但又必须在双方确立劳动合同时形成劳动报酬的计算方案,从而调动职工的工作积极性和主动性,并避免事后争端。故此,劳动要素非投资取得的人本财务会计功能实现机制就是要设计一个尽量不导致争端的能使各方合作共赢的劳动薪酬方案。这一方案要给予劳动要素提供者自主的选择权,不受干预地申报自己的工作岗位和工作绩效指标,并依据自己申报的业绩和实际完成情况获取相应的报酬。在这样的薪酬方案下,每个劳动者可以获得的薪酬完全取决于自己的决定和行为,并在每个劳动者努力获得自身报酬增长的同时带来企业经济价值的增长,从而达到企业经济价值和人的经济价值相统一的人本财务会计的目标。

为了设计此种报酬方案,笔者指导研究生和本科生开展了多方面的实验研究。研究以真实诱导报酬方案为基础,先分析了真实诱导方案可以诱导下级员工提高自己预算申报数量并努力完成所申报数量的根源,说明了真实诱导报酬方案中上级建议任务量、薪酬系数、奖励系数、惩罚系数的应有含义,也分析并实证了导致真实诱导报酬方案实施效果不良的原因——下级员工不能事先确切地预知自己本期可以完成的工作任务情况[①]。正是由于员工无法预测自己可以真实完成的工作量,就很难避免管理者与下级员工之间的博弈,而博弈的存在会在一定程度上诱发因为信息不对称导致的道德风险和逆向选择,从而使各方合作共赢变成一句空话。建立符合人本财务会计思想的薪酬制度,就必须消除真实诱导报酬方案导致的博弈,形成事先确定的上级建议任务量、薪酬系数、奖励系数、惩罚系数的计算方案。为此,实验研究了奖励系数和惩罚系数的作用,证明了在惩罚系数一定的情况下,随着奖励系数的增大,预算下级提交的申报数越小,而实际完成数越大[②];在奖励系数一定的情况下,随着惩罚系数的增大,预算下级的申报数越小,但实际完成数变化不大[③]。

① 刘小雨,孙玉甫,孙美尧. 对真实诱导报酬方案解决预算松弛的思考[J]. 会计之友,2011(5 中):91-94.;孙玉甫,薛栋恒,晁婧雨.真实诱导报酬方案根本弊端的实验研究[J].会计之友,2013(4 上):12-15.

② 浦旭颖,王丹丹,刘小雨.真实诱导报酬方案奖励系数影响的实验研究[J].会计之友,2013(12 中):21-24.

③ 徐超,杨建雯,刘小雨.真实诱导报酬方案惩罚系数影响的实验研究[J].会计之友,2013(12 上):61-64.

基于此进一步提出：为了消除博弈，最好的办法就是让奖励系数的大小取决于下级员工的预算申报数和实际完成数，使奖励系数与下级员工的预算申报数和实际完成数正相关，即申报数和实际完成数越大，奖励系数越大。这意味着，下级员工申报的预算越高且能超额完成，不仅可以获得高于奖励系数的预算申报薪酬，还可以使超额完成的部分所获的奖励系数也随之提高。同时，为了诱导下级员工更多地申报预算并努力地多完成自己申报的预算任务，可以让惩罚系数与下级员工的预算申报数和实际完成数负相关，即申报数和实际完成数越大，惩罚系数越小。这样就意味着：下级员工完不成自己申报的预算数所承受的惩罚完全取决于自己申报的预算和实际完成的情况，申报的预算越高且实际完成数越高，即使实际未完成所申报的预算，所承受的惩罚也越小。如此设计奖励系数和惩罚系数以后，管理者就可以放手让下级员工自己按照规则去申报并完成预算任务了，下级员工为了获得较高的劳动报酬，自会努力提高申报数和实际完成数，从而达到企业和劳动者双赢的目标。

根据这些研究得出的结论，笔者提出了一个薪酬方案。此方案的初步设计用公式表示为：

$$
Y = \begin{cases} A + a(x_0 - x_1) + a\dfrac{x_0 + x}{2y_0}(x - x_0) & (x \geqslant x_0 \text{ 时}) \\[3mm] A + a(x_0 - x_1) + a\dfrac{2y_0}{x_0 + x}(x - x_0) & (x < x_0 \text{ 时}) \end{cases}
$$

其中：Y 为劳动者所得报酬；A 为底薪（当地政府规定的最低工资额）；x 为劳动者实际完成工作量；x_0 为劳动者的预先申报数（要求必须大于 x_1）；x_1 为该岗位职工必须完成的最低工作量（等于底薪与系数 a 的商）；y_0 为该岗位劳动者可以完成任务最大理论数值（此数要依据不同工作岗位的生产技术情况采用动作分析等理论方法具体测定或由行业最好水平调整得到）；a 为薪酬系数（理论上等于该工作由市场决定的外包单价）。

从上述公式及其参数选择中可以看出，劳动者的薪酬不是由上级决定的，除了由理论测算得出的 y_0 和由市场决定的 a 之外，完全是由劳动者自己的申报数和实际完成数决定的，并且申报数和实际完成数越高，超额完成申报任务的奖励系数越高（尽管始终小于1），未完成申报任务的惩罚系数越低（尽管始终大于1）。同时，劳动者的申报数和实际完成数越高，劳动者的薪酬越高,企业所实现的工作绩效和经济收益也越高。正是由于该方案的劳动者薪酬基本上是由劳动者自行决定的,不仅避免了可能的博弈,而且可以引导劳动者不断提高申报数和实际完成数,笔者将之称为自激励报酬方案。当然,该方案也给劳动者提供了一个新的选择——满意即止。也就是说,劳动者完全可以根据自己的情况选择提高申报数和实际完成数,或者只申报自己认为满意的工作量及报酬并完成即止,从而实现对劳动者自主选择的完全尊重,同时在劳动者完成的工作中实现企业经济利益的同步实现,达到了人本财务会计的目标要求。

实施自激励报酬方案必然要求能够对每个岗位的劳动行为及其业绩进行核算与管理,从而可以对每个工作岗位能完成任务的最大理论数值进行测定,以及对申报数予以引导和对实际完成值进行考核。总之,自激励报酬方案成为劳动要素非投资取得的人本财务会计功能实现机制,并为进一步研究每个工作岗位的劳动行为及其业绩的人本会计核算与管理制度提供了基础,建立了连接人本财务会计基础理论、人本财务会计概念框架和应用理论的桥梁。

3.3.3　劳动要素非投资人本财务会计功能实现机制的应用案例

为了验证自激励薪酬方案的效果,笔者指导本科生在红海玻璃制品有限公司进行了应用检验。该玻璃制品有限公司是集研发、生产、加工和出口高档玻璃器皿为主的出口型企业,始建于 20 世纪 50 年代,后来由一个集体企业转变为股份制的民营企业。公司近几年发展迅猛,总资产达到 1.5 亿元,占地面积 12 万平方米。现公司下设吹制分厂、手绘分厂、塑料分厂、电炉分厂、士达培训学校、购物中心、玻璃观光苑 7 个实体,拥有员工 500 余人,其中高级管理人员 25 人,工程技术人员 43 人。公司生产高档玻璃制品,主要产品有水杯、酒具、茶具、果盘、糖缸、烟具、工艺烛台、花瓶、杂件等,达 2 000 余种花色品种,获得国家外观设计专利 28 项,年生产制造能力 2 000 万吨。

公司的生产工人主要集中于生产车间,按种类分为操作类工人和服务类工人。按其与公司的契约协议分类,可分为正式员工、合同工和临时工三大类,临时工人数在 100~150 人,公司实行合同制,正式工和合同工总人数大约400 人。塑料分厂、电炉分厂的车间生产工人以"80 后""90 后"为主,他们有较强的体力；吹制分厂、手绘分厂车间主要是有工作经验、技术能力的合同工，他们的年龄在 30～50 岁，资历比其他车间的工人高，也有小部分的临时工存在；购物中心、玻璃观光苑以女性临时工居多，操作灵活，其年龄结构分布比较广泛。总之，这群年龄较轻的劳动力群体在车间工作有硬件上优势条件，他们能够适应较高强度的繁重工作，体能素质好，保证工作的连续性，对产品出库有速度上的保证。

但是，工人的文化素质偏低，正式工基本是高中或中专学历，大学及以上学历的工人很少，临时工基本是初中毕业；技术素质低，他们缺乏专业的生产技术和改进技术，在工作中做出突出贡献的可能性小，只能提供低水平的简单重复的体力劳动；看重物质激励；没有竞争意识，缺乏团队精神，做不到爱岗敬业；心理素质低，对工作批评抵触情绪大，管理难度大；法律观念淡薄，对违法、违规事件没有清晰的认识。这就意味着薪酬方案设计要满足其需求，使其不仅能够在工作上尽职尽责，还要激发其上进的积极性。

红海玻璃制品有限公司现行薪酬制度是统一的结构工资制度：总薪酬＝基本工资＋绩效工资＋年底考核奖金。基本工资即职位工资，根据不同工作负载程度、劳动技能等为基准设定基本工资（这部分薪酬与员工出勤也有一定联系），具体为：吹工 3 600 元/月，靠底 3 000 元/月，烤挺 2 100 元/月，送货 1 800 元/月，大工 3 600 元/月，小泡 3 000 元/月，挑料 3 300 元/月，整形 1 950 元/月等。绩效工资确定每个月的生产任务，整个车间的实际完成率就是每月的绩效工资，由车间进行分配。比如，车间月度任务数是 10 000，实际完成 10 500，那么该车间的绩效工资就是在标准工资基础上增加 5%。年终奖金发放相对比较随意，红海玻璃制品有限公司制定了其整体的分配方案，让其职能部门具体考核执行。考核的方面较为广泛综合，包括工龄、学历等，工作态度一些感性方面也在内。作为传统的薪酬体制，这种以固定工资为主导的薪酬制度在计件工资体制中有一定的优势。对于车间工人来说，薪酬结构汇总较大比例为固定工资，固定工资相对稳定、不易波动，不像以绩效为导向的薪酬体制那样变动幅度较大。这样的工资体制更利于培养员工的忠诚度和幸福感。较大比重的基本工资也是稳定生活的保障。总收入中固定工资占较大比重，对相对固定的规定生产量有一定保障，由此保证企业相对稳定的生产量和可预计的持续发展。但是，这样的工资制度也凸显出很多问题，导致红海玻璃制品有限公司在实际工作中出现了很多矛盾,甚至影响了生产的发展。首先,在这样的工资制度下,设定的产量完成后,工资相对稳定,且车间人员较多,共同统计完成量计算总体绩效,员工个人积极性偏低。绩效工资只能在极小的范围内波动,可见,对车间人员来说,绩效工资在这样的统计条件下并没有发挥应有的激励作用。员工的生产力与报酬不能很好地协调。员工出勤率较低,积极性不高,员工认为在一定范围内完成最少量的工作即可,因为任务繁重且绩效工资要求高,有些员工甚至只求保证基本工资,不追求整体车间的绩效工资。这种既定的工资模式不仅会降低员工的积极性,也会严重地影响企业的总体生产率。其次,导致公司与车间就任务数的博弈,车间千方百计地压低预算任务数,以便超额完成后可以获得绩效工资;公司则力图不断提高预算任务数。同时,车间在完成预算数以后继续生产面临着两难的选择,努力超额完成任务虽然会提升绩效工作,但也会带来下一期间生产任务数的调增。再次,薪酬级差没有反映人本效率,企业岗位分级的笼统使得薪酬级差不明显,没有按劳动复杂程度和熟练程度进行薪酬分级,忽视了人力资本的差异性与能动性。例如,在红海玻璃制品有限公司高温工序中的烤挺车间内,高级操作员和初级操作员之间的薪酬差异过小,娴熟的工人每天的完成量远超过平均完成量,而娴熟的高级操作工不愿意承担更多任务去实现整体车间的绩效工资,因为占主要劳动力得来的绩效工资将会和车间其他工人平均分配,员工等级高的人就会感到不公平,压抑打击到员工的积极性,这对于优秀人才的保留是不利的,易造成企业员工吃大锅饭的现象,干多干少一样,干好干坏一样,无法提高企业外部竞争力,阻碍其战略目标的实现。最后,企业员工在薪酬管理中的参与度低,企业与员工的沟通不足,企业的薪酬透明度不高,员工对涨薪没有全面系统的认识,据笔者指导的本科生调查,红海玻璃制品有限公司员工只有 5% 预期 1 年涨薪,并且这部分人对涨薪的条件和工资福利发放方式并没有具体想法。在这样的制度下,员工受不到激励,没有上进的积极性;员工也不会理解到其劳动的价值,产生的不公平心理无法得到缓解,就会消极怠工,对于企业的管理就不会进行真正的配合。

为了解决原有工资制度存在的问题,笔者指导学生会同公司管理部门进行了调研和改进,帮助公司采用我们设计的自激励报酬方案。报酬方案改变了过去的工资制度,采用自行申报预算并完成的方法,避免了预算申报时的博弈,通过奖励系数和惩罚系数的设置避免预算申报的随意性,并由于这两个系数完全取决于自己的工作绩效,也引导了职工努力提高申报数和完成数,以便能够获得更多的报酬。新方案实施以后,职工的工作积极性得到了较大提升,出现了积极申报工作任务并努力超额完成申报任务的局面。为了验证实施效果,我们选择了两个层次的实施单位和工作岗位进行了对比分析。

一是对玻璃高温工序生产工人的生产情况进行抽样分析。在玻璃高温工序生产过程中,工人间相互独立,各操作一台机器完成生产工作。该工序完成单件产品的时间中绝大部分(占80%左右)是机器作业时间,影响工作任务完成的因素相对较少。在旧方案的实施下,我们对该工序中9名工人2012年8月1日至31日连续31天的工作情况进行了统计,实际完成的工作任务情况如表3-7所示。

表3-7　玻璃高温工序生产工人生产情况统计表(实施原工资制度)　　单位:天

	工人代号	1	2	3	4	5	6	7	8	9
	实际进行本工序生产天数(含加班)	6	24	19	21	20	23	3	22	6
	从事其他工作占用天数(含周末)	25	7	12	10	11	8	28	9	25
完成不同日产量天数	61~70件	4	6					2		
	71~80件	2	1	2		3		1		
	81~90件		3	2		1	2		2	2
	91~100件		1	1		2	2		1	2
	101~110件			3	2		3		4	1
	111~120件		4	1	8				6	
	121~130件		3	2	10	6	3		8	1
	131~140件		2	1		5	6			
	141~150件		3		5		5		1	
	151~160件		1				1			
	161~170件			2	1		1			

表3-7中,1号、7号和9号工人为临时工,业务熟练度不高,因此产量较低,并且参与工序生产天数不多也不全。

红海玻璃制品有限公司在2013年实施了自激励薪酬方案,并且采取一系列让员工参与其中的管理措施,做到尽最大可能实现人与公司共赢发展。通过 3 月 1 日至 3 月 31 日连续 31 天对该工序的统计,得到表 3-8。

表 3-8 玻璃高温工序生产工人生产情况统计表(新方案实施后) 单位:天

工人代号		1	2	3	4	5	6	7	8	9
实际进行本工序生产天数(含加班)		5	27	27	25	25	29	2	29	3
从事其他工作占用天数(含周末)		26	4	4	6	6	2	29	2	28
完成不同日产量天数	61~70 件							1	1	2
	71~80 件	3	1	1		1				
	81~90 件			2		1	2			1
	91~100 件	2	1			2	1			
	101~110 件		4	3	2	2	4			1
	111~120 件		4		1		6	1		
	121~130 件		2	1		6	8			3
	131~140 件		5	2	4	2				2
	141~150 件		3	1	6		1			8
	151~160 件		4	6		6				6
	161~170 件			8	7					5
	171~180 件		2		1					
	181~190 件			1						1
	191~200 件		1	2	3					2

从表 3-8 可以看出,相比于原方案的生产业绩统计,该工序主要工人的整体生产水平提高,熟练工人的最高完成产量由每日 160 多件提升到了每日 190 多件,平均产量也由每日 120 多件提升到每日 150 多件。当然,随着产量的增长,工人的工资也有了相当幅度的提升,且实现了多劳多得、公司与职工共同提升业绩的局面。不过临时工的生产业绩没有因为薪酬制度的改变而有明显提高,需要进一步加强业务培训。

二是对电炉车间的生产情况和整体预算申报进行了对比分析,分析了整个车间 20 名生产工人在原方案和新方案下的预算申报数和实际完成数。具体统计结果如表 3-9 所示。

表3-9　电炉车间全体工人预算申报与完成情况对比表　　单位:件

工人代码	实施原方案			实施自激励薪酬方案		
	申报数	完成数	差额	申报数	完成数	差额
1	90	92	2	95	96	1
2	93	90	−3	95	95	0
3	95	93	−2	98	100	2
4	100	101	1	108	105	−3
5	100	95	−5	105	107	2
6	105	102	−3	110	106	−4
7	108	107	−1	110	112	4
8	108	109	1	112	115	3
9	109	104	−5	109	109	0
10	110	110	0	112	118	6
11	110	107	−3	115	115	0
12	110	105	−5	113	123	10
13	112	115	3	115	120	5
14	114	110	−4	120	108	−2
15	115	112	−3	118	120	2
16	118	106	12	110	116	6
17	120	115	−5	125	123	−2
18	122	124	2	125	131	6
19	125	125	0	130	133	3
20	128	127	−1	128	129	1

　　由表3-9可见,实施了新方案之后,员工积极性有了很大提高。首先,员工的申报数较之前有了一定提升;其次,大部分员工的实际完成数大多大于申报数,即使是小于申报数的个别员工,实际完成数与申报数的差额也趋于缩小。因此可以看出员工积极性在这样的方案激励下得到了充分的调动。企业生产能力提高,员工薪水也相对提高,这正是人本财务会计倡导实现个人与企业共赢的效果。

3.4 人本财务会计功能实现机制的会计核算模式

3.4.1 人本财务会计核算模式设计的总体要求

人本财务会计要求公正记录各生产要素实际耗用,公平配比各生产要素贡献份额,客观揭示各增值价值产生缘由,以便可以按照要素贡献进行剩余分配。这就必然需要改进现行的会计核算模式,建立能够满足上述要求的全新的会计核算模式。

人本财务会计理念契合了科学发展观的基本要求,为实现社会生产(包括物质资料生产和人力资源生产等全面的社会再生产)的可持续发展提供了会计领域的支撑条件。贯彻人本财务会计理念的人本财务会计核算模式也就必须落实维护和实现社会生产的可持续发展。社会生产可持续发展的首要前提是在全面补偿所有生产要素消耗的基础上实现社会财富的增长,因为没有已消耗所有生产要素的全面补偿,就无法完成可持续的社会简单再生产,而没有补偿后的财富增长就无法满足人类社会日益增长的发展需要。为了全面补偿所有生产要素的消耗,就必须先全面反映所有生产要素的耗费情况,不仅仅是财务资本和实物资本的耗费情况,也不仅仅是以货币资本维护观念所核算的生产要素耗费情况,而是社会生产所耗费的所有生产要素与条件(包括人的劳动、生产环境条件等)以实物资本维护观念所确定的实际生产能力的耗费情况。由此,人本财务会计的核算必须能够反映所有生产要素和条件在一个阶段的生产过程中导致的生产能力下降,以及为了实现下降了的生产能力的恢复所需要的全部耗费。

同时,人本财务会计要求允许所有生产要素提供者自由选择提供生产要素的方式和生产要素供给目标,并按照所提供生产要素的方式和贡献获取收益。这就要求人本财务会计的核算必须反映各项生产要素和条件在各种提供方式下的初始价值或初始状态,在生产过程中的价值或状态转化情况,生产过程完成后的价值或状态,将各项生产要素和条件恢复到本次生产过程初始时的价值或状态所需要发生的耗费,生产成果扣除生产要素和条件维护的耗费后的经济剩余,各项生产要素对实现经济剩余的贡献,以及经济剩余分配等。

总之,人本财务会计核算模式必须能够全面反映各项生产要素和条件的全过程、全方位的变化情况,从而保证各项生产要素和条件的耗费能够得到合理补偿并使其提供者获得公平的收益。

3.4.2 全要素核算的概念和内容

由于人本财务会计要全面核算所有生产要素的全过程、全方位情况,笔者就将人本财务会计的核算模式称为全要素核算。全要素核算是指将所有生产要素获取形成、消耗转化、耗费补偿、成果实现及剩余分配等全过程纳入会计核算范围,并依据合理的程序方法对要素及其贡献进行确认、计量、记录、报告,确保所有生产要素信息得以如实反映和监控管理的会计核算过程。

人本财务会计要对所有生产要素的全过程进行全方位的核算,其核算内容必然包括横向和纵向内容组成的矩阵式结构。从横向上看,人本财务会计的核算内容包括所有生产要素。孙玉甫和程琳在总结了关于生产要素构成的研究后指出生产要素包括生产环境、劳动者、劳动手段、劳动对象、生产经营技术、信息、生产时间、结构关系八项内容[①]。综观这八项内容,劳动者实质上应该是指劳动者所提供的劳务;劳动手段、劳动对象和生产经营技术与现行会计核算的内容没有本质差别;信息和结构关系按照取得方式不同而有所差异,如果属于企业一次性获取的或者在生产经营过程中自行收集或研发的可以类同于生产经营技术,如果属于提供者必须随着生产经营过程不断提供的可以类同于劳务;生产时间属于不可控因素,无法也无需进行会计核算。故此,全要素核算的内容,从横向上看,包括四大类要素:生产环境、货币与实物资源、无形资源与技术、劳务;从纵向上看,包括各项要素从进入企业生产过程到完成企业生产过程乃至退出企业生产经营过程的各个环节。这与现行会计的纵向核算内容没有本质区别。这样,人本理念倡导下的全要素核算内容,可以被形象地比作一个横纵交错的方形棋盘,棋盘上的每个小格都是四大要素细分后的具体要素单元。

3.4.3 各要素的核算思路

在人本理念的指引下,每个要素核算思路的设计要始终遵循满足该要素提供者自身利益的同时,实现其他要素提供者经济利益同步增值的原则。这样,既能消除各利益群体间的博弈,又能使各利益群体主动合作,互利共赢,协力推进社会经济的稳步增长。

对于货币与实物资源、无形资源与技术这两类要素,一经提供就成为企业独享的生产要素,可以脱离提供者而由企业自行维护。故此,企业只需要在取得并确认其资产价值的同时确认对价或资本额,在后续的核算中跟踪其生产耗费以及由此产生的新产品或劳务价值,并进行生产要素耗费维护。这一过程与现行的会计核算基本相同,但现行会计的计量属性选择要重新予以考察,因为现行会计的计量属性选择是以单纯维护物力资本提供者为出发点的,有可能出现侵害劳务和其他生产要素提供者的利益。对于某一具体项目的计量属性选择,如果现行会计给出了有利于各生产要素提供者合作共赢的有效的公平计量机制,就可以借用现行会计的核算方法;如果现行会计选用的计量属性有悖于人本财务会计理念,就应针对各要素特点重新设计,以使每一生产要素提供者都能在满足自身利益需求的同时,保证其他要素提供者获得同步收益。一般来说,所提供的生产要素具有活跃市场,以其市场价值为基础确定计量属性的,就不会导致生产要素提供者之间的价值侵害,人本财务会计核算模式设计时就可以借用;对于不存在活跃市场,其价值需要评估的生产要素,如知识产权和技术要素,可以采用本章第二节介绍的承诺收益法进行计价。

劳务要素与前两个要素不同,其提供者不能脱离企业的生产过程,反而要通过持续参与企业的生产过程才能向企业提供劳务;同时其维护也不能由企业自行进行,而是要通过提供者的生命维护和技能维护来完成。故此,企业要对不同方式取得的劳务进行特殊核算,而不能照搬前两个要素的核算方法。关于劳务要素核算的基本思路与方案设计,本书在 3.2 和 3.3 已经分情况进行了分析;关于劳动要素的具体会计核算,本书将在第 5、第 6 章讨论。还需要说明的是,劳务要素的提供者不仅包括企业的管理者和员工,也包括企业的股东(尤其是参加企业股东大会等为企业发展提供决策的股东)。他们以不同形式、不同水平、不同数量的劳务对企业进行了投入,在进行劳务要素核算时要针对劳务的多样化特征,将劳务划分为基本劳务和突出贡献劳务两个层次,以便对不同层级的劳务使用不同的核算方法。同时,由于劳务要素计量的复杂性,也可以适宜地引入一些非货币计量方法,以便更全面地反映和管理劳务行为。

环境要素是一个极其特殊的要素。它是企业生产经营所处的外部环境,本身不参与企业的生产经营过程,但又是企业生产经营过程不可或缺的条件,包括自然生态环境和社会生态环境。自然生态环境是指会计主体所处地域的自然界的生态状况,特别是其自我调节机制允许的最大排放限度以及可以提供给本会计主体的限额。社会生态环境是指会计主体所处的国家和地域的政治、经济、文化、国防等方面的状况。社会生态环境还可以进一步分为会计主体很难调控的社会生态环境和会计主体所营造的市场环境,前者是整个国家政府和社会公众共同努力建立起来的,如该国家和地域的国防安全、政治制度、经济制度及其发展水平、国民的受教育程度、社会心理状况等;后者是会计主体通过自身的生产经营活动等所造就的市场状态,如客户资源、市场口碑等。对于外部生态环境的会计管理可以分为两个层次:国家层面要建立企业生态环境准入、监控与奖惩制度,首先依据当地的环境自我调节和辅助人工净化的能力确定排放总量,其次基于该总量确定可以容纳的企业业态和规模作为企业当地生态准入的红线,依据每个企业的可行性研究报告中的环境保障指标在不超过生态红线的范围内进行企业审批,并确立企业周边生态环境的可检测标准,在对企业周边环境进行实际检测的基础上对企业进行奖惩(甚至对企业关停);企业层面首先论证并承诺自身生产经营对周边生态环境的影响,其次依据批准的建设项目进行生产能力建设和排放设施建设,核算实际生产经营过程中的排放情况、为了达到排放标准而进行的工作的成本、应获得的奖惩金额以及节省下来的排放量的转让收益等,编制企业环境报告为进一步进行环境经营提供决策支持信息。对于市场环境的会计管理可以采用非货币的方式进行报告,如企业的市场占有率变化情况、客户资源的总规模以及客户忠诚度、企业超额利润获取能力、企业为稳定和开发客户资源所做的工作以及给予客户和市场的回报等信息。

总之,通过企业的全要素核算就可以全面地反映企业各项生产要素在生产经营中的转化情况以及各项生产要素对生产成果的贡献,并提供公平补偿生产要素耗费以及按出资与贡献公平分享企业经济剩余的途径,从而使各项生产要素提供者合作共赢,也进一步带来生产要素的优化配置和社会公平与效率的统一。

任何价值的创造都是社会各资源合力作用的结果,每单位新增价值都凝结着社会各生产要素提供者的贡献份额。因此,每种要素实际耗用都应被客观反映,这是会计公平的基本要求,也是社会公平的本质体现。为了实现社会公平而贯彻会计公平,就需要公正记录各生产要素实际耗用,公平配比各生产要素贡献份额,客观揭示各增值价值产生缘由,从而公平分享经济剩余并促使社会资源的优化配置,达到整个社会公平与效率的统一。人本财务会计遵循"以人为本"的科学理念,保障所有生产要素提供者的权益,公平核算、公平分配,是顺应时代发展要求的、满足各利益群体利益需求的、公平的会计系统。人本财务会计理念倡导下的全要素核算独创性地将所有要素纳入统一的会计系统,并依据各要素投入额和贡献份额合理分配企业剩余,满足了保障社会公平和效率的根本目标要求。当然,全要素核算的具体方法将在本书后面的章节阐述。

4 人本财务会计的概念框架

4.1 人本财务会计概念框架概述

4.1.1 财务会计概念框架的研究历程

早在15世纪,巴其阿勒就提出了诸如账户等最简单的一些基本概念。1907年,美国出版的斯普拉格的著作《账户的原理》中也涉及会计的一些基本概念,如账户、会计等式、资产、负债、权益等。但他们都没有对这些基本概念做出具体的阐述。1940年,美国著名会计学家佩顿和利特尔顿出版了《公司会计准则导论》一书,指出:"我们并非直接论述会计准则,而是试图将会计的一些基本思想编织起来,形成一个结构,便于未来公司会计准则构建于其中。"这可以说是会计史上最早明确要求建立由若干基本概念所形成的会计理论体系的著作,并对后来的会计理论研究有指导作用。

20世纪50年代至60年代,美国注册会计师协会对财务会计概念结构的研究有所深入,它所属的会计研究处着手研究会计假设与会计原则,并试图以会计假设为起点进行研究。与此同时,美国会计学会(AAA)对概念结构也进行了一些研究,其研究成果就是1966年发布的著名报告——《论会计基本理论》。该报告虽然没有直接建立概念结构,但它所提出的"会计是一个经济信息系统"的观点,为后来以财务报告目标为起点建立财务会计概念结构,提供了最直接、最有效的理论准备。

由于会计原则委员会以会计假设为起点的研究工作陷入困境,未能建立起一个连贯的理论体系,又不能解决20世纪70年代美国经济形势发生变化给会计实务带来的许多新问题(如企业兼并、融资租赁、养老金计划、物价变动、国际结算、外币折算等),引起了会计信息使用者的强烈不满。特别是当时的八大会计师事务所声明不接受会计原则委员会发布的投资减税额的会计处理方法,而授权会计原则委员会制定会计规则的证券交易委员会却支持了会计师事务所,严重动摇了会计原则委员会的权威,也引发了更多机构对会计原则委员会的批评,最后导致 FASB 取代了会计原则委员会。FASB 一成立,便将财务会计概念框架的研究推向了一个新的高度,以便为制定会计准则提供哲理基础或一组普遍概念,也有利于应对各方对其所制定的会计准则的批评。FASB 在 1976 年 12 月 2 日公布的《关于企业财务报表目标的暂行结论》《财务会计和报告概念框架:财务报表的要素及其计量》和《概念框架项目的范围与含义》三个文件中正式使用了"财务会计概念框架"一词,并开始以财务报告目标为起点进行研究。其初步的研究设想计划是:概念框架是由目标和相关联的基本概念组成的逻辑严密的体系,而目标是指财务会计的目的和宗旨;基本概念是作为财务会计基础的概念,如关于应予入账交易的选择,对这些交易的计量,以及把它们加以总括和传输给利益集团的手段等方面的概念。所以,FASB 将作为制定财务会计准则理论依据的概念框架研究的主要内容规划为:①确定财务会计和财务报告的目标。②对财务报表要素进行定义。③评估财务会计和会计信息的质量特征。④解决如何指导对财务报表要素的确认、计量和报告。⑤分析某些重大的财务会计问题。这些研究内容及其相互之间的关系可用图 4-1 来表示①。

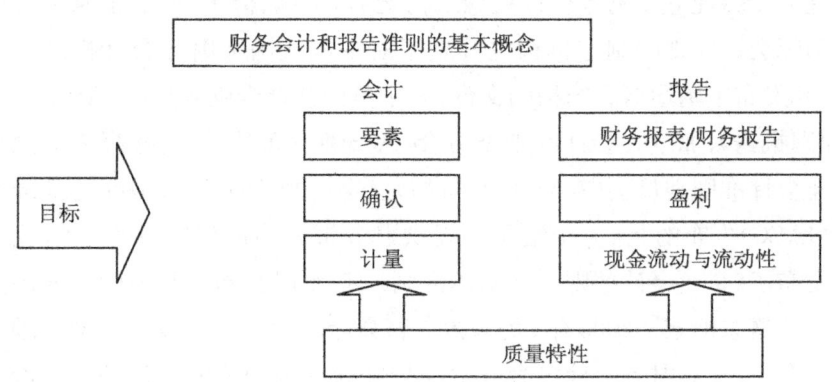

图 4-1　FASB 关于财务会计概念框架的研究计划

图 4-1 表明:财务报告目标是概念结构的起点,起着指引方向的作用;会计

---

① FASB. Financial Statements and Other Means of Financial Reporting[R]. May 12, 1980:30.

信息质量特征是连接财务报告目标与其他概念的桥梁；财务报表的要素及其确认与计量，是财务报告目标的具体体现，也是实现财务报告目标的重要手段。可见，概念框架并不规定具体会计问题的处理程序和报告惯例，也不能代替具体准则文告，评估现有准则和指导未来准则的制定是概念框架的主要任务。实际上，概念框架反映了美国会计职业界与会计准则制定机构对一系列财务会计概念的重新概括、丰富、补充和发展。概念框架研究标志着美国财务会计理论与实务的重要发展趋势，也可以反映其会计准则制定的最新动向。

从 1978 年开始，FASB 的概念框架研究取得实质性进展，11 月公布《财务会计概念公告第 1 号——企业财务报告的目标》。以后陆续公布第 2 号至第 8 号，分别是：会计信息的质量特征（1980 年 5 月）、企业财务报表的要素（1980 年 12 月）、非营利组织编制财务报告的目标（1980 年 12 月）、企业财务报表的确认和计量（1984 年 12 月）、财务报表的要素（1985 年 12 月）、在会计计量中应用现金流量信息与现值（2000 年 2 月）、财务报告概念框架——第 1 章至第 3 章（2010 年 9 月）。其中，第 6 号代替了第 3、第 4 号和部分修订了第 2 号，其目的是为了把企业和非营利组织的财务报表要素加以统一；第 4 号是由于外界形势需要而临时加入概念框架研究计划的；第 7 号是对第 5 号第 67 段 e 的修订；第 8 号取代了第 1 号和第 2 号。

继 FASB 建立了财务会计概念结构之后，英国、澳大利亚、加拿大等国家以及国际会计准则的制定机构也开始了对本国或国际财务会计概念结构的研究，并发布了阐述概念结构的文件，其中英国会计准则委员会（ASB）发布的是《原则报告》；加拿大会计准则委员会（AcSB）发布的是《财务报表概念》；澳大利亚会计准则委员会（AASB）发布的是《会计概念报告》；国际会计准则委员会（IASC）发布的是《关于编制和提供财务报表的框架》。1992 年，我国财政部发布了《企业会计准则——基本准则》，其作用类同于其他国家或国际组织发布的概念框架。2003 年，我国新一届会计准则委员会设置了会计理论专业委员会，负责对财务会计概念框架等与会计准则相关的会计基础理论问题的研究提供咨询意见。2006 年，我国财政部全面修订和新发布了一套企业会计准则，其中的基本准则已经与国际会计准则的概念框架实质上趋同。

2004 年，为了推动会计概念框架的国际趋同，国际会计准则理事会（IASB，其前身为 IASC）和 FASB 联合启动了财务会计概念框架的研究。在 2005 年 2 月召开的联席会议上，双方决定了联合概念框架的研究阶段和每一阶段的研究内容,具体包括:①财务报告目标与信息质量特征。②会计要素定义与确认。③会计要素计量。④报告主体。⑤财务报告的边界、列报与披露。⑥联合概念框架的目的及其在会计原则层级中的地位。⑦非营利组织的适用性。⑧其他问题并形成整体框架。之后两个委员会开始了研究工作,发布了征求意见稿并完成了第一阶段的研究工作,于 2010 年 9 月发布了第一阶段的研究成果:财务报告的目标和信息质量特征(亦即是 FASB 发布的财务会计概念公告第 8 号中的第 1 章和第 3 章)。第二、第三阶段的研究仅进行了广泛的讨论,除 2008 年 10 月以会议纪要的形式阐述了资产要素的定义外,尚未发布任何咨询文件;第四阶段的研究曾于 2010 年 3 月发布了征求意见稿,但未形成最终研究成果。全球金融危机发生以后,联合概念框架的研究工作被搁置。2011 年,美国放缓了会计准则的国际趋同步伐,联合概念框架的研究一直未能重启。2012 年,IASB 单方面重启了会计概念框架的研究,于 2013 年 7 月发布了一份综合讨论稿:财务报告概念框架审议。在这份讨论稿中,列出了如下几方面的内容:引言,财务报表的要素,支持资产和负债定义的额外指引,确认和终止确认,权益的定义及债务工具与权益工具的区分,计量,列报和披露,综合收益表的列报——损益和其他综合收益,其他问题。

围绕着 IASB 的讨论稿,又形成了一次关于概念框架的研究热潮,学者们发表了多篇评析、建议等方面的论文,各国相关机构也陆续反馈了意见。2015 年 5 月在综合讨论意见的基础上,IASB 又发布了《财务报告概念框架(征求意见稿)》,要求对财务报告目标、信息质量特征、报告主体、会计要素定义、确认标准、计量基础、报表列报等 18 个方面的问题提出建议。IASB 要求于 2015 年 10 月 26 日结束建议反馈,并计划在 2016 年完成对概念框架的修订。

4.1.2　财务会计概念框架的内容

虽然各国社会背景和会计理论研究有差异,致使各国所构造的财务会计概念框架也有所不同,但其基本内容还是极其相似的,均包括会计目标、会计要素概念、会计信息质量特性、会计确认和计量、会计原则等。不同之处主要是对各个概念之间的逻辑关系有着一些不同的认识,从而形成了不同的概念框架体系。比较有代表性的框架有以下几个。

1) 美国财务会计准则委员会的财务会计概念框架

将美国财务会计准则委员会所发布的《财务会计概念框架》所述的观点归纳起来,就可以得出其财务会计概念框架。汤云为和钱逢胜将之总结,得到图 4-2[①]。

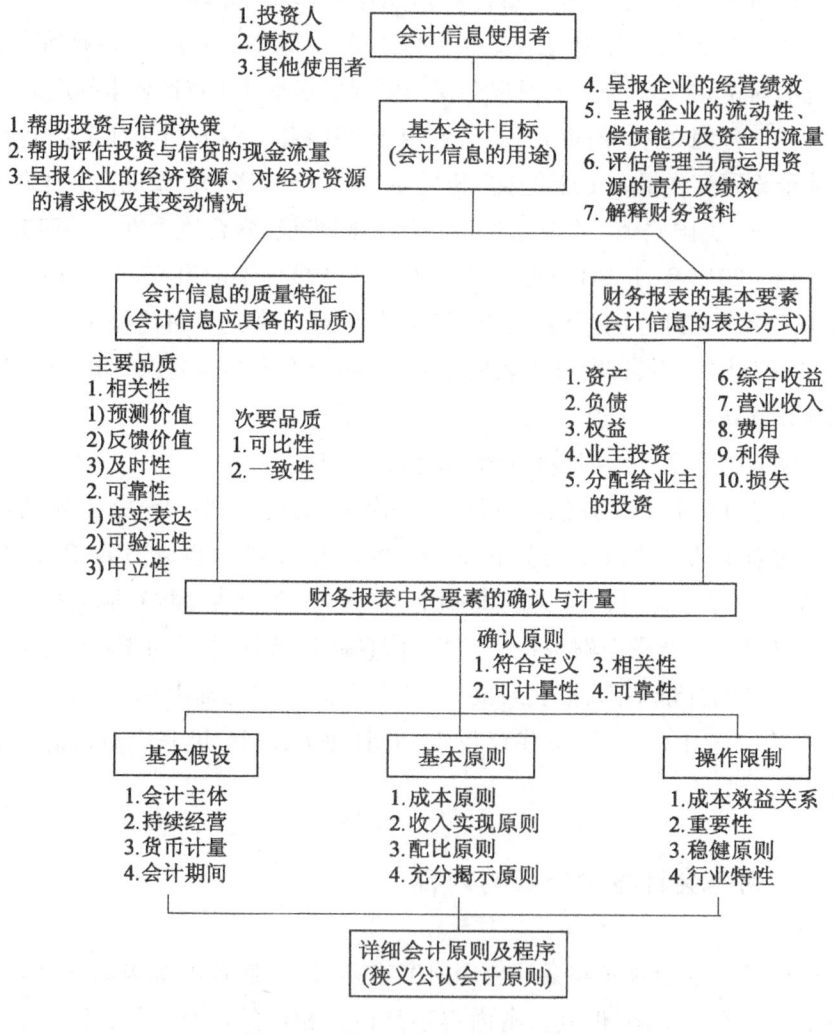

图 4-2　美国财务会计概念框架

---

① 汤云为,钱逢胜.会计理论[M].上海:上海财经大学出版社,1999:105.

2）李孝林等的统一会计制度理论框架

2002年，我国会计学者李孝林等在归纳分析了国内外会计学者关于会计概念框架的研究成果的基础上，提出了统一的会计制度理论框架，如图4-3[①]所示。

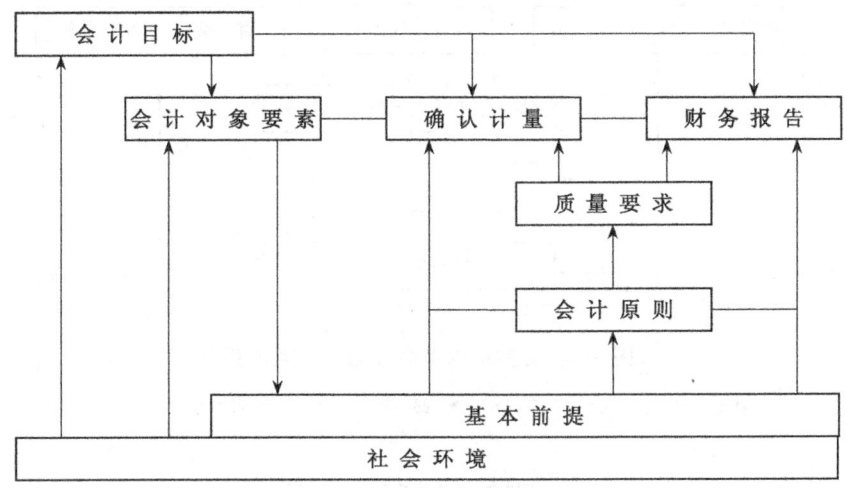

图4-3 统一的会计制度理论框架

3）完整的财务会计概念框架体系

2004年，孙玉甫等主张：建立财务会计概念框架必须既考虑财务会计所依据的理论基础和所面临的会计环境，又联系财务会计实务工作。这样才能构建出完整的，作为会计基础理论和财务会计实务工作桥梁的，能够指导财务会计准则制定的财务会计概念框架体系，从而构建了完整的财务会计概念框架体系，如图4-4[②]所示。

4）国际会计准则理事会的概念框架

依据国际会计准则理事会2010年发布的联合概念框架第一阶段成果和2013年发布的概念框架讨论稿和2015年发布的征求意见稿的内容，可以得到其关于概念框架的基本观点，如图4-5所示。

---

① 李孝林，等. 会计基本理论比较［M］. 上海：立信会计出版社，2002：222-226.
② 孙玉甫，王晓艳，刘泽荣. 广义财务会计理论［M］. 上海：立信会计出版社，2004：37.

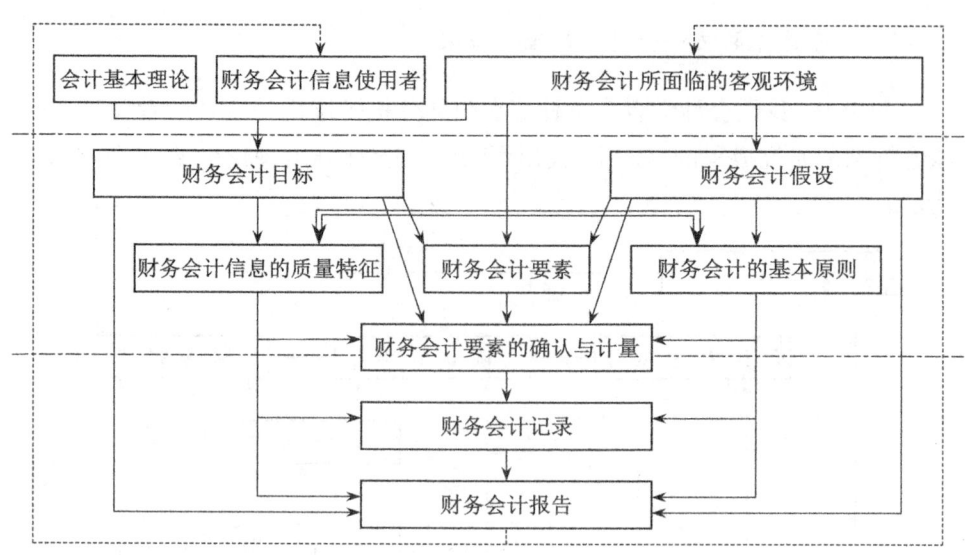

图 4-4 完整的财务会计概念框架体系

注:图中"——→"表示制约,"------➤"表示反馈,"◄——►"表示相互关联。

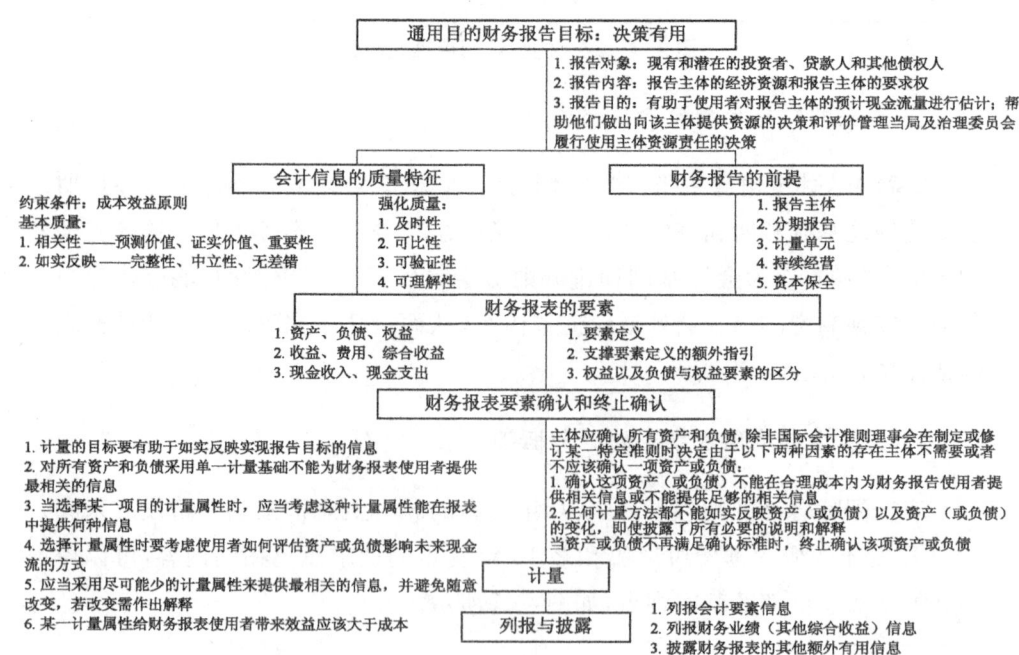

图 4-5 国际会计准则理事会的概念框架体系

4.1.3 财务会计概念框架的作用

财务会计概念框架明确了财务会计中的一系列基本概念,形成了一个内在一致的逻辑体系。其主要作用可以概括为如下几个:第一,为评价现行财务会计实务和指导制定新的财务会计准则提供理论基础;第二,帮助会计信息使用者更好地理解财务会计和财务报告所提供的信息;第三,可以节省准则制定成本;第四,抵制不同利益集团的政治压力。正如 1982 年 FASB 的主席唐纳德·柯克所指出的:"有了概念框架,会计准则的制定就有了方向;否则,它们的制定将是缓慢的。如果缺乏概念框架,势必招致外界集团的批评,比如指责会计准则的发展是毫无目标与宗旨的。"①

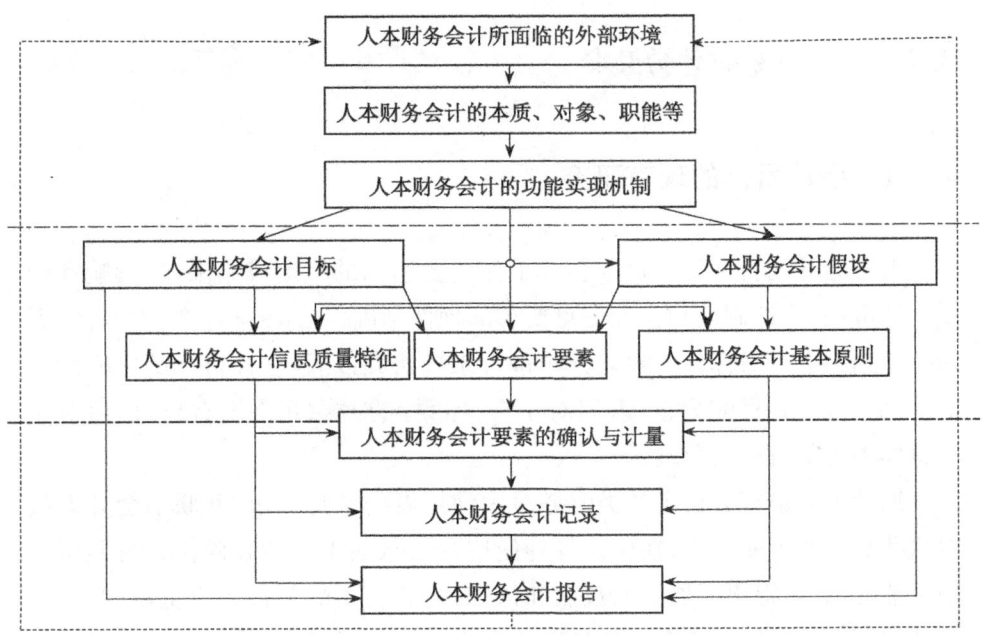

图 4-6 人本财务会计概念框架

注:图中"——▶"表示制约,"------▶"表示反馈,"◀——▶"表示相互关联。

---

① DONALD K. FASB and Industry[J]. The Journal of Accountancy. 1982(10):98.

4.1.4　人本财务会计的概念框架

　　人本财务会计作为对现行财务会计的继承与发展,其基本概念框架与现行财务会计并无本质区别,只是增加"人本财务会计的功能实现机制"的内容,并要对其他部分中的相关概念进行人本主义的修订,使之能够满足"以人为本""合作共赢"的基本要求。故此,参照现有的关于概念框架的研究,可以给出人本财务会计的概念框架,参见图4-6。

　　该框架中的外部环境、本质、对象、职能等基础理论的内容和功能实现机制的内容已在本书第二章和第三章讨论过了,本章不再重复。本章将详细讨论其他部分的具体内容。

4.2　人本财务会计的目标

4.2.1　会计目标的现有研究

　　财务会计的目标是指财务会计工作所要达到的境地或结果,是影响和约束会计准则、会计制度和会计信息要求的理性基础。自1953年美国会计学者斯朵伯斯将会计目标作为独立领域进行系统研究以后,会计目标的研究就日益受到重视。到目前为止,人们对于会计目标的概念几乎没有异议,但对于其具体内容却有较大分歧。

　　斯朵伯斯详细分析了各类财务报表使用者的信息需求,并联系会计人员对这些需求的可能反应,在比较各种使用者信息的重要性和确保自身愿望实现的能力以后,提出了如下的观点和认识:公开公司财务报表应重视的,是包括债权人在内的短期投资人和长期投资人的信息需求;如果同意将提供对投资人决策有用的信息视为会计的首要目的时,接着应完成的任务是确定为满足这种目的的信息种类及提供这种信息的可能性。1966年美国会计学会发布了一个研究报告《论会计基本理论》,肯定了从用户出发的研究方法,开创了"以用户为导向"来构建会计理论的先河,在分析各类外部信息使用者的信息需求的基础上,总结了会计信息对于外部使用者的共同用途。1973年美国执业会计师协会所属特鲁布拉德研究小组发表了题为《财务报表的目的》的研究报告(亦称特鲁布拉德报告),提出了"提供据以进行经济决策的信息"为基本目标的12项财务报表目的,形成了"会计报表目标→会计信息质量特征→会计要素→会计要素的确认与计量"为主线的新的会计理论与会计准则构建框架。1978年美国财务会计准则委员会发表了《财务会计概念公告第1号——企业财务报告的目标》,认为编制财务报告的目的不是一成不变的,要受经济、法律、政治和社会环境的影响,还要受财务报告所提供信息特性和局限性的影响。就一般情况看,企业编制财务报告的目的有三:一是对投资和信贷决策有用;二是对估量现金流量前景有用;三是提供关于企业资源、资源上的权益和它们变动情况的信息,包括经济资源、债务和业主权益信息,收益和企业业绩信息、变现能力、偿债能力和资金流转信息,管理责任和业绩信息,管理方面的说明和解释等。总之,这些研究成果和相当一部分学者主张将会计目标确定为:提供决策有用的信息(包括以明确经管责任为主要内容的业绩评估信息),这种观点被称为决策有用观。决策有用观是在证券市场日益扩大化和规范化的历史背景下形成的。在比较发达的市场条件下,投资者进行投资决策需要大量相关并可靠的财务信息,而信息的提供又必须依靠于会计系统,因此,会计系统必须以为决策提供信息服务为目标取向。在决策有用观的形成和发展过程中,资本市场的加速发展、投资者对会计信息的能动反映,以及现代信息理论和现代决策理论的出现,又加强了决策有用学派的现实基础和理论基础。

但是,以希尔特和井尻雄士为代表的学者主张将会计目标确定为:协调受托者与委托者的关系,注重提供反映受托者责任履行情况的信息,这种观点被称为受托责任观。受托责任观与股份公司制和现代产权理论的发展休戚相关。按照产权理论,资源所有者将其资源委托给受托者,同时赋予受托者以资源的保管权和运用权,受托者接受委托者的委托,有权对资源进行自主经营,通过有关组织规则,如公司章程和法规制度等约束机制,明确规定委托者和受托者之间形成一种委托—受托的权力责任关系。而在股份公司制下,资源的所有权和经营权进一步分离,委托—受托责任关系十分明确,客观上要求会计系统反映受托责任,从而形成了以受托经管责任为目标取向的受托责任观。

其实,早在1953年,利特尔顿就提出:会计的首要目标是向管理当局提供控制信息或报告受托责任的信息。只不过利特尔顿当时所提到的报告对象是管理当局。1973年,希尔特和井尻雄士认为报告对象应是委托者,而到1978年美国财务会计准则委员会发布的第1号概念公告中,报告对象已扩大到现在和潜在的投资者、信贷者和其他用户。试图将两种观点综合的努力一直在进行着。后来,随着证券市场的发展,股权分散化趋向加剧,委托—受托关系被淡化,决策有用观日益成为主流的观点。1997年,国际会计准则委员会指出:"通用财务报表的目标是提供有助于广大使用者进行经济决策的有关企业财务状况、经营业绩和现金流量的信息。财务报表还反映企业管理部门对受托资源保管工作的结果。使用者之所以评估企业管理当局的保管工作,是为了能够做出经济决策。"[①]2006年,我国财政部发布的《企业会计准则——基本准则》中指出:财务会计报告的目标是向财务会计报告使用者提供与企业财务状况、经营成果和现金流量等有关的会计信息,反映企业管理层受托责任履行情况,有助于财务报告使用者做出经济决策。

1982年,美国全国会计工作者协会所属的管理会计实务公告颁布委员会发布《管理会计公告:管理会计的目标》。该公告从成本会计师的角度提出了管理会计的目标是提供信息和参与管理过程。具体来讲,管理会计要通过鉴别、计量、累计、分析、编制和解释报表、传递等过程,完成报告、解释、资源管理、信息系统开发、技术运用、查证、管理等主要活动,从而履行计划编制、评估、控制、资源的经营、对外报告的编制等责任。

1998年,劳秦汉提出:会计目标就是在一定时空条件下的会计主体作用会计客体所期望达到的目的或要求,是会计运行的导向和归宿。其构成内容可分为基本目标、一般目标和具体目标三个层次:基本目标包括提高经济效益和社会效益两个方面,与现代会计所具有的双重受托责任保持一致;一般目标包括提供会计信息和利用会计信息两个方面,与现代会计所具有的两大基本职能保持一致;具体目标可根据经济主体的不同情况具体确定[②]。2002年,李孝林等认为:"作为会计基础理论范畴,目标的主体应是包括管理会计和财务会计在内的整个会计。如果作为财务会计学、管理会计学,分别表述

---

① IASC. IAS 1. Presentation of Financial Statements Superseded[S]. 1997:par. 8.

② 劳秦汉. 会计理论研究的新视角:从现代会计的双重受托责任看会计的本质、职能和目标[J].会计研究,1998(8):45-46.

其目标未尝不可。把会计理论局限于财务会计理论的观点,似有不当。"[1]他们又进一步构建了会计目标体系,将提高经济效益和社会效益、维护经济秩序作为会计的总目标;将提供真实信息、强化经济管理并列为会计的两大基本目标;又依据会计的核算与控制(管理)职能细分八项具体目标。2003 年,韦沛文指出:会计目标应不仅仅局限于满足外部信息使用者对财务信息的需求,还应考虑满足用户广泛的非财务信息需求,并直接参与企业的数据分析、预测、计划、管理决策和控制[2]。

2003 年,徐国君认为,应严格界定区分会计目的与会计目标的概念,将实现企业经济价值和人的经济价值的协调发展确定为三维会计的终极目的,并进一步具体化为四个基本目的:第一,通过立体动态反映系统,提供客观反映并与实际情形相符的有关经济活动的科学信息,以使有关方面正确了解和把握情况,有利于物力资源的产权人做出科学的投资决策,管理当局进行科学管理,劳动者及时调整自己的行为,其他利害关系集团做出正确的选择;第二,通过信息资源整合系统,提供增值性信息,以使有关方面进行科学的价值管理,最大限度地实现经济价值;第三,通过会计机制、规则和方法,度量贡献,分清责任,彻底实现按劳分配的原则,真正调动劳动者的积极性;第四,确立人力资源产权与行为的经济价值,将会计变成价值创造的会计。而会计目标则是会计目的的具体化,表现为实现会计目的的标志[3]。

2010 年,国际会计准则理事会和美国财务会计准则委员会发布了财务报告概念框架联合研究项目的第一阶段研究成果,将会计目标明确界定为"决策有用",并详细阐述了这一观点:第一,通用目的财务报告的报告对象是现有和潜在的投资者、贷款人和其他债权人;第二,通用目的财务报告的报告内容主要是报告主体的经济资源和报告主体的要求权,因为预计现金流量和财务信息决策有用性的实现,取决于报告主体对其经济资源和要求权及其相关变动情况信息的披露,同时如果报告主体不能确定和计量其经济资源和要求权,也就不能提供合理完整的有关财务业绩的信息;第三,通用财务报告的报告目的是有助于使用者对报告主体的预计现金流量进行估计,帮助他们做出

---

① 李孝林,等.会计基本理论比较[M].上海:立信会计出版社,2002:205-206.

② 韦沛文.信息化与会计模式革命[M].北京:中国财政经济出版社,2003:28.

③ 徐国君.三维会计研究[M].北京:中国财政经济出版社,2003:220-221.

向该主体提供资源的决策和评价管理当局及治理委员会履行使用主体资源责任的决策。2013 年和 2015 年,国际会计准则理事会发布的关于财务报告概念框架的讨论稿中没有包括财务报告目标的内容,但说明继续使用联合概念框架的观点。

4.2.2 对会计目标现有观点的反思

受托责任观所依托的理论基础是两权分离,拥有财产所有权的所有者与拥有财产经营权的经营者是确定的。在这种环境中,委托方和受托方都关注着受托资源的保值与增值,甚至委托方还可以向受托方提出管理受托资源的具体要求。一旦受托方未能完成既定的受托责任,委托方可以更换受托方。受托责任观形象地描绘了委托方和受托方的权责关系,以及对外会计报告在反映受托责任履行情况中的作用,因此,受托责任学派认为,会计目标就是有效地反映资源受托人的受托责任及其履行情况。笔者认为,受托责任观存在一定的局限性:第一,受托责任观是基于财产所有权上的受托责任而提出的企业对外会计报告的目标,它完全忽视了更加广泛的受托责任,如下级对上级的受托责任等。换句话说,两权分离之前的独资企业、合伙企业也存在着受托责任,但这种受托责任往往反映为所有者与雇员之间的关系,而在财产所有权上,所有者与经营者合一不存在受托责任关系,当时会计的存在并不是为了反映所有者与雇员之间的受托责任,而是为了更好地为管理企业服务。第二,受托责任观所依托的两权分离,必须具备明确的受托方和委托方。只有这样,委托方才能根据受托责任履行情况决定是否对该受托方继续予以委托。而在市场经济中,资本市场已成为实现资源合理配置的重要机制,是企业筹集资金的重要途径。广大证券持有者是上市公司所拥有资源的委托方,但他们却具有流动性的特点,即委托方的具体人员时刻都处在变化之中,从某种意义上讲,受托方可以说是确定的,而委托方则是不确定的。特别是在股权分散化的今天,更多的投资者并不关注投入公司资产的保值增值问题,而是主要关注会计信息对证券市场的信号作用,以便做出继续持股还是转让股份的决定。同时,潜在投资者与企业经营者在财产所有权上并不存在受托责任关系,而他们也是会计信息的重要使用者之一。可见,受托责任观并不适合作为通过资本市场筹集资金的企业对外会计报告的目标。第三,受托责任观所认为的会计信息是反映受托责任的履行情况,实际上强调的是会计为企业外部使用者服务。但是,自从会计产生以来,为企业内部服务一直是会计的重要职责。显然,会计的这一重要目标已被受托责任观所忽略。

虽然决策有用观是对受托责任观的继承和扬弃,充分考虑到了非直接委托—受托关系存在的现实情况,强调了会计要为所有的利益相关者服务的目的,并且包含了受托责任观的内容,是对受托责任观的批判、继承和发展。但决策有用观的局限性也是非常明显的。"有用"这一评价标准过于主观,其可操作性较低。众所周知,多元的会计信息使用者必然有不同的需求,对会计信息的有用性也会有不同的评价标准。即使同一信息使用者,在不同的时期对会计信息也有不同的要求。同时,不同信息使用者也会因对会计信息的理解、运用和驾驭能力的差异,从而对会计信息的有用性有不同的评价结论。因此,"有用"不过是一个非常抽象、主观、模糊的概念,进而导致决策有用观的可操作性较低,或者说只是一个理想的状态,而非现实。换句话说,决策有用观所形成的是关于会计目标的一个理想模式,各有关者的利益不尽一致,决策需求也各不相同,要求会计能够为每个利益相关者直接提供决策有用的信息是一个梦想,而只满足所谓共同需求的信息是对决策有用观的异化。

需要注意的是,无论是美国财务会计准则委员会还是国际会计准则理事会发布的关于目标的研究成果都明确所规范的是财务报告(报表)的目标,而缺少关于会计所从事的管理工作的目标。管理会计目标的提出,在一定程度上填补了关于会计目标研究的狭隘观点。劳秦汉、李孝林、韦沛文等试图将会计目标扩展到包括财务会计与管理会计的整个会计系统的做法也值得提倡。但问题在于,这些研究都有一个隐含的基点:财务会计与管理会计是相互联系又相互分离的两部分,财务会计负责生产和提供信息,管理会计利用财务会计信息进行管理参谋工作或直接参与管理。众所周知,在一个会计主体内部并不分别存在财务会计部门和管理会计部门,也没有严格的财务会计与管理会计工作的分工,任何一个工作岗位的会计人员都同时履行着核算与监控管理的职能。例如,负责材料核算管理的会计人员不仅要对材料的取得、入库、领用消耗进行会计核算,而且也同时对相应的材料申购、招标购买、入库整理损耗、领用消耗等行为进行监控管理,对发现的异常及时拒绝办理并报告;负责成本核算工作的会计人员,不仅要对形成成本的直接材料、直接人工和制造费用进行相应的账务处理和成本计算,还要对这些成本项目要素进行分析、监控,保证生产过程的合理、有效,对生产中的问题及时进行处理和报告。所以,将会计目标人为地基于学科研究的分工分别表述会割裂会计目标的整体性。另外,本书第2章已经说明,会计的反映和监控管理职能也是一个有机的整体,依据反映和监控管理职能分别构造会计的目标也是错误的。如何构建一个能够包括会计所有工作职能的目标是值得研究的问题。

现有关于会计目标的研究还陷入了会计目标泛化的误区。所谓会计目标的泛化,是指将其他工作的目标强抢过来而造成的会计目标人为地扩大化,以会计所属的大系统的目标取代会计目标。笔者不否认会计系统的工作是为了大系统目标的实现而努力,但不同意将大系统目标直接作为会计系统的目标。如果一定要将会计系统与大系统的目标联系起来,那必须说明大系统的目标是会计工作的终极指导性目标,是设计会计系统目标的依据,而非会计系统目标本身。简单地将大系统目标作为会计系统目标,必然导致会计系统目标超越会计工作范畴和会计人员能力。将会计目标泛化,进而又因明知会计人员不可独立完成而放宽对会计人员的工作考评,最终必将导致会计应该达到的目标也受到影响。决策有用观是一种泛化,强化经济管理、提高经济效益与社会效益的目标也有泛化之嫌。前已提到,决策有用观构造了一个理想状态,即会计信息生产者能够确知信息使用者进行决策时所需的"有用"信息,进而直接按此提供,从而达到了信息生产与使用的直接配合。当然,现行理论也知道这一情况是不存在的,又提出所谓的共同需求或有代表性的需求作为替代,但如此替代的结果恰恰背离了决策有用观的初衷。决策有用观关于会计目标的泛化是强抢了会计信息使用者的工作,将会计信息使用者根据自己本次决策进行相关信息分析获取的工作也拿了过来,试图替决策者完成决策所需会计信息的全部生产。当发现无法完成时,干脆退回到了只提供部分所谓的共同需求信息或有代表性信息上去,反而减少了会计子系统应该提供的信息。强化经济管理、提高经济效益与社会效益是包括会计系统在内的整体系统的工作目标,是整个系统协同运作的最终结果,会计子系统只能也只应在其中起到自己的作用即可,不能将之直接作为自己的目标。也许有人会说,会计子系统本身就是一项管理工作,在强化管理、保护财产、提高效益中具有至关重要的作用,从这一点上就可以说会计子系统应将强化经济管理、提高经济效益和社会效益作为自己的监控管理目标。这种说法看似合理,其实是错误的。举一个生活中的例子,电饭锅是一个人造系统,其工作目标是完成所要求的饭菜加工,而其中的电源系统是至关重要的一个子系统,它要将外来的交流电转换成稳定电压的直流电,在外来电压过大时还要自动断开来保护整个系统的安全,但其直接目标只是为其他系统提供稳压直流电和过载保护,而不能说其直接目标也是饭菜加工。会计子系统也是一样,它只能做到对合规的行为进行处理,从而杜绝违规行为的发生并引导增值行为的持续。例如,材料领用的核算监控只能完成符合消耗定额的材料领用可以被认可与处理,并将情况向外报告;而对于违反相关规定与手续的领用行为拒绝处理并报告;对于异常的变化做出反应(如报告情况、分析原因、提出建议等)。期望它能够做到更多与材料消耗有关的强化材料管理、提高经济效益的工作是不现实的。将整个大系统的目标说成是其中每个子系统的目标,就会犯马季等人相声"五官争功"中所讽刺的错误。

徐国君将实现企业经济价值和人的经济价值协调发展作为会计终极目标是有道理的。会计的终极目标体现了会计子系统与其他系统协同动作的最终目的,是设计会计子系统直接目标所必须遵循的要求,但不是会计子系统的直接目标本身。

4.2.3 人本财务会计系统的目标设计

会计目标是会计工作所要达到的境地或结果,反映了人们对会计应完成的工作的要求和期望。也就是说,会计职能解决了"会计能干什么事"的问题,而会计目标就是要解决"会计应将职能所要求的事情做到何种程度"的问题。可见,会计职能来源于会计子系统所属的大系统的客观要求,而会计目标则是人们对会计工作结果的主观期望。由此可见,会计目标是对会计职能实现程度的要求或规定。设计会计目标就要从会计职能出发,探讨会计职能在一定的社会生产技术组织条件下可以实现到何种程度。

人本财务会计是对全部生产要素的流转过程进行程序化会计管理,并将管理结果和例外事件的有关信息向有关者报告的一个工作系统,其基本职能有四项,即全息动态反映、信息资源整合、过程监管控制、价值创造管理。具体来说,人本财务会计系统从多渠道收集会计主体全部生产要素的取得、转化、退出等情况的信息,通过对这些信息的整合分析来评价判定这些信息所揭示的经济活动,通过对经济活动的认可核算或者要求责任人自担后果,实现对经济活动的监管控制,并将上述活动的结果予以反映报告,从而引导业务人员增加积极创造价值的行为、减少消极损害价值的行为。可见,人本财务会计的四项基本职能是四位一体的,不是四项工作,而是一套工作所能够达到的四方面作用。当然,其中的前三项作用是与会计工作本身直接联系的,后一项是会计工作的结果影响到业务人员的利益后由业务人员自行调整实现的。既然会计目标是对会计工作结果的主观期望,那么人本财务会计的目标就应该通过对其职能的实现程度的考察来确定。这里所说的实现程度,既应该包括人们的期望要求,更应该考虑这些期望要求的可实现性。从职能出发来考察其可满足人们期望的程度,既可以避免将人本财务会计目标局限在报告方面的狭隘观点,又可以避免将目标泛化的错误。

从人本财务会计的四方面职能来看,可以看成是相互联系、相互渗透的两个大类:信息收集整合处理与反映报告和对与生产要素相关的经济活动的控制引导。这两大类活动不可分割,收集处理报告信息的同时就进行着经济活动的控制引导,控制经济活动又必须依靠所收集的信息及其整合分析来决策。例如,会计人员从业务人员处获知经济活动发生的信息,根据这些信息和其他相关信息来决定是否对该项经济活动予以报账核算并将结果对外报告。这其中既有信息收集整合分析与反映报告,又实现着对经济活动的控制引导。所收集和整合的信息直接决定着对该项经济活动是否认可核算(即控制管理)的结果,是否核算的结果又导致所进行的信息报告内容有本质差异,而且这一过程不可分割,是一个整体。故此,由职能来推导目标,既要分别考虑每一大类职能的实现程度,又不能脱离另一类职能的约束。

在信息收集处理报告方面,会计系统可以收集到所有本会计主体发生的、导致生产要素增减变化的经济活动的信息,也可以收集到其他会计主体或整个国家(地区)发生的事件的公开信息。会计系统对这些信息进行整合分析主要用于完成五方面的工作:第一,判定本主体发生的经济活动的性质,是日常活动还是例外事件;第二,对于日常活动,根据所收集的信息判定活动本身的合法性、合理性、有效性,进而做出及时进行会计核算还是拒绝办理会计核算的决策;第三,对于例外事件,将所收集到的与该事件有关的信息和本部门的建议尽可能详细地上报高层管理当局,以便支持其决策(更多的时候还要参与整个决策过程),并将其决策结果进行相应的会计处理(包括对违法决策的拒绝办理与举报);第四,根据所收集的内部与外部的信息,分析会计主体所面临的机遇与挑战或可能存在的问题,以及会计主体未来的可能变化趋势,提出改进的建议和对策,供会计主体的管理当局参考;第五,将主体发生的日常活动和例外事件导致的主体财务状况、经营业绩、现金流量变化等信息向利益相关者(也就是会计主体内部和外部的信息需求者)报告,以便支持利益相关者的决策。从这些工作的信息需求及满足需求的可能性来看,第一项和第二项工作是会计系统自身进行程序化管理决策所进行的信息收集与使用,其内部发生的经济活动的信息可以凭借授权进行非常详细的信息收集,可以说是需要什么信息就可以要求业务人员提供什么信息,并且是与每项业务的决策直接相关的;但所需要的外部信息就不能如此取得了,只能自行对外部主体公开的信息进行分析获取,也有可能出现有些信息虽然决策需要但无法取得的局面。第三项和第四项工作是会计系统支持或参与内部管理当局的决策,决策所需要的信息可以通过管理当局与会计系统交互的方式由会计系统针对每项具体决策直接提供,但其中的内部信息可以按需要的详细程度提供,而外部信息则可能很难与需要直接挂钩,另外有一些预测性信息可能还存在预测误差。第五项工作是会计主体内部会计系统支持外部利益相关者的决策,会计系统无法准确获知外部决策者某次决策时的信息需求,外部决策者也很难通过交互的方式让会计主体内部的会计系统向其提供与本次决策直接相关的信息。现行概念框架研究目标所涉及的仅仅是第五项工作,所以其目标也就被表述为财务报告的目标,后来又发现会计系统提供的财务报告不能满足外部决策者的需要,就又进一步缩小到通用财务报告的目标。这样的理论,从整体面上来讲,是不完整而狭隘的;从认为通用财务报告的目标可以决策有用上看,又是夸大的;从主张会计系统可以直接向决策者提供信息而不考虑决策者对信息的自行收集与处理上说,又是泛化的。那么,在信息收集处理报告方面,综合考虑上述五项工作,会计系统可以将自己的工作做到什么程度呢? 会计系统可以收集到本会计主体发生的全部导致生产要素发生增减变动的经济活动的信息(可以要求有关人员直接报送),也可以收集到本会计主体决策需要的外部信息(只能自行分析获取,而且数量与质量还要受到自身认知能力和信息技术条件的限制)。会计系统可以处理所收集到的信息,但处理速度和效果受到会计系统人员素质和技术能力的限制。会计系统可以报告所收集到的信息和处理后的信息,但是在信息技术条件受限的情况下(如手工会计条件下),会计系统如果将所有收集到的信息不加处理地报告,将无法保证决策者快速获得所需要的信息,甚至使决策者淹没在信息的海洋中;如果要求会计系统处理后报告,会计系统将无法分别决策者的每次决策需要有针对性地报告,而只能对内提供有针对性的决策需要信息,对外提供所谓的通用报告。这也是现行理论只研究通用报告目标的根源。问题是,在现代信息技术条件下,大数据和云处理技术已经能够支撑所需信息迅速检索的情况下,会计系统已经可以将能够公开的所有元数据信息直接不经处理地对外报出,由信息需求者去根据自身的决策需要进行检索收集与处理。这不是一个更好的选择吗?综上所述,会计系统收集会计主体发生的所有经济活动的信息,将应该或可以公开的信息放置到数据仓库中,供外部决策者自行分析获取使用;同时,根据内部管理当局或其他内部部门的要求或自身发现的情况,针对每项具体决策活动整合内部与外部信息,直接支持或进行内部管理决策。

在过程监管控制和价值创造管理方面,价值创造管理是会计系统前三项职能完成后通过这三项职能对业务人员利益的影响由业务人员自行调整实现的,是会计系统工作所带来的功能,并非会计系统本身的行为,故此可以不予讨论。那么,会计系统所进行的过程监管控制其实就是上一段所讲的会计系统工作的前三项工作,即对会计主体发生的经济活动(包括管理当局对例外事件的决策导致的经济活动)进行监督管控,保证其合法性、合理性、有效性。从理论上讲,人们对此类监管控制的期望是保证会计主体发生的经济活动符合社会经济发展方向和相关法律制度,符合会计主体的发展战略,有利于提升社会资源的配置效率和会计主体的经济效益,也有利于经济活动参与者利益的保护。但是,实际的会计监管控制工作却会受到多方面因素的影响,而较难达到上述期望。首先,提出上述期望的主体是有差别的,其目标也不能始终保持一致,当社会、会计主体、经济活动参与者等各方利益不一致时,会计很难全面达成各方的期望。这时,会计人员往往会被直接领导的意志所左右,从而发生会计监管控制失灵的情况。其次,会计进行监管控制时必须依据明确的规定,并受到个人职业素养的影响,当会计人员的职业素养不能满足所监管控制的业务需要时,会导致对相关业务监管控制的失效或制约相关业务的发展;当相关规定不明确或落后于社会经济新状况或过于僵化时,会导致会计人员无所适从,或依据落后僵化的规定进行的监管控制背离了监管控制的初衷。这时的会计监管控制会受到各方的指责甚至对抗,不利于社会经济和会计主体的发展以及人们满意度的提升。最后,会计的监管控制作为会计主体内部控制制度的有机组成部分,必然会受到会计主体内部控制制度框架中其他部分的影响,如控制环境、风险策略、控制技术手段、信息沟通渠道与方式等都会对控制效果产生影响。当会计主体的内部控制体系尚未有效协调时,单纯进行的会计监管控制很难真正发挥作用,甚至会受到其他方面的抵制。解决期望与现实的矛盾,表面的对策可能很容易得出,即按照上述几个方面情况去提对策:对全社会人员进行思想教育,以便使每个人都能站在全社会发展的角度考虑问题,实现社会、集体、个人利益的有机协调;加强会计理论研究,完善会计法律、法规和会计准则;加强会计人员的职业培训,提高会计人员素质;加强内部控制体系建设,形成完善的内部控制制度与不断评价改进的机制;等等。但是,这些表面上看上去很正确也很有针对性的对策却未能解决问题,原因就是过于原则、过于空洞,缺乏具体可操作性。笔者认为,解决上述问题的对策应该是信息公开,让有权进行监管控制的人员都可以查阅相关经济业务的情况。由于信息公开,有关各方不可以拿到桌面上的期望和利益就会受到抑制,而可以公开的期望与利益要求就应该得到保护,而且这些可以公开的期望与利益要求是可以统一起来的。由于信息公开,因为职业素养问题没能有效监管控制的经济业务会被职业素养高的人员发现并得以纠正,既可以消除职业素养原因导致的监管控制失灵,又可以促使职业素养低的会计人员尽快提高素质,以避免因为监管控制错误受到的处罚甚至失去岗位。由于信息公开,相关部门和研究机构就可以及时发现理论、法规、准则等方面的漏洞与问题,从而迅速研究修补这些有问题的具体条款,乃至重新构建制度体系。由于信息公开,主体的各项内部控制制度也是公开的,就可以减少监管控制时的冲突,从而很容易地形成全员参与、信息迅速沟通的内部控制体系。而信息公开又是上一段已经讨论过的问题,即会计人员将所收集到的信息放置于数据仓库中,供有权限查阅的人自行析取使用。

综合上述两段的论述,可以更加清楚地看到,人本财务会计的四项职能是有机结合的一个整体,信息收集反映报告离不开监管控制,监管控制也离不开信息公开与沟通。而落实这四项职能,人本财务会计可以做到何种程度的认识就是对人本财务会计目标的界定。人本财务会计可以做到依据收集到的会计主体经济活动的信息,对照现行的相关公开制度规定进行监管控制,并将这些信息发布于数据仓库中,供有权限的使用者自行析取使用;同时还可以做到根据主体管理当局的要求提供有针对性的决策信息以支持决策。外部信息需求者决策所需信息将由其自己去析取形成,不再是人本财务会计系统的目标,至于信息使用后所带来的管理强化、效益提高也不是人本财务会计系统所能保证的。当然,由于人本财务会计系统能够保证所有的经济活动都会被反映,从客观上促使经济活动发出者改善自身行为,进而导致整个社会资源配置优化、管理效率提高、经济效益与社会效益提升,那只是因为会计信息所具有的经济后果所致,不是会计系统本身必须达到的目标。

故此,可以得出:人本财务会计的目标就是为会计主体经济活动符合有关规范提供合理保证,并为支持内部管理部门的决策提供所需财务信息;同时,将能够反映会计主体情况的全息动态信息供给外部有关者决策时析取使用,以便从外部获得会计主体生存与发展所需的资源与条件。

4.3 人本财务会计的假设

4.3.1 会计假设的现有研究

挪威著名会计学家阿那·金瑟铎认为,独立实体、持续经营、会计期间和货币度量是四个会计基本假设[①]。

美国著名会计学家佩顿和利特尔顿提出六项假设:营业个体、继续经营、交易代价、成本归属性、力量和成就、可核实的客观证据[②]。

美国穆尼茨将会计假设分为三大类十四项。三大类是:环境产生的、计量的和必需的。环境产生的有五项:定量、交换、个体、期限、计量单位;计量的有四项:财务报表、市场价格、会计主体、暂时性;必需的有五项:连续性、客观性、一致性、稳定计量单位、公开[③]。

1989 年 7 月国际会计准则委员会公布的《编制和呈报财务报表的框架》

---

① 阿那·金瑟铎. 新简明西方会计[M]. 北京:中国审计出版社,1994:7-9.
② 佩顿,利特尔顿. 公司会计准则导论[M]. 北京:中国财政经济出版社,2004:9-24.
③ MOONITZ. The Basic Postulates of Accounting[J]. AICPA, ARS No. 1.

指出两项基础假设,即权责发生制和持续经营。1994 年 11 月,《国际会计准则第 1 号——会计政策的揭示》明确提出:"持续经营、一致性和权责发生制是基本的会计假定。"在 1997 年修订的《国际会计准则第 1 号——财务报表的列报》中,将"持续经营、权责发生制和列报的一致性"列为"总体要求"。

我国《企业会计准则》认为,会计假设包括四项:会计主体、持续经营、会计分期和货币计量。这也是目前我国会计学界公认的观点。

近年来,随着知识经济时代的到来,以及计算机网络的迅猛发展,依托于网络进行经营的活动迅速增加,甚至出现了只在网络上进行经营的"虚"的经营单位。这些单位的开业和解散受到的约束较少,有些网络经营单位的营业持续时间也很短。另外,网上交易、网上结算、电子银行等的发展,也为企业营业和结算提供了新的选择。在未来,所有的生产、销售、分配、消费都在网上进行也不是不可能的。这时的货币就可能不再用纸币作为符号,而使用"电子货币"。信息高速公路的完备加快了信息传递的速度,也为实时传递会计信息提供了可能。会计环境发生的这些巨大变化,必将引起会计假设的变化。我国很多会计学者已经进行了大量的研究,如裘宗舜详细分析了现行会计假设所面临的挑战[①];李孝林等在总结了大量研究成果后提出了网络时代基本会计假设体系:以经济利益为纽带、以项目合作为目标的经济组织集合体的会计主体,项目清算,实时传递,在线货币等[②];葛家澍在分析了知识经济的影响后提出:"我国财务会计的基本假设将是:(1)国家宏观经济调控;(2)会计主体(现实主体与虚拟主体并存);(3)持续经营(持续经营与非持续经营、企业持续经营与分部终止经营同时存在);(4)会计分期(定期传递与实时传递相结合);(5)权责发生制(要进一步以'与商品所有权相关的报酬和风险是否实际上已经转移'为具体的确认标准)与现金流量制;(6)公允价值与成本(公允价值、历史成本、现行成本等各种计量属性并存);(7)以货币为主要计量单位(同时发展非货币计量)。"[③]

徐国君将会计假设分成两种:一是作为会计理论的最基础的结构,是被普遍接受的公理,形成会计机制意义上的假设,姑且称为结构假设;二是为了

① 裘宗舜.财务会计概念研究[M].上海:立信会计出版社,2001:89-94.
② 李孝林,等.会计基本理论比较[M].上海:立信会计出版社,2002:229-236.
③ 葛家澍.关于财务会计基本假设的重新思考[J].会计研究,2002(1):6-9.

实现会计机制，履行会计职能，从社会经济现实中抽象出来的合理推定，姑且称为职能假设。他还进一步认为，结构假设包括会计主体、持续经营、货币计量、价值流转，职能假设包括会计分期、币值稳定等，并提出了三维会计的职能假设[①]。

2009年，徐国君和胡春晖按照假设的地位和层次将人本会计假设分为结构假设（即基本假设）和职能假设，并认为，人本会计的结构假设（基本假设）包括会计主体、持续经营、信息转化和价值流转，而其职能假设包括人力资源是经济价值的源泉，经济行为是资产、权益变化的本原与动因，行为主体是人力资本的所有者，有关人及其行为的会计信息是相关的等[②]。

2013年，国际会计准则理事会发布了一份概念框架讨论稿，其中虽然没有列出专门章节讨论会计假设问题，但也在其中涉及了诸如报告主体、持续经营、计量单元、资本保全、分期报告等概念。

4.3.2　对会计假设的思考

按《现代汉语规范词典》的解释，"假设"一词有两种含义：一是假定，二是科学研究上指对客观事物的有待证明的解释；而"假定"一词被注释为：姑且认为是（某种情况）[③]。可见，现行关于会计假设的观点使用的是"假定"这一含义。所以，会计上定义：会计假设或假定是指会计人员对那些未经确切认识或无法正面论证的经济事务和会计现象，根据客观的正常情况或趋势所做出的合乎事理的推断，而且是日常会计处理的必要前提[④]。

现行会计理论认为：会计之所以需要假设，是由于会计要客观描述一个单位的财务状况、经营成果和现金流量，为有关者的决策提供依据，就必须对描述范围、基点、所用计量单位等问题做出规定，以方便描述方和阅读方能够互相理解。

可是，问题是：会计假设是属于会计理论研究领域的重要概念，还是仅指会计工作的基本出发点？如果是后一种概念，那么现行的会计假设无可厚

① 徐国君.三维会计研究[M].北京：中国财政经济出版社，2003：247-250.
② 徐国君，胡春晖.人本会计基础问题研究[J].财会通讯（综合），2009（5 上）：10-12.
③ 李行健.现代汉语规范词典[M].北京：外语教学与研究出版社，语文出版社，2004：628-629.
④ 葛家澍，林志军.现代西方会计理论[M].厦门：厦门大学出版社，2001：52.

非。但我们必须注意到：会计假设更主要的影响是在会计研究领域，是会计理论研究中进行其他会计基本概念推理的基础命题。从这一角度出发，会计理论研究中所使用的会计假设的概念应该结合使用"假设"这一概念的两种含义，因为科学研究中的假设是指科学研究上对客观事物据理推断、有待验证的说明。假设要依据一定的事实提出，但又没有或不能被最终验证。在科学研究中，人们要面对异常复杂的主客观环境。如果不对环境进行适当的简化、抽象，在当时的技术水平下就很难进行进一步的研究，所以人们就依据已经观察到的有限事实对主客观环境进行推断，形成假设。这些假设随着进一步的观察、社会环境的变化和科学技术的发展，有些被证实，有些被推翻。无论证实还是推翻，科学都得以进一步发展，并会形成新的假设。可以说，科学假设成为建立一门科学的基石和前提，也引导着科学的进步。

综上所述，笔者认为：应将为进行会计理论研究而对研究所涉及的一些基点和环境所作的未能证明或无法证明的推断性解释定义为会计研究假设，而将作为会计实务工作的必要前提的推断定义为会计工作假设（包括结构假设和职能假设）。这样不仅科学区分了不同层次的推断，而且有效地说明了会计工作假设可以从会计理论研究中推出的事实。从这一意义上看，现有的会计假设只是作为会计工作基本前提对微观会计主体所进行抽象的结构假设和职能假设，缺乏对作为会计研究前提的社会宏观环境、信息工作先决条件、信息使用者素质等方面的抽象推断，也未能将现代社会发展导致的会计假设改变系统化。

4.3.3　人本财务会计假设的设计依据

会计假设既然是会计理论研究的基础性命题，应是为了研究会计理论而对理论研究环境、基点等问题的假设，就必须根据会计理论研究的需要提出。会计假设的设计依据应该是会计目标、其他会计基本概念和会计工作过程。

首先，会计假设必须依据会计目标提出。会计目标作为会计基本理论研究的结果和会计概念框架的逻辑起点，指导着所有的会计概念，起统帅作用。纵观财务会计假设产生与发展的历史，无不是财务会计目标和财务会计所处环境的变化所引起的。正是企业（特别是有限责任公司）的产生导致财务会计目标从描述投资者财产收益变为要求及时描述承担独立法律责任的企业或公司状况后,会计主体、持续经营、会计分期的假设才得以产生;正是适应新经济的状况,对财务会计所报告的信息提出了新的要求,人们才开始研究财务会计假设的未来变化。正如葛家澍所言:"新经济出现之后,财务会计的使用者必然对财务会计报告应予披露的信息提出新的要求。会计的理论工作者不可避免地要求重新审视构成财务会计及其规范的基本概念——财务会计假设。"[①]可见,会计假设是会计目标和会计所处环境的函数,是基于会计目标而对会计所处环境和会计工作先决条件的推断。

其次,会计假设是关于会计理论研究的前提条件,必须满足对其他会计概念研究的需要。会计假设在概念框架中处于会计目标之下,但位于其他概念之上,是研究其他概念的基础,所以,会计假设应为其他概念的构建提供基础性依据。例如,财务会计要素受财务会计假设的制约。所有财务会计要素都是以会计主体假设为基础的,都是描述特定主体的资产、负债等状况的指标,离开了特定主体,财务会计要素就会变成抽象的、不可理解的东西;各要素都着眼于持续经营的会计主体的预期和未来的经济利益,如果主体不是持续经营的,预期和未来的经济利益也就无法衡量;持续经营中主体特征的不断变化带来了描述的困难,有了会计分期假设,才有可能使不断变化的指标数据相对静止下来,形成对使用者有用的信息,财务会计要素的划分才有意义和可能;使用各要素指标描述主体情况,就必须能够定量确定各指标的值,而且不同指标的值还能加总,货币计量假设使这一切成为可能。又如,会计原则作为对会计工作过程的规范,也离不开会计假设的指导。正是由于会计假设为会计工作规定了基点和基础性命题,对会计工作环境进行了抽象和简化,才能进一步研究在理论环境下会计应遵循的工作原则。

最后,会计假设的内容应结合会计工作过程来设计。会计理论研究的目的在于揭示会计工作的规律性,制定会计工作应遵循的原则和设计会计工作的方法。在此过程中,为研究的方便,我们不得不对会计工作环境、工作中涉及的无法确定的事项做出假设,才形成了会计假设的概念。所以,会计假设只能结合会计工作过程中无法证明的事项进行假设。

故此,人本财务会计假设应是在人本财务会计目标的指导下,考虑其他人本财务会计概念的研究需要,对人本财务会计工作环境和人本财务会计工

---

① 葛家澍.关于财务会计基本假设的重新思考[J].会计研究,2002(1):6-9.

作的先决条件等内容所作的假设。

4.3.4 人本财务会计假设的内容

按照对人本财务会计假设设计依据的分析,人本财务会计的假设应该包括社会环境假设、信息工作先决条件假设、结构假设、职能假设等。

社会环境是人本财务会计系统得以建立的基础性外部政治经济条件。如果缺乏相应的社会环境条件,人本财务会计就无法建立起来。但是,社会环境条件复杂而多变,如果不进行理论上的概括与抽象,不进行相应的假设约定,就无法对外部环境做出把握,也就无法进行相应的理论设计。为了建立人本财务会计系统理论,必须假设的客观环境条件包括三项内容:第一,已经形成一个联系复杂的社会经济系统,并被人们认可。这一假设实质上强调的是人本财务会计产生的社会经济条件。也就是说,只有在这样的社会经济条件之下,人本财务会计才能产生。因为只有社会经济系统已经成为具有复杂联系的大系统,社会经济系统的各个要素的不可或缺的作用才会凸显出来,而且只有人们普遍认识到社会经济系统是一个各要素有机结合的复杂系统,才会承认各要素在系统中平等的地位,才会允许对各个要素的变化情况进行全面的全要素核算,才能允许甚至要求建立人本财务会计系统。这一条件在自然经济和工业经济时代尚不具备,但是在知识经济时代已经到来的今天已经具备,特别是知识经济时代对创造性劳动和环境保护的重视,使得我们必须考虑货币等实物资本、劳务资本、环境友好等因素的有机协调,才能够实现社会经济的可持续发展。只有在这样的情况下,人本财务会计才有必要和可能建立起来。反过来,人本财务会计也就必须实现各生产要素的有机协调。第二,建立起科学的社会公平理念与制度,并存在致力于建设社会公平的政府机构。建立人本财务会计不仅需要充分认识社会生产各要素的不可或缺的作用,还必须建立保障各生产要素公平地参与社会生产活动,并根据自己的贡献获取利益的社会公平分配机制,更需要一个致力于维护社会公平正义的政府机构。可以想象,如果缺乏这样的制度和政府机构,社会各生产要素提供者就会处于不平等的地位,就会发生相互之间的侵占,从而导致不同生产要素提供者之间因利益分配的不平衡而发生冲突,至少也会因为利益分享不是取决于生产要素本身的贡献而使得被侵占的生产要素提供者减少甚至丧失继续提供生产要素的积极性。中共十八届三中全会明确了建立公平正义的和谐社会的总目标,强调让一切劳动、知识、技术、管理、资本的活力竞相迸发,让一切创造社会财富的源泉充分涌流,让发展成果更多、更公平地惠及全体人民,努力使每个社会成员生活得更有尊严、更加幸福。这表明我国当前已经初步建立或正在努力建立一个公平正义的社会,使得本项假设的条件基本实现。第三,存在或能够建立安全有效的信息网络。人本财务会计的目标决定了人本财务会计只能建立于广泛而便捷信息网络之上,并保证该计算机网络具有足够的效率与安全性,能够做到海量信息的及时处理,能够确保其信息的安全。因为只有这样,人本财务会计才能起到应有的作用,达到预定的目标。现代信息技术的发展已经证明,这样的网络已经存在或者是可以建立起来的。

信息工作先决条件是设计人本财务会计系统的技术性前提。人本财务会计的终极对象是经济活动,但其直接对象是经济活动所产生的信息。如果缺乏对经济活动与信息之间的认识,无法将经济活动与信息联系起来,就不能通过信息来反映与监控管理经济活动,会计也就失去了存在的技术基础。作为人本财务会计信息工作先决条件的假设主要有四个:第一,经济活动必会产生反映其活动实质的信息。该假设旨在说明,任何一项经济活动都会在经济活动发生时形成关于该项经济活动的发生时间、地点、参与者、活动类型、活动过程、行为结果等信息。第二,反映经济活动的信息可以被感知。该假设说明伴随着经济活动所产生的信息是可以由处于经济活动发生地的人员所感知和获取的。正是通过对这些信息的感知与获取,才能够形成对经济活动情况的证据记录。这些记录本身不仅记录了经济活动的全部情况,还能够明确有关各方的责任。第三,反映经济活动的信息可以脱离经济活动本身而独立存在。该项假设要说明的是:经济活动所产生的信息并不因经济活动的结束而消失,而是可以通过信息的记录保留下来,并脱离经济活动进行传输、处理、报告和分析等。第四,通过相关信息的整合验证可以认定信息与经济活动实质具有一致性。由于记录经济活动的信息是脱离了经济活动以后才会传输到会计系统进行处理的,那么就可能由于个别参与者感知信息的某些问题导致其感知的信息背离经济活动的本质,但是,会计系统通过收集与该项经济活动有关的相关信息并进行整合分析,就可以认定这些信息是否描述了经济活动的本质。上述四项假设的现实存在性无需证明,因为现实的经济活动已经提供了这些结论。其实,这些假设也是现行会计系统隐含着的,本书只是将其明确说出来而已。可以想象一下,如果这些假设现行会计系统是不认可的,那么我们为什么只以书面化的原始凭证来表明经济活动的发生,为什么通过对原始凭证审核以后就按其标明的事项进行会计处理? 这其实就代表着现行会计系统设计时也隐含着假设:原始凭证能够记录被感知的经济活动的信息,通过事后对脱离了经济活动的原始凭证的审核可以验证原始凭证上的信息与经济活动的一致性,进而可以从原始凭证上记录的信息对经济活动进行判定。

人本财务会计的结构假设与职能假设和现有研究已经提出的会计假设基本相同,也包括:会计主体;持续经营与终止清算并存;以货币计量为主的多种计量手段共用;物质与价值流转;实时反映与会计分期报告共处;货币价值稳定与货币价值波动同在;权责发生制与现金流动制并行;人力资源是经济价值的源泉;经济行为是资产、权益变化的本原与动因;行为主体是人力资本的所有者;有关人及其行为的会计信息是相关的;等等。关于这些问题,葛家澍、徐国君、胡春晖已有清晰的论述,本书不再讨论。

4.4 人本财务会计的信息质量特征

4.4.1 会计信息质量特征的现有研究

现有关于会计信息质量特征的研究都是关于财务会计对外报告信息的。1973 年发布的特鲁布拉德报告,将信息"为满足使用者需要"而应具有的一些特性称为"报告的质量特性"。1980 年 5 月,美国财务会计准则委员会发布《财务会计概念公告第 2 号——会计信息的质量特征》,最终形成了决策有用观指导下的财务会计信息质量特征体系。该体系以效益大于成本和重要性作为约束条件,以可理解性作为基础,以相关性(包括预测价值、反馈价值、及时性)和可靠性(包括可核性、中立性和反映真实性)作为首要的质量,以可比性(含一致性)作为次要质量[1]。1989 年,国际会计准则委员会公布的《编制和

---

① 艾哈迈德·里亚希-贝克奥伊. 会计理论[M]. 上海:上海财经大学出版社,2000:138.

呈报财务报表的框架》将会计信息质量特征定义为：是使财务报表提供的信息对使用者有用的那些性质。2010 年 9 月 28 日，国际会计准则理事会和美国财务会计准则委员会正式发布了双方 5 年来合作研究联合概念框架的第一阶段成果——财务报告目标与质量特征。其中的质量特征部分给出了新的层次体系。这一体系由基本约束、基本质量特征、基本质量特征的构成成分和强化质量特征四个层次组成：基本约束被认为是财务报告信息生产与报告的前提条件，只有一项成本效益原则；基本质量特征是核心性要求，包括相关性和如实反映；基本质量特征的构成成分是对基本质量特征的具体展开性描述，相关性的具体构成成分是预测价值、证实价值和重要性，如实反映的具体构成成分是完整性、中立性和无差错；强化质量特征是提高会计信息质量的辅助特征，包括及时性、可比性、可验证性和可理解性，并说明其缺乏并不影响具有基本质量特征的会计信息的决策有用性。

由杨世忠牵头的我国财政部重点课题研究组指出："构建我国的会计信息质量特征体系需要把握以下四点：第一，会计信息是为了满足信息使用者的需要而产生的，因而会计信息质量的高低取决于满足信息使用者需要的程度，任何脱离信息使用者需要的信息特征都是多余的，如果为信息的多余特征投入资源将是一种浪费；反之，如果不能投入足够的资源来保证必要的信息特征，会计信息的质量就得不到保证。第二，信息使用者的需要是有差别的，不同的利益相关者及不同的决策目标决定了会计信息的不同内容和不同特征组合，因此，由于信息使用者的立场不同，评价会计信息质量的标准和结果也不同。第三，可以通过对不同利益相关者的需求分析来确定应提供会计信息的内容、时期、数量，并设计相应的质量特征组合（体系）。第四，在分析和确认不同利益主体对会计信息的共同性需求的基础上，设计出相应的会计信息质量特征组合，成为对会计信息质量进行评价的依据。"该课题组进一步提出了我国财务会计信息的质量特征体系：真实性、合规性、公正性、相关性[①]。我国《企业会计准则》将财务会计信息质量特征规定为：可靠性、相关性、可理解性、可比性（含一贯性）、实质重于形式、重要性、谨慎性、及时性。

自 20 世纪 90 年代起，有关学者和机构开始关注会计信息透明度。如 1996 年 4 月，美国证券交易委员会在其发布的评价国际会计准则委员会"核心准则"

---

① 杨世忠，等. 对建立我国会计信息质量特征体系的认识[J]. 会计研究，2006(1)：16-24.

的声明中,对"高质量"标准的解释是可比性、透明度和充分披露;1998年巴塞尔银行监管委员会将信息透明度定义为"公开披露可靠与及时的信息,有助于信息使用者准确评价银行的财务状况和业绩、经营活动、风险分布及风险管理状况",并认为透明的信息特征包括全面、相关、及时、可靠、可比和重大;葛家澍和陈少华认为,广义的透明度包括了信息高质量的全部含义,它由中立性、清晰性、完整性、充分披露、实质重于形式和可比性构成,并同时建立在相关性和可靠性的基础之上;Bushman等指出,公司透明度是公众上市公司的特定信息相对于公司外部人的广泛可获取性;美国注册会计师协会财务报告特别委员会在《改进企业报告——着眼于用户》中将对信息使用者的关注作为未来企业财务报告的方向,这其实是将公司信息透明度最终立足于信息使用者对公司信息的充分获取和理解上[1]。其实,透明性只是提高会计信息质量的手段[2]。

综合以上的研究可以看到:现行财务会计理论所确定的对外报告的会计信息的一级质量特征有相关性和如实反映,而成本效益原则是其约束条件。我国学者还特别强调公正性,并将其也作为一级质量特征。

4.4.2 对会计信息质量特征现有结论的反思

由于现有研究所提出的结论都是针对对外报告会计的,故此,本处的反思也是以对外报告会计为前提进行的。也就是说,本处所讨论的会计信息是会计主体面对外部信息需求者所提供的,不涉及针对会计主体内部所提供的会计信息问题。

1)对成本效益原则的反思

现行会计理论认为,成本效益原则是决定会计信息是否生产报告的约束条件,而成本效益原则是指所提供的财务会计信息必须保证其效益大于成本。具体来说,提供会计信息既会带来某些效益,也必定会发生一定的成本。提供一项信息,只有当利用它所带来的效益高于生产它的花费才是合理的[3]。

---

① 转引自:张程睿,王华. 公司信息透明度:经验研究与未来展望[J]. 会计研究,2006(12):54-60.
② 葛家澍,杜兴强,等. 会计理论[M]. 上海:复旦大学出版社,2005:192.
③ 吴水澎. 会计理论[M]. 北京:机械工业出版社,2007:263.

这种说法表面上看是正确的,但却是有问题的。成本效益问题的分析应针对同一主体进行,不能将不同主体或者不同项目的成本与效益进行比较。可是现行会计理论却恰恰是这样做的。信息生产的花费是由信息生产者负担的,信息使用的效益是由信息使用者享有的。也就是说,现行会计理论将信息生产成本局限于会计主体,而将信息使用收益限定于信息使用者。这样的成本效益如何能够进行科学的比较?

当然,笔者并非反对会计信息生产与使用要受到成本效益原则的制约,只是对现行会计理论中对成本效益原则的界定有不同意见。笔者认为,应该将信息产生的成本效益分析与信息收集使用的成本效益分析分开进行,信息生产者(会计主体)要考虑的是信息生产和报告的成本效益问题,即一项信息是否生产提供取决于这项信息的生产成本与提供这项信息的效益;信息使用者要考虑的是信息收集与使用的成本效益问题,即收集一项决策所需信息可以减少的不确定性的收益与收集该项信息的成本来决定是否取得这项信息。这里面涉及两个新的概念,信息报告收益和信息收集成本。

信息报告收益是针对会计主体而言的,是会计主体对相关者报告一项信息所能带来的好处。这一概念被现行会计理论所忽略了,甚至有些人认为会计主体之所以报告信息是社会相关法规所强制的。其实,会计主体对外报告信息完全是一种主动自愿行为,是为了向有关者吸收其生存与发展所需的资源而进行的。社会相关法规之所以对会计信息披露做出一些强制性规定,是因为当前社会广泛存在的信息不对称,为了防止会计主体通过主动自愿的虚假或不全面的信息报告来欺骗有关者所采取的被动防御措施,并非是社会的主动行为。这一点从会计信息报告与相关规制的产生过程可以更清楚地看到。在自给自足的自然经济时代,各社会生产单位之间缺乏更多的联系,也不存在相互之间的资源提供与占用,这时的会计不需要对外报告会计信息,只是为了进行内部管理和检查才生产会计信息。与此相适应,当时的社会也就没有对外报告会计信息的相关法律规制,只有内部财产管理和检查方面的会计制度(如官厅会计的统一规范)。到了工业经济时代,社会生产之间的相互资源占用成为常态,一个会计主体要想生存与发展就需要从其他相关者获取经济资源,为了吸收更多的经济资源,会计主体对外发布会计信息宣传自己,从而使得会计信息报告成为会计主体的主动自愿行为。但是,英国南海公司泡沫事件和美国铁路公司以资本支付股利事件等昭示着：如果不对会计主体提供的会计信息报告进行规范，社会生产秩序就会受到破坏。这才导致了会计规制和注册会计师审计的产生。认识到会计信息报告是会计主体的主动自愿行为以后，就自然得出一个结论：会计主体对外进行的会计信息报告是为了获得外部的物质、能量、信息的支持，以便使会计主体获得更好的生存与发展环境；为了防止会计主体利用信息不对称的现实进行欺诈，才产生了相应的会计规制。由此，会计信息报告收益的概念就很容易理解了。它是指会计主体通过报告会计信息来取得的生存与发展空间增加的价值。这样，会计信息生产者（会计主体）在决策一项会计信息是否生产并提供时，要进行的成本效益分析就是要分析这项会计信息的生产成本与报告这项会计信息可以给企业生存与发展带来的好处，如果会计主体认为好处大于成本，就会生产并报告该项信息，如果好处小于成本，就会放弃这项会计信息的生产报告。

信息收集成本是针对信息使用者而言的，也是现行会计理论所忽略的概念。现行会计理论认为会计信息生产者可以直接将会计信息使用者所需的会计信息生产出来并报告给会计信息使用者，会计信息使用者不需要支付相应的成本，故此也就不讨论信息收集成本这样的概念。在分析会计目标时笔者已经说明，这样的设计是有问题的，会计系统不应将会计信息使用者的工作拿过来，因为它无法做好。会计系统只能将自己所能够收集和整合分析得出的信息放置于数据仓库，供信息使用者依据自己的权限自行分析获取使用，受限于不同使用者进行各种决策所需要的信息的不同，会计系统无法直接为其生产加工其进行某项具体决策时所需要的信息。由此，信息收集成本是指决策者（信息使用者）为了减少决策所面临的不确定性而专门收集某项信息时支付的代价。这样，决策者在进行某项决策时，就要分析所面临的各种不确定性以及每种不确定性对决策方案收益的影响，再分析为了减少某种不确定性需要何种信息以及收集该信息需要的成本，最后进行信息收集成本与不确定性影响收益的比较，如果减少不确定性所增加的决策收益大于信息收集成本，就收集使用该信息，否则就放弃信息收集使用而进行不确定性的决策。

这样重新界定成本效益原则以后，就可以使用它进行会计信息生产提供与收集使用的相应分析了。但由于会计理论是研究会计信息生产提供的一般规律的,故此,本书后续问题的分析将限定在会计信息生产提供方面,在本处统一说明,在以后的分析中不再重复此限定。

2) 对相关性的反思

按照现行会计理论,相关性是指会计信息系统提供的会计信息应该与使用者的决策相关。相关性有三个次级质量特征支持:一是预测价值,是指财务会计信息能增强决策者的预测能力,能帮助决策者预测未来事项的可能结果;二是证实价值,是指财务会计信息能帮助决策者证实或更正过去决策时的预期结果,反馈其决策的经济影响;三是重要性,是指财务会计信息对决策的影响程度。前两个特征很容易理解,不再展开。关于重要性,现行会计理论又进一步说明:当一项财务会计信息被遗漏或错误表达时,就可能影响到依靠该信息的使用者所做出的判断,则这项信息就是重要的。但某项会计事项是否具有重要性,在很大程度上取决于会计人员的职业判断。凡重要的事项必须单独提供,但也不要为防止遗漏而故意提供大量不重要的信息,因为过多的信息和过少的信息一样,也会产生误导。在信息太多时,真正相关的信息就可能被掩盖,冗长而又充斥诸多无关细节的信息会影响信息使用者的预测和决策。显然,相关性主要源于会计目标的决策有用观。正是在决策有用观的基础上,才形成了会计所提供的信息必须与决策者需要相关的理论描述。

相关性特征强调会计所提供的信息必须与决策者的需要相关。这从表面上看起来是正确的,但问题是在决策者众多而又需要不同的情况下,泛泛地说与决策者的需要相关只能是一句空话,并不能成为信息质量的评价标准。由于不同的决策者有着不同的决策目的,需要不同的信息,在缺乏现代信息与通讯技术的会计信息生产技术条件下,又认为会计不能满足所有有关者的信息需要,相关性被改称为"与所有信息使用者的共同需要相关"。2013年国际会计准则理事会发布的概念框架的复核中更是干脆使用"通用目的财务报告"一词来规避不同决策者的不同决策所需信息的差异,只讨论所谓通用目的的财务报告(即只满足共同需要的财务报告)。可是,只满足所谓共同需要的信息能够说是相关的吗?

首先,所有有关者的共同需要从何而来? 是会计理论研究者通过调查、分析、汇总得到的。1953年美国会计学者斯朵伯斯在其博士论文中,详细分析了各类财务报表使用者的信息需求,并联系会计人员对这些需求的可能反应,在比较各种使用者信息的重要性和确保自身愿望实现的能力以后,提出应完成的任务是确定为满足这种目的信息种类及提供这种信息的可能性。发表于 1966 年的《论会计基本理论》是美国会计学会所设的一个研究小组的研究报告。它开创了"以用户为导向"来构建会计理论的先河,提出了对世界会计理论研究有重大影响的一系列观点。具体到信息需求分析上,该书在分析各类外部信息使用者的信息需求的基础上,总结了会计信息对于外部使用者的共同用途。为了确定用户的需要,该书还列出了会计的目的、范围和准则等内容,试图通过提出作为财务规范的准则来处理投资者需要什么信息这一难题。1970 年 10 月,美国会计原则委员会发布的第 4 号公告——《企业财务报表所依恃的概念和会计原则》,除全面而概括地总结了传统会计所依恃的基本确认、计量和报告等会计原则外,更进一步地认为:第一,为改善会计实务,需要不断研究使用者信息需求的性质,熟悉其决策过程,研究能最有效地满足这种需求的方法;第二,虽然会计信息使用者对会计信息有共同需求和特殊需求的区分,但通用财务报表是满足共同需求的有效报告和会计目标之一;第三,财务会计目标和财务报表目标是融合为一的。1976年,英国会计准则委员会发表了公开性财务报告目标的研究报告——《公司报告》。该研究报告着重论述了这样三个问题:呈送报告的组织与种类;信息主要使用者及其信息需求;能满足这些需求的报告形式及呈送频率。该研究报告分析了不同使用者的权利基础和信息需求,指出了他们共同关注的信息:能够用于评价企业绩效、衡量其经济衡定性和受环境冲击的能力、进行评价和预测产权结构及评价其遵守法律和条例情况的公司财务状况和经营业绩。因此,公司报告的目标是提供有关方面有用的、有关企业资源和业绩的信息。1973 年美国执业会计师协会所属特鲁布拉德研究小组出版了《财务报表的目的》。该书详细回答了诸如谁需要财务报表、需要何种信息、会计能提供多少信息和需要何种机制来提供信息等问题,将会计反映的信息定义在众多有关者共同需要的企业盈利能力和企业对经济资源的有效利用能力上。1978 年美国财务会计准则委员会发表了《财务会计概念公告第 1 号——企业财务报告的目标》,只是将报告的研究重心转到"现金流量变化"上,并未改变报告只满足共同需要这一本质约定。可见,按照现有的理论逻辑,会计理论研究者依据自己的并不是涵盖所有有关者的调查,确定了所谓的"共同需要"，然后就将这些确定为会计应反映的信息内容，并认定这些信息与决策者的需求相关。这无异于自己提出标准、自己从事工作、自己评价其工作质量。这样得出的会计信息能具有真正的相关性吗？只能说"会计报表使用者所获得的会计信息是会计理论或会计准则制定者强加给他们的"。[①]

其次，只满足共同需要的信息算是高质量的信息吗？会计信息作为会计工作的产品，会计信息质量特征就是对会计工作产品的质量要求。质量管理理论早已证明：空泛地讨论提供高质量的产品是无意义的，必须将产品的质量具体地表现为性能、寿命、可靠性、安全性、经济性等方面的具体指标，形成产品的质量标准。产品的质量标准一般以定量形式来表示，有些可以直接定量，有些不能直接定量的只能通过试验确定若干技术参数进行间接定量。产品的质量标准又依据用户的需要不同而形成不同的级别，满足不同用户的有差别的使用要求。市场上即使同功能的产品也有不同的性能、款式等，目的就是满足不同用户的需要。所以，满足需要必须针对每个具体用户来实现，如果不能满足一个用户的具体要求，也就不能满足所有用户的要求[②]。可是，相关性特征表面上看是主张会计提供的信息要与信息使用者的决策相关，但却将信息的内容与所谓的"共同需要"相关联。前已提到，共同需要虽是调查得到，但却只是信息使用者所需要信息的交集，是从具体的信息需要中抽象出来的共性的东西，甚至包含着抽象者的主观想法，所以才被汤云为表述为"强加的"。可以想象，会计信息只满足了一个信息使用者的部分需要（还是很小一部分所谓的"共同需要"，因为大部分信息需要和其他信息使用者的信息需要不相交汇而被抽象掉了），还能够让那个信息使用者认为他得到了高质量的会计信息服务吗？显然，只满足所谓"共同需要"的相关性质量标准，无异于脱离每个具体用户的信息需求而空谈"与决策者的需要相关"，甚至认为能够满足所谓的"共同需要"的信息就已经具有了较高的相关性。这显然不符合质量管理的一般理论。

最后，会计信息的相关性应由谁来评价？相关性不是会计信息的固有属

---

① 汤云为，钱逢胜.会计理论[M].上海：上海财经大学出版社，1997：22.

② 中国企业管理百科全书编辑委员会.中国企业管理百科全书[M].北京：企业管理出版社，1984：427.

性,而是会计信息使用者对会计信息所作的一种价值判断。相关性的具体形式和标准会随信息使用者的价值取向和参照系的不同而存在明显差异,决定会计信息相关性的是信息使用者,而不是会计信息的生产者或提供者。因为毕竟会计信息是为使用者的使用需要而提供的,能否满足需要只能由使用者去判断。由于不同人的需要不同,使得一个会计信息只与一部分人的需要相关,而与另一部分人的需要不相关,甚至为了与某一部分人的需要相关,不得不以牺牲与另一部分人的需要相关为代价。所以,按照目前关于相关性的理论,只满足所谓"共同需要"的会计信息是不会得到所有有关者"与自己的需要相关"的评价的。而要想使会计信息使用者认为现行会计系统所提供的信息与其决策相关,就必须保证能够在每次信息使用者决策的时候都能提供决策所需要的相关信息。但是,由于会计信息使用者的经济活动是动态的、可变的,其在不同时点、不同条件下所要做出的决策是有差异的,甚至是完全不同的,这就必然要求会计系统随时针对使用者具体的决策需要进行所提供信息的调整。这样的要求现行会计信息系统能够做到吗?

要说明的是,笔者并不否认会计系统应该为信息使用者提供满意服务,仅仅是对只提供共同需求的信息就妄称提供了相关信息而沾沾自喜不敢苟同。笔者认为,会计系统由于无法提前获知任一信息需求者当时决策的所需信息,也就不能将这些信息事先生产出来向该信息使用者直接提供。会计系统只能改变信息提供方式和信息质量评价标准,将自己应该能够收集到的信息做成数据仓库,供不同信息需求者在自己的权限内自行析取其当时决策所需要的信息。这样的会计系统才能够真正让信息需求者满意。当然,由于会计系统并不直接将信息向主体之外的信息使用者点对点传送,也就不能再使用"相关性"这一评价标准了。

3) 对如实反映的反思

按照现行会计理论,如实反映是指会计信息应该以实际发生的经济活动为依据,能够客观地表述企业的财务状况、经营成果和现金流量状况,如实地反映其所要表达的经济现象。也可以表述为:会计信息应合理、不受错误或偏向的影响,能够真实反映它意欲反映的内容,或者是指会计信息如实反映了会计对象,能够经得起验证核实,值得信息使用者信任。如实反映又具体有三个次级质量特征支持:一是完整性,即会计信息应包括信息使用者理解经济现象所必需的所有信息（包括必需的描述和解释）；二是中立性，即会计人员在处理会计信息时，应该保持一种不偏不倚的中立态度，而不能根据个人的偏好或为了其他利益团体的不正当目的，故意去选用会计方法或歪曲会计信息；三是无差错，即对经济现象的描述不存在错误和遗漏，财务信息生成方法的选择和应用不存在错误。

要求会计信息如实反映所要表达的经济现象，这似乎没有问题，但是这样的要求是否可以高质量地实现却值得研究。经济活动所产生的经济现象虽然是会计的终极对象，但其直接对象却是信息，也就是说，会计是通过收集处理表明经济活动的信息来反映所发生的经济活动的，会计人员并不能直接参与所有的经济活动，而只能获得表明发生了经济活动以及经济活动情况的信息。这些信息是由参与经济活动的人员对经济活动情况和相关各方责任进行记录的产物，在记录过程中离不开各方参与者对经济活动本质的具体情况的感知和认识。这些信息提交给会计人员之后，又要由会计人员对这些信息与经济活动之间的一致性进行分析和处理，通过对所获取的各方面信息的联合分析来评价（而不是确保）所获信息与真实经济活动的符合程度。对于会计人员认为符合经济活动经济实质的信息进行记录与报告，成为会计工作的最终产品。可见，由经济活动发生到信息形成再到会计处理与报告是一个持续的过程，中间存在着诸多的影响因素，会计人员不能参与这个过程的始终，也不能完全控制各个影响因素，要求会计人员保证所提供的信息"如实反映"经济交往的真实情况是很困难的，也是不现实的。虽然我们在会计假设部分已经假定"通过相关信息的整合验证可以认定信息与经济活动实质具有一致性"，但这毕竟只是一个假设，并不能真正实现会计信息的"如实反映"。更不用说在各方通同作弊的情况下，会计信息的所谓"如实反映"将成为"皇帝的新装"。为了进一步描述"如实反映"这一特征，现行研究给出了三个具体构成要素，可是这三个要素能够保障会计信息的"如实反映"吗？

首先，完整性的本意是将经济活动所形成的信息全面地报告，不得有任何遗漏，以保证信息接收者能够利用信息还原经济活动的原貌。应该说，会计信息应该具有完整性，任何不完整的信息都不能反映经济活动的全面情况，都可能导致会计使用者对经济活动情况的误解。从这一点上，笔者完全同意将完整性或者与其类似的要求作为会计信息质量的评价标准。但是，笔者不能同意将完整性作为"如实反映"的具体构成要素,因为完整性不能成为"如实反映"的保障。由于信息可以脱离经济活动而单独被处理,表面完整的信息却不一定是从真实的经济活动中产生的。现实发生的某些会计信息造假案例已经证明,一个会计主体为了将财务报告调整成某种预定的状态,是通过虚构经济活动实现的。这些虚构的经济活动从原始凭证到财务报告存在着完整的信息载体,也完全符合信息的完整性要求,但是所得出的财务报告却不是对该会计主体现实经济现象的"如实反映"。也就是说,不完整的信息很难"如实反映"会计主体的现实情况,但完整的信息也不能保证是对会计主体现实情况的"如实反映"。

其次,中立性不能作为会计信息质量特征的构成要素。会计信息质量特征应是对会计信息本身的质量所提出的标准,但中立性却是对生产会计信息的会计人员所提出的工作要求。固然,只有高质量的工作才能生产出高质量的产品,但仍然不能将对工作质量的要求作为产品质量的评价标准。此外,中立性要求也与现行会计信息生产模式不匹配。现行会计理论设计的会计信息生产是个体性的生产,会计系统建立于会计主体内部。同时,现代会计核算工作本身就离不开会计人员的职业判断,更不用说会计还是本会计主体管理活动的组成部分,那么还要求会计人员脱离本会计主体的立场和个人的思想去进行会计处理不是矛盾的吗?

最后,无差错可以作为如实反映的质量保证,但仅凭无差错本身尚不足以保证会计信息的"如实反映"。

总之,要求会计信息的如实反映从目的上说是好的,但其可实现性不足,无法成为评价和考核会计信息质量的标准。董盈厚、侯铁建的研究也说明:现行会计理论关于会计信息如实反映(可靠)的质量要求在一定程度上扩大了财务会计的边界,加重了财务会计信息负荷,也在一定程度上增加了财务会计信息安全性风险[①]。

4) 对公正性的反思

我国会计学者还提出了"会计信息质量的基本特征是公正性"的观点,并

---

① 董盈厚,侯铁建. 基于 IASB 概念框架的可靠性质量特征之认识理性[J]. 会计研究,2011(1):4-10.

指出:所谓会计公正,也称作会计中立,指的是在确认和计量会计事项时,应该尽可能地基于客观的事实或数据;在选择会计方法时,应该保持价值中立、不偏不倚,不带主观倾向;在记录和报告经营结果时,应该毫不歪曲地做真实和准确的报告和陈述[①]。可见,公正性与中立性实质上是相同的,应是财务会计工作质量的最基本要求,是保证财务会计信息质量的手段,而不是财务会计信息质量本身。

4.4.3　人本财务会计信息质量特征的构建

通过前面的分析可知,对外提供的会计信息如果能够达到相关性和如实反映的质量要求,确实会形成高质量的会计信息。但遗憾的是,对外报告的会计信息要想做到相关和如实反映却是不现实的,因为现在尚无法做到针对每个外部会计信息需求者的每项决策进行点对点的信息传递服务,也无法深入经济活动的全过程进行有监控的信息采集来保证所获取与报告信息的如实。故此,相关性和如实反映也就无法成为满足各方利益要求的可考核的对外报告的会计信息质量标准。也就是说,相关性和如实反映只是一种理想状态,不能成为对会计主体提供的信息质量进行考核评价的标准,任何单个的会计信息需求者都不能凭借这两条标准要求会计主体的会计系统为其所提供的信息承担责任。如何才能构建出可以用于信息质量考评的质量特征标准呢?笔者认为,研究会计信息的质量特征必须联系会计职能和会计目标来进行。会计职能界定了会计要做什么,会计目标规定了会计职能所要干的事应该干到什么程度,会计信息的质量特征则进一步说明了会计目标规定要提供的信息应该达到什么样的质量要求。

人本财务会计的职能和目标表明其存在着对内和对外的信息沟通任务,那么,对内和对外提供的信息是否应该有不同的信息质量要求呢?这取决于这两类信息是否具有联系与差异。从信息生产与提供过程来看,人本财务会计收集会计主体发生的所有导致生产要素变动的各项具体经济业务活动的信息以及其他需要的信息,对这些经济业务活动进行日常程序化管理或由上层管理部门进行非程序化管理之后,将所收集到的信息和管理后

---

① 傅磊,马元驹.论会计信息质量的公正性特征[J].会计研究,2005(9):14-18.

形成的信息存储于数据仓库之中，供内、外部的信息需求者自行析取使用；同时对内部有关部门的信息需求可以依据其提出的要求进行个性化的信息提供，但信息的来源仍然是数据仓库中所存储的信息。可以看出，对内部提供的信息和对外部提供的信息都是存储于数据仓库中的信息，具有相同的来源和信息含量，区别在于外部信息需求者要在数据仓库中自行析取所需要的信息，而内部信息需求者可以要求会计部门为其析取并点对点提供所需要的信息。从质量要求上看，存储于数据仓库中的信息无法针对任何具体的信息需求者，而只能是将全部能够获取的信息都存储于其中；对内部提供的信息由于也是来源于数据仓库，除具有数据仓库中的信息的共同质量特征以外，还因为可以通过与信息需求者的实时沟通，针对其当时进行决策的信息需求进行点对点提供，从而使得对内提供的信息具有非常强的决策针对性，也可以说具有相关性。换句话说，存储于数据仓库中的信息是人本财务会计的产品，也是信息需求者可以获得的报告信息，人本财务会计的信息质量特征也应该是指这些信息所具有的质量特征。而对内提供的信息是按照内部有关部门的现时需要从存储于数据仓库的信息中提取出来的，除了具有数据仓库中信息的质量特征之外，还和有关部门本次决策的需求直接相关，从而才具有相关性。

人本财务会计信息的质量特征应该是指存储于数据仓库中的那些信息所具有的质量特征。这是一个信息集合，不直接点对点提供给信息需求者，而由其自行析取所需信息。所以，这一个信息集合不能用相关性来描述其质量特征，而只能用充分性，即应有尽有。至于每条信息和谁的什么决策相关，则由信息需求者自己去判定，从而自行析取得到本次决策相关的信息，这已经不是会计系统的工作了。同时，从每一条信息来看，为了能够对决策有用，必然要求这条信息不是虚构的，从而具有非虚构的特征。充分和非虚构就构成了人本财务会计信息的一级质量特征，如果在满足这两个特征的基础上，还能够保证信息的时效性和可比性就更好了。另外，为了能够让决策者析取，存储于数据仓库中的信息必须先是可理解的，因为不能被理解的信息是没法让人析取使用的。由此，可以构建人本财务会计的信息质量特征体系，包括：基础质量——可理解性，一级质量——充分性和非虚构，其他质量——时效性和可比性，如图4-7所示。

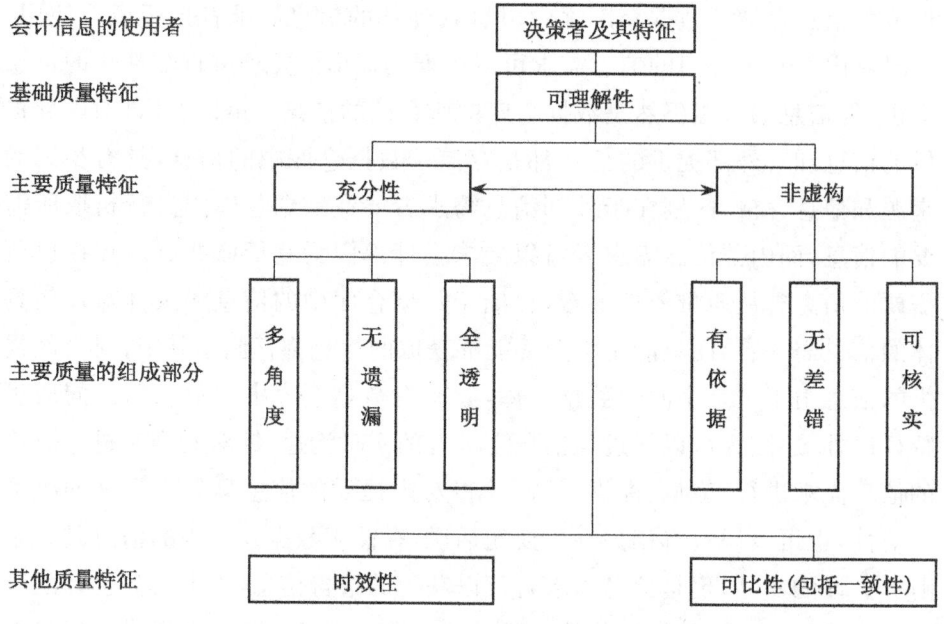

图 4-7　人本财务会计的信息质量特征体系

1）可理解性

可理解性是指人本财务会计系统所提供的信息,对于那些对经济活动具有合理程度的知识,而且自身又愿意用适当的精力去研究会计信息的人士,应当是可以理解的。这是使会计信息有用的前提条件。会计信息能否被理解取决于两方面的因素:一是会计系统对会计信息的表达方式;二是信息使用者的知识水平和理解力。对会计系统来说,为了增强使用者对信息的理解力,应当使用通俗易懂的表达方式;应对存在重大不确定性和异常的项目做出披露,交代对事件的估计和判断依据,说明计算过程。对会计信息使用者来说,应具有一定的知识水平和对会计信息的基本理解力。如果使用者能理解会计信息,就有利于其做出经济决策;反之,如果使用者不能理解信息,信息的作用便发挥不出来,即便这些信息是充分和非虚构的,也会被白白地浪费掉。同时,信息使用者应当认识到,会计信息是有局限性的,不能将会计信息作为其进行决策的唯一依据。

2）充分性

充分性是指人本财务会计系统所提供的信息能够最大限度地反映会计

主体具体情况。它有三个次级特征来保证：多角度、无遗漏、全透明。所谓多角度，是指人本财务会计系统要从多个角度收集能够描述会计主体各方面情况的信息，不仅包括财务信息，还包括非财务信息；不仅是单一计量属性信息，还包括其他计量属性信息和估计信息、评价信息等。所谓无遗漏，是指人本财务会计系统要将所能取得的信息全部提供，不得隐瞒。所谓全透明，是指人本财务会计系统要将其信息取得与加工情况在不损害会计主体竞争地位的情况下均提供给信息使用者，即不仅报告信息处理结果，还要报告多角度获取的信息的来源依据、信息处理方法（会计政策）选择情况、会计人员职业判断（含会计估计）情况等。要说明的是，充分不意味着全部，而是最大限度①。按照"充分性"的质量要求，人本财务会计必须全面反映所有能够描述会计主体历史与现实情况的会计信息，不得有任何遗漏。也就是说，只要是人本财务会计系统能够获得而又不损害会计主体在市场中的竞争地位的会计信息，人本财务会计系统都应该提供，而不必考虑这些信息与哪些决策者的需要相关。可见，本书针对"相关性"质量特征的问题，用"充分性"代替了"相关性"的质量要求，因为"会计要提供和有关者决策需要相关的信息"是一个无法判定的标准，同时对有关者需要的认识也存在极大的主观性，更不用说所谓"共同需要"的归纳对有关者需要的歪曲了。用"充分性"代替"相关性"具有很多优越性。要求会计信息具有充分性，可以防止信息提供者根据自己的观点对信息进行取舍，隐瞒那些可能对宣传自己不利的信息，从而加剧信息不对称，导致会计信息造假。要求会计信息具有充分性，可以使信息使用者得到用于评价判断决策涉及主体情况的可能也可以得到的全部信息，防止因为信息不完整导致的"逆向选择"，节约社会经济运行成本。要求会计信息具有充分性，可以有效消除会计人员在信息生产和提供中需要对各方利益进行协调的困难，保证会计人员能够切实地执行会计制度的要求，保持其公正、公允的独立地位，使其不受各利益主体所左右，为实现会计信息的非虚构创造了条件。另外，使用充分性来代替所谓的相关性，不仅从根本上消除了会计系统代替信息使用者选择决策相关信息的弊端，也为会计系统能够独立于各个利益相关者之外进行会计信息收集与处理提供了可能。要说明的

---

① 中国社会科学院语言研究所词典编辑室.现代汉语词典（2002年增补本）[M].北京：商务印书馆，2002：173.

是,这里所说的充分性与现有研究中所强调的"完整性""充分揭示""透明性"是基本一致的,只不过笔者将其作为一级质量特征了,而且是从信息集合的角度提出的质量特征,明确承诺数据仓库中所存储的信息是人本财务会计系统可提供的全部信息。至于担心提供充分信息会导致"信息过载"的问题,也是不必要的,因为现代信息技术已经为信息使用者提供了从海量数据中快速获得自己所需要信息的检索方法。当然,对于通用的会计信息,可以因其极端重要而采用单独报告的方式予以提供,形成现行会计理论要求那样的通用财务报告。除了通用财务报告以外,人本财务会计还提供了一个数据仓库和信息检索平台,它能够提供尽可能多的信息,供使用者进行析取。

3)非虚构

非虚构是指人本财务会计系统所提供的会计信息都不是凭想象编造出来的。它靠三个具体的次级特征来保证:有依据、无差错、可核实。所谓有依据,是指人本财务会计信息均是依据企业经济活动和社会经济运行情况所获取的,不是财务会计人员臆造的,所有进入人本财务会计信息系统的数据均有出处。所谓无差错,是指人本财务会计系统在对所收集到的信息进行处理的过程中都是按照相关规定进行的,不存在处理程序和方法等方面的错误。所谓可核实,是指人本财务会计系统所提供的会计信息都可以进行核实与验证,不同会计人员对同一状况的处理会得出相同或基本相同的处理结果。非虚构和如实反映在本质上是相同的,都是要求会计主体提供的信息不能脱离实际发生的经济活动,应该依据实际经济活动所生成的信息进行报告与披露。但是,如实反映的表述会使人产生一个错觉,即会计系统提供的信息就是会计主体的真实情况的描述。其实,会计主体提供的信息只是会计人员利用会计制度等规定对收集到的经济活动的信息进行审查后,自认为能够反映经济活动情况的信息,会计人员只能保证这些信息不是会计人员主观编造的,而不能确保绝对如实,因为对于原始凭证记录的情况与实际经济活动情况的完全符合程度,会计人员并不能全部进行现场核实。非虚构的要求虽然相对来讲有所降低,但却是实际工作中可以实现的,因为它仅仅要求会计人员和会计系统承诺所提供的信息都是有依据的,是按照会计规范进行审核、处理所得到的,是具有同等技能的会计人员都会得出的。从表面上看,非虚构的要求可能会出现一个不利局面,即满足了非虚构要求的会计信息与其意欲反映的经济活动不完全相符甚至信息所反映的经济活动本身就是虚构的。这是由于会计人员所获得的原始凭证脱离了经济活动的实际情况或者原始凭证所记录的经济活动本身并不存在,而会计人员按照现行会计规范对原始凭证进行审核却无法发现,只能认为原始凭证记录的经济活动是真实的,从而导致最后形成的会计信息非虚构但不如实。解决这样的问题不能通过提升会计信息质量要求(即从非虚构提升到如实反映)来实现,因为前已说明,在现行会计信息生产方式下,会计人员是无法保证会计信息如实反映的,将质量要求提升到不可实现的程度并不利于实际的会计信息质量管理。解决该问题的途径应该是完善会计规范甚至改变原始凭证的审核方式,比如进行社会对账①或建立公共信息会计系统②。在上述对策没有实施以前,只能说此种情况属于现行会计信息的局限,并将其明确向社会宣传,以便使会计信息使用者能够充分认识到这一点。笔者反对以如实反映作为会计信息质量特征也有这方面的考虑。现行会计理论明确会计信息是如实反映的,也是这样向社会公告的,实际上却无力全部发现原始凭证记录与真实经济活动的差异。这样会给社会造成更加不利的影响,从理论上宣传会计信息是如实反映的,而实际情况却并非如此,就会误导人们盲目相信,从而导致逆向选择。

4)时效性

时效性是指会计信息应在对使用者的决策失去影响以前予以提供。如果会计信息提供过晚,已失去决策的时机,信息的有用性将会大打折扣,甚至完全没有用处。及时的信息不一定有用,但有用的信息必须及时提供;否则,有用的信息也就变得不那么有用甚至是无用的了。时效性显然具有程度不同之分,这要根据特定会计主体的具体经济活动而决定。在某些情况下,为了保证信息的时效性而牺牲一些精确性是允许的,因为迅速得出的近似值往往要比花费更长的时间所得出的精确信息更有用。但如果因时效性而在很大程度上牺牲了充分性和非虚构这两个一级质量特征,则是不允许的。

---

① 柯镇洪,黄悦,张文贤.社会对账与信息沟通[J].会计研究,2000(5):56-58.
② 孙玉甫.公共信息会计理论研究[M].上海:立信会计出版社,2012:150-153.

5）可比性

可比性是指能使使用者从两组经济情况中区分其异同的质量特征，要求不同主体间和同一主体的不同时期的会计政策具有相同的基础，会计信息所反映的内容也应可以比较。当经济情况相同时，提供的会计信息应当相同；当经济情况不同时，会计信息应能反映其差异。可比性要求不同主体之间或同一主体的不同时期之间的信息应能够进行对比，对比的目的在于发现和说明异同，对比不是等同。如果信息能够对比，将会大大提高信息的有用性。会计系统应在保证信息充分和非虚构的前提下，尽量使信息可比。

最后还要说明的是，以充分性和非虚构作为会计信息的一级质量特征，还有利于建立会计信息欺诈的赔偿机制，更好地保证会计信息的质量。具体来说，由于要求会计主体承诺会计信息具有充分性和非虚构的质量特征，那么会计信息使用者如果发生了与该会计主体相关的损失，并能够证明会计主体提供的信息不充分（即遗漏了某项按规范必须披露的信息）或者虚构（即某项会计信息缺乏依据或违反了会计规范），就可以要求会计主体予以赔偿。会计主体为了避免被索赔，则必须证明自己提供的会计信息是充分和非虚构的，或者必须证明会计信息使用者的损失与自己提供的有瑕疵的会计信息无关，否则就应该对会计信息使用者进行赔偿。这样的机制也就是对于会计信息质量的社会考核与评价制度，而建立这样制度的前提正是保证会计信息的质量标准是可实现与可评价考核的。充分性与非虚构的特征相对于相关和如实反映的特征，其优势就在于这一点。可以想象，这样的机制建立起来以后，会计主体为了避免被诉讼，最好的办法就是保证自己提供的会计信息是充分和非虚构的，从而实际上提高了会计信息质量。

4.5 人本财务会计的原则

4.5.1 会计原则的现有研究

自从 20 世纪初人们认识到会计信息的公共物品属性和重要的经济后果以后，就开始了规范会计实务的探索。20 世纪 30 年代的经济危机更加使人们认识到制定会计规范的紧迫性。为了规范会计实务,最初的设想就是研究确定会计原则。

美国会计学会在 1936 年就发表了《适用于公司财务报表的会计原则意向性公告》,列出了 20 条原则的目录,其中包括科目的定义、财务报表格式、增记资产与计提折旧的正确处理方法提示、缴入资本与留存收益的准确划分、正常收益与异常收益界定等,实可谓规则和标准的混合体,但它混淆了广泛适用的会计原则和程序性的准则之间的界限,在逻辑上和实务上都没有独立的推理依据。

1937 年伯恩撰写的一篇题为《会计实务在纳入会计规则和准则上能走多远?》的论文,首先把原则定义为基本真理,其次论述了历史成本估价、成本收入的合理配比、计提折旧、销售时实现收益、稳健主义、缴入资本与企业积累的区别和账务处理的前后一致性等会计原则。这篇文章成为最早集会计原则之大成者[①]。

哈佛大学桑德斯、伯克大学哈特菲尔德和耶鲁大学穆尔三人受哈斯金斯和塞尔斯基金会委派,于 1938 年出版了《论会计原则》,指出:"我们认为,会计实务中存在着一系列普遍适用的会计原则,终究它们尚未被概括出来,但是却已体现在会计和财务报表之中。"[②]但他们只是对现实应用的会计惯例做了最好的总结,并将会计人员置于被动地位。

1939 年吉尔曼发表的《会计中的利润概念》中首次严格地定义了论述会计原则时所用到的术语:会计惯例(基本前提)、会计信条、会计规则、会计原则等,成为会计报表重心从资产负债表向利润表转移后有关会计理论的第一本综合性著作,也为那个时期以前会计理论的发展画上了一个完整的句号。

1940 年佩顿和利特尔顿出版的《公司会计准则导论》是当时出版的论述会计原则最优秀的解说书,是第一本主要通过演绎推理而不是根据归纳推理来建立会计原则的典范著作,为日后会计理论框架的建立奠定了坚实的基础。

1959 年成立的隶属于美国注册会计师协会的会计研究处为了改变从实

---

① 汤云为,钱逢胜.会计理论[M].上海:上海财经大学出版社,1999:83.

② 转引自:WELL M C. A revolution in accounting theory? [J]. The Accounting Review,1961(7):474.

务惯例中来寻找会计原则的思路,转而研究提供一套理论框架,希望从中演绎出各种规范。按照这一思路,会计研究处相继发表了会计研究处主任穆尼茨撰写的会计研究论文集第1辑——《会计的基本假设》(1961)和他与另一位著名会计学家斯普劳斯合作完成的第3辑——《广义会计原则》(1962)。这两辑研究论文的目的在于确立会计假设、原则与准则之间的关系,明确建立会计原则的会计假定,尝试建立与假设相联系的在具体环境下应用会计原则所需要的准则或其他指南。穆尼茨指出:假设和原则都是会计的前提,但前者的意义更广,并渗透于后者之中。假设是指那些会计师面临的或来自环境的基本会计的前提,而基本原则指基于会计假设并来自会计实务惯例的基本前提[①]。上述观点在当时遭到了几乎是一致性的诘难,以致它未能被会计原则委员会所接受,因为它与当时公认会计原则的概念太不相同了。由于会计研究论文集第1辑和第3辑相继遭到反对,会计研究处又重新审视现有的会计原则,以《工商企业公认会计原则总汇》为题公布了会计研究论文集第7辑。该项研究的目的是讨论认可的会计原则的概念,总结认可的原则或惯例,总结会计原则委员会及其前身的公报。虽然该项研究得到了会计职业界较为广泛的认同,但它并没有形成广义会计原则公报。所以,会计研究还是在没有共同性基础支持的前提下各行其是,每项研究都取决于研究者本人的基本概念及其在该特定领域的发现。这无异于闭门造车,难以趋同。

1964年,伊利诺斯大学的研究小组进一步提出:会计原则是会计中的重要关系的基本命题。它们能在广泛适用意义上说明那些可以最佳地实现会计目标的行动。而且,"会计原则作为理论概括,应当带有普遍性,并可用于所有企业。它们表达重要的关系,而不是特定的规则和程序。……原则应作为对不同备选规则、程序做出最佳选择的基础。"[②]

1973年成立的美国财务会计准则委员会彻底改变了从实务中归纳会计原则的思路,转而从使用者的信息需求出发研究会计目标、会计要素、会计信息质量特征等内容,并结合会计要素确认与计量,构建了会计的基本假设、基本原则和操作限制,将这三者作为制定详细会计原则及程序(财务会计准则)

---

① MAURICE MOONITZ. Why do we need "postulates and principles"? [J]. The Journal of Accounting, 1963(12):43-44.

② Study Group. At the University of Illinois[J]. A Statement of Basic Accounting Postulates, 1964:23.

的基础。美国财务会计准则委员会认为的基本财务会计原则有成本原则、收入实现原则、配比原则、充分揭示原则,而将成本效益关系、重要性、稳健原则、行业特性列为操作限制[①]。

综合上述研究成果可以发现:会计原则研究从最初的归纳普遍使用的会计方法到转而确立制定会计实务规范的基础性选择标准,一直是围绕会计确认、计量、报告进行的,并未从根本上深入对会计行为的全面约束。1989 年,国际会计准则委员会发布《编制和呈报财务报表的框架》时,干脆将这些内容放到了具体的会计要素确认、计量和报告中。

我国实行改革开放后,会计改革也提到了议事日程。1980 年 1 月,李宝震率先揭开了我国改革开放后会计原则研究的序幕[②]。1998 年,陈今池试图归纳一个会计原则体系,将会计原则区分为理论性会计原则、实务性会计原则和具体的会计程序等,而理论性会计原则可以划为两种不同的类型:输入导向会计原则和输出导向会计原则。前者主要适用于编制会计报表,后者主要适用于比较会计报表。输入导向会计原则可以再划分为基础性会计原则(包括历史成本计价原则、收入确认原则、费用配比原则)和约束性会计原则(包括稳健性原则、重要性原则、充分披露原则、客观性原则)。输出导向会计原则包括可比性原则、一致性原则和统一性原则[③]。2001 年,葛家澍、林志军提出,较普遍接受的基本原则主要有成本原则、权责发生制、实现原则、配比原则、客观性原则、一致性原则、充分披露原则、重要性原则、稳健性原则[④];而陈国辉则认为,会计原则有权责发生制、历史成本原则、收付实现原则、配比原则、充分披露原则、成本效益原则[⑤]。2001 年,我国财政部《企业会计制度》列出的会计核算应当遵循的基本原则有:如实反映、实质重于形式、相关性、一致性、可比性、及时性、明晰性、权责发生制、配比、历史成本、划分资本性支出与收益性支出、谨慎性、重要性。这实质上是将财务会计信息质量特性和财务会计确认计量原则混合在一起的结果。2006 年,我国发布了与国际会计准则趋同的《企业会计准则》,会计原则的独立章节被去掉了。

① 汤云为,钱逢胜. 会计理论[M]. 上海:上海财经大学出版社,1999:105.
② 李宝震. 论社会主义会计的原则[J]. 会计研究,1980(1):11-19.
③ 陈今池. 现代会计理论[M]. 上海:立信会计出版社,1998:68-78.
④ 葛家澍,林志军. 现代西方会计理论[M]. 厦门:厦门大学出版社,2001:58-63.
⑤ 陈国辉. 会计理论研究[M]. 大连:东北财经大学出版社,2007:82-84.

4.5.2 对会计原则现有研究的反思

到目前为止,国际会计准则和我国会计准则的概念框架中,都不再包含会计原则的独立章节,而将相关要求移到了具体准则中。笔者认为:这是错误的,是用一个新的错误纠正了原来的错误。原来的错误在于未能正确定义会计原则和研究其内容,而新的错误在于在概念框架中干脆取消了相关的内容。

"原则"一词的含义有二:一是指说话或行事所依据的法则或标准;二是指总的方面、大体上①。可见,会计原则概念中应用的应该是"原则"一词的第一个义项。那么,会计原则就应该是指会计工作所依据的法则或标准,是对会计工作标准的规定。换句话说,会计原则规定了会计工作的质量标准,是评价会计工作的准绳或依据。以美国为首的会计研究者,将会计工作标准混同于会计工作的具体程序与方法,陷入了归纳、探求普遍适用的会计工作的具体程序与方法中,甚至将会计原则等同于会计政策选择的基本规则。这样也就无法形成真正统一的会计原则体系。虽然美国财务会计准则委员会在其概念框架中提出了几项基本会计原则,但却无法展开成后续的研究,而且其主张的几项会计原则已经被后来的会计准则所突破。例如,成本原则已经演变成了多种计量属性并存,收入实现原则也由于允许确认未实现的收益而被否定,充分揭示原则与会计只能提供"重要的共同性需求信息"的现行理论相矛盾而流于形式。究其原因,就是对会计原则的概念认识错误,将会计原则等同于会计政策选择规则了。

国际会计准则委员会和我国财政部发布的概念框架中取消了会计原则的独立章节。如果从原有的会计原则概念及内容上看,这无疑是可以接受的。但是,必须同时补充作为会计工作质量标准的内容,否则就会导致缺乏对会计工作评价依据的错误。之所以在规定会计信息质量特征的同时,还要规定会计工作的质量标准——会计原则,是因为两者是不同的概念,起着不同的作用。正如陈国辉所指出的:"会计原则与会计信息质量特征也存在一

---

① 中国社会科学院语言研究所词典编辑室.现代汉语词典(2002年增补本)[M].北京:商务印书馆,2002:1549.

定的区别,主要表现在以下几方面:(1)两者规范的对象不同,会计原则规范会计信息的产生过程,重在程序;会计信息质量特征规范会计信息本身,重在结果。(2)会计主要描述对经济事项确认、计量、揭示的过程,会计原则用于描述确认和计量,会计信息质量特征则用于描述揭示,两者的名称可能相同,但因规范的内容不同而有所区别。(3)两者互相联系、互相影响,都是为会计目标服务的,会计目标对会计信息质量特征的影响更直接一些。"①可见,会计信息质量特征是对会计系统提供的信息质量做出的规定,而会计原则是为了满足会计信息的质量特征要求对会计工作的约束。质量管理的基本原理告诉我们,只有高质量的工作才能生产出高质量的产品。会计原则正是通过规定会计工作的质量标准来保证会计工作质量,进而保证会计信息质量的。

4.5.3　人本财务会计原则的内容

人本财务会计作为会计学科的一个分支,也必然遵循会计原则的一般理论。首先,会计原则是规范会计工作的;其次,会计原则应由各项会计工作所遵循的工作规则与方法要求组成;最后,会计原则应能够形成一个体系。将上述观点应用于人本财务会计理论中,可以定义:人本财务会计原则就是人本财务会计的各项工作所应遵循的基本规范和基本法则,是为了满足人本财务会计的信息质量特征要求而对人本财务会计各项具体工作的质量标准的规定。

人本财务会计从会计主体的经济活动中获取数据,并进行数据对比、分析、验证,将具有合法性、合理性和有效性的经济活动进行确认、计量、记录和报告,支持有关者的决策。既然人本财务会计的工作包括收集信息、验证信息、处理信息和报告信息等具体环节,人本财务会计原则也就应该包括人本财务会计的基本原则、信息收集工作原则、信息验证工作原则、信息处理工作原则和信息报告工作原则等。

1) 人本财务会计的基本原则

人本财务会计的基本原则是指人本财务会计的所有工作都必须遵循的

---

① 陈国辉. 会计理论研究[M]. 大连:东北财经大学出版社,2007:82.

原则,包括合法性、公正性、保持职业谨慎、一致性、及时性等。

合法性是指人本财务会计的各项工作必须依据法律和制度的规定,按照法律和制度要求的方式与方法进行。

公正性是指人本财务会计的各项工作必须以合情合理、不偏袒任何一方的态度进行。

保持职业谨慎是指人本财务会计人员在进行各项会计工作时必须以谨慎的态度去考虑问题,从避免可能发生的各种舞弊情况出发去进行会计信息收集、验证、处理和报告工作,以保证所提供的会计信息避免被诉讼。

一致性是指人本财务会计的各项工作必须采用一致的口径、原则、方法进行,是保证可比性质量特征的工作要求。

及时性是指人本财务会计的各项工作必须在规定的期限内完成,以保证会计信息的及时收集、验证、处理和报告,达到信息的时效性质量要求。

2) 人本财务会计的信息收集工作原则

人本财务会计的信息收集工作原则是指人本财务会计系统在收集经济活动和其他信息时必须遵循的原则,包括全面性、客观性等。

全面性是指人本财务会计在收集经济活动和其他信息时必须将所有信息纳入自己的信息收集范围,不得遗漏,从而从源头上保证信息的充分性质量特征。

客观性是指人本财务会计在收集信息时必须按照原始信息进行提取,不得作任何修订,从而从源头上保证信息的非虚构质量特征。

3) 人本财务会计的信息验证工作原则

人本财务会计的信息验证工作原则是指人本财务会计系统在进行信息查验以认定某项经济交易或事项是否存在及判定经济交易或事项性质的工作中必须遵循的原则,包括实质重于形式、信息完备性等。

实质重于形式是指人本财务会计将收集来的信息通过关联分析认证经济交易或事项时,必须注重经济信息所反映的经济交易或事项的实质,而不能仅仅依据其外在的形式。

信息完备性是指人本财务会计在经济交易或事项性质的认定时所依据的信息必须能够形成完备的证据链条,不能有信息缺失。要求信息完备是为了保证能够正确判定经济交易或事项存在与否,以及正确认识经济交易或事项实质。例如,一项购销业务是否发生必须能够从销货方取得销货信息及辅助信息(是否有租回、购回约定等)、从购货方取得购货信息及辅助信息、从银行等金融机构取得资金结算信息、从税务机关取得纳税信息等,只有这些信息都能够完备一致,才能确定购销交易确实存在并得到交易的实质内容信息。任何不完备信息所反映的必然是存在问题的经济活动或虚假的活动。

上述两个原则进一步保证了人本财务会计所提供的信息非虚构的质量要求。

4) 人本财务会计的信息处理工作原则

人本财务会计的信息处理工作原则是指人本财务会计系统在进行确认、计量和记录等具体会计信息处理工作时必须遵循的原则,包括遵循会计准则等规范、权责发生制与收付实现制、多种计量属性并用、配比、划分资本性支出与收益性支出、复式记账等。这些原则都是现有的会计理论早已熟知的概念,不再展开。

5) 人本财务会计的信息报告工作原则

人本财务会计的信息报告工作原则是指人本财务会计系统进行信息报告工作时必须遵循的原则,包括适时报告与定期报告、充分揭示与重点提示、透明性与保密性、说明报告依据等。

适时报告与定期报告是指人本财务会计必须提供两种信息报告方式,满足不同信息使用者的有差异的信息需要。

充分揭示与重点提示是指人本财务会计在实现对相关主体情况进行全面反映时,对其中的重要信息要给予特殊提示,以引起信息使用者的重视,节约信息使用者的信息析取成本。

透明性与保密性是指人本财务会计必须区分信息的层次进行信息报告,确定应公开的信息、应对部分受众公开的信息和不能公开的信息,保证公开的信息透明而不公开的信息保密。

说明报告依据是指人本财务会计在报告信息时必须公布所报告的信息的合法来源。

上述这些原则的执行直接保证了人本财务会计信息质量特征的实现。

4.6　人本财务会计的要素

4.6.1　人本财务会计要素的概念

目前，世界上其他国家和国际会计准则委员会提及"要素"这一概念时仅指"财务报表要素"。我国有关研究经常使用"会计要素"这一概念，如"会计要素是会计对象的具体化。……所谓会计要素就是会计报表通常所含有的大类项目，是构建会计报表最根本的组件。会计要素就是会计报表的要素"[①]。"会计要素是对会计对象的基本分类"[②]，但同时又认为"财务报表要素也叫会计要素，它们在本质上没有区别，仅仅是认识归纳的角度不同"[③]。所以，我国的会计要素其实也只是指财务报表要素。

可见，国外研究会计要素是从财务会计报表出发，将构成财务报表的结构性项目称为财务会计要素；国内的研究则是从财务会计对象出发，将对财务会计对象进行具体分类所形成的项目叫做财务会计要素。笔者认为，这样进行财务会计要素概念的界定是不妥当的。一方面，财务会计报表与财务会计要素的逻辑关系究竟如何？具体来说，是先确定财务会计报表还是先确定财务会计要素？从财务会计概念框架可见，确定财务会计要素先于确定财务会计报表的结构。在没有确定财务会计要素之前，是无法给出财务会计报表结构的。或者说，先行确定的财务会计要素成为后续确定的财务会计报表的构成项目。那么，我们定义财务会计要素时就不能使用财务会计报表的概念，否则在逻辑上是不通的。财务会计要素定义的不科学必将影响其构成内容的科学确定。另一方面，财务会计要素的概念不能直接从财务会计对象推导得出。首先，从概念框架来看，财务会计要素属于财务会计概念框架的内容，必须从财务会计概念框架的研究中得出；而会计对象则是财务会计基础理论的研究内容。两个概念之间尚缺乏必要的联系环节，不能形成直接的推

---

① 娄尔行. 会计审计理论探索[M]. 上海：立信会计出版社，1993：63.
② 葛家澍，余绪缨. 会计学[M]. 北京：高等教育出版社，2000：26.
③ 魏明海，龚凯颂. 会计理论[M]. 大连：东北财经大学出版社，2001：84.

导关系。其次,我国会计界对会计对象的认识是不同的,有过程和财产论、价值或货币表现经济活动论、劳动量论、财富论、资金运动信息论、产权论、资金运动或价值运动论等,但不论是对会计对象有怎样不同的认识,它们所认为的财务会计要素却是相同的,这也说明财务会计要素根本不是通过对会计对象的分类得出的。最后,如果财务会计要素是财务会计对象分类和具体化的结果,那么,所有财务会计要素的总和应构成财务会计对象整体。如果不改变现有财务会计对象、财务会计要素及其具体要素项目的定义,现有的财务会计要素(资产、负债、所有者权益、收入、费用、利润)是无论如何也加总不起来的,更不能构成现有财务会计对象整体。

按照人本财务会计的概念框架,人本财务会计要素是由人本财务会计环境、人本财务会计目标、人本财务会计假设共同决定的,其中,人本财务会计目标起主要决定作用。那么,人本财务会计要素的概念就应该在考虑环境和假设的基础上由人本财务会计目标导出。人本财务会计的目标就是为会计主体经济活动符合有关规范提供合理保证并为支持内部管理部门的决策提供所需财务信息;同时对外提供能够反映会计主体情况的全息动态信息供给外部有关者决策时析取使用,以便从外部获得会计主体生存与发展所需的资源与条件。也就是说,除了人本财务会计自身的管理工作之外,人本财务会计还要为有关者的决策提供信息,以便能够描述会计主体经济活动的现实情况。那么,描述就必须有描述的指标,而且这些指标要从不同方面、不同角度全面揭示会计主体各项生产要素变化的信息,从而形成对会计主体的现实情况的全面描述。可见,为了详细描述会计主体的现实情况,就需要众多的指标。为了对众多详细而琐碎的指标进行归纳分析,以便描述会计主体的整体情况,就要对具有相同本质或反映同一性质特征的具体指标进行归类,从而形成描述会计主体某方面特征的指标大类。这些反映会计主体某方面特征的指标大类就是人本财务会计要素。

故此,本书界定:人本财务会计要素是指对反映会计主体经济活动导致的生产要素变化状况的各种信息指标进行分类所形成的指标大类。

4.6.2 人本财务会计要素的构成

基于人本财务会计要素的概念,结合人本财务会计功能实现机制与全要素核算模式的分析,显然人本财务会计要揭示全部生产要素变化情况。故此,其会计要素必然由反映生产要素及其变化的各类指标所构成。前已说明,构成生产要素的八个方面内容可以综合成四大类,即生产环境、货币与实物资源、无形资源与技术、劳务。那么,人本财务会计要素就必然是由描述生产环境、货币与实物资源、无形资源与技术、劳务的来源与占用情况及其具体变化的各项指标所构成。所谓来源,是指这些生产要素是从何处以何种方式进入一个会计主体中来的;所谓占用,是指一个会计主体在实际生产经营过程中所能够拥有或支配的生产要素的数额;所谓来源的变化情况,是指一个会计主体的生产要素的各项具体来源在数额和比例方面的变化过程与结果;所谓占用的变化情况,是指一个会计主体所占用的各项具体生产要素的数额和比例方面的变化过程与结果。生产要素的来源与占用的变化过程与结果是统一的,所有占用的生产要素都必有来源,所有有来源的生产要素都必会被占用;生产要素来源的增加必会导致所占用的生产要素增加;生产要素占用的减少也必将使得生产要素的来源削减。生产要素的来源与占用的这样一个变化过程,正是会计主体的生产经营过程,亦即是会计主体的生产要素的增减变化过程。描述一个会计主体全部生产要素的增减变化过程,也就等于全方位地反映了会计主体的生产经营过程。

从静态来描述生产要素的增减变化情况,就是将一个会计主体生产经营活动导致的生产要素的不断变化静止在某个时间点上,来具体描述该时间点上会计主体所拥有和支配(或说占用)的生产要素的具体数额,以及这些生产要素的来源。生产要素的占用数额体现为会计主体对生产要素所拥有的支配权利,可以称为会计主体的资产;生产要素的来源体现为会计主体对不同的生产要素提供者因为提供生产要素给本会计主体而对其承担的义务,可以称为权益(又可以根据生产要素提供者对会计主体的不同权责要求分为负债和资本)。这一点和现行财务会计确定静态会计要素的原理是一致的,有区别的地方是现行财务会计只是对货币与实物资源、无形资源与技术两类生产要素进行反映,而人本财务会计要反映全部四类生产要素的占用和来源情况。这不仅仅是反映内容的增加,更主要的是要厘清四类要素的权责差异和交互影响。即环境要素和劳务要素在会计主体运营中的权责变化与另两类有何不同,环境要素和劳务要素又是如何与另两类要素交互作用实现会计主体运营的。当然,这种差异与交互影响还要通过动态反映具体表现出来。如果抛开生产要素的交互作用,仅仅从静态的视角来描述所有生产要素的状态,可以形成生产要素占用和生产要素来源两方面的指标,而且这两方面的指标正好满足数额上的等量关系。描述生产要素占用方面的指标反映着会计主体拥有的权利,称为资产(包括环境资产、货币与实物资产、无形与技术资产、人力资产);描述生产要素来源方面的指标反映着会计主体承担的义务,称为负债(包括各种短期和长期负债)和资本(包括环境资本、物力资本、人力资本)。综上,人本财务会计的静态会计要素包括资产、负债和资本三项。

从动态来描述生产要素的增减变化情况,就是将一个会计主体生产经营过程和结果框定在一定时间段内,来具体描述这一段时间内会计主体生产要素占用与来源的变化结果与原因。生产要素的占用和来源的变化结果可以通过该时间段期末与期初的对比来表现,生产要素占用和来源变化的原因则必然包括会计主体具体生产经营行为、与生产要素提供者之间的业务这两个方面。由于在静态上将生产要素的占用和来源用资产、负债、资本来描述,而且资本在数额上等于资产减去负债后的余额,所以生产要素占用和来源的变化结果就可以用资本增值一个指标来描述。而反映资本增值原因的指标也就必然包括反映生产经营行为和与资本提供者(亦称业主)间资本交易的具体指标,即行为价值、资本出资、资本增值分享三项。还可以将扣除与业主之间资本交易的资本增值称为综合收益,这样会计主体的本期综合收益正好等于该期间会计主体所实现的行为价值。这里将会计主体的本期综合收益全部界定为行为价值的结果,可能会引起异议。有人可能会提出:某项资产价值表现增加是由于市场价格或者自然因素的变动导致的,而非会计主体内部劳动者的行为结果。关于这一问题本书将在本节下一个问题(即会计要素的具体定义)中去回答。这样,人本财务会计的动态会计要素包括资本增值、行为价值、资本出资、资本增值分享四项。

此外,从现金收付实现制的基点出发,还可以构造出反映会计主体现金增减变化的会计要素:现金净增加、现金流入、现金流出三项会计要素。从环境资产维护的角度出发,还要设计环境状况评价的非货币性会计要素。

4.6.3　人本财务会计要素的定义

人本财务会计要素的定义是指对各项具体人本财务会计要素进行的概念界定。

1）资产

关于资产的概念，目前流行的观点是经济资源观和未来经济利益观。1970 年 10 月，美国执业会计师协会所属的会计原则委员会在其发布的第 4 号公告中认为："资产是按照公认会计原则确认和计量的企业经济资源，也包括某些虽不是资源但按照公认会计原则确认和计量的递延借项。"①这一定义广泛流传，国际会计准则委员会和我国会计准则都是按其基本思想对资产进行定义的。这一定义虽然明确指出资产的实质是经济资源，但它却要求按照公认会计原则的确认和计量标准对资源是否属于资产进行判断。这就颠倒了资产的实质与资产的确认与计量间的主从关系。值得注意的是，经济资源观中已经孕育着未来经济利益观的思想，国际会计准则委员会和我国会计准则在将资产定义为经济资源的同时也都强调该资源预期会给企业带来经济利益。1985 年，美国财务会计准则委员会在其第 6 号《财务会计概念公告》中肯定了"未来经济利益观"，指出："资产是可能的未来经济利益，它是特定个体从已经发生的交易或事项中所取得或加以控制的。"②该定义揭示了资产能带来未来经济利益的特征，但这只是资产的作用，而非资产的本质。可见，未来经济利益观未能从资产的本质上去定义资产，经济资源观认为资产的本质是经济资源。问题是，用现行的"经济资源"的概念能够概括资产的本质吗？

《辞海》对资源的解释为："资财的来源。一般指天然的财源。"而自然资源是："指天然存在的自然物，不包括人类加工制造的材料。如土地资源、水利资源、生物资源和海洋资源等。是生产原料来源和布局场所。"③《新华字典》把资源定义为："物质、动力的天然来源。"④《现代汉语词典》对资源的解释是"生产资料或生活资料的天然来源"，而生产资料是指"劳动资料和劳动对象的总和。是人们从事物质资料生产时所必需的物质条件"。生活资料是指"供人们生活需要的那部分产品"⑤。可见，目前关于资源的概念仍是在工业经济背景下形成

① APB. Statement No. 4[S],1970:132.
② FASB. Concept No. 6[S],1985:25.
③ 辞海编辑委员会. 辞海[M]. 上海:上海辞书出版社,1999:1934.
④ 中国社会科学院语言研究所. 新华字典[M]. 北京:商务印书馆,1998:656.
⑤ 中国社会科学院语言研究所词典编辑室. 现代汉语词典（2002 增补本）[M]. 北京:商务印书馆,2002:1128,1662.

的主要与实物相联系的概念。从上述的资源概念可以看出：在知识经济条件下，企业拥有和控制的不仅有实物资产，而且有越来越多的无形资产及其他资产，将各种资产也生硬地套用到现行的资源的义项下是不合适的。首先，无形资产大多是一种法定权利，如专利权是权利人在法定期限内对某一发明创造所拥有的独占权和专有权；商标权是指企业专门在某种指定商品上使用特定的名称、图案、标记的权利；土地使用权是指国家准许某一企业在一定期间对国有土地享有开发、利用、经营的权利；著作权是指著作人对其著作依法享有的出版、发行等方面的专有权利；非专利技术虽然不受法律保护，但它也具有机密性和独占性的权利。可见，无形资产不是实物，只有将资源的概念扩展到包括非实物资源以后才能适用，但这种扩展尚未被权威辞书编辑机构认可。其次，衍生金融工具指的是其价值派生于现货市场（也叫原生市场）工具的金融合约，其种类繁多，主要包括有远期交易、期货交易、期权交易、互换交易及混合证券，它们建立在实物交易基础上，但并不或很少发生真正的实物交易，仅仅是一种合约而已，代表的仅仅是一种权利。可见衍生金融工具出现后企业所拥有的所谓"金融资产"更无法定义为现行的资源。最后，随着社会的发展和知识经济时代的到来，人们越来越发现劳动者是社会进步的决定性因素。但由于劳动者具有独立性、多主体的共享性、流动性等特征，现有的资产概念是无法将之包括在内的。因为人是独立的，所以任何组织都不能真正做到对于其所有权上的"拥有或控制"，只能拥有在某段时间内使用该种劳动力（即支配一定劳务）的权利，却并不能做到拥有劳动者本身，即只有使用权而无所有权和控制权。笔者曾就现行资产概念不能支撑人力资产概念的问题进行了深入分析，提出为了科学定义人力资产的概念，必须建立新的资产概念①。现在可以进一步地说：适应新的社会经济环境，资产的概念需要改变了。这种改变有两种途径：一是不再将资产界定为经济资源；二是修改现行的经济资源的概念。

2005 年，笔者曾经撰文试图重新定义资产概念，不再将资产界定为经济资源，而是权利②。这一观点虽然也得到了一定的支持，但并未获得会计准则委员会的直接认可。2004 年，IASB 和 FASB 启动了一个联合研究项目——完善财务会计概念框架。在概念框架中，为了划分不同要素间质与量的界限

---

① 孙玉甫,姚媛. 论人力资产的概念[J]. 会计之友,2014(32)：42-45.
② 孙玉甫,刘泽荣. 资产要素概念的科学表述[J]. 天津商学院学报,2005(1)：48-52.

需要给出要素的定义，就是为要素的确认确立一个严格而规范的标准。针对资产的定义，IASB 和 FASB 召开了多次会议，最后达成了一些重要的共识，2008 年 10 月，IASB 和 FASB 联合发布了暂定的新的资产概念："主体的一项资产是主体对其拥有排他的权利或其他权益的现时经济资源。"这一定义用"经济资源"作为中心词，并用"现时""主体拥有""排他的权利或其他权益"做限定。"经济资源"是指稀缺性，能够单独或者与其他经济资源一起直接或者间接地产生现金流入或者减少现金流出。作为一项经济资源，它可以是有形的实物，也可以是由合同或者具有约束力的协议予以保证，是无条件的承诺或者其他保障条款规定的能力，这种无条件承诺和其他能力是没有风险的。"现时"意味着该经济资源和对该经济资源的排他的权利或者其他权益必须同时存在于财务报表日。"主体拥有"特别强调了资产的产权人，说明了对经济资源的使用权利。"排他的权利或其他权益"，强调由法律或同等方式强制赋予主体对该经济资源的使用权利，从而排除或限制了其他人对该经济资源的使用①。但是，随后爆发的金融危机中断了联合概念框架的研究。2012 年，IASB 单独启动了对概念框架的研究。2013 年 7 月，IASB 发布了研究成果——《财务会计概念框架审议（讨论稿）》；2015 年 5 月，又发布了《财务报告概念框架（征求意见稿）》。上述研究成果将资产定义为过去事项形成的、由主体控制的现时经济资源，并进一步定义经济资源是指能够产生潜在经济利益的权利。经济资源具体可以表现为：合同、法律或其他相似方法的强制性权利；另一主体推定义务产生的权利；能够产生经济利益的其他价值资源；收到后即刻消费的一些资产，特别是一些服务。即使对于有形物来讲，经济资源也不是基础性的物体本身，而是可以取得该物体所产生的经济利益的权利。而控制则是指主体有现时能力直接使用经济资源以获得来自经济资源的经济利益。如果主体不能保证该经济资源的使用过程中产生的经济利益直接或间接流入本主体，则不能将其确认为本主体的资产②。显然，虽然上述研究成果对资产的定义采用了经济资源观，但却将经济资源认定为一种权利，并将该权利与有形物本身区别开来。上述研究成果还不是会计准则，但是指明了未来会计准则关于资产定义的方向。

---

① IASB/FASB. Agenda paper 2 for october 2008 joint meeting[S]. www.fasb.org/news/SDR, par. 8.

② IASB. A review of the conceptual framework for financial reporting[S]. Discussion Paper, 2013:par. 2.11 and par. 3.23.

按照上述研究成果的观点,本书所使用的资产概念是:资产是指会计主体因过去的事项(包括外部交易、约定或内部业务)所控制的现时经济资源。

资产可以分为环境资产、物力资产(含金融资产,下同)、无形资产和人力资产等。环境资产是指会计主体依法取得的利用相应环境进行生产经营活动的权利所形成的资产。物力资产是指会计主体因为过去的事项取得的对相应实物予以支配的权利所形成的资产(其中,金融资产是指会计主体因为过去的事项拥有的支配某项金融工具以获利的权利所形成的资产)。无形资产是指会计主体基于法律或合同约定等取得的独家使用某种商标、专利、非专利技术、场地、作品或经营某项业务的权利所形成的资产。人力资产是会计主体依据与劳务提供者之间的协议拥有的对劳动者未来提供劳务数量或绩效予以支配的权利所形成的资产。

2) 负债

与资产的概念相对应,负债是指会计主体因过去的事项(包括外部交易、约定或内部业务)对债权人承担的可能导致未来经济利益流出的经济义务。这与现行财务会计关于负债的定义没有本质上的区别,不再赘述。

3) 资本

资本是指会计主体因过去的事项(包括交易、约定或内部业务)所导致的对其所有者承担的经济义务。现行财务会计将这一要素称为所有者权益。但是,笔者认为所有者权益是从所有者的角度对自己所拥有的权益的定义。会计要素是从会计主体角度对会计主体承担的义务的界定,故此,本书将这一要素称为资本。资本即是会计主体所拥有的进行下一期生产经营活动的本钱。由于这些本钱都是所有者投入或保留于会计主体的,其终极产权是属于所有者的,故导致会计主体对所有者承担相应义务。但是,人本财务会计所认定的所有者不仅包括现行财务会计所认定的货币与实物资本、无形与技术资本的出资者,还包括环境资本和人力资本出资者。也就是说,人本财务会计定义的资本包括物力资本(使用货币、实物、无形资产和技术出资所形成的资本)、环境资本、人力资本,是会计主体对所有以投资方式向会计主体提供生产要素的投资者承担的义务。资本还可以按其形成渠道分为承诺资本、实收资本、资本公积、资本增值留存。承诺资本是指投资者承诺向会计主体让渡的资本额,包括人力资本和已承诺尚未实际出资的物力资本。实收资本是指投资者已经实际出资的资本额,包括环境资本和已经实际出资的物力资本。资本公积是指投资者实际让渡给会计主体的资产价值超出其实收资本额的金额。资本增值留存是指从资本增值中按法律、章程、投资者意愿等留存于会计主体的资本增值的金额,是用于扩大再生产的资金积累。

4) 资本增值

资本增值是指会计主体经过一个会计期间的生产经营活动以后,其期末资产价值减去负债价值后的余额与其期初资产价值减去负债价值后的余额之间的差额。由于资产价值减去负债价值后的余额被本书定义为资本,故此,资本增值也可以表述为会计主体经过一个会计期间的生产经营活动以后,其期末净资本与其期初净资本之间的差额。可见,本书定义的资本增值与经济学上界定的收益在本质上是一致的。同时,本书将资本增值界定为净资产的增值,而不再使用利润这样一个概念,也不再定义收入、费用等会计要素,从而使得本书的会计要素计量全面转为资产负债观。这一点在人本财务会计要素计量部分会进一步讨论。

5) 行为价值

行为价值是指会计主体在一个会计期间中因为有关方的行为所导致的资本收益(或称综合收益)。资本收益是指扣除与所有者之间的资本交易以后的资本增值,是本会计期间有关各方的行为导致的本会计主体的净资本增加,是资本增值的主要来源,也是会计主体各方投资者可以分享的新增价值。需要指出的是,能够给会计主体带来行为价值的有关方不仅包括会计主体内部劳务提供者,还包括会计主体外部能够影响本会计主体资产、负债价值的人群。内部劳务提供者以其劳动创造了资本收益,外部人群以其行为影响了有关资产负债的市场价值评价,从而影响了本会计主体的资本收益。由此,行为价值可以分为内部劳务行为价值(可以称为劳动价值)和外部群体行为价值(也称持产损益)。内部劳务行为价值可以分为可持续常规行为价值和偶发非常规行为价值。可持续常规行为价值又可以进一步分为生产经营行为价值、投资活动行为价值和理财活动行为价值;偶发非常规行为价值又可以进一步分为长期资产处置行为价值和非常规事件行为价值。要说明的是，外部群体行为虽然也会因影响会计主体所持有资产负债的价值评价而产生行为价值，但该行为价值的产权仍然归属于会计主体，并在会计主体处置相应资产负债时转化为内部劳务行为价值。进行这样的分类可以深入分析行为价值的特点、对会计主体未来发展的影响等，为科学评价和预测会计主体情况及发展提供依据。

6）资本出资

资本出资是指会计主体的投资者对会计主体进行的资本注入导致的资本价值增加。

7）资本增值分享

资本增值分享是指会计主体的投资者依法减资提款和有权分享资本增值的相关者分享资本增值提款所导致的资本价值减少。

8）现金流动要素

现金流动要素包括现金净增加、现金流入、现金流出。这些概念是从收付实现制的角度描述会计主体运营情况的指标，而且其含义与现行财务会计没有本质区别，在此不再赘述。

9）非货币要素

非货币要素是对无法使用货币计量而对描述会计主体情况又非常重要的一些指标汇集而成的指标集合。非货币性要素包括会计主体的环境影响评价指标体系、市场影响评价指标体系、社会影响评价指标体系等。每个指标体系又可以包括多种描述指标，从而实现对会计主体的全方位信息报告。

4.7　人本财务会计的确认

4.7.1　人本财务会计确认的概念

"确认"是现代会计上非常常用的一个词汇。在财务会计概念框架中，确认对实现财务会计目标以及选择会计政策和具体会计处理程序起制约作用。因此,FASB 在概念框架研究中安排了对确认问题的专门研究,并于 1984 年 12 月正式发表了《财务会计概念公告第 5 号——企业财务报表的确认和计量》,对确认的概念和确认的标准作了明确概括。该公告指出:"确认是指把某一项目,作为一项资产、负债、营业收入、费用等正式加以记录并列入某一主体财务报表的过程。确认要同时以文字和数字来加以描述,其金额包括在财务报表的合计数之中。"①

国际会计准则委员会在《编制和呈报财务报表的框架》中对财务报表要素的确认也进行了专门研究。在其第 82 段指出,确认是指将符合要素定义和第 83 段规定的确认标准的项目纳入资产负债表或利润表的过程。它涉及以文字和金额表述一个项目并将该金额包括在资产负债表或利润表的总额中。符合确认标准的项目,应当在资产负债表或利润表内得到确认。这类项目如果未被确认,是不能通过披露所采用的会计政策,或者通过附注或说明性材料来加以纠正的。其第 83 段指出,如果符合下列标准,就应当确认一个符合要素定义的项目:①与该项目有关的未来经济利益将很可能流入或流出企业。②对该项目的成本或价值能够可靠地加以计量。其第 84 段指出,评价一个项目是否符合这些标准和是否有资格在财务报表内得到确认,应当注意第 29 段至第 30 段所论述的重要性原则。要素之间的相互关系意味着,一个项目符合某个要素的定义和确认标准,比如说符合资产的定义和标准,就会自动要求确认另一个要素,比如说收益或负债。

裘宗舜认为:"确认就是把符合会计要素定义和确认标准的项目,作为一项资产、负债、收入、费用等,正式记入会计记录以及列入财务报表的过程。它包括同时用文字和金额描述一个项目,并将其金额计入财务报表的总计之内。确认既包括某一项目的初始确认,还包括确认该项目以后发生的变动的再确认或后续确认,或该项目消失的终止确认。"②

葛家澍、余绪缨认为:"所谓会计确认是把某个项目作为企业的资产、负债、所有者权益、收入、费用或者其他会计要素加以正式的记录或列入最终财务报表之中的过程。会计确认包括两个步骤:第一个步骤体现为将经济业务

① FASB. SFAC No. 5[S]. 1984:par. 6-8.

② 裘宗舜. 财务会计概念研究[M]. 上海:立信会计出版社,2001:152.

传递的数据利用文字表述和金额归集于账户之中；第二个步骤体现为最终在财务报表中进行表述的过程。前者可以认为是初次确认，而后者则是一种再确认。"①

魏明海、龚凯颂认为："财务报表的确认是指根据一定的基础和标准来判断某一项目属于哪个会计要素，应何时列入会计报表，它主要解决'是什么''何时是'与'如何记录与报告'的问题。"②

李孝林等认为："会计确认是会计计量、记录和报告的前提条件，是会计循环的初始环节；会计确认的对象是会计对象要素，会计确认的归宿是财务会计报表。会计确认研究主要解决的问题是经济业务和经济事项是否进入会计系统的基本问题，其关键点是会计确认标准的选择。会计确认的后续问题是：如果经济业务和经济事项要进入会计系统，应在何时（确认基础）、多少（计量问题）、以什么方式（记录问题）输出会计系统（报告问题）。在此会计循环过程中，计算贯穿始终。"③

虽然这些观点是针对现行财务会计提出的，但对于人本财务会计确认概念的界定也有参考价值。人本财务会计的确认也是在完成业务审核以后，以其对会计主体会计要素的影响进行的确定和认可工作。这与现行财务会计的确认并无实质性差别，所以上述的观点可以借鉴到人本财务会计确认的界定中。但是笔者认为，上述关于确认的表述涵盖了过多的内容，应予剔除。故此，本书定义：人本财务会计的确认是指决定某一经济交易或事项是否记入人本财务会计要素以及记入哪个要素的过程。至于应该以怎样的金额记录、如何记录、怎样在会计报表中表述，已不属于财务会计要素的确认，而是财务会计要素的计量、记录和报告的问题了。显然，确认包含着一定的判断因素，要对经济交易或事项的本质、业务进程中导致经济状况变化的时点、反映经济状况的要素等进行判定。完成这些判定后，就可以很容易地决定该经济交易或事项是否记入人本财务会计要素以及记入哪个要素了。从这一角度来说，确认的过程就是判断的过程。进行判断必须有相应的判断基础和判断标准，才能保证判断的结果不会出现错误。

---

① 葛家澍，余绪缨. 会计学[M]. 北京：高等教育出版社，2000：27.

② 魏明海，龚凯颂. 会计理论[M]. 大连：东北财经大学出版社，2001：90.

③ 李孝林，等. 会计基本理论比较[M]. 上海：立信会计出版社，2002：270-271.

4.7.2　人本财务会计的确认基础

人本财务会计的确认基础是指对某一经济交易或事项在何时确认做出的规定,即它解决的是某一经济交易或事项是否记入人本财务会计要素和应在何时记入的问题。在对某一经济交易或事项进行确认时,应先要选择一定的确认基础,因为不同的确认基础会产生不同的确认结果。现行的财务会计理论提供了两种可供选择的确认基础:收付实现制与权责发生制。

14 世纪和 15 世纪时,由于企业的全部资产都表现为现金,根本没有现金形式以外的其他资产,企业的经营活动也非常简单,不存在非现金交易,也就不可能产生债权与债务,因此,当时的意大利商业簿记,就选择了收付实现制作为财务会计要素确认的基础。18 世纪和 19 世纪以后,随着企业经营活动的日益复杂,非现金交易越来越多,也使企业的资产形式多样化,人们逐渐发现了收付实现制的不足。为了处理商品经济中广为涉及的信用问题,对于赊销赊购等经济业务,在按收付实现制确认收入和费用的前提下,同时确认了企业的债权与债务或长期资产等其他事项。后来,收付实现制就逐渐被权责发生制所取代。

这种确认基础形成于 19 世纪的 30 年代和 40 年代,早期的权责发生制只涉及收入和费用的确认。直到 1970 年,才由美国会计原则委员会开始在它的第 4 号公报中,尝试将权责发生制应用于资产和负债的确认。随后,FASB 的概念公告又确立了权责发生制下资产和负债的确认标准,并完善了收入实现原则和费用配比原则。现在,人们已经可以运用权责发生制对财务报表的各个要素加以确认。

目前,世界各国的会计理论和实务中普遍将权责发生制作为财务报表的主要确认基础。但这并不意味着收付实现制已被放弃,商誉、衍生金融工具只有依据收付实现制才能合理地确认,现金流量表也是以收付实现制为基础编制的。应该说,权责发生制与收付实现制是互相对应的两个概念,当权利、责任发生的时间恰好与款项收付的时间一致时,根据两者确认的结果相同,但如果不一致,根据它们所确认的结果会有一定的差异。这种差异并不表明两者的优劣,只表明所提供信息的角度的差异,而且以两种基础提供的不同信息会满足不同的信息需求。所以,人本财务会计的确认基础应是权责发生制和收付实现制并存,以适应不同会计要素的确认。具体来说,对于资产、负债、资本、资本增值、行为价值等会计要素使用权责发生制确认基础;对于资本出资、业主提款、现金净增加、现金流入、现金流出等会计要素使用收付实现制确认基础;对于非货币性会计要素则根据具体情况予以选用。

4.7.3　人本财务会计的确认标准

人本财务会计的确认标准是指将应予确认的项目确认为何种要素的条件或标准,它解决的是具体人本财务会计要素的确认应符合什么条件的问题。人本财务会计的确认基础与确认标准共同作用,才能最终完成人本财务会计确认。

FASB 发布的《财务会计概念公告第 5 号——企业财务报表的确认和计量》提出了确认一个经济事项必须同时符合的四条基本确认标准:①可定义性——应予确认的项目必须符合某个财务报表要素的定义。②可计量性——应予确认的项目应具有相关并充分可靠的可计量属性。③相关性——应予确认项目的有关信息应能对使用者的决策产生足够的影响。④可靠性——应予确认项目的有关信息应能如实反映,并可验证和不偏不倚。而且,按上述确认标准进行确认也要服从普遍适用的效益大于成本和重要性的约束条件,即确认一个项目的预期效益应证明与提供和使用该信息的费用是适当的。同时,如果一个项目是不重要的,则可以不在财务报表上确认。在上述标准中,相关性和可靠性是为实现财务会计目标而规定的财务会计信息的质量特征。把它们同时列为确认的基本标准,是使财务会计报表项目体现财务会计目标的一项重要保证。

从前面引述的国际会计准则委员会的规定中可以看出,国际会计准则委员会的财务会计确认标准其实有三个:①符合某一财务会计要素的定义。②与该项目有关的未来经济利益将很可能流入或流出企业。③对该项目的成本或价值能够可靠地加以计量。在这三个标准中,①和③与美国财务会计准则委员会的观点是一致的,都可以概括为可定义性和可计量性。②是新增的,强调的是作为权利和义务的客观反映的会计要素的后果与可实现情况。

人本财务会计的确认与现行财务会计的确认并无本质区别,基本可以采用现行财务会计的确认标准。但由于会计信息质量特征存在些许差异,也需要对现行财务会计的确认标准做出适当调整。现行财务会计的相关性质量特征在人本财务会计中被充分性取代,而充分性要求提供人本财务会计系统可以得到的全部信息,故此,现行财务会计确认标准中对于相关性的要求应予去除。这样,人本财务会计的确认标准可以概括为四条:可定义性、可计量性、非虚构、可实现经济后果。这四条标准实际上是可以不予确认的标准,即不符合任何一项会计要素定义的项目不予确认,不能采用任何方法(不仅仅是指货币,还包括非货币)进行计量的项目不予确认,不能证明经济业务及其影响非虚构的项目不予确认,不能带来未来可实现经济后果的项目不予确认。除此之外,各项经济活动反映的信息都应该予以确认,并最终表现在人本财务会计报告之中。而且,按照会计信息充分性的要求,如果会计实务工作中出现了不予确认的项目,还必须证明对其不予确认的合理性并将不予确认的情况反映在人本财务会计报告中。

4.8 人本财务会计的计量

4.8.1 人本财务会计计量的概念

关于财务会计计量的含义,国际会计准则委员会在其发布的《编制和呈报财务报表的框架》中认为:计量是指为了在资产负债表和收益表中确认和计列财务报表的要素而确定其金额的过程。葛家澍、刘峰则认为:"所谓计量,通俗地说,是从数量角度描述一个事物的过程,或者是根据特定的规则把数额分配给物体或事物的活动。"[1]吴水澎认为:"会计计量就是运用一定的计量单位,对已确认的会计对象进行量化的过程。会计确认是会计计量的前提,会计计量是会计确认的结果,它伴随着会计确认,贯穿于整个会计系统。"[2]魏明海、龚凯颂认为:"财务报表的计量主要解决已经确认项目的金额问题,计量的过程就是对符合财务报表要素定义的项目予以货币量化的过

---

① 葛家澍,刘峰.会计学导论[M].上海:立信会计出版社,1999:239.
② 吴水澎.中国会计理论研究[M].北京:中国财政经济出版社,2000:241-242.

程。"①上述关于会计计量的定义大多受到必须使用货币计量的限制,只有吴水澎给出的概念扩展到一般量化的范畴。

2015 年,徐国君基于会计计量的科学性对会计计量的本质内容进行了深入分析,提出了一系列有意义的观点。他认为:一直以来,人们往往偏重于会计计量的技术性,而忽略了会计计量的科学性。纵观会计计量的历史过程,无论是原始计量时代的简单数量描述、后来的以物量物,还是现代计量采用的多种计量属性,无疑都是采用数量关系来认识、衡量、评价事物某一方面的工具或方法,但是,不同时代采用的计量方式却呈现出不同的本质特征。原始计量时代的简单计数不过是大脑辅助记忆的工具,还不具有对事物完整评价的性质;而到了以物易物这种原始交易时代,尽管采用了以需求为主要定价原则,但交易过程自然附带有各自以物评价另一物的特点。到了商品货币经济时代,则无可置疑地采用统一货币作为价值尺度来量度、评价商品的形式。计量的是否准确既无从考究也并不重要,关键是交易双方的价值认同。会计计量对象表现为各种形式的使用价值,如存货、固定资产、无形资产等,发票记载也是采用实物形式,负债、所有者权益不过是对使用价值的归属加以明确。这样一来,会计计量似乎就是对使用价值用货币加以量度。但是,各种形式的使用价值,只要是劳动的产物,必然会凝结固化人的脑力、体力,这种劳动属性的价值才是人们商品交换时交易双方评价计量的实质内容,而使用价值不过是劳动价值的载体或表现形式而已。会计计量的起点自接受会计原始凭证开始,忽略在此之前的计量过程与质量。一般来说,商业交易过程的核心是定价,也即计量活动在商业交易起始阶段已经开始,但传统会计往往侧重于事后计量,因此忽略了交易阶段的计量。其实,高水准的会计计量应以协同原则自商业交易开始阶段就应参与。按照会计计量的实质内容的不同,可以区分为对劳动属性价值的计量和非劳动属性价值的计量。具有劳动产出价值的商品或劳务价值的计量,属于前者;不具有劳动产出价值的其他客体的计量,则属于后者。会计计量是以会计的规则把数额分配给会计对象或经济事项,用数量关系描述经济活动的性质、状态。而经济活动的性质是在人的行为主导下的价值运动及其结果,也即人力资源价值外化、释放、凝固的过程与结果,所以,会计计量的本质就是对人力资源价值的货币评

---

① 魏明海,龚凯颂. 会计理论[M].大连:东北财经大学出版社,2001:93.

价。人力价值是商品价值的"前世"或内在本质,故而商品价值计量的就是对人力价值外化部分;商品价值是人力价值的"今生"或外在固化,故而人力价值计量的是商品价值的内容。对实物资产价值的会计计量,本质上是对人通过其行为已经外化、释放、凝聚在实物上的人力资源价值的货币评价,从而形成历史价值(历史成本);其实还可以对人通过行为可能外化、释放、凝聚在某一客体上的人力资源价值进行货币评价,从而形成未来价值(现值、变现价值)。两者计量的原理、内容是一样的,不同的只是方法。在一些特殊情况下,会计计量会遇到对具有天然使用价值的物品(如天然宝石、动植物等)和特许权性质事物(如土地使用权、金融牌照等),以及衍生金融工具等非劳动属性价值如何计量的问题。这三类事物虽然也用货币计量,但性质显然不属于商品交换中的会计计量,只是用货币来充当使用价值、稀缺价值、资源价值的等价物,或是用货币充当金融合约中的支付手段而已,即属于上述非劳动属性价值的计量。尽管均使用了货币工具,但这并不意味着计量的都是商品的劳动产出价值,也不能因此而否定对商品或劳务会计计量的本质。因为,货币的本质是一般等价物,其职能包括价值尺度、支付手段、流通手段、储藏手段等,只有将货币作为价值尺度用于商品或劳务价值的量度时,才是对劳动产出价值的会计计量。不能简单地将货币的价值尺度职能与其他职能混淆而导致会计计量观念与方法的混乱[①]。

借鉴徐国君的观点,结合人本财务会计要素的构成内容和各项会计要素的概念,可以定义:人本财务会计的计量就是按照预定的规则用量值来描述会计要素及其具体对象的过程。在商品货币经济形态下,由于所计量对象的不同特性,大部分会计要素及其具体对象可以使用货币进行计量,但也有一些会计要素只能用其他非货币量值来描述。这也就是本书讨论会计要素时设置了八类货币性会计要素和一类非货币性要素的原因。八类货币性会计要素从权责发生与实际货币收支两个角度描述了会计主体的生产经营行为以及会计主体外部人群行为对会计主体的综合影响,反映了行为价值变化的全貌。一类非货币性要素通过对会计主体相关环境区域各项指标量值的测定,反映了会计主体生产经营的行为过程对环境的外部影响。可见,无论是货币性会计要素还是非货币性会计要素,都是为了反映行为导致的资本的价

---

① 徐国君.论人力资源价值的科学计量[J].会计之友,2015(6):2-4.

值变化以及环境的状况改变。会计计量的本质是描述行为价值以及行为影响，而行为价值和行为影响又具体体现在会计主体的资产、负债、资本以及各项环境指标的变化上。这样，人本财务会计的计量就可以通过跟踪资产、负债、资本以及环境评价指标的具体变化予以实现。在这个过程中有两个关键的要素，即计量单位和计量属性。

4.8.2　人本财务会计的计量单位

计量单位也叫计量尺度，是指计量时采用的具体标准单位，如千克、米、美元、人民币元等。人本财务会计要素的计量单位就是进行人本财务会计要素计量时所选择的那种标准单位。

在众多的标准单位中，货币性会计要素的计量单位选择货币作为标准单位，因为只有货币才具有综合反映经济业务的能力，从而使会计信息更适用于使用者的经济决策。由于任何一种计量单位都必须要求自身度量上的统一性，所以对财务报表项目的计量就要求货币单位在不同时期保持稳定，即货币的单位价值保持不变，以便使计量结果具有可比的基础。然而，这种理想的货币计量单位在现实中是很难找到的，因为货币的度量单位就是它的购买力，而货币购买力要受不同时期的生产力水平和货币供应量等因素的影响，因此实际的货币购买力是经常变动的。为了满足会计信息的决策有用性，在会计上就产生了名义货币和一般购买力货币两种计量单位供会计主体选择。

名义货币单位是指各国主要流通货币的法定单位，如美国的美元、美分；英国的英镑、先令、便士；我国的人民币元、角、分等。名义货币单位的购买力是会发生变动的，但人本财务会计要素按名义货币单位计量时，对货币购买力随着时间的推移而发生的变动不作任何调整。即无论货币购买力如何发生变动，会计上都假设"币值稳定"，从而采用法定的货币单位。这样做的优点是：可以保证计量单位的统一，便于会计核算；在物价变动不大的情况下，能比较准确、真实地反映企业的财务状况和经营成果；可以简化计量手续，减轻会计人员的工作量。但是，在物价上涨幅度较大的情况下，采用名义货币单位就不能反映货币的实际购买力，会造成资本不能维护，有些企业甚至可能出现虚盈实亏，影响会计信息的决策有用性。

一般购买力货币单位也称不变货币单位,就是以各国货币的一般购买力或实际交换比率作为计量单位。根据一般购买力单位进行计量时,需要对不同时期的货币购买力变动加以调整,即以一定时日的货币购买力(以一般物价指数近似地表示)调整或折算不同时期的名义货币单位,从而使不同时期的货币保持在不变的计量基础上。这种计量单位的存在以物价变动为前提,在物价变动时它能够客观反映货币购买力变动对会计信息的影响,保持会计计量结果的可比性,但这种调整换算的过程比较复杂。

按照国际惯例,只要物价变动不超过恶性通货膨胀的程度(其主要标志是3年累计的通货膨胀率接近或超过100%),一般都以各国法定的名义货币作为货币性会计要素的计量单位,而不考虑货币购买力的变化对财务报表的影响。当前世界各国的通货膨胀已大大缓解,使用一般购买力货币单位进行财务会计要素计量的基础已经丧失,所以各国基本都将名义货币单位作为现时的财务会计要素计量单位,而将用一般购买力货币单位调整的财务会计信息改为自愿编报。人本财务会计货币性会计要素的计量单位也使用名义货币单位,并同时提请信息使用者关注国家统一会计信息平台公布的社会物价变动指数。在物价剧烈波动时,还公布以一般购买力货币折算的数据或依据具体产品物价变动情况进行调整的数据。

4.8.3　人本财务会计的计量属性

计量属性是指被计量客体的特性或外在表现形式,即被计量客体予以数量化的特征或方面。如一辆汽车可以从长宽高、自重量、载重量、发动机功率等方面进行计量。人本财务会计要素的计量属性包括货币性会计要素能用货币单位计量的方面或可予以货币量化的具体表现形式,也包括非货币性会计要素的各项检测属性。

1) 关于计量属性的现有观点

经济交易或事项是导致各要素变化的原因,计量各要素就要从计量经济交易或事项入手。通常经济交易或事项是用货币交易价格来计量的,但由于交易可按交易的性质分为购入和售出,交易又有着不同的交易时间,从而导致货币交易价格的不一致,形成了不同的计量属性。FASB指出,在现行实务中用于资产(和负债)的计量属性有五种:历史成本(历史收入)、现行成本、现行市价、可实现(结清)净值、未来现金流量贴现值[①]。1989 年,IASC 发布的文件中只列示了历史成本、现行成本、可变现价值(结算价值)、现值四种计量属性[②],但其后发布的《国际会计准则第 39 号——金融工具:确认和计量》中将金融资产和负债的计量属性规定为"交易价格或其他市场价格"。可见,当时主要有历史成本、现行成本、现行市价、可变现净值和未来现金流量现值五种计量属性。

这五种计量属性间也有一定的共性,它们都是针对特定资产和负债存在的不同形式而言的,在某一特定的时点上,往往具有相同的计量结果。如在资产的交易日(取得日),按历史成本、现行成本和现行市价计量的结果就是一致的。但随着时间的推移,特别是在价格发生变动的情况下,它们就会出现不同的货币数额,反映了被计量对象的不同特征或方面:在时间上,要分清过去、现在与未来;在交易的性质上,要分清实际交易、假设现时交易和预期交易;在交换价值的类型上,要分清投入交换价值和产出交换价值;在操作的可行性上,要分清是容易还是困难。当然,这些计量属性并不绝对互相排斥,现行财务报表虽然倾向于历史成本计量属性,但也允许多种计量属性同时并存。企业在编制财务报表以前,应根据所计量项目的性质、计量属性的相关性和可靠性来选择计量属性。正如 FASB 所说:"每一个财务报表要素都有多种属性可以计量,而在编制财务报表前,必须首先确定应予以计量的属性。"[③]

2004 年,IASB 和 FASB 启动的联合研究项目——完善财务会计概念框架,将会计计量问题列为第三阶段的研究课题。两个理事会于 2007 年 4 月23 日举行联席会议,接受工作人员的建议提出了九种备选的计量基础,即过去的入账价格、过去的脱手价格、修正后的过去金额、现行入账价格、现行脱手价格、现行平均价格、在用的价值、未来的入账价格和未来的脱手价格。在2009 年 1 月两个理事会的联席会议总结中又提到:有些理事会成员提议将备选方案分为两类:①实际的、评估的和预测价值,包括实际的或评估的过去入账价

① FASB. SFAC No. 5[S]. 1984:66.

② IASC. Framework for the Preparation and Presentation of Financial Statements[S]. 1989:100.

③ FASB. Conceptual Framework for Financial Accounting: Elements of Financial Statements and Their Measurement[S]. 1976:337.

格与脱手价格、实际的或评估的现在入账价格与脱手价格、预期未来的入账价格与脱手价格。②非价格价值，包括在用价值、现值、公允价值。同时提出在计量属性的选择上，要充分考虑价值的实现形式、可信度、可比性、可理解性和成本效益性五方面的内容。此后随着联合概念框架项目被搁置，相关研究也就随之暂停了。2012年，IASB单独启动概念框架研究。2013年7月，IASB发布了财务会计概念框架的审议（讨论稿）。在其中提出了三类可供选用的计量基础：以成本为基础的计量、现行市价（包括公允价值）、其他以现金流为基础的计量，并进一步指出："某一计量基础的相关性取决于投资者、债权人以及其他债务人如何评估资产或负债影响未来现金流的方式。如，对于持有以供出售的复杂金融资产，公允价值应该是最相关的；而对于资产，如厂房和机器设备等，折余成本应是最相关的。"2015年5月，IASB发布了《财务报告概念框架（征求意见稿）》，重申了上述三类计量基础，并讨论了在报表中运用多个计量基础的问题。

可见，到目前为止，关于会计要素的计量基础尚无一贯性的适用于各项会计要素及其具体对象的理论结论。

2）人本财务会计要素计量属性的选择

人本财务会计的计量是通过跟踪资产、负债、资本和环境评价指标的具体变化实现的。也就是说，人本财务会计的计量首先是对会计期初和期末的资产、负债的价值进行计量，以及对生产经营过程中各时间点的环境状况进行计量；其次基于资产、负债的价值变化确立资本及其增值；再次根据导致资本增值的具体原因确立行为价值、资本出资和资本增值分享；最后基于收付实现制确立现金流动要素的金额。可见，人本财务会计的计量贯彻的是资产负债观，以扣除与业主的资本交易后的资产、负债的价值增加作为会计主体的综合收益（即行为价值）。从资产负债观出发，人本财务会计各项会计要素的计量就转化成了不同时间点上的资产、负债的价值的计量和环境要素的计量，而能够反映不同时间点货币性会计要素价值的最相关指标唯有公允价值，能够反映现时环境状况的计量属性也只能是现时测定值。

这里将公允价值作为货币性要素最相关计量属性，并不意味着是对其他计量属性的否定，而是认为公允价值是包容着各项计量属性的复合计量属性。例如，历史成本不过是资产取得时或负债形成时的公允价值，现行市价或可变现净值也就是现时的公允价值。从这一角度来说，公允价值并不是与历史成本、现时成本、现行市价(可变现净值)等对立的计量属性,而是具有复合计量属性特点的一种计量属性,在不同的情况下,它体现为不同的具体形式。对资产、负债进行初始计量时,使用历史成本(取得时的公允价值)计量也就意味着使用取得时或形成时的公允价值进行计量;对资产、负债进行后续计量时,使用现行成本、现行市价(可变现净值)也就意味着使用资产负债表日的公允价值进行计量。对于使用取得成本(亦即当时的公允价值)进行初始入账价值的计量不会有很大异议,因为这与现行财务会计的初始计量没有本质区别。对于使用公允价值(包括各种具体形式)进行后续计量可能会有人质疑。质疑的主要方面在于公允价值数据的取得以及所取得的公允价值数据的可靠性(或者说客观性)。公允价值数据的最好取得渠道是资产、负债在计量日的市场价值。在封闭的市场环境下,一项资产、负债在不同的市场上确实会有不同的价值数据,会计主体显然应选择自己的生产经营活动所参与的主要市场上的相关资产、负债的市场价值数据。在网络经济环境中,任何一项资产或负债的市场交易价值都是可以取得的。也有人会说,网络上的交易报价不值得信任。这样的认识是基于当前没有严格规范的网络交易环境,而不是将来规范监控下的网络交易环境。笔者曾撰写多篇文章讨论过会计信息化条件下的会计信息系统模式,主张建立全国统一的公共信息会计系统[①]。在这样的会计信息系统模式下,全国所有会计主体的经济活动数据都统一汇总在公共信息会计系统中,只要对这些数据进行大数据析取分析就可以得出所需要的各种信息,包括社会中存在的每种资产、负债的市场价值信息。还有人会说,你所主张的公共信息会计系统并不存在甚至根本就不会出现。这也是不正确的。2009年4月,财政部印发了《财政部关于全面推进我国会计信息化工作的指导意见》(以下简称《指导意见》),描绘了未来5~10年中国会计信息化建设的蓝图,提出了健全一个体系、建立一个平台、形成一套标准、打造一支队伍、培育一个产业的发展目标。财政部会计司司长刘玉廷在《指导意见》颁布后接受记者采访时表示:"随着会计信息在社会经济生活中的地位日趋重要,要求企事业单位提供各种数据的政府部门也随之增多,

① 孙玉甫.公开财务会计信息生产社会化初探[J].会计之友,2005(4):6-7.;孙玉甫,王文莲.论建立公共信息会计的必要性与可行性[J].会计之友,2005(11):80-83.;孙玉甫.会计信息化条件改变了什么?[J].会计研究,2010(6):26-31.;孙玉甫,王海朋.从公共信息会计看国家统一会计信息平台[J].天津商业大学学报,2012(4):14-21.;孙玉甫.统一的会计信息自何而来?[J].中国会计报,2014-6-27:6.

这就必然导致会计数据多头报送、口径不一，既增加了企事业单位的负担，也增加了政府行政成本。因此，构建统一的会计信息平台迫在眉睫。财政部将会同有关部门，积极构建统一会计信息平台，最终实现会计信息数出一门、资源共享的目标，从而有助于投资者、社会公众、监管部门及中介机构等有关方面高效分析利用会计信息，降低社会成本，提升国家宏观决策水平和监管效能。"2011年9月9日，财政部发布了《会计改革与发展"十二五"规划纲要》，明确提出要在"十二五"期间逐步建立统一的会计信息平台，并进一步说明："为了实现会计信息数出一门、资源共享的目标，逐步构建以企事业单位标准化会计信息为基础的统一相关会计信息平台，以详细标记的企业会计信息为基础，促进监管信息互联互通、信息共享，向社会公众提供简单经济、易于理解、方便使用的企业报告数据，并为宏观经济管理和财政科学化、精细化管理提供支持。同时，逐步培育一个为相关单位提供软硬件产品、技术服务和咨询服务，服务质量上乘、社会声誉良好、发展前景广阔的会计信息化服务产业。"可见，构建信息化条件下的会计信息生产平台及相关服务产业已列入我国财政部门的工作日程。可以设想，随着国家统一会计信息平台的建设完成，各种资产、负债的市场价值信息将非常容易取得。而且，这些信息都是经过国家统一会计信息平台验证后的交易信息汇总整合形成的，其客观可靠性也是不应质疑的。当然，对于在全国甚至全世界范围内都是独一无二的某种资产（如无形资产、人力资产等），即使存在国家统一会计信息平台也无法从中直接取得其公允价值信息，那么就必须采用其他技术手段来对其进行估值，并要设置制约性条款来保证估值公允。关于该种资产的估值方法本书第三章曾简要地作了说明，可以使用承诺收益法进行价值估计，至于具体的方法本书第五章将结合具体资产进行详细讨论。

另外，从公允价值计量属性的运用情况看，各国和国际会计准则委员会自20世纪90年代以来，已颁布了越来越多的采用现值和公允价值的会计准则。据谢诗芬的统计："75%的现行国际会计准则运用了现值和公允价值。越是新近准则，采用的比例越大，如FASB从1990年12月至2002年10月（1999年12月）发布的42份（32份）FAS中，70%（35%）以上直接涉及公允价值（现值）。"[①]2006年，我国发布的《企业会计准则》中也已经有相当多的准则使用或部分使用了公允价值计量属性。2014年，我国企业会计准则又进行

---

① 谢诗芬. 论无形资产研究的会计计量理论发展背景[J]. 中国经济评论，2003(8)：230-233.

了一定规模的修订,更是发布了一项新的会计准则——公允价值计量。这都表明:公允价值计量属性将会得到更广泛的应用。

综上所述,人本财务会计的计量属性是公允价值。

4.9　人本财务会计的记录

4.9.1　人本财务会计记录的概念

很多会计理论教材或著作并不将财务会计记录列入其中,可能是认为它属于基础会计学研究的内容。只有吴水澎和陈国辉在各自的会计理论著作中涉及财务会计记录的内容,但均是以会计程序与方法为题,而非专门论述财务会计记录。

吴水澎在《中国会计理论研究》中以"会计基本程序和方法"为题进行了研究。吴水澎首先将其定义为"会计职能的具体化,也是实现会计目标的基本手段"。其次他在介绍会计方法内容演变后得出:"会计方法主要是指会计核算方法,即会计反映的方法。"再次他又对西方会计理论与实务的观点进行分析:"在西方会计实务和理论中,称会计核算方法为会计处理程序,亦称会计循环,包括编制分录、过账、账项调整前试算平衡、账项调整、编制报表、结账、编制转回分录等。这些同我国会计核算方法的提法是大同小异的。在西方现代财务会计中,对会计反映的方法又用确认、计量、记录和报告来表示。"最后他通过对会计确认、计量、记录、报告与会计核算方法的对比分析,得出:"会计确认、计量、记录与报告与前述的会计循环之方法其实是从不同角度对会计基本程序与方法的概括"。①

陈国辉在其《会计理论研究》中以"会计程序和方法"为题进行了研究。陈国辉首先声明:"会计程序和会计方法从广义上来讲并没有太大的区别,一般来讲,会计方法包括会计程序。会计方法是指某一个会计单位在记录和反映会计业务时所采用的技术方法,如计提固定资产折旧所采用的各种折旧方法等。而会计程序一般是指会计账务处理的具体步骤,如对会计数据进行记

---

① 吴水澎.中国会计理论研究[M].北京:中国财政经济出版社,2000:66-72.

录、分类、汇总、分析等。例如,购建固定资产时,首先将其购进的成本列为资产予以入账,使用时,再根据使用情况将其价值摊销为成本费用。会计程序和方法包括基本的会计程序和方法与详细的会计程序和方法,以上所述是基本的会计程序和方法,详细的会计程序和方法又称会计政策(会计政策还包括会计原则)。"然后介绍了会计政策及其选择,最后分析了会计准则的性质、内容和制定①。

葛家澍、刘峰指出:"会计信息系统包括确认、计量、记录、报告等环节。这些环节也可以看成是会计信息系统的子系统。其中,记录子系统主要解决如何对经济业务所发出的数据进行记录、传递;在记载和传递过程中,借助什么样的信息'载体'等等。习惯上,这一系统称为'复式簿记系统'。从内容上看,复式簿记系统是一个中间环节,主要解决如何将经济活动研发出的原始数据,逐步转化为最终的报告信息。当然,在这一过程中,还涉及确认、计量等问题。……会计信息系统在数据的收集、加工、处理等过程中,要运用一系列的会计处理方法和程序。这种按一定次序依次继起的账务处理方法,习惯上称为会计循环。一个完整的会计循环应当包括以下基本步骤:(1)根据复式记账原理,对经济业务进行分析;(2)按复式记账原理编制会计分录;(3)将会计分录过入各有关账户,期末进行试算平衡;(4)对应调整事项,按权责发生制的要求,编制调整分录,进行调整后试算;(5)编制财务报表;(6)做出结账分录,结清收入、费用等暂记性账户。"②

朱小平等写道:"依照会计准则的规定法则进行确认、计量、记录、分类、汇总、加工处理,将经济信息转换为会计信息的过程就是会计核算。""通常所说的会计核算系统是指会计记录、处理的过程。""会计确认、计量的结果不仅是通过会计记录反映,而且会计确认和计量都包容在会计记录之中。也就是说,在会计处理过程中并没有单独划分出确认、计量阶段,确认和计量融合在会计记录的各种具体方法之中。会计记录是对会计对象进行记录的手段。在传统的手工记账程序下,它主要包括下列专门方法:(1)设置会计科目及账户;(2)复式记账;(3)填制与审核凭证;(4)设置与登记账簿;(5)成本计算;

① 陈国辉. 会计理论研究[M]. 大连:东北财经大学出版社,2001:90-94.
② 葛家澍,刘峰. 会计学导论[M]. 上海:立信会计出版社,1999:123-125.

(6)财产清查;(7)编制财务报表。"①

可见,我国基本是将会计确认、计量、记录和报告等环节混合在一起进行研究论述的,即使葛家澍、朱小平等试图单独论述会计记录问题,但在界定会计记录方法时,又回到了原来的老路上去。笔者认为:会计确认是解决一个业务对象或事项是否和何时进入会计系统的问题,会计计量是解决该项目以多少金额进入会计系统的问题,会计记录是解决该项目在会计系统中怎样记载的问题,会计报告是解决将已记入会计系统的项目怎样对外报告和披露的问题。这些工作虽然依次继起、相互作用,但毕竟属于不同的会计工作,不能混合在一起描述。故此,笔者建议将会计记录与会计确认、计量和报告从理论上分开界定。

照此思路,本书定义:人本财务会计记录是指将已确认的应在现在进入人本财务会计系统的项目,以所计量的金额,采用特定方法,记载到人本财务会计系统中的具体工作。

4.9.2　人本财务会计的记录方法

既然人本财务会计记录只是记载会计项目的工作,其方法就只应包括与记载有关的方法。

目前,我国被称为会计核算方法的主要有七项,包括设置会计科目和账户、复式记账、填制和审核凭证、登记账簿、成本计算、财产清查、编制会计报表。它们是否都属于与记载有关的会计核算方法呢? 唐国平曾做过论证,他认为:会计核算方法是指进行科学的会计核算所必须采用的手段或方式,即对资金及其变化进行计量、记录与报告的方法。而在传统的会计核算方法中却存在某些不属于或不能独立作为会计核算方法的内容:财产清查是基于财产管理而进行的一种检查行为,其检查结果只是会计核算的客体,所以财产清查应属于会计检查方法而非会计核算方法;填制原始凭证是经济业务人员所从事的工作,不应属于会计核算;审核凭证理所当然属于会计检查的内容;成本计算作为对产品价值的计量,应和其他计量方法一起构成属于会计核算方法的会计计量方法。所以,会计核算方法应包括设置账户、复式记账、会计

① 朱小平,肖镜元,徐泓. 初级会计学[M]. 北京:中国人民大学出版社,2001:19-28.

计量、填制记账凭证、登记会计账簿、编制会计报告六种方法。他还把上述六种方法分为两类：一是设置账户、复式记账、会计计量是会计核算的基本方法；二是填制记账凭证、登记会计账簿、编制会计报告是会计核算的实现方法。作为会计核算的基本方法，它们主要受会计对象的规律性的制约，是其他会计核算方法的基础和依托，带有原理性并相对稳定。会计核算的基本方法之间是相互联系的：设置账户、会计计量是复式记账应用的前提，会计记录是将对经济业务进行会计计量的结果按复式记账原理记录在预先设置的账户中。会计核算的实现方法受会计核算目标的决定，是生成会计信息、实现会计目标的具体手段。会计核算的实现方法依次继起，构成了日常会计工作的会计循环。会计核算的实现方法还受所使用的工具（如手工、计算机等）的影响，具有不稳定性和可变性。会计核算的基本方法是体现整个会计核算方法性质的方法，是实现方法的依托和基础。实现方法受基本方法的"辐射"，只有在运用基本方法的前提下才能得以完整实施，是基本方法应用的具体体现方式。会计核算过程是一个综合运用由基本方法与实现方法有机构成的会计核算方法体系的完整过程，其中，"隐形"的基本方法与"显形"的实现方法相互制约和影响[1]。

笔者非常同意唐国平的观点，但唐国平是对会计核算方法的统一研究，将其中与会计记录无关的方法去掉就构成了会计记录方法，即复式记账、设置会计科目和账户、填制记账凭证、登记会计账簿。这也就是人本财务会计的记录方法。

1）复式记账

复式记账是对每一项经济业务，都要以相等的金额同时在两个或两个以上的相关账户中进行记录的技术方法。复式记账法要使得每项经济业务所涉及的两个或两个以上的账户之间产生一种平衡关系，以了解和掌握经济业务的内容，检查会计记录的正确性。同时，采用复式记账法记录各项经济业务，能够全面、系统地反映各项经济业务之间的联系，反映经济活动的全貌。目前广泛采用的复式记账方法是借贷记账法，还有学者提出三式关联记账等

---

[1] 唐国平. 会计核算方法及其体系的规范论证[J]. 会计研究，1998(6)：8-11.

方法①。这些方法都可以在人本财务会计系统中应用,但主要采用的还是借贷记账法。

2) 设置会计科目和账户

设置会计科目和账户是对会计对象具体内容进行分类核算的方法。会计对象包含的内容纷繁复杂,设置会计科目及账户就是根据会计对象具体内容的不同特点和经济管理的不同要求,选择一定的标准进行分类,并事先规定分类核算的项目,在账簿中开设相应的账户。人本财务会计的账户设计是对其会计要素进行具体分类所形成的项目,对资产、负债、资本、资本出资、资本增值分享、现金流量要素等可以参照现行财务会计的科目和账户设计;资本增值可以具体分为综合收益和业主资本交易两类;行为价值可以分为内部劳务行为价值(具体包括可持续常规行为价值和偶发非常规行为价值两项)和外部群体行为价值,分别核算会计主体内部各项自主活动导致的行为价值和会计主体外部人群的综合行为对会计主体资产、负债价值的影响(即现行财务会计所说的持产损益);非货币性会计要素按照环境评价指标具体设置备查账户。

3) 填制记账凭证

填制记账凭证是为会计记录提供完整的、真实的原始资料,保证账簿记录正确、完整的方法。记账凭证是记录经济业务、确定将经济业务记录在哪个会计账户中的书面证明,是登记账簿的依据。人本财务会计的记账凭证填制与现行财务会计填制记账凭证的工作并无技术方法的不同。

4) 登记会计账簿

登记会计账簿是根据审核无误的记账凭证,在账簿上进行全面、连续、系统记录的方法。账簿是用来记录经济业务发生的簿籍。登记账簿应以记账凭证为依据,将记账凭证中所反映的经济业务分别记入有关账户的工作。这样,账簿记录就对会计凭证中分散记录的经济业务内容进行了进一步的分类、汇总,使之系统化,能够更加适应经济管理的需要。账簿记录的各种数据

---

① 徐国君.三维会计研究[M].北京:中国财政经济出版社,2003:319-419.

资料还是编制财务报表的重要依据。

总之,复式记账为人本财务会计记录提供了技术方法上的依据,设置会计科目和账户为会计记录准备了应用工具,填制记账凭证和登记会计账簿是具体的会计记录工作。从具体的工作技术方法和过程上看,人本财务会计记录与现行财务会计的会计记录并无实质性差别,但人本财务会计所要记录的项目会因为会计要素的扩充而有所增加。

4.10 人本财务会计的报告

4.10.1 人本财务会计报告的概念

从汉语语法来看,因为"报告"一词本身既是动词,又是名词,所以导致关于财务会计报告的概念主要有两种提法:一是过程论,如"财务报告就是按照一定的方法,将业已确认、计量、记录的会计对象进行汇总和向外传递的过程"[①];二是文件论,如"财务会计报告是企业正式对外披露财务信息和非财务信息的书面文件"[②]。我国《企业财务会计报告条例》将企业财务会计报告定义为:"企业对外提供的反映企业某一特定日期财务状况和某一会计期间经营成果、现金流量的文件。"这一定义其实是通过对财务会计报告所包括的经济信息内容进行描述所得出的,但其描述是不全面的,无法概括财务会计报告所包括的所有内容,如大量的报表附注很难归于财务状况、经营成果、现金流量三类中,而财务情况说明书更是不属于这三类的范围。同时,否认财务会计报告是一个动作过程也是不合理的,因为从确认、计量、记录和报告的工作流程看,财务会计报告就是指编制和提供财务会计书面文件报告的过程。所以,笔者认为:会计报告是指会计主体以货币为主要计量单位,对外提供其各方面状况的过程和所提供的书面文件。

人本财务会计报告也是具有过程和文件双重性质的概念。从过程来看,人本财务会计报告是指将人本财务会计系统记录的信息经整理后向外发布

---

① 吴水澎. 中国会计理论研究[M]. 北京:中国财政经济出版社,2000:245.
② 魏明海,龚凯颂. 会计理论[M]. 大连:东北财经大学出版社,2001:150.

的具体工作；从文件来看，人本财务会计报告是指人本财务会计系统以特定格式提供的信息所组成的书面文件和数据库电子文件。关于人本财务会计报告过程的研究主要是分析该工作过程所包含的具体工作和这些工作所应遵循的原则、采取的方法。这一点已在人本财务会计原则和人本财务会计记录等部分予以说明，故本部分主要研究的是作为文件的人本财务会计报告，研究其应报告的信息内容、信息组织方式、信息报告手段、信息报告频率等。

4.10.2　人本财务会计报告的信息内容

人本财务会计力图全面核算与反映会计主体的情况，在对会计主体进行全要素核算的基础上，报告会计主体所能够提供的全部会计要素的信息。这些信息可以分成几个层次：

首先，报告各项会计要素的数据变化信息。对于货币性静态会计要素，要报告该会计要素及其具体组成项目的期初、期末价值；对于货币性动态会计要素，要报告该会计要素及其具体组成项目本期发生额以及其历史同期的可比较金额；对于非货币性会计要素，要报告该项环境评价指标的评价标准值、几个时间点的实际检测数值、会计主体为维护环境平衡的具体工作情况等。

其次，报告上述数据的生产规范以及重要项目的解释说明。这类似于现行财务会计的财务会计报表附注，是对人本财务会计数据生产情况做出的解释，以及对人本财务会计报告中的重要项目或异常变动项目做出的解释，目的在于帮助信息使用者更好地理解和使用会计信息。

再次，披露各项财务会计要素及其变化的分析预测信息。会计主体利用人本财务会计报告对外提供本主体的权力机构和管理当局对主体过去生产经营情况的分析信息，以及未来主体发展情况的预测信息，以便为信息使用者和利益相关者提供更有价值的信息服务。

最后，披露其他信息。会计主体还可以对外提供其他自认为对信息使用者有用的信息，如会计主体的未来发展战略和计划安排、会计主体为提升员工素质和满意度所采取的措施等。

这四个层次的信息还可以按照信息的可信赖程度进行分类，由信息提供者说明信息的来源、信息加工可能导致的信息含量变化情况、信息的可信赖程度等。依据信息的可信赖程度可以将信息分成直接来源于市场交易数据或实际检测数据的信息、依据前述数据加工处理形成的信息、基于一定假设形成的分析预测信息、其他可供参考的信息等。

4.10.3 人本财务会计报告的信息组织方式

人本财务会计报告的信息组织方式是指人本财务会计系统提供的信息的相互联系方式,即怎样将各个独立的信息组织起来形成一系列的信息关联结构。人本财务会计报告的信息组织方式具体要研究的有信息的载体形式、每一报表内部信息的数量关系、不同报表之间的关系等。

人本财务会计所提供的信息载体将是多样的,如表格、图形、文字、照片、录像等。其中表格形式的信息将是主要的,称为人本财务会计报表。人本财务会计报表的信息应全部来自人本财务会计账簿记录,是人本财务会计要素数据在表格上汇总反映的结果。故此,人本财务会计的报表应包括资产负债表、行为价值表、资本增值变动表、现金流量表、环境评价情况表和相关附表。其他形式的信息作为人本财务会计报表的补充。

每一报表内部信息的数量关系是指构成每一报表的各人本财务会计要素之间的数量关系。显然,每一报表内部信息的数量关系由构成人本财务会计各报表的要素所决定,体现着这些要素的联系。人本财务会计资产负债表的构成要素有资产、负债、资本,其数量关系为"资产=负债+资本"。人本财务会计行为价值表的构成要素是行为价值会计要素的各级子要素,包括内部劳务行为价值和外部群体行为价值,其数量关系为"行为价值总额=内部劳务行为价值+外部群体行为价值=可持续常规行为价值+偶发非常规行为价值+外部群体行为价值=生产经营行为价值+投资活动行为价值+理财活动行为价值+长期资产处置行为价值+非常事件行为价值+外部群体行为价值(持产损益)"。人本财务会计资本增值表的构成要素是资本增值、行为价值、资本出资、资本增值分享,其数量关系为"资本增值=行为价值+资本出资-资本增值分享"。人本财务会计现金流量表的构成要素有现金流入、现金流出、其他项目现金流量、现金净流量,其数量关系为"现金流入-现金流出+其他项目现金流量=现金净流量"。人本财务会计环境评价情况表是一个承诺指标值与实际检测值的对比表。人本财务会计的相关附表是对前述报表中的某一项目的具体构成情况和异常项目情况的具体或补充说明的报表,其数量关系应是总量与分量之间的关系。

　　不同报表之间的关系是指上述报表之间所形成的数量联系,关于对这一联系的看法也被称为会计报表的结构观念。现行的财务会计理论研究认为的财务会计报表结构观念有两类:环接观念和非环接观念,其中,环接观念又分为以利润表为中心的报表环接观念和以资产负债表为中心的报表环接观念①。人本财务会计遵循环接观念,并按照资产负债观的要求遵循以资产负债表为中心的报表环接观念。即资产负债表所体现的资产负债期初、期末价值变化就是本期资本增值,而这一资本增值与资本增值表中的资本增值相环接;行为价值表反映的是行为价值本期总增加额,与资本增值变动表中的行为价值相环接。

4.10.4　人本财务会计报告的手段

　　人本财务会计报告的手段是指人本财务会计提供信息时所使用的信息传输工具。这与现行财务会计的信息报告手段没有本质区别,也可以借助直接书面报告、平面媒体登载、计算机网络发布等多种手段。

4.10.5　人本财务会计报告的频率

　　人本财务会计报告的频率是指人本财务会计系统提供人本财务会计报告的时间间隔。为了提高会计信息的及时性,显然会计报告的频率越高越好,但是在手工会计条件下和会计信息个体化生产方式中,提高会计报告的频率是困难的。故此,在当前条件下的人本财务会计报告的频次还应是定期报告(月、季、半年、年)。如果将来会计主体的人本财务会计系统与公共信息会计系统(国家统一会计信息平台)实现了系统连接,就形成了借助于计算机网络收集、验证、处理、提供信息的大系统,完全可以实现提高报告频率的需要,那时的人本财务会计报告将是实时报告,辅以定期总结和分析。

---

　　① 孙玉甫,等.广义财务会计理论[M].上海:立信会计出版社,2004:333-337.

5 生产要素获取的会计核算

5.1 环境要素获取的会计核算

5.1.1 环境要素及其获取方式

环境是指处于会计主体之外,与会计主体共同构成更大系统的其他系统,亦即会计主体进行生产经营活动所处的外部世界。环境要素本身不参与会计主体的生产经营过程,但又是其生产经营过程不可或缺的条件,包括自然生态环境和社会生态环境。自然生态环境是指会计主体所处地域的自然界的生态状况,特别是其自我调节机制允许的最大排放限度以及可以提供给本会计主体的限额。社会生态环境是指会计主体所处的国家和地域的政治、经济、文化、国防等方面的状况。社会生态环境还可以进一步分为会计主体很难调控的社会生态环境和会计主体所营造的市场环境,前者是整个国家政府和社会公众共同努力建立起来的,如该国家和地域的国防安全、政治制度、经济制度及其发展水平、国民的受教育程度、社会心理状况等;后者是会计主体通过自身的生产经营活动等所造就的市场状态,如客户资源、市场口碑等。

研究环境要素的会计核算,必须先明确环境要素的提供者及其提供方式,因为这决定了会计主体获取环境要素的方式,进而决定了环境要素在会计主体的确认。

环境要素的提供者毫无疑问是社会公众及其所建立的政府。有人可能会说:自然生态环境的提供者不是社会公众,而是超越社会公众的大自然。问题在于,会计主体所要求的并不是大自然本身,而是在该自然生态环境中生存与发展的权利,即利用该自然生态环境进行生产经营的权利。虽然从生态的角度上要说,对大自然的利用权属于整个自然界的所有生物,并不是单单属于人类，即社会公众。但在自然进化发展到今天的现实生活中，对自然界的利用权力最先属于进化到食物链最顶端的人类。在一个地域的社会公众建立了能够代表其利益的国家政府以后，社会公众通过政府行使审批权，决定是否允许一个会计主体在该自然生态中设立和运营，以及其运营过程中可以对自然生态产生最大负面影响的限度。一个会计主体只有经过政府的审批以后才能在该自然环境中建立，也只有在允许的限度内向外部自然界排放才会被社会公众和政府许可继续经营。从这样的角度上看，自然生态环境的提供者就应该是一个地区的社会公众。某些建设项目因为当地群众的集体反对而不能上马，就是这方面的例证。会计主体很难调控的社会生态环境的提供者很显然是社会公众及其代表——政府，在此不再予以论证。会计主体所营造的市场环境表面上来看好像是会计主体自身努力所提供的，但究其实质仍然是会计主体迎合社会公众的需求所获得的。正是社会公众提出了各种各样的要求，然后对可以更好地满足其要求的会计主体给予了积极认可与支持，才使得该会计主体拥有了良好的市场环境。离开了社会公众的需求满足与积极支持，会计主体的市场环境也就不会存在。从这一点上说，会计主体所营造的市场环境也是社会公众对其予以认可和支持的结果，是社会公众提供给会计主体的。

环境要素的提供方式只能是投资。从一个会计主体的设立来看，代表社会公众利益的政府通过审批（必要的时候还要组织社会公众的听证后再审批）和办理登记等环节的工作，授予该会计主体利用当地环境建立与发展的权利，就等于向该会计主体注入了环境要素。这时，并未要求会计主体提供与此环境相等值的资金，也未就此核定该会计主体承担与此环境要素等值的债务，而是期望该会计主体通过利用其所提供的环境进行可持续的运营，以便获得税收、就业、推动地区经济发展等持续的长期回报。这和向会计主体提供物质资本投资具有相同的经济实质，所以可以看成是社会公众通过提供环境要素向会计主体注入了初始环境资本投资。

环境要素是其提供者以投资的方式注入会计主体的，所以会计主体获取环境要素的方式就是吸收投资。社会公众也就自然地成为了会计主体投资者的组成部分。这也就为会计主体必须履行社会责任、依法交纳税费以回报社会，并向社会公众报告其生产运营及环境影响情况提供了理论依据。

5.1.2 环境要素的价值计量

环境要素的绝对价值是很难找到一个有依据、可核实的计量属性的,而不能确立环境要素的价值计量也就无法对其进行会计核算。既然无法确立其绝对价值的计量,是否可以找到环境要素的相对价值计量方法呢?笔者注意到:环境要素是以投资的方式提供给会计主体的,投资方和接受投资方就会对投资物客体进行价值磋商,这样的价值磋商可以得出投资物的绝对价值,进而根据各投资物的绝对价值确定投资各方的股份比例;也可以不讨论某项投资物客体的绝对价值,而是直接商定该投资物客体在整个投资总额中所占的比例,进而确立该投资物客体的价值。环境要素的投资就可以采用这样的办法,按照会计主体登记的资本总额的比例确定环境要素的价值。因为一般来说,会计主体登记的资本总额越大,其规模越大,其生产运营所需要的环境支持也就越大,需要社会公众及其建立的政府所注入的环境资本也就越大。

按照相对价值计量的思路,结合会计主体应该向社会交纳所得税的客观事实,笔者建议可以将环境资本相对价值计量的比例确定为所得税税率。也就是说,国家向会计主体征收的所得税并不是无偿的,而是代表社会公众要求会计主体支付的环境资本投资的红利。例如,在当前企业所得税税率为25%的前提下,一个物质资本出资者准备以3 000万元的货币资本出资设立一个会计主体,那么与之配套的环境资本出资就是1 000万元(3 000×25%÷75%),该会计主体最终的登记资本就是4 000万元。若以后该会计主体申请增加或减少登记资本,则也应同时按比例增加或减少其环境资本。显然,相对计量环境资本的出资价值不仅有效地解决了环境资本的出资计量难题,而且确立了全新的所得税征税理论,为全新的税收制度设计提供了新的思路。

5.1.3 吸收环境要素投资的核算账户

社会公众以环境资本向会计主体出资,会计主体就拥有了对该环境的利用权,从而形成了会计主体的资产;同时,会计主体也就对社会公众承担了义务,而且这种义务是对所有者承担的义务,形成会计主体的资本。为了核算会计主体因为吸收环境资本出资所形成的资产和资本,可以设置两个会计账户:"环境资产"和"环境资本"。

"环境资产"账户是用来核算会计主体所拥有的利用相应环境进行生产运营的权利账户。该账户属于资产类账户,其借方登记接受环境要素出资或增资导致环境要素出资相应增加的金额,贷方登记减资导致环境要素出资相应减少或会计主体注销导致环境要素同步撤资而减少的金额,期末余额在借方,表示现有的环境资产的实际价值。

"环境资本"账户是用来核算所有者投入的环境资本增减变动情况及其结果的账户。该账户属于资本类账户,其贷方登记会计主体获得的投资者投入的初始环境资本或增资导致的环境资本增加;由于所有者的投资是一项永久性资本,借方一般没有发生额,如果投资者按法定程序减资或注销会计主体,则借方登记投入的环境资本的同步减少数;期末余额在贷方,表示企业实际拥有的环境资本数额。

总之,"环境资产"和"环境资本"是一对对应的账户,增加时同时增加;减少时同时减少。会计主体实际生产运营中对环境的影响,不通过"环境资产"账户核算。即"环境资产"账户登记的金额不因会计主体运营对环境产生影响而发生改变,此种影响及其对环境生态予以补偿的会计处理将在下一章中讨论。

5.1.4　环境要素投资的会计处理

会计主体吸收环境要素投资,同时增加了会计主体的环境资产和环境资本,按照借贷记账法的记账规则和环境资产与环境资本的账户结构,应借记"环境资产"账户,贷记"环境资本"账户。

【例5-1】　2015年1月,投资人刘东、张宇与星光公司共同出资组建了东光有限责任公司(以下简称"东光公司"),该公司为产品制造企业,取得了增值税一般纳税人资格。其中,刘东以120万元的货币资金投资,款项已存入会计主体的开户银行;星光公司以价值150万元的房屋作为出资物进行投资;张宇以价值30万元的一台机器设备作为出资物进行投资。同时,计算登记该会计主体接受的环境资本出资。

根据物质资本和技术资本出资者的实际出资金额,按照当前25%所得税税率计算的环境资本出资额为 100 万元[25％÷75％×(120＋150＋30)]。则在记录物质资本和技术资本出资业务的同时,还应记录环境资本出资业务,其人本财务会计的会计分录为:

借:环境资产　　　　　　　　　　　　　　　　　　1 000 000
　　贷:环境资本　　　　　　　　　　　　　　　　　　　1 000 000

如果会计主体追加其他生产要素投资,则相应地增加环境资本投资,以便始终保证环境资本占总资本额的比例等于 25％。如果会计主体因为某些原因减少其登记资本或注销该会计主体,则相应地减少其环境资本投资,会计处理为:借记"环境资本"账户,贷记"环境资产"账户。

5.2　货币和实物资源要素获取的会计核算

5.2.1　货币和实物资源要素及其获取方式

货币和实物资源的概念与现行财务会计所定义的完全一致,都是指会计主体所获得的货币性资源和各种具有实物形态的生产生活物资。

货币和实物资源要素的获取方式可以归为四大类:通过吸收投资从所有者处获得,通过赊借方式从债权人处获得,通过与其他会计主体之间的交易或其他业务而获得,通过会计主体自行生产而创造出来。

本章只讨论前三类情况,而将第四类导致实物资源产生的方式作为会计主体消耗已有生产要素自制获取的生产要素,认定为会计主体的生产要素营运活动,放到第 6 章中讨论。

5.2.2　吸收货币与实物资源要素投资的会计核算

所有者向会计主体投入货币与实物资源,会计主体就拥有了开办的资金和资源,从而形成了会计主体的资本金。资本金是会计主体在相关部门登记的资本,它是会计主体从事生产经营活动的基本条件,也是会计主体独立承担民事责任的资源保证。因此,在经营期内投资者除依法转让或减资外,不得以任何方式抽回投资。投入资本最先发生于企业设立之时,投资者根据我国《公司法》等相关法律规定,可以用货币出资,也可以用实物资源作价出资;会计主体在生产经营过程中,根据需要也可以由原投资者增加投资或吸收新的投资者对企业进行投资。

会计主体吸收投资,一方面导致所拥有的货币与实物资源增加,另一方面导致其登记的资本增加。为了核算会计主体所拥有的货币与实物资源,可以设置各种资产账户,如"银行存款""原材料""固定资产"等。这些账户的设置与使用与现行财务会计没有区别,本书不予讨论。为了核算因吸收投资导致的会计主体对所有者承担的义务,可以设置"物力资本"账户。由于投资者的资本份额代表了投资者在该会计主体中享有的权益,所以,该账户应按投资者设置明细账,进行明细分类核算。该账户与现行财务会计所使用的"实收资本"账户没有本质区别,只是明确其核算的资本仅仅属于货币与实物资源出资导致的物力资本,是资本的一种,从而与前面讨论的"环境资本"账户以及后面所要讨论的"技术资本""人力资本"账户区别开来。

会计主体吸收货币与实物资源出资时,借记所收到的货币与实物资源对应的各类资产账户,贷记"物力资本"账户。这与现行财务会计的相应业务处理没有区别。

【例5-2】 2015年1月,投资人刘东、张宇与星光公司共同出资组建了东光有限责任公司(以下简称"东光公司"),该公司为产品制造企业,取得了增值税一般纳税人资格。其中,刘东以120万元的货币资金投资,款项已存入会计主体的开户银行;星光公司以价值150万元的房屋作为出资物进行投资;张宇以价值30万元的一台机器设备作为出资物进行投资。

在登记创立该公司的环境资本投资的同时,该公司登记所收到的货币与实物资源,以及导致的物力资本。其人本财务会计的会计分录为:

借:银行存款　　　　　　　　　　　　　　　1 200 000
　　固定资产——房屋　　　　　　　　　　　 1 500 000
　　　　　　　——生产设备　　　　　　　　　 300 000
　　贷:物力资本——刘东投入资本　　　　　　 1 200 000
　　　　　　　　　——星光公司投入资本　　　 1 500 000
　　　　　　　　　——张宇投入资本　　　　　　 300 000

5.2.3　赊借取得货币与实物资源要素的会计核算

赊借取得货币与实物资源具体包括会计主体以自己的名义向其他会计主体借入资金(贷款或发行债券)和会计主体向其他会计主体赊购取得各种实物资源。此种业务的发生都会导致会计主体所拥有的货币与实物资源增加,但同时也就产生了会计主体对对应方(即债权人)承担了一项负债义务。相应资产和负债的入账价值即是交易时的交易成本,也就是当时的公允价值。

核算取得的货币与实物资源所使用的仍然是各种资产账户,核算负债义务的就是长短期借款、应付债券、应付票据、应付账款等各种负债账户。这些账户的设置与使用和现行财务会计完全一致,本书不予详述。

5.2.4　交易或其他业务取得货币与实物资源的会计核算

交易或其他业务是指会计主体进行的货币性现购交易、非货币性资产交换、债务重组、接受捐赠等业务。这些业务的具体内容与现行财务会计的业务描述没有实质性区别。但由于人本财务会计对所有资产的计量都是采用公允价值,所以这些业务都直接使用公允价值进行记录。同时,人本财务会计也不设置费用、收入等会计要素,所以也无需进行收入与成本的双重登记。

【例 5-3】　东光公司从佳奇公司购入甲材料,收到佳奇公司开来的发票,数量是 1 000 千克,单价为 50 元,价款为 50 000 元,增值税专用发票标明的增值税额为 8 500 元,货款和税款以银行存款支付,材料尚未运达企业。

该项经济业务的人本财务会计的会计分录为:

借:在途物资——甲材料(佳奇公司)　　　　　　　　　50 000
　　应交税费——应交增值税(进项税额)　　　　　　　　8 500
　　贷:银行存款　　　　　　　　　　　　　　　　　　　　58 500

【例 5-4】　东光公司将自产的产品出售。自产产品账面上记录的公允价值为 20 000 元,实际销售价款 20 500 元,适用的增值税税率为 17%。产品销售的价税款已收存银行。

自产产品账面记录的公允价值是上期期末按当时市场情况确认的,实际售价是销售当日实际的公允价值,两者的差额系可直接出售产品的持产收益,应该确认为"行为价值创造——外部群体行为价值创造"①。该项经济业务的人本财务会计的会计分录为:

借:银行存款　　　　　　　　　　　　　　　　　　　　23 985
　贷:库存商品　　　　　　　　　　　　　　　　　　　　　　20 000
　　行为价值创造——外部群体行为价值创造　　　　　　　　　500
　　应交税费——应交增值税(销项税额)　　　　　　　　　　3 485

【例 5-5】　东光公司用自产的产品从黄海公司换入不需要安装的机器设备一台。自产产品账面上记录的公允价值与当日公允价值均为 20 000 元,所换取机器设备当日的公允价值为 21 000 元。双方适用的增值税税率均为17%。东光公司另外以银行存款支付补价 1 170 元,支付运杂费 2 000 元和包装费 1 000 元。

该项经济业务的人本财务会计的会计分录为:

借:固定资产　　　　　　　　　　　　　　　　　　　　24 000
　应交税费——应交增值税(进项税额)　　　　　　　　　3 570
　贷:库存商品　　　　　　　　　　　　　　　　　　　　　　20 000
　　应交税费——应交增值税(销项税额)　　　　　　　　　　3 400
　　银行存款　　　　　　　　　　　　　　　　　　　　　　　4 170

【例 5-6】　东光公司因财务困难向债权人黄海公司提出申请,双方达成协议:以东光公司持有的库存商品清偿所欠黄海公司的应付账款。该库存商品账面登记的公允价值与当日公允价值均为 100 万元,应交增值税销项税额17 万元,所欠应付账款的金额为 120 万元。

该项经济业务的人本财务会计的会计分录为:

借:应付账款——黄海公司　　　　　　　　　　　　　1 200 000
　贷:库存商品　　　　　　　　　　　　　　　　　　　　1 000 000
　　应交税费——应交增值税(销项税额)　　　　　　　　170 000
　　行为价值创造——外部群体行为价值创造　　　　　　　30 000

债务重组中,债权人做出的让步,视同债权人对本会计主体的捐赠,是会

---

① 关于持有资产的期末计价以及持产收益等内容将在第 6 章详细讨论。

计主体外部人的行为对本会计主体的价值贡献。

【例 5-7】 东光公司接受其他会计主体捐赠的物资,公允价值为 350 000 元,可以抵扣的进项税额为 59 500 元。公司将其作为生产性材料入账。

该项经济业务的人本财务会计的会计分录为:

借:原材料   350 000
　　应交税费——应交增值税(进项税额)   59 500
　　贷:行为价值创造——外部群体行为价值创造   409 500

5.3　无形资源与技术要素获取的会计核算

5.3.1　无形资源与技术要素及其获取方式

无形资源与技术是指会计主体进行生产经营活动所需使用的各种没有实物形态的可辨认非金融资产(包括各种生产与经营管理技术)。在现行财务会计中,会计主体所拥有或控制的这些无形资源与技术被统一定义为无形资产。从构成内容上讲,两者没有实质性差别,本书也直接借用"无形资产"这一概念。

无形资产的获取方式主要有:投资者投入、自行研发、现购与赊购交易或其他业务获得、接受捐赠等。这与现行财务会计关于无形资产的取得方式的分析描述没有区别。

5.3.2　无形资源与技术要素的初始计量

现购与赊购交易或其他业务取得的无形资产,如果交易业务是按照公允价值达成的(即没有证据证明存在着影响交易双方进行公允交易的因素),则可以采用现行财务会计所使用的方法,以交易对价的公允价值作为取得的无形资产的初始入账价值。对于不能证明是按照公允价值达成的交易(包括接受的捐赠)以及投资者投入和自行研发的无形资产,由于没有交易对价或对交易对价的公允性存疑,就需要使用单独的估值技术来对无形资产的初始入账价值进行估计,并要保证所估计得出的初始入账价值不侵害各方的利益从而实现估值的公允。

对于接受捐赠的无形资产,由于捐出方并不要求回报,受赠方也要通过使用该资产获得超额经济利益来实现该资产的价值,所以可以在接受捐赠时以名义金额1元作为入账价值。这样做表面上看有些低估资产的价值,不利于表现会计主体的资产实力和管理当局的业绩考核,但实质上却不然。按照人本财务会计的观点,会计主体未来所获得增产增值均属于行为价值,如果将来接受捐赠的无形资产能够带来超额收益,这部分超额收益,一方面会实实在在地增加会计主体的资产价值;另一方面也毫无疑问地会构成管理当局行为价值的组成部分,从而增加管理当局的未来业绩。同时,以1元的名义金额入账,没有高估资产价值和当期未实现的资本增值,也有利于投资者和债权人的利益保护,从而符合人本财务会计倡导的各方合作共赢的初衷。

不能证明交易公允性所取得无形资产,也因为无法合理确定其公允价值,而应该采用名义金额1元入账,并将支付的对价扣除名义价款后的差额作为行为价值创造的减项处理。这样选择的理由,除了与上述接受捐赠取得无形资产入账价值确定的理由之外,还可以在一定程度上抑制此种交易发生;防止会计主体间的不合理利益转移,维护社会公平竞争的市场环境。

自行研发的无形资产,属于会计主体消耗已有生产要素自制获取的生产要素,本书将其认定为会计主体的生产要素营运活动,放到下一章中讨论。

投资者投入的无形资产,在投资时既没有支付对价,也不能可靠地确定其未来可以流入的经济利益。现行财务会计所使用的评估加协商的办法又会导致各方的利益博弈,无法实现合作共赢。按照人本财务会计的功能实现机制,投入的无形资产按照投资方承诺,可以在未来以流入会计主体的经济利益的现值入账,同时投资方还要以等值的实物资产作担保或提供第三方担保。若将来实际实现的经济利益未达到投资方的承诺,投资方要补足会计主体所应该得到的承诺经济利益;当然若实际实现的经济利益超过承诺的经济利益,投资方可以更多地分享超额经济利益。采用这样的方法来确定投入的无形资产的入账价值,就能够保证对无形资产价值的公允计量,并防止有关方的利益侵占,实现各方合作共赢。

5.3.3 无形资源与技术要素获取的会计核算

为了核算会计主体取得并持有的无形资源与技术,需要设置"无形资产"会计账户。该账户属于资产类账户,其借方登记会计主体所拥有的无形资产价值增加,贷方登记会计主体拥有的无形资产价值减少,期末余额在借方,表示现有的无形资产的实际价值。同时,为了核算会计主体因接受无形资源与技术投资所导致的资本增加,需要设置"技术资本"会计账户。该账户属于资本类账户,其贷方登记会计主体获得的投资者以无形资源与技术投入的资本的增加;由于所有者的投资是一项永久性资本,借方一般没有发生额,如果投资者按法定程序减资或注销会计主体,则借方登记投入资本的减少数;期末余额在贷方,表示企业实际拥有的技术资本数额。会计主体进行其他业务所使用的会计账户同前,在此不再重复。

【例5-8】 东光公司为生产新产品购入一项专利权,以银行存款支付价款300万元。该交易双方不存在任何关联关系,也无证据表明其交易是不公允的。

由于不能证明交易双方对该专利权达成的价款是不公允的,故此,该项交易取得的无形资产应按交易时达成的公允交易价款入账。该项经济业务的人本财务会计的会计分录为:

借:无形资产　　　　　　　　　　　　　　　　　　　　　3 000 000
　　贷:银行存款　　　　　　　　　　　　　　　　　　　　3 000 000

【例5-9】 东光公司用处于城区的土地使用权及地上建筑物从黄海公司换入一块郊区土地的使用权,并向黄海公司收取补价1 000万元存入银行。东光公司账面上记录的土地使用权的公允价值为2 000万元,地上建筑物的公允价值为600万元。该交易双方不存在任何关联关系,也无证据表明其交易是不公允的。假定不考虑其他相关税费。

该项经济业务的人本财务会计的会计分录为:

借:无形资产——土地使用权(郊区)　　　　　　　　　16 000 000
　　银行存款　　　　　　　　　　　　　　　　　　　　10 000 000
　　贷:无形资产——土地使用权(城区)　　　　　　　　20 000 000
　　　　固定资产　　　　　　　　　　　　　　　　　　　6 000 000

【例5-10】 东光公司接受其他会计主体捐赠一部作品的著作权,公允价值无法确定。

该项经济业务应该以名义金额1元入账,其人本财务会计的会计分录为:

借:无形资产——著作权　　　　　　　　　　　　　　　　　　　　　1
　　贷:行为价值创造——外部群体行为价值创造　　　　　　　　　　　　　　1

【例5-11】 东光公司从其母公司手中购入一块土地的使用权,以银行存款支付价款300万元。东光公司不能证明其交易的公允性。

由于东光公司不能证明交易的价款是公允的,故此,该项交易取得的无形资产应以名义金额1元入账,支付的300万元银行存款扣除名义价款1元后的差额作为行为价值创造的减项处理。其人本财务会计的会计分录为:

借:无形资产——土地使用权　　　　　　　　　　　　　　　　　　　　1
　　行为价值创造——外部群体行为价值创造　　　　　　　　　2 999 999
　　贷:银行存款　　　　　　　　　　　　　　　　　　　　　3 000 000

【例5-12】 技术发明人孙明与东光公司协商,欲以其持有的某项专利技术作为出资物向东光公司出资。该项专利技术法律保护的有效期尚未超过5年。经协商达成如下出资协议:孙明承诺东光公司使用该专利技术以后,在5年内确保其每件产品的生产成本降低50元;按公司最低年产量1万件计算,每年可以降低生产成本50万元;在公司销售产量不少于1万件的情况下,若年生产成本节约不足50万元,差额部分由孙明补足;公司销售产量增加或成本降低幅度加大,导致公司年生产成本节约更多的话,多节约的部分由孙明独享70%;孙明的出资额按市场利率10%折现(但不足10万元的部分不计入其出资资本额)。协议签订后,孙明与公司办理了专利权转移手续,专利权同时投入生产使用。孙明也同时以银行存款冻结的方式提交了保证金。孙明出资时,公司资本项目只有少量的盈余公积和资本利得余额。

该项出资协议即是按照人本思想由出资人提出,而由接受投资方认可的。双方无需对专利权的价值进行评估和博弈性协商,一切都可以按出资人承诺和主张达成协议,接受投资方只需计算出资方的承诺可以给本公司带来的好处即可,因为双方同时也达成了承诺收益不足由出资方补足的约定,确保了接受投资方的利益。同时,出资方承诺的收益也是计算其出资额的依据,多承诺会使其出资额增加,但达不到时会得不偿失;少承诺不必承担较大的风险,但又会导致出资额及其所占资本比例减少。当然,出资方少承诺而实际多完成,也可以从超额收益中分享更多收益,但毕竟不如提高承诺可以获得的收益大。这样,技术资本的出资就由双方博弈转化成了出资方自己依据多方面情况进行的考量与平衡,而无论其如何决定,都是双方共赢的。

本例中,按照市场利率10%的5年年金现值系数计算可以确定,孙明的专利权出资的出资额相当于189.5万元(50万元×年金现值系数3.79),扣除不足10万元的部分,其出资额确定为180万元(由于孙明出资时公司盈余公积和资本利得余额较少,故在计算孙明应确认的资本金数额时忽略不计)。双方完成出资的相关手续后,其人本财务会计的会计分录为:

借:无形资产——专利权   1 895 000

    贷:技术资本——孙明   1 800 000

        资本公积——资本溢价   95 000

由于本例中,孙明的货币性资产保证金是以银行存款冻结的方式完成的,东光公司只需为之保管相关凭证即可,无需进行相关会计核算。

要说明的是,如果新投资者加入时,原会计主体拥有较多的盈余公积、资本公积、资本利得,则在计算出资额时,要以出资资产价值扣除对原投资者的补偿金额后的金额确认为新加入投资者的资本金额度,多出资的资产金额记入“资本公积——资本溢价”账户。这与现行财务会计关于此问题的处理相同,不再赘述。

专利权投入使用后,东光公司也是只需依据会计核算的产品成本对其降低情况进行考核,以便兑现协议即可,无需进行关于该项无形资产的特别会计核算。至于成本考核与兑现承诺等相关的会计处理将在本书第7章生产成果分享的会计核算部分统一讨论。

5.4 劳务要素获取的会计核算

5.4.1 劳务要素及其获取方式

劳务是指劳动者在完成职务行为时所付出的体力与脑力劳动,是劳动者在履行职务的工作过程中所付出的活劳动。

需要特别注意的是,劳务是劳动者所付出的体力与脑力劳动,但不是劳动者的体力和脑力本身。劳动者所拥有的体力与脑力在现行概念中被称为人力资源,是提供劳务的基础或可能的总量,而不是劳动者所付出体力与脑力劳动。过去的观点认为,只要劳动者和会计主体签订了劳动合同,会计主体就可以控制劳动者的体力与脑力所形成的劳动能力或劳动潜力,并将其定义为人力资产。这样的认识显然是有问题的。问题的根本点在于:劳动者所具有的潜在劳动能力,并不能够全部被会计主体所控制,并在其耗用过程中给会计主体带来与潜在劳动能力相当的经济利益。我们只从一个职工来看,他所拥有的潜在劳动能力就是他的人力资源,他也和会计主体签订了劳动合同,那么会计主体就可以说控制了他全部的劳动能力吗? 显然不能,合同规定的劳动时间以外的劳动能力会计主体无法控制;工作时间以内职工不愿为会计主体全力付出的那部分劳动能力会计主体也无法控制;职工在工作中付出的那部分劳动能力也未必能够形成会计主体可以控制的劳动成果。如果每个职工的劳动能力会计主体都无法全部控制,也就不能说会计主体可以通过劳动合同控制职工的人力资源(即体力与脑力)。人力资源作为一个人所具有的体力和脑力,只能由其个人所拥有或控制。这就是所谓的人力资源自有性。虽然现行人力资源会计解释称:由于会计主体可以通过劳动合同获得原属于劳动者拥有的人力资源的控制权,从而使人力资源可以归会计主体控制。但这种说法是不能成立的。会计主体基于劳动合同只可以按约定的时间安排劳动者工作,并对劳动者的工作绩效进行考核以及由此计算应支付的劳动报酬,却无法直接控制蕴含于劳动者体内的劳动能力(体力和脑力)。同时,会计主体也不能用工作绩效的计量作为人的劳动能力的计量。因为工作绩效与个人的体力与脑力有关,但并不一一对应。个人的体力和脑力只是取得劳动绩效的基础,而非劳动绩效本身。不同人完成同样绩效的工作,可能投入的体力和脑力并不相同;同样努力工作的人,却未必能够取得同样的劳动绩效。劳动绩效取得的多少,还受到外部环境,特别是个人的主观能动性的影响。主观能动性是指劳动者愿意在本会计主体安排的劳动时间内投入多少劳动能力的主观想法。人的主观能动性对劳动者的劳动能力投入和工作绩效的取得有至关重要的影响。同样的一个人,在主观能动性高的时候,可以投入更多的劳动能力;而在主观能动性低的时候,投入的劳动能力会下降。固然,会计主体可以通过劳动合同对劳动者的工作投入(主要是时间和工作职责等)进行约束,但劳动者的个人主观能动性还会有巨大影响。如果劳动者缺乏工作热情,可能只投入满足劳动合同约定的最低劳动能力;如果劳动者积极主动进行工作,就会投入超过前述最低劳动能力的更多劳动能力,从而给会计主体带来更多的超额经济利益。至于劳动者在劳动中付出了多少体力和脑力,会计主体是无法进行计量的,更无法直接控制。事实上,劳动者出工却未必出全力,他完全可以根据现实情况自主决定投入的能力的多少,而其他人又是很难测量的。另外,在实际工作中还存在着劳动者的负能量问题。劳动者的负能量是指劳动者在会计主体的实际工作中可能并不能带来主体绩效的净增加,甚至还会使主体遭受损失。最典型的例子来自历史,三国时期曹操用计获得了徐庶的人力资源使用权,但徐庶没给曹操出过一个好主意,却出了两个坏主意:一是在长坂坡,利用曹操爱才的心理,促使曹操下令不得伤及赵云,导致赵云能够七进七出救走了阿斗;二是赤壁之战时向曹操肯定了庞统的才能,导致曹操误用庞统连锁战船的计谋,带来了火烧连营的后果。主体运营中也会有此种员工存在,管理当局的恶性增资行为不就是一种负能量决策吗?

这些问题在其他生产要素上是不存在的。其他生产要素只能被动地被劳务要素所支配,按照劳动者的意愿被使用,从而实现自身价值的转移。劳务要素却是所有生产要素中能够积极主动地在导致其他生产要素价值转移的同时创造着新的价值(也可能带来价值损失)。这些问题的存在,不仅会影响劳务要素的获取方式,还会影响劳务要素的计量。

从表面上看,会计主体获取劳务要素的方式就是与劳动者(即劳务要素的提供者)签订劳动合同,从而获取对劳动者一定时间的劳动的支配权。但这是现行法律、政策导致的结果,而非所有劳动者的共同愿望。由于现行法律、政策不允许劳动者以个人的劳务自由出资,导致劳动者与会计主体之间只能有一种雇佣劳动的合同存在,而无法签订劳务出资合同。如果取消现行的法律、政策限制,从劳动者本身的意愿和能力状况出发,就会出现两种不同的情况:一部分具有较大能力、可以给会计主体带来较多超额经济利益又愿意承担风险的劳动者,会要求与会计主体签订劳务出资合同,以自己的未来劳务出资,成为会计主体的所有者之一,参与会计主体的生产经营活动与决策,承担会计主体经营的风险,也分享会计主体所获得的收益;另一部分劳动者由于只能提供可替代性的基本劳务或者不愿意承担会计主体经营的风险，只愿意与会计主体签订现行的雇佣劳动合同，按照自己所完成的劳务获得相应的劳务报酬。其实，在现行社会生产中，已经出现了这样两种不同的劳动者，只是由于现行法律、政策的限制使得前一部分劳动者不能进行有限责任的出资，会计主体为了留住这部分对于主体来讲非常重要的人才，不得不采用业绩奖励、职工持股、股票期权等方式满足其分享会计主体收益的要求。但是这样的一些方式远不如直接放开劳务出资更有效。因为这样的方式只能够满足这部分劳动者分享会计主体收益的要求，不能真正实现劳务出资，也就不能使之真正成为会计主体经营风险的承担者。在现实中，采用业绩奖励政策的公司的管理层，为了获得更多的本期业绩奖励，进行的短期行为决策就是此种方式危害的证明；采用职工持股、股票期权政策的公司的很多高管，在取得公司赋予的股权后辞职套现也是这些方式危害的实证。

按照人本会计的理念，所有生产要素提供者都应该具有相同的权利，对自己生产要素的提供方式做出自由的选择（当然，选择的前提是能够同时给其他生产要素提供者带来更大的收益，实现合作共赢）。故此，就应该允许劳务要素提供者自由选择劳务要素提供方式——劳务出资还是劳务受雇。有人会认为劳务要素提供者没有实际财产出资，所提供的未来劳务不具有偿债能力，不能承担经营风险，所以不应该允许劳务出资。其实这也是现行法律和政策不允许以劳务进行有限责任出资的原因，但这种担心完全可以通过完备的劳务出资制度而得到解决，如让劳务出资者提供相应的财产抵押或担保等。不去完备劳务出资制度，而是干脆限制劳务出资，完全是因噎废食之举。

在放开劳务出资限制以后，会计主体可以获得劳务要素的方式就有两种——接受劳务出资和签订劳务雇佣合同购买未来劳务。这样，会计主体无论采用哪种方式取得劳务要素，其实质是取得了支配劳务以便获取经济利益的权利。而且，会计主体需要支配的劳务也是未来要提供的劳务，不是过去已经提供的劳务。因为只有支配未来提供的劳务，才能够在未来获取经济利益。要说明的是，会计主体要支配的劳务虽然是未来的，但获得未来劳务的支配权的事项却是过去的合同签订。会计主体通过签订劳务出资合同或劳务雇佣合同，约定了劳务提供者未来需要提供的由主体支配的劳务，这些未来劳务的数量与质量（或说其绩效）由劳动合同予以保障，从而成为一种没有风险的承诺，满足了 2013 年国际会计准则委员会对资产所下的新定义的义项要求①。换句话说,会计主体通过合同拥有着在未来使用劳动者劳务的权利从而形成人力资产;劳动者通过合同对未来提供劳务数量及绩效进行承诺转让了未来劳务的支配权,获取企业的股权或依据劳动绩效收取劳动报酬的权利。

还应说明的是,劳务出资合同或劳务雇佣合同规定了劳动者要提供的未来劳务,而且明确了未来劳务的数量与绩效。会计主体在取得人力资产时,即在人力资产确认之初,劳务的提供者要与会计主体之间签订协议,这种协议具有一定的法律效力来保证会计主体与劳务提供者之间的权利和义务;同时协议也规定了劳动者在协议规定的时间内要为会计主体服务。这里的劳动者不一定非要是与会计主体存在隶属关系的人,只要是为会计主体服务的劳动者即可。他们可以隶属于会计主体,也可以是为会计主体提供暂时性服务,甚至远离会计主体所在地而提供远程服务。无论劳动者提供的劳务是以何种形式进入会计主体的,人力资产都将以劳动者未来提供的劳务数量或绩效来计量,并且根据后续的影响做出相应的调整。其中的"未来提供的劳务"是指劳务要素进入企业那一刻之后所提供的劳务,"后续影响"是指在有些情况下劳动者的劳务所带来的影响在劳动者完成劳务时并没有体现出来,而在一段时间后才体现出来,比如依据劳动者完成的一项技术发明所生产的产品,在投入市场后的反应才表明了该项技术发明的价值。因为后续影响的根源是引起后续影响的劳务,因此我们应该将其考虑在内,否则人力资产就丧失了完整性。后续影响可能是积极的影响,也可能是消极的影响,我们要根据影响的性质对人力资产进行动态调整。最后需要说明的是,人力资产是一

---

① 2012 年,IASB 单独启动了因经济危机被搁置的概念框架的研究。2013 年 7 月,IASB 发布了研究成果——财务会计概念框架的复核(讨论稿)。讨论稿将资产定义为:由过去的事项形成的,主体控制的现时经济资源,并进一步定义经济资源是指能够产生经济利益的权利或其他价值资源。经济资源具体可以表现为合同、法律或其他相似方法的强制性权利;另一主体推定义务产生的权利;能够产生经济利益的其他价值资源;收到后即刻消费的一些资产,特别是一些服务。即使对于有形物来讲,经济资源也不是基础性的物体,而是取得物体产生的经济利益的权利。而控制则是指主体有现时能力直接使用经济资源以获得来自经济资源的经济利益。如果主体不能保证该经济资源的使用过程中产生的经济利益直接或间接流入本主体,则不能将其确认为本主体的资产。显然,虽然讨论稿对资产的定义采用了经济资源观,但却将经济资源认定为一种权利,并将该权利与有形物本身区别开来。也就是说,新的资产概念不仅拓宽了经济资源的外延,将基于合同、法律或其他相似方法产生的权利认定为经济资源,同时还将可以得到的服务也认定为经济资源,并特别强调了资产的外在形态与使用资产外在形态的权利所存在的本质区别,明确作为资产的经济资源仅指获取使用资源的经济利益的权利,而非资源的外在形态。

种权利,只有拥有了这项权利,会计主体才能够自由地支配劳动提供者提供的劳务数量或绩效。由于人力资产定义围绕的核心是未来劳务的数量与绩效,那么必然还会存在当初的承诺(合同的规定)与实际完成劳务的数量与绩效的差异。这种未来实际达到的劳务绩效与承诺的差异可以通过后续调整的方法对人力资产的价值进行调整,或与劳务提供者进行额外的结算。

5.4.2　劳务要素的价值计量

由于劳务要素的获取方式有接受劳务出资和购买未来劳务两种,就应该分别两种情况来讨论所取得劳务要素(即人力资产)的确认计量问题。

对于购买未来劳务方式取得的人力资产,虽然雇佣劳动的合同是现在签订的,但接受劳务提供的时间和支付劳动报酬的时间都是未来,而且劳务提供者并不要求分享会计主体的超额收益(资本增值)。这就导致在签订劳务雇佣合同之时,会计主体拥有了在未来支配劳务提供者按合同规定提供劳务的权利(即拥有人力资产),但同时也承担了向劳动者支付与所提供的劳务等值的劳务报酬的义务(即承担负债)。根据会计理论中无条件抵销权的相关要求,基于一项购买未来劳务的合同所形成的负债被其同时并存的支配未来劳务的权利所抵销,会计上可以对这样相互抵销的资产与负债都不予确认。当未来这项支配劳务的权利已经行使,相应的权利转为劳务消耗以后,会计主体再确认由此产生的负债。故此,购买未来劳务取得的人力资产也就无需在签订劳务雇佣合同时进行计量了,可以在未来按照实际提供劳务考核所确定的劳务报酬进行劳务消耗与负债的确认即可。这种会计处理方法类似于现行财务会计对雇佣劳务的处理方法。

对于接受劳务出资所取得的人力资产,虽然约定的也是未来劳务,但提供者要求记录相应的资本额,而不是负债,所以无条件抵销权不再适用,应该对其进行可靠的计量。计量此种人力资产的价值,不能采用市场价值的方法,因为每个人所提供的劳务都是独一无二的,会计主体所拥有的支配每个人的劳务的权利也就不具有可参照性,不能通过市场价值类比的方式进行计量。计量此种人力资产的价值,也不能采用预计未来现金流量现值的方法,因为劳动者未来提供劳务所能够创造的现金流量会受到多种因素(甚至包括劳动者本人的价值观、主观能动性、当时的心情状况等因素)的影响,在现在很难预计。计量此种人力资产的价值,可以参照无形资产投资的承诺收益法进行计量,但也不能直接搬用,因为无形资产一经投入会计主体,会计主体就取得了该无形资产的完全产权,而人力资产投资后会计主体只能取得未来劳务的支配权。按照人本财务会计的功能实现机制和人本财务会计要素计量的一般理论,接受投资的人力资产可以采用永续年金的现值进行计量。永续年金的金额就是劳务要素投资者在劳务投资合同中对会计主体所做出的未来劳务绩效的承诺,计算现值的折现率可以采用会计主体的内含利率或者市场利率。而选择永续年金方式,不考虑劳务提供者可以提供的劳务年限限制,是因为劳务提供者并非将全部未来劳务的产权都转让给了会计主体,而是只提供了部分劳务支配权,并只对这部分劳务可以为会计主体带来的收益做出了承诺;同时,劳务提供者还可以随时离开会计主体,不再为会计主体提供未来劳务。这样,劳务提供者本年为会计主体工作并对可以创造的收益做出承诺,就相当于其提供的劳务能够按照折现率为会计主体带来相应的收益,那么会计主体所拥有的支配该劳务提供者所提供劳务的权利就在金额上等于可以创造该劳务本年收益的本金额,即以承诺的劳务收益作为永续年金的现值。这一现值一方面形成会计主体所拥有的人力资产,另一方面形成会计主体的人力资本。如果劳务提供者离开会计主体,不再为会计主体提供未来劳务,会计主体也就丧失了对其未来劳务的支配权和获取该未来劳务收益的权利,当然同时也就不再承担对该劳务提供者所负有的资本义务。这也就意味着该劳务提供者从会计主体收回了其劳务出资,不再拥有分享会计主体收益的权利。显然,如此形成的人力资本也只能分享会计主体收益,不能进行转让。

5.4.3 吸收劳务要素投资的核算科目

劳务出资者与会计主体签订劳务出资合同,约定以未来劳务出资、承诺未来劳务可以为会计主体创造的收益,并为自己的出资提供相应财产抵押以后,会计主体就拥有了支配该未来劳务的权利,并能够保障未来所获得的经济利益,从而形成了会计主体的资产;同时,会计主体也就对该劳务出资者承担了义务,而且这种义务是对所有者承担的义务,形成会计主体的资本。为了核算会计主体因为吸收劳务出资所形成的资产和资本,可以设置两个会计账户:"人力资产"和"人力资本"。

"人力资产"账户是用来核算会计主体所拥有的支配劳动者出资的未来劳务进行生产运营并至少获取承诺收益的权利的账户。该账户属于资产类账户,其借方登记接受劳务要素出资或增资导致人力资产增加的金额,贷方登记劳务要素出资者退出会计主体而减资导致的人力资产相应减少的金额,期末余额在借方,表示现有的人力资产的实际价值。

"人力资本"账户是用来核算所有者投入的人力资本增减变动情况及其结果的账户。该账户属于资本类账户,其贷方登记会计主体获得的劳务要素投资者投入的人力资本或增资导致的人力资本增加;由于所有者的投资是一项永久性资本,借方一般没有发生额,如果投资者退出会计主体而收回其劳务出资,则借方登记投入的人力资本的减少数;期末余额在贷方,表示企业实际拥有的人力资本数额。

总之,"人力资产"和"人力资本"是一对对应的账户,增加时同时增加;减少时同时减少。会计主体实际生产运营中对人力资产的使用导致的劳动者体力或脑力的变化,不通过"人力资产"账户核算。即"人力资产"账户登记的金额不因会计主体运营对劳动者体力与脑力产生影响而发生改变,此种影响及其对劳动者体力与脑力消耗予以补偿的会计处理将在下一章中讨论。

5.4.4 吸收劳务要素投资的会计处理

会计主体吸收劳务要素投资,同时增加了会计主体的人力资产和人力资本,按照借贷记账法的记账规则和人力资产与人力资本的账户结构,应借记"人力资产"账户,贷记"人力资本"账户。

【例5-13】 2015年6月,职业经理人孙平与东光公司物力资本出资者协商约定,孙平以未来劳务出资并担任公司总经理。孙平在劳务出资合同中承诺:在保证公司职工薪酬增长的前提下,其任职期间按公司现有总资产500万元为基数计算的年资金利润率为14%(假定当时社会市场平均利率为10%,而东光公司实际年资金利润率只有8%),在其从公司退休时,公司的可收回资产总额的年增长率不低于社会平均利率10%。如果某年未达到该利润率水平,孙平以个人财产补足;如果某年超过该利润率水平,超过部分缴纳环境资本出资者应分享的所得税后,孙平享有80%。孙平为保证该劳务资本出资,以其自有房产设置了抵押权。孙平出资时,公司资本项目只有少量盈余公积和资本利得余额。

显然,本例中,孙平保证了职工薪酬增长和公司总资产在获得社会平均利润率的前提下,承诺保证公司能够每年获得超额增值 20 万元。亦即孙平以该承诺的劳务绩效作为人力资本出资,并设置了财产抵押来保证该劳务绩效的实现。由此核定其劳务要素出资额(即东光公司应记录的人力资产与人力资本)为 200 万元(20÷10%),其人本财务会计的会计分录为:

借:人力资产   2 000 000
　　贷:人力资本   2 000 000

前已说明,由于孙平出资时公司原有的盈余公积和资本利得余额较少,不需考虑新出资者对原投资者的补偿问题。若公司原有的盈余公积、资本公积、资本利得较多,孙平出资的人力资产 200 万元,还要扣除对原投资者的补偿以后才能确认为人力资本,对原投资者补偿的金额确认为资本公积。

若孙平接任总经理后,每年都按照承诺达成了劳务绩效,不调整其人力资本出资。到孙平退休或离职时,也实现了公司可收回资产增长的目标,则撤销其房产抵押权,注销其人力资本出资,会计处理为:借记"人力资本"账户,贷记"人力资产"账户。如果孙平任职期间发生超额或未能达成承诺劳务绩效,需要对其进行相应超额收益分享或支付财产补足,甚至调整其人力资本出资,这些情况导致的会计处理将在第 7 章讨论。

6　生产要素营运的会计核算

6.1.1　生产要素营运及其一般过程

生产要素营运是指会计主体将取得的各项生产要素有机结合完成其业务活动的过程,也就是会计主体的生产服务过程。

不同会计主体可能有着不同的具体生产服务过程,如制造业企业的生产服务过程主要就是生产并销售产品的过程,商业企业的生产服务过程主要就是商品购进与销售过程,修理修配企业的生产服务过程主要就是提供修理修配劳务的过程,服务型企业的生产经营过程主要就是提供服务劳务的过程,政府机关和事业单位的生产服务过程主要是提供相应业务服务的过程。相比其他类型的会计主体而言,因为制造业企业的生产服务过程可以包含更多的业务环节,本章的分析就以制造业企业为例。

在制造业企业的生产服务过程中,劳务要素提供者在既定的环境要求下,付出其劳务将货币与实物资产、无形资产与技术组织起来,完成其形态的转化生产出满足社会需要的产品。也就是说,会计主体的员工通过合理的分工协作、组织指挥,在保证环境可持续生产的前提下,借助劳动资料对劳动对象进行加工,生产出符合社会需要的产品。可见,制造业企业的生产服务过程既是产品制造过程,又是资金等物化劳动、活劳动和环境的消耗过程。同时,为了生产服务过程的可持续进行,还必须对已经消耗的生产要素进行补偿,以便能够进行下一次生产服务。

6.1.2　生产要素营运核算的具体内容

从生产要素营运的一般过程来看,生产要素营运过程就是生产要素的消耗、转化与补偿的过程。对生产要素营运的会计核算也就是对每项生产要素的消耗、转化和补偿的会计核算。但是,不同的生产要素在生产服务过程中的消耗、转化和补偿又会具有不同的特点,所以必须根据生产要素消耗、转化和补偿的不同特点具体设计其会计核算。

环境要素在生产服务过程中会受到消耗,会计主体能够做的是通过"三废"处理和环保措施将对自然环境的不良影响降到最低;对于会计主体不能自主完成的环境要素消耗的恢复补偿,还需要社会和政府来完成环境要素的恢复与维护,当然会计主体要为此支付相应的费用补偿。

货币与实物资产、无形资产与技术这两项生产要素(可以统称为物力要素)在取得以后,会计主体就拥有其完全的产权,它们在生产服务过程中会被消耗并转化为产品等新的资产的组成部分,并由会计主体自行对其消耗进行补偿。

劳务要素只是体现为会计主体所拥有的对未来劳务予以支配的权力。随着劳务的提供,会计主体对劳务的支配权也会减少直至消失,并形成所生产产品的价值。但是持续提供劳务的能力恢复却要依赖于劳务提供者,是会计主体所不能自行决定并完成的。也就是说,企业的生产过程会消耗劳动者提供的劳务,也会使得劳动者持续提供劳务的能力下降,但会计主体不能直接完成劳务提供能力的再生,只能给付保障劳务提供能力再生的条件,而由劳务提供者进行劳务提供能力的再生恢复。

正是由于不同的生产要素在生产过程中呈现的消耗与恢复的不同情况,就必须分析设计各自的会计核算方式与方法。所以,生产要素营运的会计核算可以具体分为三个大的方面:环境要素营运的会计核算、物力要素营运的会计核算、劳务要素营运的会计核算。

6.2 环境要素营运的会计核算

6.2.1 环境要素及其营运分析

环境要素是会计主体持续经营所面临的外部环境,由社会及其代表——政府投入会计主体,形成了会计主体的环境资产。环境资产是指会计主体依法取得的利用相应环境进行生产经营活动的权利所形成的资产。环境资产依托于其生产经营所必需的环境而存在，这里所说的环境包括自然生态环境和社会生态环境。

会计主体的生产经营过程并非是与外部环境完全隔绝开来在封闭的状态下进行的，这就不可避免地会对外部环境产生影响或对外部环境状况提出要求。人本会计的核心思想是合作共赢，不仅包括当代利益相关者的合作共赢，还包括后代利益相关者也要能够共赢。这就必然要求会计主体的生产经营活动是能够可持续发展的。从可持续发展的角度出发，环境必须不能因为会计主体的生产运营而受到不良影响。也就是说，会计主体进行生产运营时，必须同步保证外部环境不能比该会计主体未进行生产运营之前劣化。由于环境要素既包括自然生态环境，也包括社会生态环境，所以就必须保证两个方面都不劣化。对于自然生态环境而言，就要求会计主体在生产过程中不能超过设立时批准的排放标准向外排放对自然不利的"三废"，而必须将生产过程中产生的"三废"进行处理，并自行承担处理费用（环保支出）。即使这样，企业按标准排放的"三废"还会对自然生态环境产生影响，而这些影响就只能由会计主体出资委托社会和政府进行统一的自然生态修复。对于社会生态环境而言，绝大部分是会计主体无力自行组织维护的，只能出资委托社会和政府进行统一的社会生态维护。社会和政府统一进行上述两部分环境维护与修复的资金来源，必然是造成环境影响的会计主体，而且会计主体生产经营的规模越大，对环境的需求和影响也就越大，就应该提供更多的资金由政府进行会计主体自己无法完成的那部分环境修复。通常来说，标志着会计主体生产经营规模大小的指标就是其生产要素流转规模和占有水平，所以会计主体就应该按照其生产要素流转规模与占有水平向社会与政府提供环境维护资金。这也就是政府向会计主体征收各种流转税、财产税、城市维护建设税等税收的原因。

按上述设计，会计主体创立时向社会与政府提交环境影响与承诺报告，社会与政府根据当地的环境自我调节和辅助人工净化的能力，决定是否允许该会计主体建立。政府批准会计主体设立以后，会计主体就在批准或自己承诺的环境排放标准下进行生产经营，并自行处理"三废"，保证对外排放符合批准的标准或自己的承诺。为了防止会计主体超标排放，可以根据其生产规模测算其排放总量并建立与当地环保部门监控中心接口的检测设备,当检测设备不能正常工作或监测到异常排放时,当地环保部门有权并必须责令会计主体立即停止生产,进行相应调查与设备维护,对于发现的环境污染问题进行处罚。同时,按照会计主体的生产规模和规定的税率征收流转税、财产税、城市维护建设税等各项环境统一修复和社会发展所需要的税金。

6.2.2 会计主体自行保障环境的会计核算

会计主体自行保障环境是指会计主体为了达到其创立时的环保承诺或政府批准的排放标准,对生产过程中产生的"三废"进行处理的相关业务。这些业务包括取得各种"三废"处理所需的设备、材料,发生"三废"处理设备运行所需的各项消耗以及该部门职工的劳务消耗等。其中,取得设备和材料的业务与第5章所述的实物资产获取的会计核算相同,在此不再重述。各项消耗则属于会计主体直接进行的环境资产再生活动,其业务运行的结果,一方面导致会计主体发生相应的资产消耗或负债增加,另一方面则导致可能被损害的环境资产的恢复。当然,产生环境资产可能损害的原因是企业生产产品的生产活动,故此,对环境资产的可能损害的恢复费用也就必然应该计入所生产产品的价值。但是,会计主体内部从事环境要素维护的职工在工作中付出的劳务,既是保障产品生产的必要消耗,又从属于劳务要素的消耗,这将在6.4中统一讨论。

为了反映上述业务,除了现行财务会计所使用的相关资产、负债等账户以外,还需要设置两个新的会计账户:环境资产消耗和环境资产恢复。这两个账户均属于过渡性账户,只是为了反映环境资产可能损害并同时由会计主体自行恢复的过程。会计主体本期日常发生的环保支出记入"环境资产恢复"账户的借方;期末归集本期所有环保支出总额,作为本期环境资产总消耗额记入本期所生产的产品成本,同时记入"环境资产消耗"账户的贷方;期末结账时,将"环境资产消耗"账户和"环境资产恢复"账户余额对冲,两个账户结账后均无余额。

【例6-1】 东光公司为处理生产产品所产生的"三废"领用原材料,其账面价值为8 000元。

该项经济业务的人本财务会计的会计分录为:

借：环境资产恢复　　　　　　　　　　　　　　　　　　　　8 000
　　贷：原材料　　　　　　　　　　　　　　　　　　　　　　　　　8 000

【例 6-2】　东光公司以银行存款支付本月处理生产产品所产生的"三废"部门其他支出 20 000 元。

该项经济业务的人本财务会计的会计分录为：

借：环境资产恢复　　　　　　　　　　　　　　　　　　　　20 000
　　贷：银行存款　　　　　　　　　　　　　　　　　　　　　　　　20 000

【例 6-3】　东光公司计算本月处理生产产品所产生的"三废"部门的机器设备的折旧额为 80 000 元。

该项经济业务的人本财务会计的会计分录为：

借：环境资产恢复　　　　　　　　　　　　　　　　　　　　80 000
　　贷：累计折旧　　　　　　　　　　　　　　　　　　　　　　　　80 000

【例 6-4】　月末，东光公司汇总归集为生产产品而发生的处理"三废"的各项耗费 108 000 元。

该项经济业务的人本财务会计的会计分录为：

借：生产成本　　　　　　　　　　　　　　　　　　　　　　108 000
　　贷：环境资产消耗　　　　　　　　　　　　　　　　　　　　　　108 000

要说明的是，如果会计主体进行固定资产建设、无形资产研发等长期资产生产所发生的上述环保支出，也按照同样的办法进行归集，只是在确认环境资产消耗时，将其直接计入所生产的长期资产的建设或研发成本。

【例 6-5】　月末，东光公司结账时对冲本月环境资产消耗与恢复账户金额 108 000 元。

该项经济业务的人本财务会计的会计分录为：

借：环境资产消耗　　　　　　　　　　　　　　　　　　　　108 000
　　贷：环境资产恢复　　　　　　　　　　　　　　　　　　　　　　108 000

6.2.3　通过社会与政府维护环境的会计核算

通过社会与政府维护环境，即是会计主体依据有关税收法律、法规计算应负担的各项税费,作为环境资产维护经费上缴给政府,由政府对社会生态环境和会计主体无力维护的自然生态环境进行维护和保障。会计主体需要完成的业务就是核算应交的各项税费并进行交纳。

人本财务会计只是重新解释了政府征收各项税费的根源,无意改变现行税制。按照现行税制,增值税仍然实行价外税,并随着"营改增"的深入进行成为主要的流转税税种,其人本财务会计的核算方法与现行财务会计相同,也是在购入资产时登记相应的进项税额,在销售或视同销售时记录销项税额,并将两者的差额上交。其他价内税则在发生纳税义务时[①],一方面记录一项负债,另一方面记入相应资产的价值。

【例 6-6】 东光公司生产完工一批应税消费品,按照相关税法规定应交纳消费税 200 000 元。

该项经济业务的人本财务会计的会计分录为:

借:生产成本   200 000
　　贷:应交税费——应交消费税   200 000

6.3 物力要素营运的会计核算

6.3.1 物力要素及其营运分析

物力要素是货币与实物资产要素和无形资产与技术要素的统称。会计主体通过多种渠道获得物力要素,从而具有对物力要素的完整产权,形成了会计主体所拥有或控制的物力资产。物力资产也就是现行财务会计所核算的对象。之所以将之合称为物力资产,是因为人们通常将现行财务会计称为物本会计,从而对应地将其核算的各项资产称为物力资产。

物力资产的取得方式主要有四种,在第 5 章中已经讨论了三种取得方式的人本财务会计核算方法,本章即讨论会计主体利用已经取得的生产要素自行生

---

① 人本财务会计认为,各种价内税的纳税义务发生时间应做出调整,改为相关产品达到预定可使用或可销售状态时,而不是现行的实际销售时。因为一个产品生产过程中就已经消耗了环境资源,就必须在其成本中体现为了恢复环境所应该发生的支出。这样,所生产产品的账面价值才能更全面地体现其各项价值构成。

产新的物力资产(也就是本书所定义的物力资产营运业务)的会计核算。在会计主体的物力资产营运活动中,会计主体将已经取得的生产要素有机地组织起来,消耗已有的生产要素生产出新的资产,并由劳务要素创造出新的价值。可见,这里面涉及环境资产的消耗与补偿、物力资产的消耗转化及补偿、人力资产的消耗与补偿等内容,但本章主要讨论消耗原有物力资产生产出新的物力资产的过程中发生的物力资产消耗与转化业务,以及持有的物力资产的价值变化的核算,不讨论其中涉及的环境资产消耗与补偿、人力资产的消耗与补偿的核算。关于环境资产的消耗与补偿问题已经在本章第2节讨论过了,而人力资产的消耗与补偿(即劳务要素的生产运营)问题统一在本章第4节介绍。

仅从物力资产的消耗转化来看,会计主体的本期生产运营过程就是在本期消耗原有的货币、材料、设备与技术等资产生产出新的资产的过程。所消耗的资产包括本期一次性消耗的货币和原材料等流动资产,也包括持续多期使用的设备、技术等长期资产在本期消耗的部分。这些资产消耗的大部分可以与所生产的新资产直接或间接联系起来,即能够明确判定所消耗的资产与所生产出的具体新资产的对应关系;但也有一部分只是会计主体为了总体生产运营所消耗,无法确定与所生产的某项具体新资产的相关性。生产出的新资产包括按照生产计划要直接对外出售的资产,也包括会计主体在后续生产运营中自己使用的资产。

从物力资产存在时间来看,无论是从会计主体外部获取的物力资产,还是会计主体自行生产的物力资产,都需要在会计主体持有一定的时间。那么就会带来一个问题,在这段持有的时间中,物力资产的市场价值发生了变化,会计主体如何反映此种变化。

综上,物力资产的营运核算主要应解决四个方面的问题:一是自行生产出的新的物力资产入账价值应如何确定,该入账价值与生产中所消耗的物力资产有何关系;二是会计主体持有的物力资产市场价值发生变化后,会计主体是否调整所持有物力资产的账面价值;三是为了总体生产运营而消耗的物力资产应该如何核算;四是非一次消耗的长期资产的本期消耗补偿如何计量。

6.3.2 生产加工物力资产的会计核算

生产加工物力资产是物力资产营运的核心内容,也是现行财务会计核算的核心内容。现行财务会计的很多方法都可以直接借用到人本财务会计中来，如各项物力资产的核算账户可以直接使用现行财务会计的科目、物力资产的生产成本的归集方法可以基本套用、一次性消耗的资源价值全部结转计入所生产的新的物力资产的价值、多期持续使用的资源的价值要分期结转计入各期所生产的新的物力资产的价值等。不能直接借用的主要有以下五项：

第一，现行财务会计根本不明确核算环境资产的消耗与补偿，也不考虑其对所生产的物力资产成本的影响。但在人本财务会计中是要单独核算会计主体发生的环保支出，并将其明确计入所生产资产成本中。这一方面的核算内容在 6.2 中已经作了介绍。

第二，现行财务会计只核算生产过程中发生的职工薪酬费用，并将之作为所生产的新资产的成本。在人本财务会计中，将劳务要素看成是会计主体生产经营中最核心、最具能动性和唯一能够实现价值创造的生产要素。不仅要求反映职工提供劳务所应得的劳动报酬，还要反映劳务要素所创造的价值，并将之视为资本增值的主要来源。故此，人本财务会计要求对劳务要素营运进行独立的确认计量，并将劳务要素所创造的价值反映到所生产出的新资产的价值中，在归集计算所生产的新资产的生产成本时不再包括所谓的职工薪酬成本。

第三，现行财务会计进行资产初始计量时主要使用成本计量属性。而人本财务会计基于可持续发展的要求和资产负债观，选择公允价值作为主要计量属性，按照资产取得时的公允价值进行初始计量，并将上述公允价值与自行生产的物力资产生产成本之间的差额，认定为劳务要素所创造的价值。为了核算这部分劳务要素创造的价值，人本财务会计需要设置一个新的账户——"行为价值创造"。该账户属于行为价值会计要素，贷方登记本期劳务创造的价值，借方登记劳务导致的价值减损和转入资本增值要素的金额。该账户期末结账后无余额。

第四，现行财务会计将不能归集到具体资产生产成本中的物力资产非定向消耗直接确认为费用。但人本财务会计不设置费用要素，故此，必须对物力资产非定向消耗做出新的性质分析与会计处理。这一方面的内容将在本节第四个问题中予以说明。

第五，现行财务会计从成本计量出发，对长期资产的本期消耗额采用成本分摊与补偿的方法进行计量处理。但人本财务会计强调可持续生产，要求补偿的不是长期资产在本期消耗的成本，而是补偿长期资产在本期产生的生产能力的下降。这样,固定资产折旧、无形资产摊销等金额的计算方法就必须重新构造。这一方面的内容将在本节中详细讨论。

综上,本处直接使用本章第 2 节的结果,并假定已经按照本节的方法计算出了持续使用的长期资产本期应分担的消耗补偿金额,来举例说明各种物力资产的生产加工核算问题。

【例 6-7】　东光公司本月初 A 产品(为应税消费品)"生产成本"账户有借方余额 6 800 元;B 产品"生产成本"账户有借方余额 8 200 元。本月为生产产品领用原材料 100 000 元,其中,直接用于 A 产品生产的 20 000 元,用于 B 产品生产的 75 000 元,生产车间一般性耗用材料 5 000 元。本月产品生产车间应负担固定资产消耗补偿(折旧)4 800 元,应负担的无形资产消耗补偿(摊销)3 200 元。用银行存款支付生产车间的办公费 200 元、水电费 600 元。月末,按 A、B 两种产品生产工时比例分配制造费用,其中,A 产品生产工时 400 小时,B 产品生产工时 600 小时。本月完工入库的 A 产品市场公允价值为 60 000 元,应负担的消费税为 9 000 元;本月完工入库的 B 产品市场公允价值为 120 000 元。同时,按约当产量法计算本月完工产品入库的 A 产品应分担的完工产品成本(不含消费税)为 28 000 元,本月完工产品入库的 B 产品应分担的完工产品成本为 86 000 元。

按照人本财务会计的要求,这些业务的会计分录为:

① 核算材料消耗时:

借:生产成本——基本生产成本(A 产品)　　　　　　　　　　　20 000
　　　　　　——基本生产成本(B 产品)　　　　　　　　　　　75 000
　　制造费用　　　　　　　　　　　　　　　　　　　　　　　5 000
　　贷:原材料——×材料　　　　　　　　　　　　　　　　　100 000

② 核算长期资产消耗补偿时:

借:制造费用　　　　　　　　　　　　　　　　　　　　　　　8 000
　　贷:累计折旧　　　　　　　　　　　　　　　　　　　　　　4 800
　　　　累计摊销　　　　　　　　　　　　　　　　　　　　　　3 200

③ 核算生产车间其他消耗时:

借:制造费用　　　　　　　　　　　　　　　　　　　　　　　800
　　贷:银行存款　　　　　　　　　　　　　　　　　　　　　　800

④ 计算并分配制造费用时：

制造费用分配率＝(5 000＋8 000＋800)÷(400＋600)＝13.8(元/工时)

A产品应负担的制造费用＝400×13.8＝5 520(元)

B产品应负担的制造费用＝600×13.8＝8 280(元)

借：生产成本——基本生产成本(A产品)　　　　　　　　　5 520

　　　　　　——基本生产成本(B产品)　　　　　　　　　8 280

　贷：制造费用　　　　　　　　　　　　　　　　　　　　　13 800

⑤ 核算 A产品应负担的价内消费税时：

借：生产成本——基本生产成本(A产品)　　　　　　　　　9 000

　贷：应交税费——应交消费税　　　　　　　　　　　　　　9 000

⑥ 核算完工产品入库并结转其生产成本时：

借：库存商品——A产品　　　　　　　　　　　　　　　　　60 000

　　　　　　——B产品　　　　　　　　　　　　　　　　　120 000

　贷：生产成本——基本生产成本(A产品)　(含应负担消费税)37 000

　　　　　　　——基本生产成本(B产品)　　　　　　　　　86 000

　　　行为价值创造——生产经营行为价值创造　　　　　　　57 000

【例6-8】　　东光公司为建设安装生产线领用外购设备和材料价值 350 000元，负担建设施工设备消耗补偿 8 000 元，以银行存款支付水电费等其他耗费共计 2 000 元。如果将生产线(含所需设备等)购建全部外包需要支付总价款 420 000 元。

按照人本财务会计的要求，这些业务的会计分录为：

① 领用建设工程所需设备和材料时：

借：在建工程——生产线　　　　　　　　　　　　　　　　350 000

　贷：工程物资　　　　　　　　　　　　　　　　　　　　　350 000

② 核算施工设备消耗补偿时：

借：在建工程——生产线　　　　　　　　　　　　　　　　8 000

　贷：累计折旧　　　　　　　　　　　　　　　　　　　　　8 000

③ 核算其他消耗时：

借：在建工程——生产线　　　　　　　　　　　　　　　　2 000

　贷：银行存款　　　　　　　　　　　　　　　　　　　　　2 000

④ 核算生产线完工入账时：

借：固定资产——生产线	420 000
贷：在建工程——生产线	360 000
行为价值创造——投资活动行为价值创造	60 000

此处列举了两个例子说明了人本财务会计对新资产生产的核算方法，[例6-7]是存货的生产，[例6-8]是固定资产的购建（即长期生产能力建设投资行为）。其他资产生产加工和无形资产研发的会计核算与此相同，在生产、建设、研发过程中只归集核算物力资产和环境资产的消耗补偿，不核算所谓的人工成本。当新资产达到预定可使用或可销售状态时，按该资产的市场公允价值（资产公允价值的取得方法在本书第4章和第5章已有介绍）确定其入账价值，并将入账价值与汇集的物力资产和环境资产的消耗补偿金额的差额确认为劳务要素所创造的价值。当然，如果该资产的公允价值大于消耗补偿的金额，则意味着本项业务决策或从事该项业务的员工完成了行为价值创造，使会计主体总资产增值；反之，如果该资产的公允价值小于消耗补偿的金额，就意味着本项业务决策或从事该项业务的员工不仅没有创造价值增值，反而导致了会计主体的资产减损。

可见，如此进行会计核算不仅能够反映物力资产和环境资产的消耗补偿与价值流转情况，还可以更加清楚地体现每项业务活动的行为价值创造情况，有利于进行行为价值管理考核，促进各项生产要素发挥积极作用。

6.3.3 持续使用物力资产本期消耗金额的计量

持续使用的物力资产包括固定资产、无形资产等会计主体在持续生产经营过程中长期使用，而不是在某一会计期间一次消耗的物力资产。这些物力资产要在多个会计期间的生产经营中使用并消耗，故此，必须考虑如何在各个期间分摊其消耗金额。

1）现行财务会计的会计处理分析

现行财务会计将这类持续使用的物力资产分期确认每期消耗金额的处理称为折旧或摊销，其会计处理方法是将该物力资产的入账价值（成本）分配到各个期间。其实质是基于货币资本保全观,对资产历史成本的弥补,是为了弥补资产购建所支付的货币资本,没有考虑货币的时间价值、物价不稳定和收入不配比等因素。由于存在物价变动等所引起的各种问题,这样计提折旧或摊销的方法不能保证积累起来的折旧额或摊销额还能够重新购建报废的固定资产、无形资产等。

首先,传统的货币计量是建立在作为会计核算计量单位的货币的价值稳定不变的基础之上的。历史成本原则以币值稳定为前提,即会计主体各项资产应按取得时发生的实际成本计价,不考虑币值变动的影响。在历史成本核算原则指导下,不能对物价变动做出反映,从而导致资产、负债、所有者权益、收入、费用及利润不能正确计量。在持续的通货膨胀条件下,货币币值发生变动,使会计主体的资产当初取得时的成本与其现行成本的差距越来越大,尽管凭证齐全、核算正确,但已经导致按历史成本计提的折旧或摊销不能维护固定资产或无形资产等的重新获取。

其次,由于物价上涨、通货膨胀等原因,造成折旧或摊销出现问题。现行财务会计在计算收入时,反映的是现时的收入,在计算费用时,除工资费用等本期营业费用所反映的是现时成本外,其他费用项目(如折旧费、摊销费、商品销售成本等)反映的都是历史成本。历史成本计量不考虑经济环境的变化对资产和负债价值的影响,反映的是货币资本保全的概念。当物价上涨时,必然导致少计费用,从而虚增收益;而当物价下跌时,必然导致多计费用,从而少计收益。账面成本不足以补偿已经消耗的,从而会引起利润高估。所以,按传统会计模式提供的会计信息会严重影响会计主体的经营能力保持及财务分配关系的失调。现行的固定资产折旧和无形资产摊销方法等都是对历史成本的补偿,忽略了所获与消耗配比的原则,不能准确反映一个会计主体的实际财务状况和经营成果。

最后,会计主体的固定资产和无形资产是以历史成本入账的,历史成本原则以币值稳定为前提,即会计主体各项资产应按取得时发生的实际成本计价,不考虑币值变动和货币时间价值等。在不考虑时间价值的基础上,会计主体通过计提折旧或摊销能够购买一套与原设备一样或与原设备具有等同功能的设备(或无形资产),从而实现再生产。可是当考虑到货币时间价值因素时,对历史成本的补偿所收回的资金已经无法满足再购置一台与原设备一样或与原设备具有等同功能的设备(或无形资产)。

可见,现行的固定资产计提折旧和无形资产计提摊销仅是为了弥补会计主体的货币资本,无法保障会计主体的持续经营。

2)持续使用物力资产本期消耗补偿金额计量的改进思路

为了维护会计主体的再生产并为其积累资金,我们应该将由弥补货币资本的观点转化为弥补实物资本的观点,实行一种更能有利于维护会计主体持续经营的方法,由保全货币资本转化为保全实物资本,将会计主体计提折旧或摊销看作为未来购建固定资产或研发无形资产的一种储蓄。

实物资本维护是指维护会计主体资本所拥有的生产经营能力。所需维护的资本数额需要用表现其生产能力的具体实物价值量表示,即以体现会计主体所拥有生产经营能力的具体实物的现时价格表示。在物价稳定的情况下,由于财务资本与实物资本相一致,因而财务资本维护与实物资本维护也是一致的;在通货膨胀条件下,由于资本概念分裂为财务资本和实物资本,就会有不同的资本维护观念。将固定资产折旧方法(无形资产摊销方法)由原来的货币资本维护转变为实物资本维护,可以更加科学、真实地反映一个会计主体的经营状况。两种不同的资本维护概念所认为的会计主体生产周期不同,可用图 6-1 表示。

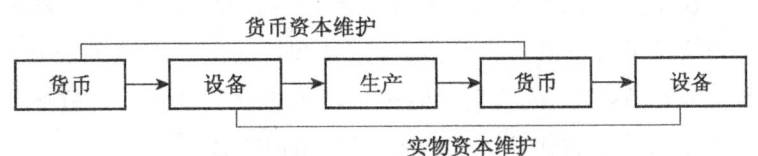

图 6-1　货币资本维护与实物资本维护结构图

如图 6-1 所示,货币资本维护生产周期只考虑了货币本身的数量因素,并没有考虑到物价不稳定和技术更新等因素,而实物资本维护周期既考虑到了货币时间价值,也涉及了物价变化和技术更新、科技更新等因素。将会计主体的固定资产折旧方法或无形资产摊销方法由原来的成本补偿进化为实物资本补偿,折旧和摊销的意义也不再是原来单纯的补偿成本而是变为积累资金用来更新设备。

用 F 表示会计主体评估的未来更新设备所需的资金,用 n 表示预计使用年限,用 i 表示当前的市场利率,用$(A/F,i,n)$表示年金终值系数。未来更新

设备可以是与原设备一样的设备,也可以是与原设备具有等同功能的设备。则在实物资本维护观念下:

$$年折旧(摊销)额 = F \times (A/F, i, n)$$

【例6-9】 2014年12月,东光公司购入一生产用固定资产,原值为2 000万元,评估的未来更新设备所需的资金为3 000万元,预计使用年限为4年,市场利率为6%。

查货币资金时间价值未来值年金系数表可得其折现系数为0.228 6。故此,在实物资本维护观念下,该固定资产的年折旧额为685.8万元(3 000 × 0.228 6)。

需要说明的是,在实物资本维护观念下使用折现值计算各年折旧,这些折旧金额必须存入折旧基金专户,留待以后用于长期资产更新支出。同时,还必须将存入银行的折旧基金的利息确认为折旧基金的一部分。另外,在实际工作中还应考虑预计净残值。

3) 持续使用物力资产本期消耗的会计处理

计算出持续使用的物力资产本期应该确认的消耗补偿额后,应将本期确认的消耗补偿金额确认为使用该长期资产所生产的新资产的成本或者作为非定向物力资产消耗冲减行为价值创造。同时,还应该将该笔资金存入银行的折旧基金专户(该专户的资金只能用于将来更新长期资产),并确认该折旧基金账户已存入款项的利息,增加折旧基金账户的金额。

【例6-10】 沿用[例6-9]的数据,东光公司购入固定资产(生产线)实际支付2 000万元,评估的未来更新设备所需的资金为3 000万元,预计使用年限为4年,市场利率为6%。由此计算的年折旧额为685.8万元。

在实物资本维护观念下,购买时的人本财务会计的会计分录为:

借:固定资产 20 000 000

　　贷:银行存款 20 000 000

第一年到第三年各年计提折旧的人本财务会计的会计分录为:

借:制造费用 6 858 000

　　贷:累计折旧 6 858 000

同时,前 3 年每年年末将销售产品所获利益中用于维护固定资产更新所需的 685.8 万元存入固定资产折旧基金专户。其人本财务会计的会计分录为:

借:银行存款——折旧基金　　　　　　　　　　　　　6 858 000
　　贷:银行存款——普通存款　　　　　　　　　　　　　　6 858 000

第二年年末,计算确认获得固定资产折旧基金专户的利息,其人本财务会计的会计分录为:

借:银行存款——折旧基金(6 858 000×6%)　　　　　411 480
　　贷:累计折旧　　　　　　　　　　　　　　　　　　　411 480

第三年年末,计算确认获得固定资产折旧基金专户的利息,其人本财务会计的会计分录为:

借:银行存款——折旧基金[(6 858 000×2+411 480)×6%]　847 648.80
　　贷:累计折旧　　　　　　　　　　　　　　　　　　　847 648.80

第四年年末,计算确认获得固定资产折旧基金专户的利息,其人本财务会计的会计分录为:

借:银行存款——折旧基金[(6 858 000×3+411 480
　　　　　　　　　　　+847 648.80)×6%]　　　　1 309 987.73
　　贷:累计折旧　　　　　　　　　　　　　　　　　　1 309 987.73

第四年年末,计算本年需要计提的折旧=30 000 000-(6 858 000×3+411 480+847 648.80+1 309 987.73)=6 856 883.47(元)。第四年实际提取的折旧为 6 856 883.47 元,少计提的 1 116.53 元系尾差导致。

第四年计提折旧的人本财务会计的会计分录为:

借:制造费用　　　　　　　　　　　　　　　　　　　6 856 883.47
　　贷:累计折旧　　　　　　　　　　　　　　　　　　　6 856 883.47

同时,将第四年销售产品所获利益中用于维护固定资产更新所需的 6 856 883.47 元存入"固定资产——折旧基金"专户。其人本财务会计的会计分录为:

借:银行存款——折旧基金　　　　　　　　　　　　　6 856 883.47
　　贷:银行存款——普通存款　　　　　　　　　　　　　　6 856 883.47

4 年累积起来的资金＝6 858 000×3＋6 856 883.47＋411 480＋

847 648.80＋1 309 987.73＝30 000 000(元)

固定资产报废时,固定资产原值为 2 000 万元,计提的累计折旧为 3 000 万元,多出来的 1 000 万元正是实物资本维护观念下的持产收益(即每期按照市场价值计算的折旧额导致的行为价值创造少记的金额),应该计入行为价值创造中。相应人本财务会计的会计分录为:

借:累计折旧　　　　　　　　　　　　　　　　　　　　　30 000 000

　贷:固定资产　　　　　　　　　　　　　　　　　　　　20 000 000

　　行为价值创造——生产经营行为价值创造　　　　　　10 000 000

如果固定资产报废时还要发生清理费用或得到残料处置收入,则属于此项长期资产投资及其处置行为的价值创造。例如,该固定资产报废以银行存款支付清理费用 6 000 元,残料价值 10 000 元收入原材料库,则相应的人本财务会计的会计分录为:

借:原材料　　　　　　　　　　　　　　　　　　　　　　10 000

　贷:银行存款　　　　　　　　　　　　　　　　　　　　6 000

　　行为价值创造——长期资产处置行为价值创造　　　　4 000

然后,以固定资产折旧基金中存储的本金和利息总额 3 000 万元购买新的设备,其人本财务会计的会计分录为:

借:固定资产　　　　　　　　　　　　　　　　　　　　　30 000 000

　贷:银行存款——折旧基金　　　　　　　　　　　　　　30 000 000

可见,这种折旧方法考虑了时间价值、物价变动和技术更新等因素,为会计主体积累更新资金,增加会计主体设备购买能力,为会计主体带来了可持续的发展。

4) 其他相关问题

按照上述的方法确认计量持续使用物力资产的消耗补偿金额,还会有一些具体问题产生。这些问题如果不能很好解决,将会影响该种方法的使用。

(1) 估计未来更新设备所需资金发生变化的处理。在采用上述方法计算本期消耗补偿的折旧或摊销金额时,未来更新资产所需资金是个估计的数值,随着时间、技术、市场等因素发生变化,这个估计的数值也会发生变化,可能需要重新估计未来更新资产所需资金,并重新计算新的折旧或摊销额。

例如,一设备预计使用 N 年,利率为 i,每年计提折旧额为 A_1。如果已提折旧 K 年后,估计的更新设备所需资金发生变化,原来预计所需资金为 F_1,现在变为 F_2,应该重新计提折旧或摊销额,新的折旧或摊销额 A_2 的计算方法为:

$$尚需积累的金额 = F_2 - 已积累的金额$$
$$= F_2 - (K \cdot A_1 + 已积累的利息)(1+i)^{N-K}$$
$$A_2 = 尚需积累的金额 \times (A/F, i, N-K)$$

也就是说,只需要采用未来适用法调整以后期间的消耗补偿金额即可,对以前年度已经计提的折旧或摊销的金额不再调整。

(2)估计的利率变动对改进折旧方法的影响。在采用上述方法计算本期消耗补偿的折旧或摊销金额时,i 是设备使用时的市场利率,随着物价上涨、通货膨胀等,市场的利率会产生波动,也就导致计算的折旧或摊销额发生变化,应该重新计算折旧或摊销额,保证折旧或摊销的客观可靠性。

例如,一设备预计使用 N 年,估计的更新设备所需资金为 F,利率为 i_1,每年计提折旧 A_1。如果已计提折旧 K 年后,估计的市场利率发生变化,由 i_1 变为 i_2,应该重新计提折旧额,新的折旧额 A_2 的计算方法为:

$$尚需积累的金额 = F - 已积累的金额$$
$$= F - (K \cdot A_1 + 已累积的利息)(1+i_2)^{N-K}$$
$$A_2 = 尚需积累的金额 \times (A/F, i_2, N-K)$$

同样,此处的调整也只需要采用未来适用法调整以后期间的消耗补偿金额即可,对以前年度已经计提的折旧或摊销的金额不再调整。

6.3.4　物力资产非定向消耗的会计核算

物力资产非定向消耗是指一项物力资产被消耗时不能确定其与某项具体新资产的生产活动相关,而是与整个会计主体的经营相联系。例如,会计主体行政管理部门发生的各项物力资产消耗,会计主体为了宣传自己的品牌、形象、文化等发生的物力资产消耗。

这些物力资产已经被消耗掉了,但由于人本财务会计不设置费用会计要素,不能像现行财务会计那样直接将其确认为费用,而是应该另行讨论其会计处理方法。

必须认识到,这些物力资产的消耗也是会计主体正常经营活动的一部分,是与所有新资产的生产活动相关的,是为了会计主体所有的新资产生产及其经营所发生的消耗,所消耗的物力资产的价值也就应该转入所有新资产的生产成本之中。但是,又没有确切的证据可以保证这些物力资产消耗能够合理地分配到各项新资产上,故此,人本财务会计在核算新资产生产成本时并未将这部分消耗计入。这样处理的结果是,新资产的生产成本比应该确认的金额要少一些。前面已经介绍,人本财务会计在新资产生产加工或购建完成,达到预定可使用状态或可销售状态时,是按照当时的公允价值计量入账的,并将公允价值与生产成本之间的差额全部确认为行为价值创造。现在来看,当时所计量的生产成本比应该计量的成本要少,所缺少的部分正是当时没有计入的物力资产非定向消耗的部分。这就导致会计主体生产加工或购建完成时确认的行为价值创造比应该确认的要多。故此,物力资产非定向消耗时,应该相应地冲减多确认的行为价值创造。

【例6-11】 东光公司本月以银行存款支付广告费、公司行政管理部门办公费等共计30万元;公司行政管理部门本月领用原材料的价值为3 000元。

上述业务的人本财务会计的会计分录为:

借:行为价值创造——生产经营行为价值创造	303 000
贷:银行存款	300 000
原材料	3 000

物力资产非定向消耗还存在一种情况,就是支付或负担债务的利息。从表面上看,支付或负担债务利息只是会计主体的资产流出,不会有行为价值创造。但是,对此问题要从另一角度进行思考。那就是要思考这样一个问题:如果通过本会计主体相关人员的有效工作,使得本会计主体以低于社会平均利息率的利率筹集到了所需资金,那么是否应该认定相关工作人员通过自己的工作创造了价值呢? 如果不予认定,显然不利于调动该项工作人员的积极性,会增加会计主体的筹资成本。所以,应该认定该项理财活动创造的价值。当然,如果相反,也应该认定该项工作责任者行为价值的减损。这样才能够更好地明确各个环节工作人员的责任。也就是说,使用资金的业务应

该按照社会平均利息率负担利息费用，如果本会计主体实际支付的利息率低于社会平均利息率，就应该认定为理财活动的价值创造；反之，如果本会计主体实际支付的利息率高于社会平均利息率，就认定理财活动减少了会计主体的价值创造。

【例 6-12】 华联公司一直有计划地制定并实施长期筹资战略，从而与相关金融机构维持了良好的业务关系。根据公司筹资战略本年需要筹集一笔长期资产建设资金，公司筹资人员积极与相关金融机构沟通，最后在社会平均借款利息率为 8% 的情况下获得了借款利息率为 7.5% 的 5 年期建设资金借款 8 000 万元。若该笔借款已于 2012 年 1 月 1 日划拨到公司账户，并全部用于固定资产建设。

则 2012 年年末该笔借款应支付的利息可以全额资本化，计入所建设的固定资产价值。同时确认应付利息和理财活动行为价值创造。该项业务的人本财务会计的会计分录为：

借：在建工程——××固定资产建设工程		6 400 000
贷：应付利息		6 000 000
行为价值创造——理财活动行为价值创造		400 000

该固定资产建设工程于 2014 年 12 月 20 日完工，则从 2015 年起借款费用停止资本化，所付利息转变为非定向消耗的资金支出。2015 年年末计算确认该笔借款利息的人本财务会计的会计分录为：

借：行为价值创造——生产经营行为价值创造		6 400 000
贷：应付利息		6 000 000
行为价值创造——理财活动行为价值创造		400 000

【例 6-13】 东兴公司因为缺乏长期筹资规划，未能建立稳定的筹资来源渠道，本年为了筹资生产经营周转资金不得不负担较高的利息支出。若社会平均借款利息率为 8%，而公司所筹集到的生产经营周转借款 500 万元的利息率高达 10%，则多支付的利息应该认定为筹资人员的行为价值减损。

该项业务的人本财务会计的会计分录为：

借：行为价值创造——生产经营行为价值创造		400 000
——理财活动行为价值创造		100 000
贷：应付利息		500 000

会计主体因为将资金存入银行、取得现金折扣等业务所获得的资产增加或资产流出减少,也应该认定为理财活动行为价值创造。

6.3.5　物力资产期末计量的会计核算

物力资产的期末计量是指在期末时对会计主体当时持有的物力资产进行价值的重新确认计量,以便确定物力资产期末报告价值的业务事项。

人本财务会计虽然要求贯彻资产负债观,选择公允价值作为主要计量属性,但更加强调会计主体的持续经营和可持续的和谐发展。故此,人本财务会计依据所持有的物力资产的用途或持有目的将其分成两大类:一是作为会计主体进行生产经营活动的物质基础而存在的资产,笔者将之称为消耗型物力资产;二是作为会计主体生产经营成果可以直接对外销售或提供的资产,笔者将之称为销售型物力资产。这两类资产在会计主体的营运过程中所处的地位和所具有的作用是不同的,前者是会计主体为了保证营运活动的持续进行而购入或自制并储备的资产,将在具体的营运活动中被一次性或逐渐消耗掉;后者则作为会计主体营运活动的产出或提供的服务而存在,将在有利的情况下直接对外销售或对外提供。

消耗型物力资产是为了会计主体的业务经营活动而储备,并将随着会计主体的经营活动而消耗。尽管其市场公允价值已经发生了变化,但这种变化的好处或损失都不能轻易改变消耗型物力资产的使用方向。只有在使用这些资产所生产的新资产也会严重贬值的情况下,才可能促使会计主体停止生产新资产,可这已经背离了持续经营假设,需要启动破产清算会计程序进行处理了。故此,在会计主体还要持续经营的情况下,自用的消耗型物力资产的价值评价不能按照市场公允价值进行调整,而只能保持按照取得时的公允价值进行记录与反映。

销售型物力资产是随时可以对外销售或对外提供的,其价值是应该按照市场公允价值进行调整与报告的。由于人本财务会计不设置收入、费用、利润等会计要素,所以,对销售型物力资产的公允价值进行调整时也不能确认所谓的公允价值变动损益。那么,人本财务会计如何认定及核算销售型物力资产的公允价值变化呢?人本财务会计认为所有的资产价值变化都是行为的结果,经过人们加工的资产会因人们的加工行为导致其上凝结相应的人类劳动,从而产生价值和价值变化。单纯存放于某一处所的物力资产,会因为市场公允价值的变化导致其价值评价发生改变,这种改变也是行为的结果,不过不是加工生产所凝结劳动的结果,而是社会人群对某项物力资产的价值评价行为或消费需求心理与行为发生改变导致的。经济学中有一种观点,认为是稀缺性导致了物品的价值,但却没有合理解释稀缺性是如何造成的。稀缺性不是简单地指该资源本身存世量稀少,而是相对于人们的需要来讲稀少。正是存有量少于人们的需要量,才导致该资源有价值。如果某项资源世间仅存一个,但人人都认为不需要它,那么它也会被弃如敝履,无任何价值可言;反之,即使某项资源存世较多,但需求量更多,那么该项资源也会因为相对稀缺而有价值。可见,资源市场价值的变化正是由于人们对该资源的需求行为变化导致的,也是行为的结果。所以,人本财务会计将因为市场公允价值发生变动导致的销售型物力资产价值评价的变化也确认为行为价值创造,只不过为了与劳动凝结性的行为价值创造相区别,将其定义为外部群体行为价值。

【例 6-14】 东光公司月末对一批库存商品进行公允价值计价。该批商品现账面价值为 80 000 元,因市场情况发生变化,按月末的市场平均销售价格计算确定的该批商品公允价值为 90 000 元。

因为市场公允价值增加,导致该批商品增值,其人本财务会计的会计分录为:

借:库存商品——公允价值变动   10 000

    贷:行为价值创造——外部群体行为价值创造   10 000

【例 6-15】 东光公司月末对一批库存商品进行公允价值计价。该批商品现账面价值为 100 000 元,因市场情况发生变化,按月末的市场平均销售价格计算确定的该批商品公允价值为 90 000 元。

因为市场公允价值减少,导致该批商品减值,其人本财务会计的会计分录为:

借:行为价值创造——外部群体行为价值创造   10 000

    贷:库存商品——公允价值变动   10 000

【例 6-16】 东光公司月末对持有的可供出售的股权投资进行公允价值计价。该股权投资现账面价值为 390 000 元,因市场情况发生变化,按月末的市场平均交易价格计算确定的该股权投资的公允价值为 396 000 元。

因为市场公允价值增加，导致该股权投资增值，其人本财务会计的会计分录为：

借：可供出售金融资产——公允价值变动　　　　　　　　　　　　　6 000
　贷：行为价值创造——外部群体行为价值创造　　　　　　　　　　　6 000

需要说明的是，外部群体行为价值创造属于未实现的价值创造，只有当其真正实现时才能作为资本利得予以确认。即当存在外部群体行为价值创造的相关资产实际出售时，才能将该项行为价值创造转为资本利得用于收益分配。关于综合生产经营成果分配等内容将在本书第 7 章中详细介绍。

6.3.6　对外投资活动的会计核算

对外投资是会计主体根据自身发展战略和资金收支规划，有计划地将资金投放于其他会计主体或证券市场以获得经济利益的业务活动。人本财务会计对该类业务的会计核算可以基本沿用现行财务会计的核算方法，但因为人本财务会计不设置费用和收入类账户，需要将现行财务会计记录的"投资收益"账户改为"行为价值创造——投资活动行为价值创造"账户。

6.4　劳务要素营运的会计核算

6.4.1　劳务要素及其营运分析

劳务要素是会计主体通过劳务投资合同与劳务雇佣合同所获得的可支配的未来员工的劳务。劳务要素实质上是会计主体的员工在会计主体的生产经营过程中为会计主体所提供的劳动行为。一个会计主体取得了在某一特定时间内支配员工提供未来劳务的权利（一部分确认为人力资产；另一部分因存在无条件抵销权没有确认，形成了隐含的人力资产）后，就进入了人力资产的开发使用过程。人力资产的开发使用过程具体包括岗位安排和上岗培训、从事岗位工作和在岗培训、工作业绩考核和薪酬管理与激励等环节。

在人力资产的开发使用过程中,会计主体通过这些劳动行为将其他生产要素联结起来,完成生产要素外在形式的转化,生产出新的产品或服务。员工在劳动过程中消耗了自己的体力和脑力,履行了自己关于提供劳务的承诺,从而取得了获取相应利益的权利。会计主体接受了员工提供的劳务,获得了员工所生产的产品等劳动成果,同时也就消耗了自己依据合同可以支配员工劳动的权利,产生了向员工支付相应利益的义务。一个阶段的劳动完成以后,员工使用从会计主体获得的利益维护自己的体力和脑力消耗,实现劳动能力的再生,进入下一个阶段的劳动过程。

可见,人力资产的开发使用过程不仅是人力资产的耗费过程,而且也是人力资产的再生甚至增值的过程。这里的人力资产耗费是指人在劳动中的体力下降和知识技能陈旧;而再生是指将人所具有的体力和掌握的知识与技能看作人类有机体的组成部分后,利用"再生"的"机体的组织或器官的某一部分丧失或受到损伤后重新生长"的义项,形成基于劳动力的再生产、通过"劳动力耗费→劳动力生产→劳动力再次耗费→劳动力再次生产"的过程实现人力资产的再生;增值则是通过接受教育培训或主动学习(包括在实际工作中不断积累经验),使得自己的素质(如知识、技能、意志、体魄等)得到提高,获得更高的行为能力,从而能够为会计主体带来更多价值。所以说,人力资产的使用过程同时也是一个持续开发、反复再生、不断增值的独特过程。从员工个体来说,他在工作中,不断地消耗自己的能力,也通过不断地学习更新知识和积累工作经验提高技能,实现自我补偿、自我更新、自我提高、持续成长。虽然一段时间的劳动以后,劳动者的体力和脑力需要休息恢复和学习总结等才能再生甚至增值,但法律强制性要求和劳动合同约定了员工的工作时间,从而保证了员工能够有劳动之后的劳动能力恢复和再生时间,使得会计主体每天都能够得到已经回复再生了的劳动力。也就是说,由于人力资产再生是在员工提供服务以后的下班时间由劳动者自行完成的,会计主体取得的人力资产(包括潜在的人力资产)在每天的工作消耗以后,经过下班时间的再生,在下一天又会形成和取得时同样的劳动能力。从这一角度上讲,会计主体每天所拥有的人力资产价值并不会下降。当然,当一个员工离职后,会计主体所拥有的支配其劳动的权力(即人力资产)消失了,但对其承担的义务也同时消失了。会计主体再聘用新的员工又形成了新的人力资产以及对应的义务。也正是基于这样的情况,本书第5章才主张,对于劳务雇佣合同形成的潜在人力资产和对应的义务,不进行会计确认,而是无条件予以抵销;对于投资形成的人力资产,同时确认人力资产和人力资本,两者同时调增或调减,当员工离职时予以对冲。

同时,人力资产的开发使用过程也是会计主体借助劳务要素进行价值创造的过程。这是劳务要素与其他生产要素的本质区别。其他生产要素在生产过程中只是被动地改变着自己的形态,从而将自己原来的价值转移到新的产品中,不会导致价值的增加。而导致其他生产要素形态改变和价值转移的恰好是劳务要素,劳务要素主动地进行着生产经营活动的组织和直接完成相应的生产经营活动,设计生产出新的产品或服务。这样,新的产品或服务的价值超过被动转移的其他生产要素价值的部分,就是劳务要素所创造的新价值。它一方面体现为会计主体某种资产价值的增加,另一方面构成了会计主体的行为价值增值。也正是基于这样的状况,本章第3节才在新的产品或服务生产完成以后,将其公允价值(市价)扣除消耗掉的非劳务生产要素的价值后的金额确认为行为价值创造。

如前所述,劳务要素进入和退出会计主体的核算已经在第5章讨论完毕,劳务要素在生产中创造价值的核算也在第6章第3节作了介绍,那么与劳务要素相关的业务只剩劳动者的每月薪酬应该如何处理了。由于会计主体取得劳务要素有接受未来劳务投资和雇佣两种途径,不同途径下薪酬的性质是有差异的,故应该分别予以讨论。

6.4.2 人力资本出资者薪酬的会计核算

按照人本财务会计的观点,物力资本出资者以物力资本出资,就是将物力资源的全部产权让渡给会计主体,从而取得了对会计主体的所有权、控制权以及分享该会计主体所获收益的权利。人力资本出资者以承诺的未来劳务出资,就是将未来应该提供的劳务以及劳务必须达到的绩效作为出资对象让渡给会计主体,也同样取得了会计主体的所有权、控制权以及分享该会计主体所获收益的权利。那么,在人本财务会计下,人力资本出资者还应该享有劳动力消耗补偿性质的工资吗?

该问题可能让读者感到奇怪,人力资本出资者也是会计主体的员工并为会计主体工作(提供劳务),当然应该获得劳动报酬,即工资。就是人本会计的首倡者徐国君不是也主张人力资本出资者应该获得工资性补偿吗①？金花也认为，人力资本所有者以其拥有的人力资本投入企业，不仅应获得使用权收益——人力资本补偿价值，还应获得所有权收益，即对企业剩余的分享②。他们虽然指出了应该让人力资本出资者获得所有权收益，但都认为前提是先让人力资本出资者获得对其劳动消耗的补偿，即工资。笔者对此持不同意见，认为在人本财务会计下，人力资本出资者不应再享有劳动力消耗补偿性质的工资收入。

现有制度下的工资性质是对劳务提供者的一种劳动力消耗补偿，是对其提供劳务的报酬，因为劳务提供者不能分享收益，而其在提供劳务的过程中会消耗其劳动力，故要对其进行补偿，以利于所消耗的劳动力再生。但是在人本财务会计下，人力资本出资者以其劳动行为出资，这就如同物力资本的出资者一样。物力资本的出资者将其所拥有的资产投入会计主体，由会计主体在生产运营中使用，并创造出更大的财富。因此，在会计主体创造出资本增值时，物力资本的所有者们理所应当地对会计主体的资本增值进行分配、享有。而人力资本出资者也因为其以人力资本出资，投入会计主体的运营之中，为会计主体创造出资本增值，故人力资本出资者也理所应当地分配和享有会计主体的资本增值。物力资本的出资者只是分享会计主体的资本增值，并无工资可言，故人力资本出资者也同样只能分享会计主体的资本增值，不能再享有工资性质的收入了。也就是说，人力资本出资者已经将其未来承诺的劳务作为出资资产让渡给了会计主体，并形成了自己在会计主体所享有的人力资本，那么，就不能再依据其所提供的劳务要求会计主体给予报酬了；否则，人力资本出资者就等于依据其未来劳务要求了两份权利——享有被投资单位股份的权利和劳务消耗补偿的权利。这显然是不合理的。故此，笔者才认为：在人本财务会计下，人力资本出资者不应再享有劳动力消耗补偿性质的工资收入。

———————————

① 徐国君认为："人力资本出资者也要拥有收益的分享权。人力资本的收益分享权是指人力资本出资者在补偿了其劳动消耗，即得到了工资性收入的前提下，对于人力资源的盈余价值——税后纯收益，有参与分配的第一位的、天然的特权，并应通过法律予以保障。"详见：徐国君，夏虹.论人力资本与个人收入的分配机制[J].青岛海洋大学学报（社会科学版），1999(1)：46-53.

② 金花.企业剩余索取权分享——人力资本所有者与物力资本所有者分享企业剩余的方法研究[J].财会通讯（综合），2010(9 下)：32-34.

有人可能会提出疑问,对人力资本出资者来说,如果没有月度的工资,那么人力资本出资者将如何过活。在这点上,人力资本出资者和物力资本出资者确实存在些许不同。物力资本出资者投入会计主体的资产是可以与其人身分离的,其人本身可以在其他会计主体任职并获取工资性质收入,换句话说,其在对某会计主体投入资产时只是期许获得未来的资本增值分配,而其获得的月度工资与被投资会计主体并无必然关联;但人力资本出资者则不然,其投资于会计主体的是劳动行为,是和其人身不可分离的,也就是说,当人力资本出资者投资于某会计主体时,在其发挥效用的同时,其人本身不可能在其他会计主体任职并获取工资性收入。也就是说,在其以劳务要素出资于某会计主体,并在该主体提供劳动行为、发挥效用的同时,其本身不会又提供另一项劳动行为。因此,基于这点,我们需要保证人力资本出资者每月的正常生活,以此保证其能够实现劳动力再生,为会计主体持续提供未来的劳务。这要以何种形式来对其进行保障呢?笔者认为,应当在每月提供给人力资本出资者一笔固定的收入,称其为工资也可,但是此工资非彼工资,这里的工资性质已经不再是具有劳动力消耗补偿性质的劳动报酬了。

不再是劳动报酬性质的工资,那么其性质又是什么?笔者认为,在人本财务会计下,人力资本出资者的工资性质应定义为资本增值分享的预支。因为其不能在分享会计主体资本增值的同时还享受物力资本出资者所没有的补偿性报酬。对于这种资本增值分享的预支,当然不是随意支付的,是要根据一定的方法计算出合理的数额,以此来作为对人力资本出资者的预支金额。至于预支数额的计算方法,笔者建议联系人力资本出资者的承诺收益进行。大致方法如下:根据本书第3章生产要素投入的人本财务会计功能实现机制,当人力资本出资者将其未来劳务投资于会计主体时,已经给会计主体一份承诺,承诺其将带给会计主体的最低收益,并就其承诺收益额提供了相应的实物资产抵押担保。之后在一个阶段的生产经营活动完成之后,就要进行该阶段资本增值的分享了。如果实际创造的价值大于承诺收益,那么除了分享企业的承诺收益,还要就其超额部分更多地分享;如果没有达到承诺收益,则先用现金补足承诺收益与实际收益之间的差额,随后再与物力资本的出资者共同分享承诺收益。可见,这里面最核心的就是承诺收益。因此,笔者认为,对人力资本出资者的预支也应建立在承诺收益的基础上。倘若人力资本出资者的承诺收益很高,那么按照一定的比例(具体比例可以由各方约定,如其人力资本所占股份比例的 6％或 7％等),相应地计算出其每月可以预支的收益分享额。当一个阶段的生产经营活动完成以后,如果人力资本出资者完成或者超额完成了其承诺的收益,那么其需要在分享会计主体资本增值时把已经预支的那部分扣除,这样即完成了对预支性质工资的补回。而如果人力资本出资者并没有完成其承诺给会计主体的收益,那么人力资本出资者先要以现金补足承诺收益与实际收益之间的差额。对于预支部分,笔者建议实行有别于完成或超额完成承诺收益时的全额补回,即实行部分补回(这个部分的比例具体可由各方约定,且要根据人力资本出资者承诺收益未完成部分占其承诺收益比例进行约定,如 70％),不补回部分作为对其因未实现承诺收益弥补差额的象征性补偿。因为在这种情况下,人力资本出资者未完成其承诺带给会计主体的收益,所以其会有相应差额的损失,而相比于该损失,其未补回的部分如果只是预支部分的 30％(以 70％为例说明),而预支部分只占其承诺收益的 6％(以 6％为例说明),即最终人力资本出资者未补回数额占了其承诺收益的 18‰,要使未补回部分数额小于承诺收益与实际收益的差额,那么承诺收益和实际收益间的差额至少占承诺收益的 20‰以上。因此,要确定人力资本出资者未达到其承诺收益时实际执行的部分补回的比例,就必须要根据承诺收益未完成部分占承诺收益的比例来进行约定,因为只有当未补回部分数额小于承诺收益与实际收益的差额时,才会对人力资本出资者起到一定的惩戒作用,而又不至于让其倾家荡产。关于对人力资本出资者超额完成或未完成承诺收益的相关问题将在本书第 7 章详细讨论。这里之所以先做一点介绍,只是为了说明人力资本出资者每月可以通过预支资本增值分享来维持其日常生活以及劳动力的再生。

由于人力资本出资者不再享有劳动报酬性质的工资,而是通过预支资本增值分享来实现劳动力维护再生,所以其会计核算就不能沿用现行财务会计关于核算职工工资的方法进行了。为了核算人力资本出资者预支资本增值分享性质的薪酬,需要设置“人力资产维护预支”和“应付人力资本薪酬”两个会计账户。

“人力资产维护预支”是资本类账户,但它是资本的抵减账户,反映人力资本出资者已经预支的资本增值分享额。每月人力资本出资者预支其薪酬时,记入该账户的借方;年末统一结算人力资本出资者应分享的资本增值并扣回已预支金额时,记入该账户的贷方;完成预支金额扣回后,该账户无余额。

"应付人力资本薪酬"是负债类账户,与现行财务会计的"应付职工薪酬"账户性质相同,只是为了表示该账户是针对人力资本出资者的应付薪酬而起了一个新名称。

【例6-17】 某高级管理人才孙平以人力资本出资的方式加盟东光公司,其承诺在其任职公司总经理期间,在保证其他职工薪酬增长和公司总资产在获得社会平均利润率的前提下,承诺保证公司能够每年获得超额收益40万元。如果某年未达到该利润水平,孙平以个人财产补足;如果某年超过该利润水平,超过部分交纳环境资本出资者应分享的所得税后孙平享有80%。孙平为保证该劳务资本出资,以其自有房产设置了抵押权。由此,确认孙平的人力资本出资占有总股本的1/3。两方同时约定,孙平每月可以预支资本收益分享额的6%作为人力资产维护预支性质的薪酬。

孙平每月可以预支薪酬=400 000÷3×6%=8 000(元)

其人本财务会计的会计分录为:

借:人力资产维护预支   8 000
  贷:应付人力资本薪酬   8 000

实际支付时的人本财务会计的会计分录为:

借:应付人力资本薪酬   8 000
  贷:银行存款   8 000

6.4.3 劳务雇佣者薪酬的会计核算

劳务雇佣者与劳务出资者不同,他们与会计主体签订的仅仅是提供劳务的合同,只按照合同的规定提供相应的劳务,并依据所提供劳务的数量与质量获取劳务报酬,不参与会计主体资本增值的分配。现行财务会计不区分这样两类不同的劳务提供者,而是将所有的员工都看成是劳务雇佣者。

按照现行财务会计的观点,劳务雇佣者基于劳务合同将自己未来一段时间的劳务行为支配权让渡给了会计主体,根据会计主体的要求进行生产经营活动,消耗自己的劳动力(即劳动能力),生产出新的产品或创造出新的价值。为补偿劳务雇佣者的劳动力消耗,要向其支付工资性费用,以实现劳动力的再生产。支付的工资费用和其他资源消耗的补偿费用一起构成了会计主体从事生产经营活动的成本费用。用会计主体生产经营活动所创价值抵偿所耗成本费用后就形成了会计主体的利润。按照这样的思路，会计主体向劳务雇佣者支付的工资性费用全部是其在生产经营过程中的劳动力耗费的补偿，这和补偿其他资源的生产耗费没有区别。

现行财务会计观点的根本问题在于其所隐含的前提：向劳务雇佣者支付的所谓工资性费用全部是人力资源在生产经营过程中的耗费的补偿。这一前提是否成立是值得怀疑的。正如张文贤在其著作中指出的："在现在人们工资报酬差异悬殊的情况下，难道每个人的工资报酬都应只算作是补偿吗？如上海 2000 年人才招聘薪资信息中，博士生最高月薪 8 000 元、最低 2 000 元，难道 2 000 元是补偿，8 000 元也全是补偿吗？"[1]进而张文贤提出下一步要研究的问题："在现行的工资制度下，是否所有的工资报酬都应视作补偿，或是只有部分应视作补偿？如只有部分应视作补偿，那这一部分又如何确定？"[2]

笔者认为：基于会计主体的价值增值是由各生产要素共同带来的这一思路，劳务雇佣者（包括在管理当局任职的员工）应参与会计主体价值增值的分割；但基于劳务雇佣者不承担会计主体风险这一思路，劳务雇佣者又不能参与会计主体价值增值的分割。解决这一矛盾的基本方法应是重新界定会计主体支付的工资性费用的性质，将会计主体支付的工资性费用分成两部分：一是为恢复劳务雇佣者劳动能力消耗所支付的劳动能力再生成本；二是对人力资产在生产中所创造的新价值的分割。前者是对劳动能力再生产过程中因体力下降、知识陈旧等因素导致的劳动能力耗费的补偿，包括基本生活费用和知识自觉更新费用等；后者是劳务雇佣者不能按投入资产的比例（即承担风险的比例）进行价值增值的分配，但又应分割会计主体生产经营新增价值所得的与其他资产投入者约定的金额。这样，会计主体的生产经营与价值增值的分割过程可以如图 6-2 所示。

从图 6-2 可以看出：其他资产的耗费补偿可以在会计主体内部直接进行，而人力资产的耗费补偿必须通过人力资源所有者才能完成。这是由人力资源的自有性和能动性决定的。也就是说，人力资源所有者将人力资产投入

---

①② 张文贤.人力资源会计研究[M].北京：中国财政经济出版社，2002：268.

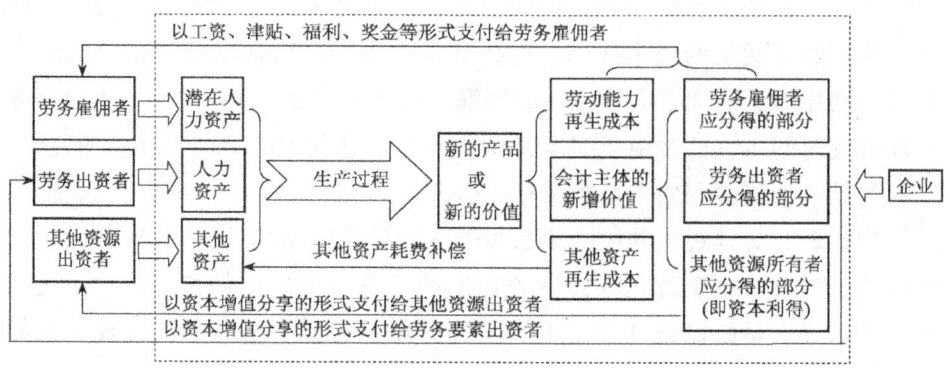

图 6-2　会计主体的生产经营与价值增值的分割过程

会计主体的一段生产过程,通过工资、津贴、福利、奖金、红利等形式获取了人力资源耗费补偿和新增价值分成以后,可以选择继续留在该会计主体进行下一段生产过程,也可以选择离开该会计主体加盟其他会计主体。而从会计主体的角度看,会计主体支付了一个生产过程所耗费的人力资产再生成本只是补偿了该生产过程所耗费的人力资产,并不一定取得下一生产过程所需的人力资产,能否保有原来的人力资产甚至取得更多的人力资产还决定于会计主体的其他方面工作。这些工作除会计主体所处的社会环境、为个人提供发展的可能性、人才管理的方式方法、人力资源的心理想法等因素外,主要取决于新增价值的分配方式与方法。新增价值的分配方式如果能够使人力资源的所有者感到其价值得到了体现,在不考虑其他因素的情况下,他会继续选择留在原会计主体中,否则就会导致人力资源的流动。而人力资源一经流动,会计主体所拥有的支配其未来劳动的权利和对人力资源所有者承担的义务也就同时消失了。这是基于这样的原因,本书第 5 章才主张使用无条件抵销条款不确认潜在的人力资产,而又将劳务出资形成的人力资产和人力资本同时确认增加或减少。

这样,会计主体与劳务雇佣者签订劳动合同时,因为无条件抵销权的存在无需确认潜在的人力资产和应负担的潜在义务。在劳务雇佣者完成相应的劳务提供以后,会计主体需要确认由此应支付的职工薪酬。虽然这些薪酬是由两部分(劳动能力再生成本和应分享的新增价值)组成的,但并无必要加以详细区分。劳务雇佣者获得了这些薪酬以后,究竟如何使用?有多少用于劳动能力恢复?这些问题不是会计主体能够考量的,也是无需考量的。会计主体只需要关心获得了薪酬的员工是否提供了不少于合同规定的劳务即可，而无需干预员工工作时间之外的事情。

如果不需要对劳动能力再生成本和劳务雇佣者分享的价值增值进行区分，那么支付给员工的薪酬应该确认为何种项目呢？现行财务会计将员工薪酬统一确认为劳动能力再生成本，即会计主体的费用。但人本财务会计没有费用要素，不能将员工薪酬统一确认为劳动能力再生成本，那就只能将其统一确认为价值增值的分享。

其实，对于劳务雇佣者的薪酬性质也可以作另一种解释。即劳务雇佣者与会计主体签订了劳务雇佣合同，就等于将未来一定时间段的劳务支配权让渡给了会计主体。当劳务雇佣者在未来向会计主体提供了劳务以后，就必然会在劳动过程中创造新增价值，也就必然要求分享该新增价值，即所谓的劳务报酬。然后，劳务雇佣者将分得的新增价值中的一部分用于维护自己的劳动能力，实现劳动能力的再生产，以便履行与会计主体之间的后续劳动合同。按照这样的解释，会计主体支付给劳务雇佣者的薪酬就是劳务雇佣者依据自己提供的劳动数量与质量从会计主体分享的新创造的资本增值的一部分。

人本财务会计对职工薪酬的分析，解决了张文贤提出的疑问，揭示了职工薪酬的本质——新增的价值增值的分享。这就为核算劳动雇佣者的薪酬提供了依据。由于劳务雇佣者的薪酬属于新增价值增值的分享，就不应该记录为成本费用，而应设置新的核算账户——"行为价值分享"。

"行为价值分享"账户属于"行为价值创造"账户的抵减账户，反映劳务雇佣者依据合同、劳务数量和质量从其创造的价值中以薪酬的形式分走的金额。其借方登记按照合同、业绩考核等制度计算出来的劳务雇佣者应分享的行为价值创造的金额，贷方登记年末结转入"行为价值分配"账户的金额，年末结转后该账户期末无余额。

【例6-18】　东光公司某年12月初"行为价值分享"账户有借方余额546 800元，本月末依据劳动合同和业绩考核等计算确认的劳务雇佣者的薪酬是89 300元，确认与支付该项薪酬，并进行年末转账。

其人力财务会计的会计分录为：

① 确认本月职工薪酬时：

借：行为价值分享　　　　　　　　　　　　　　　　　89 300
　　贷：应付职工薪酬　　　　　　　　　　　　　　　　　　　89 300

② 实际支付时：

借：应付职工薪酬   89 300

 贷：银行存款   89 300

③ 年末结转时：

借：行为价值分配   636 100

 贷：行为价值分享   636 100

7　经营成果分享的会计核算

7.1.1　经营成果分享的概念

经营成果是会计主体经过一个会计期间的生产经营活动所取得的财富或价值的增值。

人本财务会计认为,经营成果是一个会计期间内因为人们的行为所创造的财富或价值增值,是所有生产要素共同发挥作用实现的,必然应该在所有生产要素提供者之间共同分享。但是由于不同的生产要素所起的作用不同,那么其应该分享的经营成果也应该有所差异。

经营成果分享就是将一个会计期间的经营成果按生产要素投入比例和在生产经营中所实现业绩进行分配。

7.1.2　经营成果分享的基本过程及其计量

经营成果分享的过程就是贯彻人本财务会计的功能实现机制,依据合同约定合理考评生产要素业绩贡献与兑现各方经济利益的过程,也是落实承诺与体现共赢的过程。在这一过程中,要按照各项生产要素出资时的承诺兑现经济利益,从而实现所有生产要素出资者的合作共赢。经营成果分享一般要经过以下三个环节:

首先,确认本期生产经营活动等所创造的新增价值,并在劳务要素雇佣者与生产要素出资者之间进行分享。这一环节的分享已经在本书第6章作了介绍,具体方法就是将会计主体在本期生产加工的资产达到预定可使用或可销售状态时按照公允价值入账,并将公允价值与生产建设成本之间的差额确认为行为价值创造。再按照劳务雇佣合同与劳务雇佣者的劳务业绩或成果计算其应该获得的薪酬，作为行为价值分享予以确认。显然，"行为价值创造"账户汇集了会计主体本期所新增的财富或价值的总额，"行为价值分享"账户则记录了劳务雇佣者从新增财富或价值中分享的金额，两者的差额就是生产要素出资者可以分享的金额（即可分配行为价值增值）。

其次，按照承诺业绩进行考核兑现，也就同时完成了可分配行为价值增值在技术资本、人力资本出资者与其他生产要素出资者之间的初次分享（按贡献分享）。由于技术资本和人力资本出资者在出资时就对会计主体接受其出资可以给会计主体创造的价值增值做出了承诺，那么在期末时就要对其承诺与实际实现情况进行考核，如果超额完成了承诺将分享更多的增值额，如果未实现承诺将对会计主体进行资产补偿。具体方法就是将可供出资者分配的实际财富或价值增值与其承诺的价值增值额进行比较，如果超额完成了承诺增值，就将实际增值额区分成承诺增值与超额增值两部分，再按照出资时约定的比例将超额增值划分为技术资本、人力资本应分享的金额与所有出资者可以分享的金额，实现出资者之间增值额的初次分享；如果未完成承诺收益，则按出资约定将未完成部分确认为应向技术资本或人力资本出资者追索的补偿，并与实际完成增值额一起（两者之和亦即是承诺收益额）确认为所有出资者可以分享的金额。

最后，对所有出资者可以分享的增值额在留存必要的积累后，所有出资者按出资比例进行增值分享（按出资比例分享）。经过初次分享的剩余增值额是会计主体所有出资者可以分配的金额，对此金额要先依据法律、法规和公司章程或决议确定预留的发展积累金，然后再按照出资比例确定各生产要素出资者可以分享的增值额，并根据各自情况进行支付或留存。

7.2 经营成果分享的核算账户

7.2.1 行为价值类会计账户

为了反映会计主体新增价值及其分享，需要设置的行为价值类会计账户包括"行为价值创造""行为价值分享""行为价值分配"三个。其中前两个账户已经在本书第 6 章作了介绍,不再重复。

"行为价值分配"账户属于行为价值会计要素下的会计账户,反映会计主体的生产要素出资者可以分享的新增价值。其贷方登记会计主体本期实现的可以由生产要素出资者分享的本期财富或价值增加额,借方登记转入承诺增值与超额增值或未完成承诺的金额,期末无余额。

7.2.2　资本增值类会计账户

为了核算会计主体可以按出资生产要素贡献分享的增值额及其分享情况,需要设置"承诺增值""超额增值""未完成承诺"三个账户。

"承诺增值"账户反映技术资本、人力资本出资者在出资时承诺可以为会计主体创造的财富或价值增值额及其结转分配情况。其贷方登记技术资本与人力资本出资者出资时承诺应该完成的财富或价值增值金额,借方登记转入"资本利得"账户应由所有出资者分享的承诺收益金额,期末无余额。

"超额收益"账户反映技术资本、人力资本出资者实际完成的财富或价值增值额超出承诺增值额以后的增值金额及其分享情况。其贷方登记由"行为价值分配"账户转入的超过承诺增值额的那部分增值金额,借方登记超额增值金额在技术资本、人力资本出资者和其他生产要素出资者之间初次分配情况,期末无余额。

"未完成承诺"账户反映实际完成的财富或价值增值少于承诺增值的那部分应由技术资本、人力资本出资者补偿的金额及其补偿情况。其借方登记实际行为价值创造的可分配增值金额少于承诺增值额的金额,贷方登记转入应向技术资本、人力资本出资者收取的补偿金额,期末无余额。

7.2.3　资本类会计账户

为了核算会计主体资本的增减变化情况,需要设置"环境资本""技术资本""物力资本""人力资本""资本公积""资本利得""盈余公积"七个账户。其中前四个账户在本书第 5 章已经介绍过了;"资本公积""盈余公积"账户所反映的内容与现行财务会计相同,不再赘述;以下只介绍"资本利得"账户。

"资本利得"账户反映所有出资者可以分享的财富或价值增值的形成与分配情况。其贷方登记从"承诺增值"账户和"超额增值"账户中转入的或者其他业务实现的可以供所有出资者分享的会计主体本期财富或价值的增值额,借方登记提留的盈余公积和各个出资者应该分享的增值金额,期末余额在贷方,代表累积起来留待以后分享的资本利得金额。

7.2.4　负债类会计账户

为了核算因为向出资者分配资本利得和超额增值所形成的债务,需要设置"应付环境出资者利得""应付物力出资者利得""应付技术出资者利得""应付人力出资者利得"四个账户。

"应付环境出资者利得"账户反映会计主体所实现的资本利得中应支付给环境出资者的份额及其支付情况。人本财务会计将环境也看作是生产要素,将以前向会计主体征收的所得税看作是会计主体应该向环境出资者分配的资本利得,从而形成了会计主体的一项负债。该账户的贷方登记会计主体实现的资本利得中应由社会和政府分享的环境出资的份额,借方登记会计主体实际向社会和政府支付利得金额,余额在贷方,表明会计主体应付而未付的利得金额。

"应付物力出资者利得"账户反映会计主体宣告分配的资本利得中应支付给物力资本出资者的金额及其支付情况。这一账户相当于现行财务会计的"应付股利"或"应付利润"账户。其贷方登记会计主体决定分配的资本利得中应支付给物力资本出资者的金额,借方登记实际支付给物力资本出资者的已分配资本利得的金额,余额在贷方,表明应付而未付的金额。

"应付技术出资者利得"账户和"应付人力出资者利得"账户分别反映会计主体应该支付给技术资本出资者和人力资本出资者的价值增值与利得金额及其支付情况。在人本财务会计中,技术资本和人力资本出资者可能从两个渠道获得会计主体的价值分享:一是从实现的超额增值中按约定的比例应该获得的分享额,是按贡献分享的金额;二是与其他出资者一样依据出资比例应该分享的资本利得的金额,是按出资份额分享的金额。故此,这两个账户的贷方登记从"超额增值"账户中转入的按贡献分享的金额和从"资本利得"账户中转入的按比例享有的会计主体资本利得分配额,借方登记抵销"人力资本维护预支"账户以后实际支付给技术资本和人力资本出资者的价值增值分享额,余额在贷方,表明会计主体应付而未付的金额。

7.2.5 资产类会计账户

为了核算应向技术资本、人力资本出资者收取的未完成承诺的补偿金额,需要设置"应收出资者补偿"账户。其借方登记未完成承诺而应由技术资本或人力资本出资者对会计主体的补偿额,贷方登记实际收取的补偿金额,余额在借方,表明会计主体应收而未收的金额。

7.3 经营成果分享的会计处理

7.3.1 行为价值增值的会计处理

行为价值增值的会计处理包括日常经营过程中发生行为价值创造的会计处理、依据劳务雇佣合同计算确认劳务雇佣者行为价值分享的会计处理、年末结算可供出资者分配的行为价值增值的会计处理。

人本财务会计认为,会计主体的价值增值全部是行为的结果,包括会计主体内部的生产经营劳动行为创造的价值,也包括由于会计主体外部人群的行为导致会计主体拥有的资产和负债的市场价值评价发生变化所形成的所谓持产损益,并将这两种情况导致的会计主体价值增值统一确认为"行为价值创造"。同时,实现行为价值创造并有权分享价值增值的雇佣劳务提供者,要按照劳务合同和劳务业绩进行考核,计算其应分得的价值增值,以"应付职工薪酬"的方式确认为会计主体的付款义务,并相应地将其分享的行为价值创造登记为"行为价值分享"。关于通常情况下的"行为价值创造"和"行为价值分享"的具体核算已经在本书第 6 章详细讨论,不再复述。

要补充说明的是,在某一生产环节也可能出现产出品的公允价值低于其生产成本的情况。这种情况表明会计主体在该环节的生产活动不仅没有实现价值增值,反而导致了价值减值。对于此种结果,就需要具体分析是人力资本出资者的决策失误还是该环节生产者的工作失误导致的。如果是生产者的工作失误,就要按规定启动对生产者的追责以弥补损失;如果没有确凿的证据证明是生产者的工作失误导致的,就应该确认为是人力资本出资者的决策失误导致的,应由人力资本出资者承担相应的价值减损。

【例7-1】 东光公司本月生产的某产品完工,其生产过程中消耗的除劳务以外的生产成本为 90 000 元,产品完工时根据市场综合数据计算确认的公允价值只有 80 000 元。经调查发现系操作工人李某违反操作规程进行生产出现大量废品所导致,按照公司规定要求李某本人赔偿损失额的 60%。

按照公司规定,个人违反操作规程导致的损失应由个人赔偿 60%,其余的 40% 只能由公司负责,从而减少了行为价值创造的增值。其人本财务会计的会计分录为:

① 入库时:

借:库存商品	80 000
待处理财产损溢	10 000
贷:生产成本	90 000

② 查明原因进行处理时:

借:其他应收款——李某	6 000
行为价值创造——生产经营行为价值创造	4 000
贷:待处理财产损溢	10 000

【例7-2】 东光公司本月生产的某产品完工,其生产过程中消耗的除劳务以外的生产成本为 90 000 元,产品完工时根据市场综合数据计算确认的公允价值只有 80 000 元。经调查未发现任何生产者个人需要对此承担责任。

由于没有任何生产者个人需要承担责任,只能认定为该项生产决策失误,而由人力资本出资者负责,从而减少行为价值创造的增值。其人本财务会计的会计分录为:

① 入库时:

借:库存商品	80 000
待处理财产损溢	10 000
贷:生产成本	90 000

② 经调查未发现责任人,而应由人力资本出资者负责,进行处理时:

借：行为价值创造——生产经营行为价值创造　　　　　　　　10 000

　　贷：待处理财产损溢　　　　　　　　　　　　　　　　　10 000

　　会计主体在日常的生产经营过程中,已经将发生的行为价值增值登记在"行为价值创造"账户的贷方,发生的行为价值减值登记在"行为价值创造"账户的借方。每月按照劳务雇佣合同和业绩考核计算的劳务雇佣者的薪酬,也已经登记在了"行为价值分享"账户的借方。年末,会计主体将全年实现的"行为价值创造"和"行为价值分享"转账记入"行为价值分配"账户,结算出可以由出资者分享的整体价值增值。

　　【例7-3】　东光公司本年结账前"行为价值创造"账户累计贷方发生额为2 960 732.80元,累计借方发生额为28 376.50元;"行为价值分享"账户累计借方发生额为920 663.80元。计算结转本年可供出资者分享的价值增值。

　　该公司本年累计创造的新增价值为2 932 356.30元(2 960 732.80 — 28 376.50),已经由劳务雇佣者分享了920 663.80元,剩余的2 011 692.50元是可供出资者分配的金额。结转该金额的人本财务会计的会计分录为:

借：行为价值创造　　　　　　　　　　　　　　　2 932 356.30

　　贷：行为价值分享　　　　　　　　　　　　　　　920 663.80

　　　　行为价值分配　　　　　　　　　　　　　　2 011 692.50

7.3.2　资本增值考核的会计处理

　　资本增值考核是指按照技术资本和人力资本出资合同的约定,对技术资本和人力资本实现的价值增值进行考核兑现的工作。由于技术资本和人力资本出资时均承诺了可以实现的价值增值,而且以其承诺金额计算确认了其资本金,现在就要根据实际完成的价值增值情况考核兑现。

　　技术资本出资者只对其承诺的项目进行考核,确定其应初次分享或应补偿的金额。人力资本出资者要对其整体承诺完成情况进行考核,确定其应初次分享或应补偿的金额。

　　技术资本和人力资本出资者如果完成了其承诺,就应该将"行为价值分配"的金额区分成"承诺增值"和"超额增值"两部分,按照实际实现的全部可供出资者分配的价值增值,借记"行为价值分配"账户;按照出资合同的约定承诺增值,贷记"承诺增值"账户;按照实际增值额超过承诺增值的部分,贷记"超额增值"账户。然后对超额增值部分进行分享,按照超额增值总额,借记"超额增值"账户;按照出资合同约定的比例计算应由技术资本和人力资本出资者享有的初次分配金额,贷记"应付技术出资者利得"账户和"应付人力出资者利得"账户;其余部分作为所有出资者共享的增值,贷记"资本利得"账户。最后,将承诺增值作为所有出资者共享的增值转入"资本利得"账户,借记"承诺增值"账户,贷记"资本利得"账户。

【例7-4】 东光公司接受技术资本出资者孙明出资时,孙明承诺确保其5年内每件产品的生产成本降低50元(按公司最低年产量1万件计算,每年可以降低生产成本50万元;在公司销售产量不少于1万件的情况下,若年生产成本节约不足50万元,差额部分由孙明补足;公司销售产量增加或成本降低幅度加大,导致公司年生产成本节约更多的话,多节约的部分由孙明独享70%),并由此确认其技术资本出资180万元。接受人力资本出资时,人力资本出资者孙平承诺:在保证公司职工薪酬增长的前提下,其任职期间按公司现有总资产500万元为基数计算的年资金利润率为14%(假定当时社会市场平均利率为10%,而东光公司实际年资金利润率只有8%),在其从公司离职或退休时,公司的可收回资产总额的年增长率不低于社会平均利率10%。如果某年未达到该利润率水平,孙平以个人财产补足;如果某年超过该利润率水平,超过部分交纳环境资本出资者应分享的所得税后孙平享有80%,由此核定其承诺的年超额增值额为20万元,确认其人力资本出资200万元。本年的实际经营情况是:由于专利技术导致产品物美价廉,实际销售量达到12 000件,累计节约生产成本61万元,超额完成成本降低承诺11万元;公司在可收回资产总额提升的情况下,整体实现价值增值201.169 25万元,超过170万元的承诺增值。

本例中,整体承诺增值170万元,实际实现价值增值201.169 25万元,超出部分31.169 25万元应确认为超额增值。在超额增值中,技术资本创造的超额增值11万元,人力资本创造的超额增值20.169 25万元。按照合同约定,技术资本出资者应分享超额增值7.7万元(11×70%),人力资本出资者应分享超额增值16.135 4万元(20.169 25×80%),剩余的超额增值7.333 85万元由所有出资者共享。最后,再将承诺增值结转为所有出资者共享的资本利得。上述业务相应的人本财务会计的会计分录为:

借：行为价值分配   2 011 692.50
  贷：承诺增值   1 700 000.00
    超额增值   311 692.50
借：超额增值   311 692.50
  贷：应付技术出资者利得   77 000.00
    应付人力出资者利得   161 354.00
    资本利得   73 338.50
借：承诺增值   1 700 000.00
  贷：资本利得   1 700 000.00

技术资本或人力资本出资者如果未达到其承诺的价值增值，就应该要求其补偿至承诺的价值增值，借记"未实现承诺"账户，贷记"承诺增值"账户和"超额增值"账户。然后由达到承诺的出资者分享应得的超额增值，再将承诺增值与共享的超额增值转入"资本利得"账户。

【例7-5】 东光公司接受技术资本出资者孙明出资时，孙明承诺确保其5年内每件产品的生产成本降低50元（按公司最低年产量1万件计算，每年可以降低生产成本50万元；在公司销售产量不少于1万件的情况下，若年生产成本节约不足50万元，差额部分由孙明补足；公司销售产量增加或成本降低幅度加大，导致公司年生产成本节约更多的话，多节约的部分由孙明独享70％），并由此确认其技术资本出资180万元。接受人力资本出资时，人力资本出资者孙平承诺：在保证公司职工薪酬增长的前提下，其任职期间按公司现有总资产500万元为基数计算的年资金利润率为14％（假定当时社会市场平均利率为10％，而东光公司实际年资金利润率只有8％），在其从公司离职或退休时，公司的可收回资产总额的年增长率不低于社会平均利率10％。如果某年未达到该利润率水平，孙平以个人财产补足；如果某年超过该利润率水平，超过部分交纳环境资本出资者应分享的所得税后孙平享有80％，由此核定其承诺的年超额增值额为20万元，确认其人力资本出资200万元。本年的实际经营情况是：由于对市场容量估计失误，本公司生产的产品虽然物美价廉，但实际销售量仅有10 500件，累计节约生产成本53万元，技术资本出资者超额完成成本降低承诺3万元；公司在可收回资产总额提升的情况下，整体实现价值增值只有168万元，未达到170万元的承诺增值。

本例中，技术资本出资者超额3万元完成了成本降低承诺，但公司整体增值承诺没有完成,应由人力资本出资者承担补偿责任。公司整体价值增值只有 168 万元,扣除技术资本超额完成的 3 万元,由人力资本出资者负责保证的增值仅有 165 万元,低于其出资承诺的年增值额 170 万元,低于的部分 5 万元应该由人力资本出资者补偿。技术资本出资者由于超额完成了承诺,应按合同分享其超额增值 2.1 万元。上述业务相应的人本财务会计的会计分录为:

借:行为价值分配	1 680 000
未完成承诺	50 000
贷:承诺增值	1 700 000
超额增值	30 000
借:应收出资者补偿——孙平	50 000
贷:未完成承诺	50 000
借:超额增值	30 000
贷:应付技术出资者利得	21 000
资本利得	9 000
借:承诺增值	1 700 000
贷:资本利得	1 700 000

7.3.3　资本增值分配的会计处理

资本增值分配是指所有生产要素出资者按照出资额所占比例和相关规定分享会计主体实现的资本利得的过程。

在这一过程中,环境资本出资者首先分享其应获得环境出资利得(相当于现行财务会计和税务制度下的征收所得税),借记"资本利得"账户,贷记"应付环境出资者利得"账户;其次依据法律、法规和章程决议等对本年实现的剩余资本利得计提盈余公积作为发展积累,借记"资本利得"账户,贷记"盈余公积"账户;最后依据其他出资者的出资比例分享本年决定分配的资本利得,借记"资本利得"账户,贷记"应付物力出资者利得""应付技术出资者利得""应付人力出资者利得"账户。

【例 7-6】 接[例 7-5],东光公司"资本利得"账户期初有贷方余额 26 万元,本年实现的资本利得增加额为 170.9 万元。环境资本出资者占股 25%。剩余的出资者出资情况为物力资本出资 300 万元,技术资本出资 180 万元,人力资本出资 200 万元。公司决定按照支付环境资本出资者利得以后的金额的 10％计提盈余公积,向其他出资者分配 102 万元资本利得。

本例中,首先要向环境资本出资者(即社会和政府部门,其代表相当于现在的税务局)分配资本利得 42.725 万元(170.9×25％)。其人本财务会计的会计分录为:

借:资本利得 427 250

　　贷:应付环境出资者利得 427 250

这样,本年实现的资本利得增加额 170.9 万元扣除分配给环境资本出资者利得 42.725 万元后,尚有剩余 128.175 万元,应计提 10％的盈余公积 12.817 5 万元。其人本财务会计的会计分录为:

借:资本利得 128 175

　　贷:盈余公积 128 175

公司决定向其他投资者分配资本利得 102 万元,物力资本出资者可分得 45 万元,技术资本出资者可分得 27 万元,人力资本出资者可分得 30 万元。其人本财务会计的会计分录为:

借:资本利得 1 020 000

　　贷:应付物力出资者利得 450 000

　　　　应付技术出资者利得 270 000

　　　　应付人力出资者利得 300 000

综合[例 7-5]和[例 7-6]可见,物力资本出资者原来出资 300 万元,社会平均资金利润率为 10％,但其所创公司的资金利润率只有 8％。也就是说,如果继续这样经营,公司年增值额只有 24 万元,扣除支付环境资本出资者利得 6 万元以后,物力资本出资者每年能够获得的增值额只有 18 万元。为了提升公司效益,公司决定引进新的投资者,其中孙明以专利技术出资,并保证 5 年内每年成本最低可节约 50 万元,按社会平均利率 10％计算确认其出资额 180 万元;孙平以管理劳务出资,承诺保证资产增值不低于 10％和职工工资不断增长的前提下,年资本利得增加额不低于 20 万元,按社会平均利润率 10％计算确认其出资额 200 万元。从表面上看,由于新投资者加入,原物力资本出资者的股权被稀释,但是新增投资者均承诺其出资资产会取得高于原物力资本的资金利润率(孙明承诺 10％,孙平承诺 14％),所以,物力资本所获利得绝对值不会减少,反而会增加。同时,环境资本出资是按照固定比率计算的,随着公司增资,环境资本所持股份比例并不发生变化,对于环境资本出资者而言也会得利。一个不需博弈而合作共赢的机制就建立起来了。事实上也是这样,当年公司实际获得的资本利得 168 万元,虽然未达到预先承诺,但技术资本出资者超额完成承诺,获得了超额部分的约定分成。人力资本未完成承诺,就要补足其未完成部分。而随着人力资本出资者补足其未完成部分,物力资本出资者也就不会发生利得损失。综合起来看,公司引入新的出资者以后,本年环境资本出资者获得的利得分享额由 6 万元上升为 42 万多元,但占比仍维持 25%;物力资本出资者的持股比例虽然由 75% 下降为 33%,但其可以分享的资本利得却由 18 万元上升到超过 45 万元,资本金利润率由 6%(18÷300)上升到 15%(45÷300)以上;技术资本出资者确认出资 180 万元,目标年资本金利润率为 10%,但由于其超额完成承诺,其实际获得资本利得 29.1 万元(2.1+27),实际资本金利润率达到 16.17%;人力资本出资者确认出资 200 万元,目标年资本金利润率 14%,但由于其未完成承诺,实际获得的资本利得为 25 万元(30−5),实际资本金利润率只有 12.5%(25÷200)。这表明,即使在公司人力资本出资者未完成承诺的情况下,其他资本出资者也能够获得比原来更多的经济利益,从而形成了一个可以消除博弈而合作共赢的制度体系,并能够真正做到按生产要素投入及其贡献合理分享资本利得。

8 人本财务会计报告

8.1 人本财务会计报告概述

8.1.1 人本财务会计报告的概念、构成和作用

本书第 4 章已经说明,人本财务会计报告也具有过程和文件的双重性质。而本章所讨论的人本财务会计报告仅指作为文件的人本财务会计报告,是指人本财务会计系统以特定格式提供的信息所组成的书面报告和数据库文件。但要说明的是,人本财务会计报告的书面报告和数据库文件是不完全相同的。

人本财务会计报告的书面报告,集中了利益相关者共同关注的关于会计主体的重要会计信息,可以方便有关者快速分析和评价会计主体的主要情况,尽可能地减少会计信息使用者的信息收集和处理成本,提供会计信息的使用效率和效益。人本财务会计的书面报告主要是按照会计要素所设置的财务会计报表,包括资产负债表、行为价值表、资本增值表、现金流量表、环境评价情况表以及相关报表附注和其他会计主体管理当局认为重要的信息。但是,书面报告中的信息毕竟是经过筛选的和总括的,不能刻画会计主体的所有方面的生产经营活动。需要深入了解会计主体情况的信息使用者还需要按自己的权限自行查阅数据库文件,以便获得更加详细的信息。

人本财务会计报告的数据库文件包括书面报告的电子版,还包括所有人本会计系统所能够收集到的信息。当然,人本财务会计报告的信息(特别是数据库文件中的全部信息)并非是对所有人群开放的,而是针对不同利益相关者的权限分别开放查阅的。

编制和提供人本财务会计报告的作用可以概括为以下四个方面:

第一,帮助会计主体的利益相关者进行合理决策。会计主体的利益相关

者为了做出合理的决策,必须拥有一定的信息,以了解相关会计主体的各方面状况。例如,投资人主要关心会计主体的经营业绩或获得资本增值的能力,需要了解投资的风险及其回报的高低,或者是关于企业资本增值和增值分配的信息;而债权人则要考虑会计主体的财务状况或偿债能力,以保证贷款的安全和可收回;管理当局主要关心会计主体资本运营的结果和趋势;政府部门关心对会计主体进行必要干预(如征税等)所需的信息,以及获得环境资本出资回报的信息;等等。这些信息都是通过人本财务会计报告提供的。

第二,反映会计主体内部和外部各群体的行为价值创造情况。在两权分离的情况下,非劳务要素投资者将资源投入会计主体之中,会计主体内部的劳务提供者将自己的劳务与其他生产要素紧密结合进行生产经营活动,并在生产经营过程中保证不侵害非劳务要素投资者的利益,就必须积极认真履行非劳务要素投资者交付的受托责任,创造出更多的价值以便实现合作共赢。当然,非劳务要素投资者为了保护自己的切身利益,也需要了解和评估劳务要素提供者的业绩及其受托责任履行情况(即创造出来的价值增值的多少及其结构)。人本财务会计报告能够提供各项生产经营活动所创造的价值以及外部群体对会计主体价值评价的贡献,有利于分清价值创造贡献和明确各自责任,实现按价值创造贡献分享增值,引导积极的价值增值行为,更好地实现会计主体的目标。

第三,评估和预测会计主体未来的现金流动。人本财务会计报告信息的内、外部使用者取得和使用信息的主要目的在于利用它们预测会计主体的未来,以帮助自己做出针对该会计主体的合理的经济决策。预测未来时,主要预测的是其预期现金净流入的金额、时间分布和不确定性,或者是预测其能否产生足够的现金流入来偿付到期债务和经营活动中的其他现金需要、再投资以及支付股利的能力。因为会计主体未来的现金流入能力在很大程度上决定了其未来的发展和实现各方要求的可能性。人本财务会计报告提供了会计主体过去各方面状况的信息,这些信息预示着其未来的变化,成为有关者的预测依据。正如美国财务会计准则委员会所指出的:"信息主要是历史的,但使用这些历史信息的人们可能试图据以预测未来,或是用于证实或否定他们的原先预测。"[①]

第四,促进社会资源的最佳配置。资源的稀缺性决定各国都要考虑应如

---

① FASB. SFAC No. 1, 1978: 21.

何充分有效地配置稀缺的资源,达到资源在整个社会范围内的有效利用。在市场经济条件下,资源配置主要是以发达的资本市场为媒介进行的,即通过私人资本从低效率会计主体向高效率会计主体的自由流动来配置资源。人本财务报告所提供的一个主要信息就是各个会计主体实现价值创造的能力,从而有助于投资人、债权人和社会公众对不同会计主体的业绩和财务实力进行比较和预测,以便确定予以投资或贷款的方向,其结果将促使社会资源流向高收益的行业或会计主体,达到最佳配置。

8.1.2　人本财务会计报告的信息限制

人本财务会计报告(特别是其电子版的数据库文件)虽然声明其包括了人本财务会计系统所能收集的所有信息,但却不是绝对的。有一些信息人本财务会计系统可能掌握(虽然有可能不确切),但却不能在人本财务会计报告中提供。具体来看,参照财务会计报告所揭示的信息受到的限制①,可以类比得出人本财务会计报告的信息限制:

第一,人本财务会计报告所披露的信息是特定会计主体的信息。人本财务会计系统能够提供的信息范围很广,既包括财务信息,又包括非财务信息。但它仅仅局限于人本财务会计系统所意欲反映的会计主体的信息,并不涉及所有信息。如通货膨胀率、经济增长速度、产业结构调整及竞争对手情况等,都不属于本会计主体人本财务会计报告的会计信息的范围。

第二,人本财务会计报告不披露本会计系统并不是其最佳来源的信息。人本财务会计系统能够提供特定会计主体的信息,但是,如果其中某些信息能以更低的成本取得,则表明人本财务会计系统并不是这些信息的最佳来源,人本财务会计报告则不予以披露。例如,本会计主体(如果是上市公司)发行在外的股票交易价格、交易量等,它虽是本会计主体的信息,但由证券交易所提供,成本更低且更方便;会计主体声誉方面的信息,竞争对手和客户可能是最好的来源;市场份额方面的信息,政府出版物或行业协会可能是最好的信息来源。当然,为了方便信息使用者的使用,人本财务会计报告可以转载这些信息,并注明其来源,但不对该类信息的质量承担责任。

① 吴水澎.中国会计理论研究[M].北京:中国财政经济出版社,2000:253-254.

第三,人本财务会计报告不披露本会计系统无法掌握的信息。人本财务会计报告所披露的是人本会计系统所产出的会计信息,这并不表明使用者所需要的会计信息,人本财务会计报告就能披露。人本会计系统无法掌握的信息,人本财务会计报告是不可能对其进行披露的。但是,这并不否定人本财务会计系统应提供必要的信息。比如,人本财务会计系统未对某些资本利得项目进行确认且不予以反映,这显然是不行的。一般来说,如果人本财务会计报告不披露某些会计信息将影响整个项目的揭示,影响企业间的可比性,即使这些会计信息在当时人本财务会计系统无法掌握,人本财务会计系统也应对其进行收集并予以披露。

第四,人本财务会计报告不披露严重损害会计主体竞争地位的信息。竞争劣势是人本财务会计报告披露会计信息时所应考虑的一项成本,因而,严重损害会计主体竞争地位的信息,人本财务会计报告是不能予以披露的,因为它的成本太大了。具体地说,它不利于会计主体寻求竞争优势。如果把它放在国际市场中考察,可能会削弱该国全国性的竞争优势。当然,判定哪些信息会严重损害会计主体的竞争优势,则应根据具体会计主体的具体环境进行分析。同时,为了防止会计主体以此为借口隐瞒应该披露的会计信息,还必须要求会计主体对没有披露的信息做出必要的说明,如未披露信息的种类、未披露的理由等。

按照通常的情况,本节还要讨论人本财务会计报告的各种分类、编制要求等问题。但是,这些内容与现行财务会计的有关内容基本相同,本书不予赘述。

8.2 人本财务会计报表及其编制①

8.2.1 资产负债表及其编制

1) 资产负债表的概念

资产负债表起源于 17 世纪欧洲国家商人定期编制的财产目录,是提供在

---

① 因人本财务会计的现金流量表与现行财务会计的现金流量表完全相同,本书不对其相关内容展开论述。

某一时日的资产、负债、所有者权益及其相互关系,借以反映企业财务状况的一种资源存量的财务会计报表。1922年,佩顿就提出,资产负债表实际上是并列企业的经济资源和经济义务的报表。后来佩顿又进一步指出:"资源是企业的财产,而权利则代表企业资金的来源,即体现在全部企业财产中的法定要求权。"[①]所以,资产负债表要揭示的就是在任何一个时点上的企业资源与义务的对应关系,即"资产=权益(即负债+资本)",或"资产-负债=业主产权"。

资产负债表还有不同的称呼,如平衡表、财务状况表、财务情况表等。之所以称为平衡表,是因为这一报表是利用会计账户在特定时点的余额来编制的,并要求在资产、负债和所有者权益之间保持恒等关系,即表现一种对应的平衡表。使用"财务状况表"或"财务情况表"的称呼或许可以更为贴切地反映某些行业(如证券业)的技术特征,并能适用于所有的单位[②]。所以,1970年,美国会计原则委员会在第4号报告中写道:"企业在特定时日的'财务状况'包括它的资产、负债和业主权益以及它们之间的相互关系,再加上在当时与企业相关的或有事项、承诺和其他财务事项,并且必须遵循公认会计原则加以揭示,企业的财务状况是以资产负债表和财务报表附注予以表述的。"[③]美国财务会计准则委员会在其概念框架研究中,更进一步地规定不再使用资产负债表,而改为财务状况表,并认为:"该表描述企业的资源结构——资产的主要类别和数额,以及企业的财务结构——负债和业主权益的主要类别和数额"[④]。但我国《企业财务会计报告条例》使用的是资产负债表这一称呼,并定义"资产负债表是反映企业在某一特定日期财务状况的报表"。

人本财务会计的资产负债表与现行财务会计的资产负债表本质上是一致的,也是反映某一特定日期会计主体资产、负债、资本等静态会计要素实际占用情况的会计报表。

2) 资产负债表的结构设计

资产负债表的结构设计包括确定其格式、项目的分类和项目的具体排列。

---

① PATON W A, DIXON R L. Essential of Accounting. 1958:35.

② EPSTEIN B J, MIRZA A A. Interpretation and Application of International Accounting Standards. 1998:34.

③ APB. Statement No. 4. 1970:49-50.

④ FASB. SFAC No. 5. 1984:26.

(1) 资产负债表的格式。资产负债表按资产、负债、资本的排列方式有账户式、报告式和财务状况式三种。

账户式是按账户的形式，将资产、负债、资本左右排列，构成"资产＝负债＋资本"的平衡关系。

报告式是将资产、负债、资本从上到下排列。

财务状况式是将营运资本予以特别列示的格式，即先列示流动资产，再列示流动负债，两者的差额为营运资本；然后加上长期资产，再减去长期负债，最后列示资本。

资产负债表按表中提供的数据的期间数可分为单期型和多期型两种，单期型只揭示本会计结算日的数据，多期型要揭示本会计结算日及以前多个会计期间的比较数据。

(2) 资产负债表项目的分类。资产负债表项目的分类是指按照一定的标准对所有资产、负债、资本项目进行的分类。其目的在于通过分类，既可把相同类别的资产、负债和资本项目加总，又可将相关数据资料进行有序的排列，以便于揭示一些要素之间的关系。

资产负债表项目的分类标准主要是按流动性分类。按此分类方法，资产分为流动资产与非流动资产；负债分为流动负债与非流动负债；资本分为投入资本和留存收益。各类又具体地分成若干小项，如流动资产又分为货币资金、交易性金融资产、应收及预付款项、存货和其他流动资产。

(3) 资产负债表各项目的具体排列。资产负债表各项目的具体排列也有一定的规则。参照大多数国家的资产负债表各项目的排列顺序，人本资产负债表的各项目排列顺序是：资产按其变现能力进行排列，变现速度快的在前，慢的则在后；负债则按到期日的远近排列，近者在前，远者在后；所有者权益就按永久性程度排列，永久性大的在前，小的在后。

另外，通过对各项目进行必要的浓缩（合并）或分割（细分），还可以为信息使用者提供若干有用信息或方便使用者的阅读。如通过"小计""合计""总计"项目可以方便使用者判断会计主体的经济规模和实力、资产质量及资产结构的合理性；通过将某些有关联的项目（如某资产的原值、可能减值和净值）排列在一起，并通过不同的计量，可以获得用于评估资产所承受的损失风险的补充信息。

以一般工商企业为例，资产负债表的具体样式如表 8-1 所示。

表 8-1 资 产 负 债 表

编制单位：　　　　　　　　　　年　　月　　日　　　　　　　　　　单位:元

资　　产	期末余额	年初余额	负债和资本	期末余额	年初余额
流动资产：			流动负债：		
货币资金			短期借款		
交易性金融资产			交易性金融负债		
应收票据			应付票据		
应收账款			应付账款		
预付款项			预收款项		
应收利息			应付非人力资本出资者职工薪酬		
应收股利			应付人力资本出资者职工薪酬		
应收出资者补偿			应交税费		
其他应收款			应付利息		
存货			应付环境资本出资者利得		
一年内到期的非流动资产			应付人力资本出资者利得		
其他流动资产			应付技术资本出资者利得		
流动资产合计			应付物力资本出资者利得		
非流动资产：			其他应付款		
物力资产			一年内到期的非流动负债		
其中:可供出售金融资产			其他流动负债		
持有至到期投资			流动负债合计		
长期应收款			非流动负债：		
长期股权投资			长期借款		
投资性房地产			应付债券		
工程物资			长期应付款		
在建工程			专项应付款		
固定资产			预计负债		
固定资产清理			递延所得税负债		

（续表）

资　产	期末余额	年初余额	负债和资本	期末余额	年初余额
生产性生物资产			其他非流动负债		
油气资产			非流动负债合计		
技术资产			负债合计		
其中:开发支出			资本:		
无形资产			环境资本		
人力资产			人力资本		
环境资产			技术资本		
商誉			物力资本		
长期待摊费用			资本公积		
递延所得税资产			减:库存股		
其他非流动资产			盈余公积		
非流动资产合计			留存资本利得		
			资本合计		
资产总计			负债和资本总计		

3）资产负债表的编制

资产负债表的编制方法与现行财务会计编制资产负债表的方法基本相同，也是根据静态会计要素所属会计账户的期末余额填列的。填列方法主要有以下几种：

（1）根据有关总分类账户的期末余额直接填列。资产负债表中的大多数项目的数据来源，主要是根据总分类账户期末余额直接填列，具体项目如资产类项目中的交易性金融资产、应收出资者补偿、工程物资、固定资产清理等；负债类项目中的短期借款、应付票据、应付非人力资本出资者职工薪酬、应付人力资本出资者职工薪酬、应交税费、应付利息、应付环境资本出资者利得、应付人力资本出资者利得、应付技术资本出资者利得、应付物力资本出资者利得、其他应付款、预计负债等；所有者权益类项目中的环境资本、人力资本、技术资本、物力资本、资本公积、盈余公积等。

（2）根据总分类账户期末余额计算填列。资产负债表中有些项目需要根据若干个总分类账户期末余额的合计数填列。具体项目主要有资产类的货币资金、存货等项目，所有者权益类的留存资本利得项目。

（3）根据若干明细账余额计算填列。资产负债表中有些项目需要根据若干个明细账账户期末余额的合计数填列。具体项目主要有应收账款、预付账款、应付账款、预收账款等项目。

（4）根据总账账户和所属明细账账户期末余额分析计算填列。资产负债表中某些项目不能根据有关总账账户的期末余额直接或计算填列，也不能根据有关总账账户所属的明细账户的期末余额计算填列，而需要根据总账账户和所属明细账账户余额分析填列。具体项目主要有可供出售金融资产、持有至到期投资、长期应收款、长期待摊费用、长期借款、应付债券等项目。

（5）根据账户余额减去其备抵项目后的净额填列。资产负债表中的有些项目本身设置有备抵账户，其金额填列时要以净值填列。具体项目主要有应收账款、长期应收款、长期股权投资、固定资产、在建工程、无形资产、长期应付款等项目。

（6）根据资产负债表中相关项目金额计算填列。资产负债表中的各项合计、总计等项目可以直接根据表上数据计算填列。

8.2.2 行为价值表及其编制

1）行为价值表的概念

行为价值表是反映会计主体本期各种行为所创造价值的财务会计报表。行为价值表与现行财务会计的利润表类似，也是一张动态报表，能够揭示会计主体本期因为内部劳务行为所创造的价值和外部群体行为对会计主体资产、负债市场价值评价的影响，从而反映会计主体本期所创造的新增价值。

2）行为价值表的结构设计

行为价值表要反映的是行为价值要素的具体情况，其格式就应该是行为价值要素的具体内容的排列方式。从行为价值要素具体包含的内容来看，是各种具体生产经营活动所创造的价值。故此，应该按照每种生产经营活动在会计主体所有生产经营活动中所占比重或发生的频率来安排其结构。这样就可以更突出占比高或发生频率大的主要经营活动,提高会计信息的质量。

由于会计主体的主要价值创造来源于其内部的行为,而可持续的常规生产经营活动更是其主要内容,所以行为价值表在具体排列项目时就要将其排在前头,然后再排列其他内部行为和外部群体行为。

以一般工商企业为例,行为价值表的具体样式如表 8-2 所示。

表 8-2 行 为 价 值 表

编制单位:　　　　　　　　　　　　　　　年　　月　　　　　　　　　　单位:元

项　目	本期金额	上期金额
一、内部劳务行为价值:		
可持续常规行为价值:		
生产经营行为价值		
投资活动行为价值		
理财活动行为价值		
小计		
偶发非常规行为价值:		
长期资产处置行为价值		
非常事件行为价值		
其他活动行为价值		
小计		
内部劳务行为价值合计		
二、外部群体行为价值:		
市场物价变化的影响		
外汇汇率变化的影响		
其他因素产生的影响		
外部群体行为价值合计		
本期行为价值总计		

3) 行为价值表的编制

行为价值表作为一张动态报表,反映的是行为价值要素的本期变化,所以要根据行为价值要素所属会计账户"行为价值创造"的各个明细账户的本期实际发生额填列。行为价值创造本来就是按照各种具体的创造价值的活动设置的明细账,发生经济业务使得价值增值时登记到账户的贷方,发生经济业务导致价值减少时登记到账户的借方。期末时,将账户贷方发生额抵减借方发生额后的余额结转入"行为价值分配"账户以后,"行为价值创造"账户无余额。本期"行为价值创造"账户各具体明细账户的累积贷方发生额减去累计借方发生额后的余额(也就是向"行为价值分配"账户的结转额)可以直接填入行为价值表的相关项目。

8.2.3　资本增值表及其编制

1) 资本增值表的概念

资本增值表是反映会计主体本期实现的资本增值及其分享情况的财务会计报表。该表将人本财务会计的动态会计要素联系起来,反映本期会计主体总的资本价值的增减变动情况。

2) 资本增值表的结构设计

人本财务会计全面贯彻资产负债观,将扣除与投资者之间资本交易后的资本变化全部认定为行为的结果,从而形成了"资本增值＝行为价值＋资本出资－资本增值分享"的动态会计平衡公式。

同时,人本财务会计还要考虑某个资本投资者未能完成承诺资本增值时需要对其他投资者予以补偿,也会使得会计主体实际实现的资本增值增加。这种原因导致的资本增值增加虽然没有直接体现在动态平衡公式中,却可以看成是该资本出资者的行为价值未能达到承诺时以资本出资予以弥补。故此,该项事件导致的资本增值也要反映到资本增值表中。

按照动态会计平衡公式,考虑未完成承诺出资者补偿导致的资本增值,以及本期利益相关者对资本增值的分享,就可以形成资本增值表的基本结构。而本期资本增值又正好等于期末资本减去期初资本,补充该部分项目可以实现报表数据的核对,还可以体现人本财务会计报表之间的环接关系。

以一般工商企业为例,资本增值表的具体样式如表 8-3 所示。

表 8-3　资 本 增 值 表

编制单位：　　　　　　　　　　　　　年　　月　　　　　　　　　　　单位:元

项　目	本期金额	上期金额
一、本期行为价值		
二、本期资本出资		
其中:环境资本出资		
人力资本出资		
技术资本出资		
物力资本出资		
形成资本公积		
三、未完成承诺增值的出资者补偿		
四、本期资本增值分享		
其中:雇佣劳动者分享		
超额增值创造者分享		
环境资本出资者分享		
提取盈余公积等业务提留		
物力资本出资者分享		
技术资本出资者分享		
人力资本出资者分享		
五、本期资本增值		
六、期初资本		
七、期末资本		

3) 资本增值表的编制

资本增值表前半部分反映的是本期资本增值的实现与分配情况,是动态会计要素的数量关系,应该依据相应会计要素所属会计账户或其明细账户的本期累计发生额填列。后半部分反映的是会计主体的期初、期末资本额,并与资产负债表上的金额环接,应该与资产负债表上的相关项目金额一致。具体来说,资本增值表中各项目的具体填列方法如下:

(1)"本期行为价值"项目反映会计主体本期总计实现的行为价值,应该依据"行为价值创造"账户的本期累计发生额(贷方发生额和借方发生额抵减后的金额)填列,并与行为价值表中"本期行为价值总计"项目的金额一致。

（2）"本期资本出资"及其具体项目反映的是本期各类投资者实际出资情况，应该根据"环境资本""人力资本""技术资本""物力资本""资本公积"账户的本期贷方累计发生额的合计数以及各具体账户本期贷方累计发生额填列。

（3）"未完成承诺增值的出资者补偿"项目反映的是未完成资本增值承诺的出资者补偿其他出资者的价值，应该根据"未完成承诺"账户的本期借方发生额填列。

（4）"雇佣劳动者分享"项目反映的是以雇佣劳动方式向会计主体提供劳务的职工所应该分享的资本增值，应该根据"行为价值分享"账户的本期借方累计发生额或贷方累计发生额填列。

（5）"超额增值创造者分享"项目反映的是本期创造了超额资本增值（即其实际创造的资本增值超出其原承诺的资本增值的部分）的人力资本出资者或技术资本出资者按照预先的协议可以分享的超额资本增值，应该根据"超额增值"账户的借方发生额分析填列。具体来讲，就是根据"超额增值"账户借方发生额中对应确认为"应付人力出资者利得"和"应付技术出资者利得"的金额的合计数填列。

（6）"环境资本出资者分享"项目反映的是环境要素出资者基于其环境出资所应分享的会计主体的本期资本增值额，应该根据"应付环境出资者利得"账户本期贷方发生额填列。人本财务会计将国家征收的所得税认定为国家代表社会公众以环境向会计主体出资而应获得的资本增值分享，不再将所得税费用认定为损失，也不再使用"应交税费——应交所得税"账户，而是直接使用"应付环境出资者利得"账户来核算会计主体对国家承担的环境资本出资增值分享的义务。

（7）"提取盈余公积等业务提留"项目反映的是会计主体为了扩大再生产等目的从资本增值中提留的金额，应该根据"盈余公积"账户本期贷方发生额填列。

（8）"物力资本出资者分享"项目反映的是本期会计主体的物力资本出资者可以分享的资本增值额（包括承诺资本增值和按协议由所有出资者共享的超额资本增值的部分，下同），应该根据"应付物力出资者利得"账户的本期贷方发生额填列。

（9）"技术资本出资者分享"项目反映的是本期会计主体的技术资本出资

者可以分享的资本增值额,应该根据"应付技术出资者利得"账户的本期贷方发生额分析填列。具体来说,由于"应付技术出资者利得"账户还核算技术资本出资者所能够分享的超额资本增值,而这部分内容已经在资本增值表"超额增值创造者分享"项目中反映过了,为了防止重复反映,必须将"应付技术出资者利得"账户贷方发生额中属于分享超额资本增值的部分扣除。也就是说,本项目应该根据从"资本利得"账户中转入"应付技术出资者利得"账户贷方的金额填列。

(10)"人力资本出资者分享"项目反映的是本期会计主体的人力资本出资者可以分享的资本增值额,应该根据"应付人力出资者利得"账户的本期贷方发生额分析填列。具体来说,由于"应付人力出资者利得"账户还核算人力资本出资者所能够分享的超额资本增值,而这部分内容已经在资本增值表"超额增值创造者分享"项目中反映过了,为了防止重复反映,必须将"应付人力出资者利得"账户贷方发生额中属于分享超额资本增值的部分扣除。也就是说,本项目应该根据从"资本利得"账户中转入"应付人力出资者利得"账户贷方的金额填列。

(11)"本期资本增值"项目反映的是会计主体本期资本额的总增加,应该根据资本增值表前部各项目的金额计算填列。具体来说,就是根据"本期行为价值"项目金额加上"本期资本出资"和"未完成承诺增值的出资者补偿"项目的金额再减去"本期资本增值分享"项目的金额后的金额填列。

(12)"期初资本"项目和"期末资本"项目是为了体现报表数据间的衔接和数据核对而设置的,应该根据资产负债表中"资本合计"项目的期初、期末金额填列。

8.2.4 环境评价情况表及其编制

1) 环境评价情况表的概念

环境评价情况表是反映会计主体在生产经营过程中对环境发生影响情况的财务会计报表,是按照非货币要素中关于环境评价的要素所设置的财务会计报表。该表与现行的财务会计报表不同,是以非货币计量的指标构成的,揭示会计主体履行开办时对环境影响的承诺执行情况,以便能够获取后续继续运营的资格。

2）环境评价情况表的结构设计

按照人本财务会计的基本理论，会计主体开办时必须对自己未来生产经营过程中的环境影响做出承诺，如自己未来的生产规模、可能对外部环境排放的污染物情况、运营后对周边环境的影响等。如果会计主体承诺的环境影响超出当地环境可允许的范围，会计主体的开业申请就不会被批准。会计主体承诺的环境影响符合当地环境许可范畴，获得开业许可并投入运营以后，必须建立与当地环境管理部门信息网络直接接口的生产情况和环境监测设备，实时进行相关数据的监测，并将检测数据对社会发布，同时也接受社会监督。环境评价情况表就是对外反映会计主体生产经营的环境影响的非货币性会计报表。该报表要反映会计主体承诺的生产规模、"三废"排放总量和实际的生产规模总量（要与其他会计报表的数据相互认证）以及"三废"排放量（与生产规模相适应以防止偷排）和对"三废"检测的具体指标；还要反映会计主体厂区内部和周边环境质量的承诺和检测指标，以方便社会监督。

环境评价情况表的具体样式如表 8-4 所示。

表 8-4　环境评价情况表

编制单位：　　　　　　　　　　　年＿＿月

项　　目	实际检测值	承诺指标值
一、本期生产经营产品或劳务总量		
二、本期对外排放"三废"总量和检测指标		
其中：废水排放总量和检测指标		
废气排放总量和检测指标		
废料出售或弃置总量和检测指标		
其他物质排放总量和检测指标		
三、厂区内部及周边环境质量检测情况（最小值至最大值）		
空气质量检测		
水质质量检测		
土壤质量检测		
声污染情况检测		
光污染情况检测		
电、磁污染情况检测		

（续表）

项　　目	本期金额	上期金额
放射性污染情况检测		
其他环境污染情况指标检测		

3）环境评价情况表的编制

环境评价情况表中承诺指标值的数据来源于会计主体开设时的环境影响承诺书。如果会计主体扩大生产规模，必须经过重新的环境影响承诺和论证审批。未经审批之前，会计主体不得超出承诺进行生产经营活动。

实际检测值来源于与环境管理部门联网的各个环境监测设备的实时检测值。当检测设备不能正常运行时，会计主体必须停止生产经营并对监测设备进行检修。只有在监测设备能够正常运行的情况下，会计主体才能够从事生产经营活动。

会计主体对社会公布的这些检测值，除了接受环境管理部门的监督之外，还会受到社会公众的监督。当社会公众认为会计主体周边的环境存在污染的情况，也可以对会计主体周边环境指标进行监测，一旦发现有资质的社会检测机构检测结果与会计主体环境评价情况表发布的实际检测值不符合时，有权要求会计主体停产整改，并赔偿已造成的环境污染损失。

8.2.5　报表附注及其编制

报表附注是为便于财务会计报表使用者理解财务会计报表的内容而对财务会计报表编制基础、编制依据、编制原则和方法及主要项目等所作的解释。财务会计报表附注与财务会计报表一起共同构成基本财务会计报表整体，不可分割。作为基本财务会计报表的一个组成部分，财务会计报表附注对于理解表内所确认的信息是必不可少的。财务会计报表附注虽然也要遵守财务会计准则、公允表述，并应经注册会计师审计，但它与表内信息还是有区别的：第一，它的表达方式比较灵活；第二，它所披露的信息不涉及会计确认问题；第三，它只能对财务会计报表的数据进行补充和解释，不可用来更正表内的错误，也不能用来代替表内信息或与表内信息发生矛盾。

在多数情况下,财务会计报表附注是为了披露那些不便于列入报表正文的有关信息,主要有以下十二个方面。

1) 不符合基本会计假设的说明

基本会计假设是进行会计核算的基本前提。一般来说,会计主体的财务会计核算必须遵守基本会计假设。但在特殊情况下,如会计主体准备清算而编制的最后一期结账报表,可能会不遵守基本会计假设。这时就要在财务会计报表附注中先说明本报表的编制未遵守哪个基本会计假设,以使报表使用者能够理解报表。

2) 重要会计政策和会计估计及其变更情况

会计政策是指会计主体在会计核算时所遵循的具体原则以及会计主体所采纳的具体会计处理方法。会计估计是指会计主体对其结果不确定的交易或事项以最近可利用的信息为基础所作的判断,会计估计的结果直接影响着会计计量。使用不同的会计政策和会计估计会得出不同的报表数据,如果使用者不了解会计人员所采用的会计政策和会计估计,就难以正确理解财务会计报表所反映的内容。

会计政策和会计估计都会为了遵守法律、法规的要求或保证会计信息的客观可靠性而发生改变。这就是会计政策变更和会计估计变更。变更会损害会计信息的一致性,影响财务会计报表使用者阅读。为了消除这种不利影响,必须在附注内说明这些变更的原因与影响程度。如果变更的影响涉及前期报表,还应对报表中的有关项目加以调整。

3) 债权人的优先权益

在某些情况下,会计主体的债权人可能拥有一定的优先权利,如资产的抵押权、可参与或可转换股本权益的便利,或对清算资产的特别求偿权等。虽然有些内容可以通过表上旁注来反映,但为了明确起见,应在财务会计报表附注中加以较详细的说明。特别是有关的优先权利将影响债权人的决策(如对债务比率的规定),或者将限制会计主体管理当局和董事会的经营决策时,附注说明就是不可缺少的。

4）或有资产和或有负债

一般地说，会计主体的所有资产和负债都应入账纳入资产负债表，如果它们对净行为价值也有影响时，还应反映于行为价值表。只有少数资产或负债的价值可能为零，或者对其现值或未来价值的估计极不准确，从而将导致误解时，才不应列入财务会计报表。但是，如果忽略这些资产或负债可能导致的损益对决策具有重大影响时，应在附注中加以说明。例如，就未决诉讼案件而言，有关的索赔金额、法庭手续费或初审判决等事项，应当予以说明，以便使用者据以判断其可能的影响。在这时，附注中还要说明未决案件的可能裁决或损失的理由。

5）资本增值分享的限制

尽管从法律角度来看，资本增值分享可以动用全部留存收益，在有些国家还允许动用缴入资本溢余。但是，在资产负债表上关于资本的分类数字通常并不揭示资本增值分享的合法界限，也不反映董事会关于未来资本增值分享的意图。然而，按照传统的处理方法，对资本增值分享的法律、契约或管理上的限制，可以利用留存收益的分拨或设立准备形式来反映。在这种情况下，说明董事会的有关资本增值分享政策或对留存收益进行分拨的原因与用途，对投资人、债权人和其他使用者都是很有帮助的。尤其是会计主体的资本增值通常不会按法律限额或当期全部增值进行分享，这样，利用附注形式来揭示有关的限制也是很有必要的。

6）权益持有人的权利

财务会计报表附注还可包括会计主体权益持有人（如股东和其他债权人）某些权利的说明。一般而言，凡是本期内引起会计主体发生重要变动的业务或事项，都应通过资产负债表有关项目或附注予以披露。因为有些业务或事项虽然不立即反映于权益账户上，但却会影响权益持有人的未来权利。例如，对可参与或可转换证券持有人的权利、期限、条件、价格等，都应列示于报表附注。

7）待履行合同

财务会计一般不能依据合同的签订而在财务会计报表上正式确认资产和负债，因为合同本身并不代表实际的经济交易，而且合同规定的价格仍不易于确定。但是,签订合同通常意味着要对未来承担义务,一些主要的合同甚至对会计主体的未来经营活动和成果将产生重大的直接影响,对它们在附注中加以披露,将有助于使用者的各项预测和决策。

8) 资产负债表日后事项

资产负债表日后事项是指自年度资产负债表日至财务会计报告批准报出日之间发生的需要调整或说明的事项。财务会计报表只是反映特定期间或期末的财务状况及其变动结果。由于会计分期是一种人为的规定,财务会计报表上的数字难免受到不确定性的限制。随着时间的推移,一些原先不确定的事项可能逐渐明朗,并且会影响结账日的财务会计报表及据以进行决策的有效性。如果该种状况在结账日已经存在,而在日后获得了其确切的结果,就应对年度财务会计报表进行调整,以反映其真实情况。已经调整了的报表事项一般无需在附注中说明。如果会计主体在资产负债表日至财务会计报告批准报出日间遇到一些非常情况,如自然灾害损失、罢工损失、发行新债券、股票、会计主体合并、分部停业等,这些非常情况发生在结账日之后,不能调整年度财务会计报表,但是对会计主体的现时财务状况的影响重大,会影响对本期财务会计报表的使用,就应通过附注进行补充说明。

9) 关联方关系及其交易的说明

关联方关系是指有可能影响会计主体按市场公平原则做出决策的两方或多方之间的紧密关系。具有关联方关系的两方或多方称为关联方。关联方交易是指发生于关联方之间的交易。由于关联方之间存在着可能影响其按市场公平原则进行决策的关系,使得关联方交易的经济实质可能不同于其法定形式。例如,关联人士或主体之间的借款往来利率显著地不同于市场利率,或者母子公司之间的销售价格(内部转移价格)与现行市价存在较大偏离等。关联方关系及其交易可能影响乃至误导财务会计报表使用者对会计主体财务状况和经营成果的评估及其投资或信贷决策,财务会计报表附注中必须对其做出详尽和如实的披露。

10) 会计主体合并或分立

根据会计主体基本假设,每个会计主体都应作为一个主体单独提供财务会计报表。但是,如果出现会计主体的改组、合并、分立等情况,都会改变财务会计报告的主体。这些情况会导致会计主体的资产和收益数字骤变,使财务会计报告使用者发生误解。为了排除误解和保持财务信息的可比性,通常应将主体变动视同发生于会计主体开创初期而做出相应的调整,附注中也要说明这方面变动的事实及其原因与影响金额。

11) 董事会和主管的报酬

在 20 世纪 80 年代以来的经济重组过程中,西方各国对会计主体的社会职能与责任日趋关注,其中一个方面侧重于会计主体效益和主管阶层报酬之间的关系。特别是在大量会计主体面临收缩与裁员或者职工收入与福利水平下降的情况下,会计主体主管阶层报酬成为缓解劳资关系及促进社会稳定所要关注的一个焦点。因此,西方若干国家的证券监管机构相继要求会计主体在年度财务会计报告中以附注的形式列示对董事会成员及主管人员的报酬内容及金额,包括薪资、红利、养老金、认股权等,作为补充信息提供给全体股东、报表使用者和政府社会保障监管机构。我国证监会也要求上市公司披露公司高管的薪酬。

12) 其他有助于理解和分析财务会计报表需要说明的事项

管理当局认为有助于理解和分析财务会计报表所需要说明的其他事项,如管理当局提示等,也作为财务会计报表附注列示其中。

8.3 人本财务会计的其他报告

人本财务会计的其他报告是指会计主体为了更好地服务于信息使用者,进一步揭示有关信息(包括财务信息和非财务信息),或者为了更好地达成会计主体与外部的良好互动而编制的报告。其他报告不受会计准则的制约,也不需要注册会计师审计,从而并不构成基本财务会计报表整体,但仍属于人本财务会计报告的内容。其他报告还可分为补充信息(如价格变动信息、石油天然气储量信息、市场对本会计主体的评价或认可情况的信息、社会对本会计主体评价信息等)和财务报告的其他手段(如管理当局的讨论和分析、致股东函件、会计信息数据库、各种多媒体材料等)。其他报告作为财务会计报告的辅助报告,揭示的是基本财务会计报表之外的不确定性、解释性、预测性等辅助性信息,主要向会计主体外界提供一些相关的但不符合全部会计确认标准的信息。

其他报告与基本财务会计报表一起构成财务报告体系,两者目标一致,相互配合,共同完成财务会计报告目标。客观地说,其他报告的产生是为了克服基本财务会计报表固有的局限性,提供有用的补充信息、预测信息、非财务信息。但必须注意的是,其他报告,特别是其中的预测信息,应力求客观、科学、公允、可信,不应对使用者造成误导,而且还应切实保证信息质量。

其他报告的具体内容取决于特定的目的,其格式也极为灵活。根据现行国际惯例,其主要内容有如下八个方面。

1) 管理当局讨论和分析

编制真实完整的人本财务会计报告是会计主体管理当局的责任。由于管理当局(特别是董事、总经理等高级管理人员)比外部使用者更了解会计主体有关的交易或事项及其影响,而且财务会计报表信息的形成也常常依赖于会计人员的假定与判断,所以由管理当局提供一份其对会计主体变现能力、资本来源、经营成果等方面的叙述性讨论与分析报告,以及对下一年度或未来期间主要经营活动和资本增值水平的预测分析,将帮助使用者理解管理当局对会计主体的看法和未来计划,不仅可以了解财务会计报表中有关数据形成和变化的原因及可能产生的影响,而且可以预测管理当局将如何引导会计主体的发展。管理当局的讨论和分析侧重于提供预测性、分析性信息,难免带有较大的主观性和较低的可验证性,但这些信息的效用大于其潜在的不可靠所带来的风险,可以提升财务会计报告的有用性。

2) 比较报表和财务比率分析表

比较报表是指会计主体把不同会计年度的财务会计报表数据或其他相关数据列示在一起,以便使用者了解和分析各个报表项目变化的趋势和规律。会计主体通常是提供最近几年的比较资产负债表和比较行为价值表。财务比率分析是根据财务会计报表上不同项目及相关数据的对比,计算出有关反映会计主体偿债能力、营运能力和资本增值能力的财务比率,能为使用者提供许多新信息,可能比单纯的财务会计报表信息更加有用。会计主体通常是提供最近几年的比较财务比率分析表。

3) 财务预测报告

随着使用者不断提高对会计主体信息披露的质量要求,他们已不满足于只提供历史性信息的财务会计报告,而越来越需要直接面向决策的预测信息,尤其是财务预测信息。财务预测是指管理当局以会计主体未来面临的经营环境和可能采取的行动为假设所进行的财务状况、资本增值和现金流量预测,其表达方式可采用整套财务会计报告或其中的一部分或几个部分来描述这些预测性财务信息。披露财务预测信息可能给公司带来两个不良后果:一是增加了信息披露风险,其中最大的风险是诉讼风险,因为使用者可能指控公司财务会计报告是误导的、有舞弊行为;二是泄露了商业秘密而使公司处于竞争劣势。所以,世界各国对于在定期财务会计报告中披露有关的财务预测信息,更多地采用鼓励披露或自愿披露,而不作强制要求。这显示出人们对披露预测信息的一种矛盾心态:预测信息可靠性较差,但对使用者具有较高相关性;披露这类信息既可能导致风险,也可能会产生积极作用。

4) 社会责任报告

按传统财务会计理论,会计主体是站在业主立场反映会计主体与其他主体之间的经济交易活动的,而会计主体活动的目标主要是利润最大化。因此,会计主体追求利润的过程和结果,成为传统财务会计报告所反映的内容。然而,会计主体不只是为会计主体所有者服务的,还是社会生产的一个单位,因为任何会计主体的生存与发展都需依赖社会相关利益集团(如职工、顾客、政府部门、业务关联单位)的参与、支持,需动用社会公共设施(如交通、通信、行政)及社会稀缺资源(如人力资源、自然资源),并对社会产生实际的影响。近年来,会计主体的社会性质日益得到重视,这在客观上要求会计主体重视在履行社会责任方面所做出的努力和取得的成果,并对外披露。会计主体社会责任主要涉及下列内容:环境保护、职工的就业与培训等人力资源状况、公益事业、社区建设与贡献、产品或服务的性能与安全(消费者利益)等。可见,会计主体的社会责任已超出了现有会计的对象的范围,并难以采用传统会计方法进行反映,如会计主体对环境的治理、人力资源的投资与价值很难用统一的计量单位来加以计量,尤其是难以用货币金额来计量。因此,在实务中,会计主体主要通过其他报告或以单独的社会责任报告形式对外披露。

5）物价变动影响报告

现行基本财务会计报表是以币值稳定为假定来反映会计主体不同时期货币表现的交易或事项的。在物价发生显著变动的情况下,现行财务会计报表既混合了不同购买力水平的货币金额,又忽视了资产价值（价格）的变动,其结果必然导致会计主体资本增值和期末资产的真实价值不实,从而影响财务会计报告的有用性。因此,一些会计主体往往在财务会计报告中专门提供了有关物价变动影响的信息,如按一般物价指数或现行成本（重置成本）调整的财务会计报表。这种报告与基本财务会计报表相比,在报表项目上并没有太大的差别,只是在另外一种计量尺度下对基本财务会计报表的重新表述。因此,物价变动影响报告不属于表外披露的必要组成部分,只有在物价波动较大的情况下,物价变动影响报告才对信息使用者有意义。

6）简化的年度报告

为使人本财务会计报告能够尽可能多地满足各有关者的需要,不断增加财务会计报告信息并扩大信息范围已成为财务会计报告发展的趋势。为了兼顾不同要求,会计主体要在提供详细人本财务会计报告的同时,编报简化的年度报告。简化的年度报告是摘录年度报告的一些主要信息并经过高度浓缩后形成的,一般只包括压缩的财务会计报表和财务会计述评。这实际上起到了一个报告摘要和导读的作用。在使用者认为不需要详细阅读和研究财务会计报告全部内容的情况下,简化财务会计报告能够帮助使用者减少搜寻相关信息的时间,并更容易理解财务信息。

7）市场评价报告和社会评价报告

这些报告不是会计主体自己编制的,而是转述证券分析师、行业协会、社会评价机构等单位对本会计主体的评价信息,目的在于让财务会计报告阅读者能够更方便地了解相关评价。但是,会计主体只是转述这些信息,不对其客观可靠性负责。

8) 数据库文件和多媒体信息

数据库文件是人本会计系统所能够收集并可以报告的所有可存放于数据库中的信息的集合。可以说,这里面的信息是非常充分的,但是信息阅读者却只能依据自己的权限阅读相应的数据,并且根据自己的需要进行数据的分析获取。

多媒体信息是会计主体为了证明人本财务会计报告的内容而对外发布的各种图片、音频、视频等文件,如会计主体的产品质量检测报告照片、主要产品的检测试验视频、会计主体客户电话来访交流音频、会计主体厂区及周边环境照片和视频等。

参 考 文 献

［1］中国企业管理百科全书编辑委员会. 中国企业管理百科全书［M］. 北京：企业管理出版社，1984.

［2］邓聚龙. 灰色控制系统［M］. 武汉：华中工学院出版社，1985.

［3］中国企业管理百科全书编辑委员会. 中国企业管理百科全书（增补卷）［M］. 北京：企业管理出版社，1990.

［4］FASB. 论财务会计概念［M］. 娄尔行，译. 北京：中国财政经济出版社，1992.

［5］盖地，等. 财务会计学［M］. 北京：中国财政经济出版社，1994.

［6］徐国君. 行为会计学［M］. 海口：海南出版公司，1994.

［7］魏宏森，曾国屏. 系统论［M］. 北京：清华大学出版社，1995.

［8］财政部会计事务管理司. 美国会计准则解释与运用［M］. 北京：中国财政经济出版社，1995.

［9］徐政旦，等. 会计制度设计［M］. 上海：上海财经大学出版社，1996.

［10］汪祥耀. 最新国际会计准则［M］. 杭州：浙江人民出版社，1996.

［11］刘明辉. 走向 21 世纪的现代会计［M］. 大连：东北财经大学出版社，1996.

［12］汤云为，钱逢胜. 会计理论［M］. 上海：上海财经大学出版社，1997.

［13］刘俊哲. 高级会计理论与实务［M］. 北京：首都经济贸易大学出版社，1997.

［14］徐国君. 劳动者权益会计［M］. 北京：中国财政经济出版社，1997.

［15］刘仲文. 人力资源会计［M］. 2 版. 北京：首都经济贸易大学出版社，2006.

［16］陈少华. 企业财务报告理论与实务研究［M］. 厦门：厦门大学出版社，1998.

［17］陈今池. 现代会计理论［M］. 上海：立信会计出版社，1998.

［18］薛明云，等. 会计改革的理论研究［M］. 哈尔滨：黑龙江教育出版社，1998.

［19］伍中信. 产权与会计［M］. 上海：立信会计出版社，1998.

［20］葛家澍，刘峰. 会计学导论［M］. 上海：立信会计出版社，1999.

［21］王开田. 会计行为论［M］. 上海：上海财经大学出版社，1999.

［22］中国会计学会. 人力资源会计专题［M］. 北京：中国财政经济出版社，1999.

［23］张文贤. 人力资源会计制度设计［M］. 上海：立信会计出版社，1999.

［24］徐国君. 会计学科概览［M］. 北京：中国商业出版社，1999.

[25] 曲晓辉,等. 会计准则研究[M]. 厦门:厦门大学出版社,1999.

[26] 魏明海,等. 新世纪中国会计改革与发展研究[M]. 北京:中国财政经济出版社,2000.

[27] 卢永华. 广义会计理论[M]. 北京:中国金融出版社,2000.

[28] 葛家澍. 会计基本理论与会计准则问题研究[M]. 北京:中国财政经济出版社,2000.

[29] 郭道扬. 会计大典[M]. 北京:中国财政经济出版社,2000.

[30] 斯蒂芬·A·泽弗,拉贝·G·德兰. 现代财务会计理论[M]. 夏东林,等,译. 北京:经济科学出版社,2000.

[31] 许国志. 复杂系统理论基础[M]. 上海:上海科技教育出版社,2000.

[32] 陈信,袁修干. 系统工程总论. 北京:北京航空航天大学出版社,2000.

[33] 吴水澎. 中国会计理论研究[M]. 北京:中国财政经济出版社,2000.

[34] 于玉林,田昆儒. 会计基础理论概论[M]. 上海:立信会计出版社,2000.

[35] 田昆儒. 企业产权会计论[M]. 北京:经济科学出版社,2000.

[36] 胡仁昱. 自助式会计系统[M]. 上海:立信会计出版社,2000.

[37] 裘宗舜. 财务会计概念研究[M]. 上海:立信会计出版社,2001.

[38] 于玉林,李端生. 会计基础理论研究[M]. 北京:经济科学出版社,2001.

[39] 张文贤. 管理入股——人力资本定价[M]. 上海:立信会计出版社,2001.

[40] 谭劲松. 智力资本会计研究[M]. 北京:中国财政经济出版社,2001.

[41] 陈国辉. 会计理论研究[M]. 大连:东北财经大学出版社,2001.

[42] 葛家澍,林志军. 现代西方会计理论[M]. 厦门:厦门大学出版社,2001.

[43] 谢诗芬. 会计计量的现值研究[M]. 成都:西南财经大学出版社,2001.

[44] 常勋. 财务会计四大难题[M]. 上海:立信会计出版社,2002.

[45] 李凤鸣. 会计制度设计[M]. 北京:北京大学出版社,2002.

[46] 李孝林,等. 会计基本理论比较[M]. 上海:立信会计出版社,2002.

[47] 徐国君. 三维会计研究[M]. 北京:中国财政经济出版社,2003.

[48] FASB. 网络时代的企业报告[M]. 宋小明,王世勤,译. 北京:中国财政经济出版社,2003.

[49] 王开田. 会计进化论[M]. 北京:中国财政经济出版社,2003.

[50] 郭道扬. 会计史研究[M]. 北京:中国财政经济出版社,2004.

[51] 许家林. 西方会计学名著导读[M]. 北京:中国财政经济出版社,2004.

[52] 萨缪尔·A·迪皮亚滋,罗伯特·G·艾克力. 建立公众信任公司报告的未来[M]. 刘德琛,译. 北京:机械工业出版社,2004.

[53] 孙玉甫,等. 广义财务会计理论[M]. 上海:立信会计出版社,2004.

[54] 孙玉甫. 人力资产定价[M]. 上海:立信会计出版社,2005.

[55] 葛家澍. 财务会计理论研究[M]. 厦门:厦门大学出版社,2006.

［56］李端生.会计理论研究［M］.北京:中国财政经济出版社,2007.

［57］吴水澎.会计理论［M］.北京:机械工业出版社,2007.

［58］杨世忠.企业会计信息质量及其评鉴模式与方法研究［M］.上海:立信会计出版社,2008.

［59］周三多,贾良定.管理学［M］.5版.上海:复旦大学出版社,2009.

［60］汪一凡.改良现代会计方案:科学化的探索［M］.北京:中国财政经济出版社,2009.

［61］N·维纳.控制论［M］.郝季仁,译.北京:科学出版社,2009.

［62］肖正再.对外会计报告模式的拓展研究［M］.北京:经济科学出版社,2009.

［63］赵彦锋,汤湘希,王昌锐.公允价值会计研究［M］.北京:经济科学出版社,2010.

［64］中国会计学会.联合概念框架与公允价值研究［M］.大连:大连出版社,2010.

［65］傅祖芸.信息论［M］.3版.北京:电子工业出版社,2011.

［66］孙玉甫.公共信息会计理论研究［M］.上海:立信会计出版社,2012.

［67］罗伯特·艾伦.哲学的盛宴［M］.刘华,编译.北京:新世界出版社,2013.

［68］财政部注册会计师考试委员会办公室.会计［M］.北京:中国财政经济出版社,2014.

后　记

　　1984年10月,在全国经济管理专业大发展的时候,我就读的大庆石油学院也创办了经济管理类专业。为了解决师资短缺的问题,学校决定从在校的大三和大四学生中选择一批人,聘请清华大学、中国人民大学的教授用1年半的时间完成全部经济管理类本科与研究生课程的培训,然后留校当教师。我被选中了,不得不终止已经学习了3年多的矿场地球物理专业,转而学习经济管理专业。当时分配给我将来要讲授的是企业管理各门课程(管理原理、生产管理、经营管理等)和管理心理学。正是在学习管理心理学课程的时候,我首次接触到"人力资源会计"的概念和相关研究。培训结束后,我主讲了企业管理和管理心理学课程,但却不会做什么学术研究,只是一个教书匠。1990年,由于教学需要,我又转而主要讲授国民经济管理学和工业经济学等宏观管理课程,后来也就读了经济学门类的硕士研究生。1994年,主讲会计的老师退休了,我不得不又转行教起了会计课程。也是为了检验自己的会计学专业能力,我不得不考出了注册会计师证书。其后我的主要学术研究也就确定为对会计理论的相关研究,其中更多的是进行"人力资源会计"领域的研究。虽然我取得了一些研究成果,但还未形成较为系统的理论。2008年,我师从徐国君教授攻读博士学位,更加深入地理解了人本会计的思想方法。当时,导师是希望我能够做出一篇人本财务会计方面的博士论文的,可个人觉得3年完成一篇自认为可以拿得出手的博士论文太难了,因为人本财务会计所面临的难题不是那么容易解决的,所以我的博士论文选择了与完成的财政部重点课题相关的公共信息会计理论,但也因此一直觉得愧对导师,有点没完成任务的感觉,并决心在以后的研究中一定力争早日完成人本财务会计的系统研究。

　　经过几年的努力,人本财务会计的研究终于初步完成了。其间的艰辛和喜悦无需多说,一点点的积累终于汇集成了现在的这部书稿,算是完成了一项对自己的承诺。在博士研究生学习阶段和毕业后的工作过程中,特别是本书写作过程中,一直得到导师徐国君教授的指导,本书的很多观点都是受到徐老师的启发才形成的,也是导师不断支持、鼓励的结果。特别是导师主持申报"人本会计与财务研究论丛"并将《人本财务会计》列入其中,更是给了我一个完成相关研究的机会,直接促成了本书研究的完成。对导师的感谢不能用语言表达,只能埋在心里,并在以后的教学科研工作中像导师那样去做一个正直无私、严于律己、关心学生、乐于奉献的好老师!在整个研究过程中,我和我的学生们从一个个小问题着手,分析思考、调研设计、实验验证、整合创新,实现了对人本思想的解读,并建立了人本财务会计理论的理论体系和会计核算与报告的方法。可以说,本书的完成也汇集了我所指导的研究生与本科生的努力与心血,他们是张悦、李媛、刘小雨、颜玲、董洪亮、程琳、王丹丹、孙美尧、孙丽娟、闫羽静、吴昕、姚媛、吴泽宇、薛栋恒、浦旭影、徐超、杨建雯、程浩、王晓彤、恩满艳、王海朋、王晋玥明、陈静、涂丽君、高佳、曾书宁、晁婧雨、孙婷、孙婷婷。在此对他们的工作一并表示感谢!本书内容的完成,还得益于"人本会计论坛"提供的研讨机会。徐国君老师及其研究团队的老师和学生们组织的每年一度的"人本会计论坛",为我们进行相关研究提供了非常好的交流平台。通过论坛,可以跟踪徐国君、张世兴、李雪、樊培银、刘秀丽、马广林等老师的最新研究成果,保证能够时刻处于人本会计领域的研究前沿;还可以和同门同学刘玉栋、姜宏青、韩斌、谢宜豪、杨智慧、胡春晖、王舰、姜毅、钞天虎、李晓辉、李艳玲、李永强、邱兆学、隋春蕾、纪同臻、董俊鹏进行交流探讨。可以说,本书的很多思路和具体内容,都在论坛的交流中产生,也受到参与论坛的老师和同学的指导。他们提出的很多意见与建议,使得本书的研究设计更加完善、论证更加充分、表达更加准确。在此,也要对所有老师和同学表示深深的谢意!

虽然一直有着系统研究和阐述人本财务会计的想法,但我又是一个比较懒惰的人,缺乏积极主动的精神,没有任务逼着就想偷懒。所以,关于人本会计方面的一些小研究能够整合形成现在这样一本专著,还要感谢立信会计出版社的余榕女士。正是在她的提议和积极帮助下,"人本会计与财务研究论丛"得以获得"十二五"国家重点图书出版规划立项。这就成了一个任务——必须完成的任务!正是在这样的任务逼迫下,我不得不投入极大的精力去思考、研究,必须按照出版时间倒推研究与写作进度,一点点整理、整合以往的研究成果,以便能够形成人本财务会计的整体理论与方法。

在本书立项后紧张写作的日子里，我调入了温州大学城市学院工作。温州大学城市学院为我提供了非常好的研究环境和写作环境，这里的自然环境也非常好（尤其是空气特别清新），使得我能够更好地专心进行书稿的写作。温州大学城市学院的领导和同事也非常关心我的工作与生活，董事长张汉鸣先生、常务副院长谢健教授、副院长陈坤党、原副院长朱世平教授等领导多次主动指示有关部门为我的研究提供可能的帮助，使得我心无旁骛地投入书稿的写作中。城市学院教务处副处长阳杰博士、城市学院会计分院院长（原任）刘建勋教授、党总支书记胡江、副院长窦家春博士、审计系主任刘晓静副教授、会计系主任王华兵博士、财务管理系主任王茂超博士，以及邢军副教授、姜良、朱新满、刘陈静等其他同事也积极帮助我适应新的工作环境、支持我的研究。可以说，没有温州大学城市学院及其会计分院给我提供的研究条件，这本书稿也不会这样顺利地完成。对此，笔者只能对温州大学城市学院及其会计分院的领导和同事们说一声：谢谢！

本书的完成还要感谢我的妻子庞云兰女士，她不仅承担了几乎所有的家务，在我稍有松懈的时候，她都会提醒我"你还有×个月就必须交稿了"，让我不得不打起精神继续研究与写作。我的儿子也非常努力地在自己的专业上进行学习与研究，没让我操什么心。感谢家人的支持！

最后，本书在写作过程中，参考了很多已有的研究成果，在此也对这些研究成果的作者表示感谢！

孙玉甫

2015 年 10 月于温州大学城市学院